PSICANÁLISE III

OBRAS COMPLETAS
PSICANÁLISE III

Sándor Ferenczi

Tradução
ÁLVARO CABRAL

Revisão técnica e da tradução
CLAUDIA BERLINER

wmf **martinsfontes**

Título original:
BAUSTEINE ZUR PSYCHOANALYSE
Copyright © vols. I-IV segundo as edições Payot.
Publicados por acordo com Patterson Marsh Ltd e Judith Dupont
Copyright © 1993 e 2011, Livraria Martins Fontes Editora Ltda.,
São Paulo, para a presente edição.

1ª edição 1993
2ª edição 2011
3ª tiragem 2021

Tradução
ÁLVARO CABRAL

Revisão técnica e da tradução
Claudia Berliner
Revisões
Helena Guimarães Bittencourt
Maria Regina Ribeiro Machado
Produção gráfica
Geraldo Alves
Paginação
Studio 3 Desenvolvimento Editorial
Capa
Katia Harumi Terasaka

Dados Internacionais de Catalogação na Publicação (CIP)
(Câmara Brasileira do Livro, SP, Brasil)

Ferenczi, Sándor, 1873-1933.
 Psicanálise III / Sándor Ferenczi ; [tradução Álvaro Cabral ; revisão técnica e da tradução Claudia Berliner]. – 2ª ed. – São Paulo : Editora WMF Martins Fontes, 2011. – (Obras completas / Sandor Ferenczi ; v. 3)

Título original: Bausteine Zur Psychoanalyse.
Bibliografia.
ISBN 978-85-7827-271-5

1. Psicanálise I. Título. II. Série.

		CDD-616.8917
10-03385		NLM-WM 460

Índices para catálogo sistemático:
1. Psicanálise : Medicina   616.8917

Todos os direitos desta edição reservados à
Editora WMF Martins Fontes Ltda.
Rua Prof. Laerte Ramos de Carvalho, 133 01325-030 São Paulo SP Brasil
Tel. (11) 3293.8150 e-mail: info@wmfmartinsfontes.com.br
http://www.wmfmartinsfontes.com.br

Sumário

Introdução... VII

I. Dificuldades técnicas de uma análise de histeria 1
II. A influência exercida sobre o paciente em análise.... 9
III. Psicanálise das neuroses de guerra 13
IV. A psicogênese da mecânica... 33
V. Fenômenos de materialização histérica 43
VI. Tentativa de explicação de alguns estigmas histéricos 59
VII. Psicanálise de um caso de hipocondria histérica 67
VIII. Psicanálise e criminologia 73
IX. Suplemento à psicogênese da mecânica.................... 77
X. Reflexões psicanalíticas sobre os tiques 81
XI. O simbolismo da ponte 113
XII. Prolongamentos da "técnica ativa" em psicanálise .. 117
XIII. Contribuição para a discussão sobre os tiques 137
XIV. Os *Três ensaios sobre a teoria da sexualidade* (4.ª edição revista e aumentada, 1920)... 139
XV. Georg Groddeck: o explorador de almas 141
XVI. A propósito da crise epiléptica................................... 147
XVII. Para compreender as psiconeuroses do envelhecimento.. 155
XVIII. A psicanálise dos distúrbios mentais da paralisia geral (teoria) 163
XIX. Psicanálise e política social.. 181

XX. O simbolismo da ponte e a lenda de Dom Juan	185
XXI. A psique como órgão de inibição	189
XXII. *Psicologia de grupo e análise do ego*, de Freud	193
XXIII. Considerações sociais em certas psicanálises	199
XXIV. Nota de leitura: *Contribuições clínicas para a psicanálise*, do dr. Karl Abraham	205
XXV. Ptialismo no erotismo oral	207
XXVI. Os filhos de "alfaiate"	209
XXVII. A "materialização" no *globus hystericus*	211
XXVIII. A atenção durante o relato de sonhos	213
XXIX. Arrepios provocados pelo ranger do vidro, etc.	215
XXX. Simbolismo da cabeça da Medusa	217
XXXI. Tremedeira e auto-observação narcísica	219
XXXII. Um "pênis anal oco" na mulher	221
XXXIII. O sonho do bebê sábio	223
XXXIV. Compulsão de lavagem e masturbação	225
XXXV. A psicanálise a serviço do clínico geral	227
XXXVI. Prefácio da edição húngara da *Psicopatologia da vida cotidiana*, de S. Freud	239
XXXVII. Prefácio da edição húngara de *Para além do princípio de prazer*	241
XXXVIII. Perspectivas da psicanálise	243
XXXIX. As fantasias provocadas	261
XL. Ciência que adormece, ciência que desperta	271
XLI. Ignotus, o compreensivo	275
XLII. Thalassa: ensaio sobre a teoria da genitalidade	277
XLIII. Psicanálise dos hábitos sexuais	359
XLIV. Charcot	397
XLV. Contraindicações da técnica ativa	401
XLVI. As neuroses de órgão e seu tratamento	413
XLVII. Para o 70.º aniversário de Freud	421
XLVIII. A importância de Freud para o movimento da higiene mental	427
XLIX. O problema da afirmação do desprazer	431
L. Crítica do livro de Rank: *Técnica da psicanálise*	445
LI. Fantasias gulliverianas	455
Bibliografia	475

Introdução

Quando a publicação das *Obras completas* de Sándor Ferenczi foi empreendida em 1968, Michaël Balint, seu aluno, colaborador e amigo, encarregou-se de redigir os prefácios dos quatro volumes projetados. Seu plano era o seguinte: introduzir cada volume com os dados biográficos relativos ao período em questão e apresentar os textos. Quis o destino que ele não pudesse concluir esse trabalho. Tentaremos levar adiante o que Michaël Balint começou nos dois primeiros volumes, respeitando seu plano na medida do possível.

O terceiro volume das *Obras completas* de Ferenczi contém textos escritos entre 1919 e 1926. Esse período da sua vida é mais rico em acontecimentos interiores do que em acontecimentos exteriores. No plano da vida pessoal, Ferenczi casou-se enfim com a mulher que amava, e vivia, em aparência, sossegadamente em sua casa em Buda, coberta de glicínias, junto à sua esposa, seu pequinês e seus amigos. Viajava muito, fosse para encontrar-se com Freud, fosse com outros colegas, e em 1926 empreendeu uma longa viagem de estudos aos Estados Unidos que durou vários meses e da qual nos trouxe um escrito espirituosíssimo, "Fantasias gullverianas".

Nos planos profissional e afetivo, inseparáveis em Ferenczi, dois fatos importantes marcam esse período.

Por um lado, uma experiência que se desenvolve ante nossos olhos durante esses sete anos e termina em fracasso: a da técnica ativa. No entanto, como todos os erros de Ferenczi, é um erro fecundo. Essa experiência técnica baseia-se em grande número de observações clínicas que o autor relata com sua franqueza habitual e cujo valor permanece inalterado. Elas lhe permitem, também, abordar, tanto em suas descrições clínicas como em suas tentativas de teorização, certos problemas essenciais da vida psíquica. Ressaltemos, em particular, tudo o que Ferenczi pôde aprender sobre a transferência e a contratransferência.

O outro fato importante, que pesou muito na vida de Ferenczi e anuviou seus últimos anos, é o início das divergências de opinião entre Freud e ele. Freud apoiou a princípio as experiências de atividade de Ferenczi, reivindicando inclusive a paternidade da ideia que lhe serviu de ponto de partida: a regra de abstinência e de frustração. Mas renunciou rapidamente às experiências de atividade, de que seus escritos não falam mais a partir de 1919. Em seu livro *Le défaut fondamental*, Michaël Balint consagra um capítulo inteiro à análise dessa divergência e de suas consequências sobre o movimento psicanalítico. Na verdade, o desacordo não se referia apenas à técnica ativa. Toda a linha de pensamento de Ferenczi e o interesse que ele tinha pelo fenômeno da regressão parecem ter impressionado Freud como uma perigosa ameaça de desvio, de consequências imprevisíveis. Sem dúvida, ele tinha razão: o movimento psicanalítico nunca se desvencilhou dessa corrente de inquietude fecunda introduzida por Ferenczi.

Em que consiste a técnica ativa? Seu próprio nome é fonte de mal-entendidos. De fato, ao contrário do que parece sugerir – e ao contrário do que muita gente crê –, não é o analista que é convidado a exercer uma atividade, mas o paciente. Quando o tratamento se estagna e as associações se esgotam, o analista, por meio de injunções ou de proibições, incita o paciente a adotar uma atitude ativa, isto é, a fazer ou a renunciar a fazer alguma coisa. Assim, um doente fóbico pode ser estimulado a enfrentar as situações temidas, outro pode ser convidado a cessar esta ou aquela prática sexual, etc.

Num texto consagrado às experiências técnicas de Sándor Ferenczi[1], eis como Michaël Balint descreve o mecanismo da técnica ativa:

---

1. Em *Techniques psychanalytiques*, Basic Books, 1967. A tradução francesa do capítulo consagrado às experiências técnicas de Sándor Ferenczi, redigido por M. Balint, apareceu nos números 26, 27 e 28 da revista *Le Coq-Héron*.

INTRODUÇÃO

Essa técnica tinha por base a ideia de que o esgotamento e a esterilidade das associações eram frequentemente explicados por uma retirada da libido do trabalho analítico, em benefício de fantasias inconscientes e de satisfações físicas inconscientes. Naturalmente, esse deslocamento era o resultado e o indício de uma crise na relação transferencial e o analista tinha então como tarefa descobrir para que terreno a libido se deslocara e mobilizá-la a fim de que ela se tornasse novamente disponível para um trabalho fecundo. Portanto, o analista devia observar atentamente o comportamento do paciente em análise para descobrir nele o aparecimento de indícios capazes de indicar o domínio original de um conflito inconsciente despertado pela análise, conflito esse que desviara a libido do trabalho analítico. Disso resultava um maior investimento, que trazia as representações pulsionais para a vizinhança da consciência; mas, no último momento, o recalque impunha um compromisso, e um hábito até então adormecido ou latente tornava-se manifesto. Esse hábito particular era determinado pela crise na relação transferencial pela representação pulsional original e pelas forças de recalque.

A intervenção ativa do analista pode assumir, então, duas formas. O analista pode convidar o paciente a não se entregar mais ao hábito em questão, em outras palavras, a renunciar à satisfação indireta de seus desejos recalcados; ou, ao contrário, pode encorajar o paciente a desfrutá-la aberta e livremente. O analista espera, assim, por sua intervenção, provocar no paciente um considerável aumento de tensão, que, por sua vez, poderia acarretar duas consequências: a irrupção na consciência de uma moção pulsional ou de uma pulsão até então recalcada, transformando um sintoma fonte de desprazer numa satisfação acompanhada de prazer, o que leva a um reforço e a uma extensão da autoridade do ego do paciente, e a reativação das associações esgotadas ou estagnantes do paciente pela supressão das resistências.

Cinco artigos importantes tratam da técnica ativa: "Dificuldades técnicas de uma análise de histeria" (1919), "Prolongamentos da 'técnica ativa' em psicanálise" (1921), "As fantasias provocadas" (1924), "Psicanálise dos hábitos sexuais" (1925) e "Contraindicações da técnica ativa" (1926). Acrescentemos ainda um artigo que representa a contribuição de Ferenczi para um trabalho redigido com Rank, sob o título "Perspectivas da psicanálise" (1924).

O primeiro desses cinco artigos, "Dificuldades técnicas de uma análise de histeria", prepara o longo artigo de 1925 consagrado ao mesmo tema: "Psicanálise dos hábitos sexuais". É uma das primeiras descrições clínicas de uma aplicação da técnica ativa.

Três outros artigos, todos datados de 1919, tratam do problema da histeria: "Fenômenos de materialização histérica", em que Ferenczi propõe considerar o mecanismo histérico, "o salto misterioso do psíquico ao físico", como uma regressão à "protopsique", ao estágio do reflexo, o estágio da adaptação autoplástica. A força utilizada para essa conversão provém de uma fonte pulsional genital. Nesse artigo Ferenczi esboça algumas das suas ideias sobre as origens e o desenvolvimento da genitalidade, que encontraremos mais amplamente desenvolvidas nesse verdadeiro poema "bioanalítico" que é "Thalassa" (1924). "Tentativa de explicação de alguns estigmas histéricos" e "Psicanálise de um caso de hipocondria histérica" contêm relatórios clínicos detalhados, que permitem a Ferenczi examinar com detalhe os diferentes mecanismos acionados pela histeria.

O segundo trabalho importante consagrado à técnica ativa é "Prolongamentos da 'técnica ativa' em psicanálise", apresentado ao VI Congresso Internacional de Psicanálise de Haia, em setembro de 1920. Ele começa com uma prudente advertência: somente uma estagnação prolongada do fluxo das associações pode justificar um afastamento, qualquer que seja a sua forma, da regra fundamental da associação livre; por isso, a aplicação da técnica ativa deve ser rigorosamente limitada a essa eventualidade. Todavia, esse mesmo preâmbulo também contém um apelo em favor da técnica ativa: se quisermos chamar as coisas por seu nome e encarar suas consequências até o fim, devemos admitir que a atividade está presente na psicanálise desde a origem e nunca foi inteiramente eliminada, pois o analista orienta a atividade de seu paciente, nem que seja apenas por suas interpretações, as quais, indubitavelmente, privilegiam e favorecem esta ou aquela direção das associações. Ferenczi termina o artigo com algumas ideias que lhe são caras: evoca o caráter infantil do neurótico e a posição infantil que é a sua na situação analítica; a sinceridade absoluta exigida do analista, que nunca deve prometer mais do que pode cumprir, sob pena de reproduzir traumatismos idênticos àqueles primitivamente sofridos pelo paciente, e com as mesmas consequências.

No artigo de 1924, "As fantasias provocadas", Ferenczi retoma a ideia de que a técnica ativa nada mais faz senão levar ao extremo uma medida que é parte integrante da técnica mais clássica: toda interpretação tem como efeito privilegiar certas ideias e certas afeições e, por conseguinte, suscitar fantasias nas direções as-

INTRODUÇÃO XI

sim privilegiadas. Ferenczi preconiza favorecer intencional e explicitamente uma consequência necessariamente implicada em toda interpretação.

"Psicanálise dos hábitos sexuais" talvez seja o mais importante dos artigos consagrados à técnica ativa. As experiências da técnica ativa são estendidas ao campo das atividades pré-genitais e dos traços de caráter pré-genitais. Ferenczi desenvolve as bases teóricas da técnica ativa e expõe a metapsicologia dos hábitos em geral: formação de um hábito por passagem do comando de um ato do ego ao id, e ruptura de um hábito por retomada do comando de um ato pelo ego tendo em vista uma nova adaptação. Estuda igualmente o parentesco existente entre instinto e hábito e emite a interessante hipótese de que o hábito poderia ser um estágio intermediário da formação de um instinto. Notemos que essa hipótese concorda perfeitamente com as observações do naturalista Konrad Lorenz concernentes às diversas espécies de pato, que ele relata em seu livro *L'agression, une histoire naturelle du mal*.

Enfim, Ferenczi enuncia explicitamente nesse artigo dois pontos importantes relativos à técnica de atividade: 1º a atividade cabe ao paciente; o analista deve limitar-se a suscitá-la com suas intervenções; 2º quanto à forma das intervenções do analista, não se trata mais, aqui, de formular injunções e proibições, mas apenas de intervir com conselhos amigáveis e sugestões. É, seguramente, uma atenuação importante em relação às medidas autoritárias preconizadas antes.

"Contraindicações da técnica ativa" assinala o fim desse período de pesquisas técnicas de Ferenczi. Esse artigo constitui ao mesmo tempo uma crítica do método ativo, que perturba a transferência e intensifica a resistência, uma atenuação das suas modalidades de aplicação, uma constatação de fracasso parcial e um arrazoado em favor dessa técnica, apesar de todas as limitações cuja existência teve de admitir. Manifestamente, Ferenczi teve dificuldade para renunciar a um método que lhe valeu um material tão rico e fecundo.

Contentar-nos-emos, em nossa introdução, com mencionar simplesmente alguns dos outros artigos que constam deste volume III. Citemos, primeiramente, o importante artigo consagrado ao problema dos tiques (1921). Partindo de sua própria experiência clínica e dos numerosos casos clínicos minuciosamente descritos e estudados numa obra publicada por dois autores franceses, Meige e Feindel, Ferenczi estabelece uma relação íntima entre o sintoma do tique e as neuroses narcísicas. Esse artigo passa em revista um número tão grande de problemas (relação entre tique e neurose obsessional, conversão histérica, catatonia, neurose traumática, etc., diagnóstico diferencial desses estados), que serviu de texto básico para uma discussão da Sociedade Psicanalítica de Berlim nesse mesmo ano de 1921, discussão de que participaram numerosos analistas, notadamente Abraham e Van Ophuisen, assim como o próprio Ferenczi, por correspondência, mediante uma nota escrita, também reproduzida neste volume.

Entre os artigos de 1922, mencionemos "A psicanálise dos distúrbios mentais da paralisia geral", artigo que certamente não seria desaprovado pela atual medicina dita psicossomática. Ferenczi propõe interpretar certos sintomas psíquicos da paralisia geral como uma patoneurose cerebral, isto é, uma reação neurótica a uma lesão do cérebro, que seria independente das consequências diretas dessa lesão, como uma tentativa de descarregar as quantidades de libido mobilizadas pela lesão cerebral. Em sua conclusão, Ferenczi, que sempre deu provas de certo imperialismo psicanalítico, nota com satisfação que a psicanálise acaba de ingressar, assim, na psiquiatria orgânica e não se limita mais ao estudo das psicoses "funcionais".

O ano de 1923 nos traz toda uma série de observações clínicas penetrantes, cada uma das quais abre numerosas perspectivas para a reflexão. Mencionemos, em particular, "O sonho do bebê sábio", em que encontramos o tema de uma fantasia cara a Ferenczi e à qual ele retornava com frequência, tanto em suas comunicações orais como em seus trabalhos escritos. Trata-se de um bebê que começava bruscamente a se exprimir, deixando os adultos estupefatos com seus conhecimentos e sua sabedoria. O mal-estar inerente a essa fantasia talvez não seja de todo estranho, em sua natureza, ao que fez Ferenczi ser apelidado de *"enfant terrible* da psicanálise", apelido que o divertiu tanto quanto o magoou.

Enfim, em 1924, Ferenczi publica o trabalho cujo tema o preocupa há anos e que ocupa um lugar à parte em sua obra: *Thalassa, psicanálise das origens da vida sexual*. A longa gestação desse livro se reflete até nos diferentes títulos que Ferenczi lhe deu sucessivamente: *Versuch einer Genitaltheorie*, em alemão, depois *Catástrofes no desenvolvimento da função genital*, em húngaro, enfim "Thalassa: A Theory of Genitality", na tradução inglesa.

INTRODUÇÃO

Impressionado com os *Três ensaios sobre a teoria da sexualidade* de Freud, que ele traduzia em húngaro em seus momentos livres durante o serviço militar, Ferenczi tratou de aplicar certos modelos psicanalíticos ao estudo da fisiologia dos órgãos, de partes de órgãos e, enfim, de tecidos. Praticou também o procedimento inverso, utilizando conhecimentos tirados do domínio da biologia para compreender fenômenos psíquicos. Foi o que chamou de método "utraquístico". Resulta daí esse romance de ficção "bioanalítica" em que Ferenczi esboça as linhas mestras de uma teoria da genitalidade.

Mencionemos dois artigos publicados em 1926: "As neuroses de órgão e seu tratamento", que poderia ser considerado, com "A psicanálise dos distúrbios mentais da paralisia geral" já mencionado, um precursor da pesquisa psicossomática, e, enfim, um artigo importante, "O problema da afirmação do desprazer". Esse artigo retoma as ideias que Ferenczi começara a elaborar desde 1913 em "O desenvolvimento do sentido de realidade e seus estágios" (volume II desta edição), para reconsiderar o problema em seu conjunto à luz do artigo que Freud acabava de publicar, "Die Verneinung" (1925). Ferenczi estuda, notadamente, o papel do amor e do ódio (pulsão de vida e pulsão de morte) no conhecimento objetivo, isto é, no desenvolvimento do pensamento científico, condição necessária para toda verdadeira adaptação.

Esse ano de 1926 encerra o período de pesquisas que Ferenczi consagrou à técnica ativa. Após um ano de silêncio total, coisa rara em Ferenczi e, por isso mesmo, significativa, ele iniciará a última fase de sua existência, essencialmente ocupada por uma nova pesquisa técnica: a técnica de tolerância e de indulgência. O quarto volume desta edição compreenderá os artigos deste último e mais doloroso período da vida de Ferenczi.

J. DUPONT

I

Dificuldades técnicas de uma análise de histeria

(Com observações sobre o onanismo larvado
e os "equivalentes masturbatórios")

Uma paciente, que punha tanta inteligência quanto zelo em obedecer às regras do tratamento psicanalítico e a quem tampouco faltava uma certa compreensão teórica, não vinha registrando nenhum progresso havia algum tempo, após uma relativa melhora de sua histeria a creditar, sem dúvida, à primeira transferência.

Como o trabalho continuava sem avançar, recorri a uma medida extrema e fixei um prazo para o tratamento, esperando fornecer assim à paciente um motivo suficiente de trabalho. Mesmo isso, porém, só trouxe uma ajuda provisória; a paciente recaiu rapidamente em sua inatividade habitual, que dissimulava sob o amor de transferência. As sessões passavam-se em declarações e juras de amor apaixonadas da parte dela e, da minha, em vãos esforços para fazê-la entender a natureza transferencial dos seus sentimentos e reconduzi-la aos objetos reais mas inconscientes de seus afetos. No prazo fixado, dispensei-a sem que estivesse curada. Quanto a ela, estava muito satisfeita com a melhora obtida.

Alguns meses mais tarde, voltou num estado de completo desânimo; seus distúrbios tinham retornado com a mesma intensidade de antes. Cedi à sua súplica e retomei o tratamento. Mas pouco depois, tendo atingido grau de melhora já alcançado anteriormente, a paciente recomeçou com as mesmas artimanhas. Desta vez foram circunstâncias exteriores que provocaram a interrupção do tratamento, o qual, portanto, ficou inacabado pela segunda vez.

Um novo agravamento, assim como a supressão dos obstáculos em questão, fizeram-na voltar uma terceira vez. Novamente, os progressos não duraram muito. Durante as fantasias amorosas que repetia infatigavelmente e cujo objeto era sempre o médico, a paciente fez por diversas vezes, como quem não quer nada, o comentário de que tinha "sensações por baixo", quer dizer, sensações eróticas genitais. Só então é que um olhar fortuito ao modo como ela se deitara no divã me obrigou a constatar que a paciente conservava as pernas cruzadas durante toda a sessão. Isso nos levou – não era a primeira vez – ao tema do onanismo que as moças e as mulheres praticam de preferência apertando as coxas uma contra a outra. Ela negou categoricamente, como já acontecera antes, alguma vez ter tido este tipo de prática.

Devo confessar que precisei de muito tempo – e isso é significativo da lentidão com que uma intuição nova já operante emerge na consciência – para pensar em proibir à paciente essa postura. Expliquei-lhe que essa era uma forma larvada de masturbação, a qual permitia descarregar sub-repticiamente moções inconscientes e só deixar passar fragmentos inutilizáveis no material associativo.

Só posso qualificar de fulminante o efeito produzido por essa medida. A paciente, a quem esse modo habitual de descarga no plano genital permaneceu interdito, passou a sofrer durante as sessões de uma agitação física e psíquica quase intolerável; já não era capaz de permanecer tranquilamente deitada e tinha que mudar de posição a todo momento. Suas fantasias assemelhavam-se a delírios febris de onde emergiram finalmente fragmentos de lembranças havia muito tempo enterrados, que se agruparam pouco a pouco em torno de certos eventos da infância e forneceram as circunstâncias traumáticas mais importantes da doença.

A melhora que se seguiu marcou, sem dúvida, um progresso decisivo, mas a paciente – não obstante observasse escrupulosamente a interdição – parecia acomodar-se a essa forma de abstinência e instalar-se de modo confortável nesse estágio do conhecimento. Em outras palavras, ela deixou de novo de trabalhar e refugiou-se no bastião do amor de transferência.

Instruído pelas experiências anteriores, eu estava disposto a desalojá-la dos esconderijos onde a paciente abrigava sua satisfação autoerótica. Verificou-se que ela obedecia à prescrição *durante a sessão de análise* mas a infringia constantemente o resto do dia. Apuramos que ela arranjava-se para *erotizar* a maioria de suas atividades de dona de casa e de mãe de família apertando imperceptivelmente, e sem ter a menor consciência disso, as pernas uma contra a outra. É claro, mergulhava então em fantasias inconscientes cuja vinda à tona ela assim impedia. Tendo sido a interdição estendida ao dia inteiro, produziu-se uma nova melhora, mas também esta passageira. Este caso parecia comprovar o aforismo latino *Naturam expellas furca, tamen ista recurret*. Observei nela, no decorrer da análise, certos "atos sintomáticos", como divertir-se beliscando diversas partes do seu corpo. Quando lhe proibi todas as formas de onanismo larvado, os atos sintomáticos tornaram-se *equivalentes do onanismo*. Entendo por isso excitações aparentemente anódinas de partes indiferentes do corpo que, no entanto, substituem qualitativa e quantitativamente a erogeneidade dos órgãos genitais. Neste caso, a libido estava privada de um modo tão total de toda e qualquer outra possibilidade de descarga que ela podia aumentar até atingir um verdadeiro *orgasmo* ao nível dessas partes do corpo que, por sua natureza, estão longe de ser zonas erógenas preponderantes.

Só a impressão que causou nela essa experiência pôde levar a paciente a admitir comigo que dissipava toda a sua sexualidade nesses "maus hábitos" menores, e depois a aceitar a renúncia, em proveito do tratamento, a esse modo de satisfação praticado desde a infância. Ela encarregara-se de uma pesada tarefa, mas o jogo valia a pena. A sexualidade, à qual todas as vias de escoamento anormais estavam barradas, encontrou por si mesma, sem exigir a menor indicação a esse respeito, o caminho da zona genital que lhe estava normalmente designada e da qual tinha sido recalcada numa certa época do desenvolvimento, exilada por assim dizer de sua pátria em regiões estranhas.

A esse repatriamento ainda veio se opor o reaparecimento passageiro de uma neurose obsessiva de que sofrera em sua infância, fácil de interpretar e que a paciente compreendeu, aliás, sem dificuldades.

A última etapa foi marcada pelo surgimento de uma intempestiva e imotivada *necessidade de urinar*, à qual lhe foi logo proibido ceder. Um dia ela contou-me, para meu grande espanto, ter sentido uma excitação dos órgãos genitais tão intensa que não pôde impedir-se de procurar alguma satisfação, esfregando vigorosamente sua mucosa vaginal. Ela não pôde aceitar diretamente a ideia de que seu gesto confirmava a minha hipótese de um *período de masturbação ativa em sua infância*, mas não tardou em fornecer sonhos e associações que a convenceram. Essa recidiva da masturbação não foi de longa duração. Paralelamente à sua luta contra a masturbação infantil, ela chegou, superando muitas dificuldades, a encontrar satisfação nas relações sexuais normais, o que até esse dia – apesar da excepcional potência de seu marido, que já lhe tinha feito muitos filhos – lhe estivera interdito. Ao mesmo tempo, vários sintomas histéricos ainda não resolvidos encontraram sua explicação em fantasias e lembranças genitais que se tornaram agora manifestas.

Esforcei-me por destacar nessa análise extremamente complexa apenas o que se revestia de interesse no plano técnico, e por descrever como fui levado a estabelecer uma nova regra analítica.

Ei-la: durante o tratamento, deve-se pensar na possibilidade de um onanismo larvado, assim como nos equivalentes masturbatórios e, desde que se observem os sinais, suprimi-los. Essas atividades, que se poderia supor inofensivas, são, com efeito, suscetíveis de tornar-se o refúgio da libido despojada pela análise de seus investimentos e, nos casos extremos, podem substituir toda a atividade sexual do sujeito. E, se, em algum momento, o paciente se dá conta de que esses modos de satisfação escapam ao analista, carrega-os de todas as suas fantasias patogênicas, permite-lhes a todo momento a descarga direta na motilidade e poupa-se o trabalho penoso e desagradável de torná-los conscientes.

Vi depois essa regra técnica ser comprovada em diversos casos. Tomá-la em consideração permitiu superar certas resistências tenazes ao prosseguimento do trabalho analítico.

Aqueles que leem atentamente a literatura psicanalítica verão talvez uma contradição entre essa medida técnica e as opiniões professadas a respeito do onanismo por numerosos psicanalistas.

Aliás, os pacientes que me obrigavam a recorrer a essa técnica não deixavam de me fazer a observação: "Afirma-se, no entanto", diziam eles, "que o onanismo não é perigoso e você o proíbe." Essa contradição é fácil de resolver. Sem nada mudar à nossa opinião quanto ao caráter relativamente inofensivo da masturbação em caso de privação, por exemplo, podemos manter, entretanto, a exigência desse tipo de abstinência. Com efeito, não se trata, no caso, de uma interdição geral da autossatisfação mas de uma medida provisória destinada a servir os objetivos e a favorecer a continuidade do tratamento analítico. Aliás, quando o desfecho do tratamento é favorável, muitos pacientes deixam de sentir a necessidade de recorrer a esse modo de satisfação infantil ou juvenil. Entretanto, as coisas nem sempre ocorrem assim. Há mesmo casos em que os pacientes reconhecem ter cedido, durante o tratamento, pela primeira vez em suas vidas ao desejo de uma satisfação masturbatória, marcando com essa "ação fulgurante" a transformação favorável que se inicia em sua posição libidinal.

Mas isso só pode aplicar-se ao onanismo manifesto acompanhado de um conteúdo fantasístico erótico consciente, e não às múltiplas formas de onanismo "larvado" e seus equivalentes. Estes últimos podem ser considerados patológicos e necessitam de uma elucidação analítica. Esta, porém, só é possível, como vimos, desde que se faça cessar, pelo menos provisoriamente, a própria prática, de modo que a excitação que ela mobiliza seja orientada para vias puramente psíquicas e finalmente abra um caminho até o sistema consciente. Só quando o paciente aprendeu a suportar a consciência de suas fantasias masturbatórias é que se lhe deve conceder a liberdade de dispor delas. O mais frequente é que só recorra a elas em caso de estrita necessidade.

Aproveito a ocasião para descrever ainda algumas formas de atividades masturbatórias larvadas ou vicariantes. Há muitas pessoas, não neuróticas sob muitos aspectos, mas, sobretudo, muitos neurastênicos que se masturbam inconscientemente e de um modo quase permanente durante a vida inteira. Os homens, por exemplo, conservam o dia todo as mãos nos bolsos das calças, e pelos movimentos dos dedos e das mãos observa-se que apertam, esfregam e sacodem o pênis. Não ficam pensando em coisas "ruins"; pelo contrário, é provável que estejam mergulhados em profundas especulações matemáticas, filosóficas ou comerciais. Por minha parte, penso que neste caso essa "profundidade" não vai muito longe. É possível que esses problemas requeiram toda a atenção deles, mas as verdadeiras profundezas de sua vida psíquica (aquelas que são inconscientes) preocupam-se paralelamente com fantasias eróticas primitivas e buscam diretamente, como sonâmbulos, a satisfação desejada.

Alguns, em vez de remexer nos bolsos das calças, apresentam um tremor clônico dos músculos da barriga da perna, bastante desagradável, com frequência, para os seus vizinhos. Quanto às mulheres, a quem a forma de suas roupas, bem como o decoro, vedam movimentos tão explícitos, elas apertam as pernas uma contra a outra ou cruzam-nas. É em especial durante os trabalhos de costura, que desviam sua atenção, que elas buscam de bom grado tais "brindes de prazer".

Entretanto, mesmo pondo de lado as consequências psíquicas, não se pode considerar totalmente inofensivo esse movimento inconsciente. Nesses casos, embora jamais culmine – ou justamente por essa razão – num orgasmo completo mas apenas em excitações mais ou menos toscas, ele pode contribuir para o surgimento de estados neuróticos de angústia. E também conheço casos em que essa excitação contínua por orgasmos muito frequentes, embora mínimos (os quais podem ser acompanhados no homem de um escoamento de líquido prostático), acaba por tornar essas pessoas neurastênicas e prejudica-lhes a potência. Só dispõe de potência normal aquele que é capaz de reter e de acumular por um certo tempo as suas moções libidinais e de deixá-las afluir plenamente a órgãos genitais na presença dos objetos e metas sexuais apropriados. O desperdício permanente de pequenas quantidades de libido é nocivo a essa capacidade. (Isso não se aplica, em geral, à masturbação periódica e conscientemente desejada.)

Um outro fator que, na nossa maneira de ver, parece contradizer opiniões anteriormente expressas, seria a nossa concepção dos *atos sintomáticos*. Ensinou-nos Freud que essas manifestações da psicopatologia da vida cotidiana podem, no decorrer do tratamento, indicar a existência de fantasias recalcadas e, por conseguinte, possuir uma significação, ainda que, por outro lado, se apresentem perfeitamente anódinas. Vemos, pois, que elas podem estar fortemente investidas pela libido recalcada de outras posições e converter-se em equivalentes masturbatórios que nada têm de inofensivos. Encontramos aqui estágios intermediários entre os atos sintomáticos e certas formas de *tique convulsivo*, para os quais não dispomos, até o momento, de nenhuma explicação psicanalítica. Espero ver um dia provado, através da análise, que um bom número desses tiques são equivalentes estereotipados do onanismo. O vínculo notável que existe entre os *tiques* e a *coprolalia* (por exemplo, quando há repressão de manifestações motoras) não seria outra coisa senão a irrupção no pré-consciente de fantasias eróticas – em geral sadicoanais – simbolizadas pelos tiques em conjunto com um investimento espasmódico dos traços mnêmicos verbais correspondentes. A coprolalia deveria, portanto, a sua formação a um mecanismo semelhante àquele em que assenta a técnica que experimentamos, que permite a certas moções, descarregadas até então em equivalentes masturbatórios, ganharem acesso à consciência.

Após esta digressão no terreno da higiene e da nosologia, retornemos às reflexões psicológicas e técnicas muito mais interessantes que o caso relatado no início pode inspirar-nos.

Neste caso, fui levado a abandonar o papel passivo que o psicanalista desempenha habitualmente no tratamento, quando se limita a escutar e a interpretar as associações do paciente, e ajudei a paciente a ultrapassar os pontos mortos do trabalho analítico intervindo ativamente em seus mecanismos psíquicos.

É ao próprio Freud que ficamos devendo o protótipo dessa "técnica ativa". Na análise das histerias de angústia, ele recorreu – em caso de estagnação análoga – ao expediente que consiste em exigir dos pacientes que enfrentem precisamente as situações críticas passíveis de suscitar neles a angústia, não para "habituá-los" a essas coisas angustiantes mas para desligar de suas cadeias associativas afetos mal ancorados. Espera-se assim que as valências no princípio não saturadas desses afetos que passaram a flutuar livremente atraiam, de forma prioritária, as representações que lhes são qualitativamente adequadas e historicamente correspondentes. Logo, também aqui se trata, como no nosso caso, de barrar as vias inconscientes e habituais de escoamento da excitação e de obter por coação o investimento pré-consciente, assim como a versão consciente do recalcado.

Desde a descoberta da transferência e da "técnica ativa", podemos dizer que a psicanálise dispõe, além da observação e da dedução lógica (interpretação), do método experimental. Assim como na experimentação animal é possível, ligando as grandes redes arteriais, elevar a pressão sanguínea em regiões distantes, também podemos e devemos, em certos casos, barrar as vias inconscientes de escoamento à excitação psíquica para obrigá-la, graças ao "aumento de pressão" da energia assim obtido, a vencer a resistência oposta pela censura e a estabelecer um "investimento estável" por meio dos sistemas psíquicos superiores.

Diferentemente da sugestão, não exercemos nenhuma influência sobre a nova direção do fluxo de energia e deixamo-nos surpreender de bom grado pelos rumos inesperados que, por esse fato, a análise venha a adotar.

Esse tipo de "psicologia experimental" é capaz, mais do que qualquer outro meio, de nos convencer da exatidão da teoria psicanalítica das neuroses segundo Freud, assim como da validade da psicologia fundamentada nela (e na interpretação de sonhos). Em especial, aprendemos assim a avaliar em seu justo valor a hipótese freudiana relativa à existência de *instâncias psíquicas* subordinadas umas às outras e habituamo-nos a levar em conta as *quantidades psíquicas* como as outras massas de energia.

Um exemplo como este mostra-nos, uma vez mais, não serem simples "energias psíquicas" as que estão em ação na histeria mas forças libidinais, mais exatamente, forças pulsionais genitais; e que cessa a formação de sintomas se se conseguir conduzir para os órgãos genitais a libido utilizada de maneira anormal.

II

A influência exercida sobre o paciente em análise

No IV Congresso Internacional de Psicanálise em Munique, no decorrer do qual se manifestaram abertamente numerosas divergências até então latentes entre os membros da Associação, o meu colega de Estocolmo, dr. Bjerre, apresentou uma exposição na qual propôs, em termos não muito diferentes dos adotados pelos secessionistas de Zurique, combinar a terapêutica puramente psicanalítica com uma educação médica e moral do paciente. Bjerre atacou então de maneira explícita algumas das minhas declarações, que, nesse ponto, contrariavam a sua concepção, e me vi na obrigação de defendê-las, insistindo uma vez mais em que a terapêutica psicanalítica deve limitar-se a esclarecer e a superar sistematicamente as resistências internas do paciente, o que lhe permite obter verdadeiros êxitos sem necessidade de nenhuma outra intervenção ativa. Nessa ocasião, tive especial cuidado em advertir contra toda confusão entre o tratamento psicanalítico e o chamado método de sugestão (tratamento de transferência).

Ora, em número recente de nossa *Revista Internacional de Psicanálise*[1], encontro duas declarações contraditórias a respeito desse problema. Em sua crítica clara e rigorosa da concepção de psicanálise segundo Janet, diz Ernest Jones, entre outras coisas: "Um psicanalista jamais deve dar conselhos ao seu paciente e, sobretudo, o de ter relações sexuais." Em contrapartida, no início da sua comunica-

---

1. Vol. IV, pp. 11 e 20.

ção, Sadger trata do comportamento de um paciente depois que este, "a conselho meu [i.e., desse autor], praticou um coito pela primeira vez em sua vida".

Considero que o problema de saber se o psicanalista tem ou não o direito de dar conselhos ao seu paciente é suficientemente importante para ser submetido de novo a debate.

Depois do que eu disse no Congresso de Munique, poder-se-ia crer que compartilho inteiramente da opinião de Jones e que desaprovo a conduta de Sadger. Ora, não é essa a minha posição e acho excessiva a afirmação de Jones; cabe-me, portanto, justificar o meu ponto de vista[2].

Nos casos de histeria de angústia e de impotência histérica, pude constatar muitas vezes que a análise progride sem dificuldade até um certo ponto; os pacientes adquirem uma boa compreensão das coisas, mas o resultado terapêutico faz-se sempre esperar; as associações começam até a repetir-se com uma certa monotonia, como se os pacientes nada mais tivessem a dizer, como se o inconsciente deles estivesse esgotado. Naturalmente, se fosse assim, estaria desmentida a teoria psicanalítica relativa à fonte inconsciente das neuroses.

Nessa situação delicada, um conselho que me foi dado verbalmente pelo professor Freud tirou-me de apuros. Nas neuroses de angústia, disse-me ele, deve-se convidar os pacientes, ao cabo de um certo tempo, a renunciar às suas inibições fóbicas e a enfrentar precisamente o que suscita mais angústia neles[3]. Para justificar esses conselhos aos olhos de seu paciente, assim como a seus próprios olhos, o médico pode sustentar que toda tentativa desse gênero faz

---

2. A versão húngara deste texto inclui aqui dois parágrafos que faltam na versão alemã:

Mantenho, em substância, a resposta que dei a Bjerre. Repito que convém proteger a pureza do método psicanalítico contra qualquer amálgama com outros procedimentos, assim como convém proteger os pacientes dos "psicanalistas selvagens" que, ignorando tudo sobre a natureza psicossexual das neuroses, esforçam-se para resolver conflitos psíquicos complexos através de conselhos como: "Case-se", "arranje uma amante", "tenha relações sexuais mais frequentes", etc.

Há casos, porém, em que o próprio interesse da psicanálise obriga-nos a dar diretrizes ao paciente (Notas dos Tradutores Franceses).

3. Na versão húngara, Ferenczi fornece alguns exemplos de intervenção desse tipo: "... tentar, a despeito da angústia penosa, sair sozinho, frequentar os amigos e as reuniões sociais, ir ao teatro, etc." (NTF)

surgir um novo material psicanalítico, ainda inexplorado, que, sem essa intervenção enérgica, só seria obtido muito mais tarde – ou nunca.

Segui as instruções do meu mestre e posso testemunhar a excelência do resultado. Esse "incitamento" propiciou notáveis progressos no tratamento de numerosos pacientes.

Os adversários da psicanálise objetarão que se trata, afinal, de uma forma disfarçada de sugestão ou de adaptação. Responder-lhes-ei: *si duo faciunt idem non est idem*.

Em primeiro lugar, nunca prometemos ao paciente que essa experiência vai permitir-lhe curar-se; pelo contrário, preparamo-lo para um eventual agravamento do seu estado imediatamente após a tentativa. Contentamo-nos em dizer-lhe – justificadamente – que essa experiência provará ser proveitosa para o tratamento, *em última análise*.

Em segundo lugar, renunciamos ao mesmo tempo a todos os procedimentos habituais da sugestão autoritária baseada na severidade ou na brandura, e deixamos o paciente decidir sobre o momento da experiência. Para acatar a nossa injunção, ele já deve ter atingido um grau bastante considerável de compreensão analítica.

Enfim, não negarei que essas experiências usam elementos transferenciais – aqueles mesmos de que os hipnotizadores se servem com exclusão de todos os outros. Mas ao passo que se supõe que a transferência para o médico tem, neste último caso, um efeito terapêutico direto, a psicanálise, segundo Freud, só se serve dela para enfraquecer as resistências do inconsciente. Aliás, o médico, antes de pôr fim ao tratamento, revela seu jogo ao paciente permitindo-lhe assim que este o deixe plenamente independente.

Nesse sentido, penso que Sadger tinha razão em convidar seu paciente a realizar um ato que vinha sendo evitado desde longa data, e que Jones exagerava ao dizer que o psicanalista jamais dá conselhos[4].

Em meu entender, esta concepção não é incompatível com a pureza da terapêutica psicanalítica que eu defendia na época contra Bjerre.

---

4. O redator da edição inglesa sustenta que Jones jamais teria dito tal coisa. (NTF)

III

Psicanálise das neuroses de guerra[1]

Senhoras e senhores: permitam-me introduzir o assunto particularmente grave e sério de que pretendo falar-lhes hoje com uma pequena história que nos mergulha diretamente no âmago dos acontecimentos que abalam o mundo atual. Um húngaro, que teve a oportunidade de observar de muito perto uma parte da agitação revolucionária na Rússia, contou-me a estupefação sentida pelos novos senhores revolucionários de uma cidade russa, obrigados a constatar que a revolução não se produzia com a rapidez que seus cálculos teóricos tinham previsto. Com base no materialismo histórico, eles tinham pensado poder introduzir, desde a tomada do poder, a nova ordem social sem encontrar obstáculos. Ora, foram elementos irresponsáveis, inimigos de qualquer espécie de ordem, os que se apossaram do poder, de modo que este escapou, pouco a pouco, aos autores da revolução. Os líderes do movimento reuniram-se então para descobrir onde estava o erro em seus cálculos. Convieram finalmente em que a concepção materialista talvez se tivesse mostrado exclusiva demais, só levando em conta as condições econômicas e as relações de força, mas omitindo a participação de um pequeno detalhe. Esse pequeno detalhe era o estado de espírito, o modo de pensar dos homens, em suma, o elemento psíquico. Homens consequentes, eles logo despacharam emissários que lhes

---

1. Relatório apresentado ao V Congresso Internacional de Psicanálise de Budapeste, 28 de setembro de 1918.

permitissem obter, mesmo *a posteriori*, alguns conhecimentos nessa matéria menosprezada. Essa negligência dos revolucionários causou vários milhares de vítimas, talvez inúteis, mas é possível que seu fracasso os tenha colocado no caminho de algo importante: a descoberta do psiquismo.

Aconteceu algo da mesma ordem com os neurologistas durante a guerra. A guerra tinha produzido doenças nervosas em massa, que pediam para ser explicadas e curadas: mas a explicação organicista e mecanicista então vigente – que correspondia *grosso modo* ao materialismo histórico em sociologia – foi um total fracasso. A experiência coletiva da guerra produziu um grande número de neuroses graves em que todo efeito mecânico parecia excluído, e os próprios neurologistas viram-se constrangidos a reconhecer que haviam omitido levar em conta algo que, uma vez mais, era o fator psíquico.

Talvez possamos perdoar essa negligência à sociologia; é um fato que, em sociologia, a importância concedida ao elemento psíquico era até aqui extremamente reduzida. Pelo contrário, os neurologistas não podem escapar à censura de terem menosprezado por muito tempo os trabalhos inovadores de Breuer e Freud sobre o determinismo psíquico de numerosos distúrbios nervosos e de terem esperado pela pavorosa experiência da guerra para ficar um pouco mais bem informados. Ora, existe há mais de vinte anos uma ciência, a *psicanálise*, à qual muitos investigadores dedicam todos os seus esforços e que nos dotou de conhecimentos de extraordinária importância a respeito do mecanismo da vida psíquica e suas perturbações.

Na presente exposição, contentar-me-ei em relatar o ingresso da psicanálise na neurologia moderna, o qual só ocorreu abertamente para uma reduzida fração, sendo a sua maior parte introduzida com muitas reservas e sob a bandeira de empréstimo; e enunciarei brevemente os princípios teóricos que fundamentam a concepção psicanalítica das "neuroses traumáticas" observadas durante a guerra[2].

---

2. Do imenso volume de literatura relativa às neuroses de guerra, citarei apenas os fatos essenciais e somente na medida em que têm uma relação com a psicanálise. Agradeço ao médico-chefe M. Eitington e ao prof. Arthur Sarbó terem colocado à minha disposição as fontes necessárias.

A controvérsia apaixonada que se desenrolou há algumas dezenas de anos, a propósito da doença que Oppenheim tinha isolado como entidade mórbida sob o nome de "neurose traumática", reacendeu-se com mais ímpeto ainda após o início da guerra. Oppenheim apressou-se a explorar as observações reunidas durante a guerra, que expôs tantos milhares de pessoas a choques súbitos, em proveito da sua velha ideia, ou seja, que os sintomas dessa neurose são sempre provocados por uma *alteração física* dos centros nervosos (ou das vias nervosas periféricas que produzem secundariamente essas alterações centrais). A descrição que ele propõe das modalidades do próprio choque e dos efeitos deste sobre o funcionamento nervoso é feita em termos deveras generosos, poderíamos até dizer extravagantes. Certos elos do mecanismo de inervação são "liberados", elementos mais finos "deslocados", circuitos "fechados", conexões desfeitas, surgem obstáculos à condução, etc. São comparações dessa ordem, sem o menor fundamento real, que permitiram a Oppenheim elaborar um quadro impressionante das correlações materiais da neurose traumática.

Oppenheim imagina as alterações de estrutura provocadas no cérebro pelo traumatismo como um processo físico sutil, comparável ao que se produz num núcleo de ferro quando este recebe uma carga de energia magnética.

Gaupp, sarcástico, qualifica essas especulações físicas e fisiológicas superficiais de mitologia cerebral e de mitologia molecular. Na minha opinião, ele se mostra injusto com a mitologia.

O material invocado por Oppenheim em apoio às suas concepções não era absolutamente de natureza a servir de esteio às suas confusas teorias. É certo que ele descreve, com a precisão que o caracteriza, síndromes típicas cujo número foi tristemente multiplicado pela guerra, e também lhes aplicou nomes um tanto grandiloquentes mas pouco explícitos quanto à sua natureza (acinesia, amnéstica, miotoclonia trepidante); entretanto, essas descrições não tornaram muito convincentes as suas hipóteses teóricas[3].

Houve sem dúvida investigadores que aprovaram as concepções de Oppenheim, se bem que, de um modo geral, com reservas.

---

3. Um crítico de Oppenheim propôs a utilização dessas palavras difíceis de pronunciar para o exame dos distúrbios de fala nos paralíticos (para que esses nomes possam, pelo menos, servir para alguma coisa).

Goldscheider pensa que na formação do sintoma nervoso há a intervenção de fatores mecânicos e psíquicos; é igualmente a opinião de Cassierer, Schuster e Birnbaum. A Wollenberg, que se pergunta se as neuroses de guerra são o resultado de uma emoção ou de uma comoção, Aschaffenburg respondeu que se trata de um efeito conjugado de emoção e comoção. Entre os raros autores partidários de uma concepção estritamente mecanicista citarei Lilienstein, que exige em termos categóricos a supressão, no vocabulário médico, dos termos e das noções de "psiquismo", "funcional", "psíquico", mas sobretudo de "psicogênico"; isso simplificaria a discussão e facilitaria o estudo, o tratamento e o exame das doenças traumáticas; os progressos da técnica anatômica permitirão certamente descobrir um dia as bases materiais das neuroses.

Cumpre assinalar aqui a postura de Sarbó, que procura a causa das neuroses de guerra em destruições que afetam a *microestrutura* dos tecidos e em micro-hemorragias ao nível do sistema nervoso central; estas seriam provocadas por uma comoção direta, uma súbita pressão do líquido cerebrospinal, a compressão da medula espinhal no *foramen magnum*, etc. Poucos autores sustentam a concepção de Sarbó. Nesse contexto, mencionarei Sachs e Freud, que consideram ser o traumatismo responsável pelo aumento da excitabilidade e da fatigabilidade das células nervosas, o que constituiria então a causa direta das neuroses. Enfim, para Bauer e Fauser, as neuroses traumáticas são a consequência nervosa de transtornos na secreção endócrina provocada pelo traumatismo, como na doença de Basedow pós-traumática.

Entre os primeiros que se declararam contrários a uma concepção puramente orgânica e mecânica das neuroses de guerra encontrava-se Strümpell, que já assinalara havia muito tempo o papel de certos fatores psíquicos nas neuroses traumáticas. Observou ele corretamente que as pessoas que contraem neuroses graves em consequência de catástrofes ferroviárias são, em geral, aquelas que têm *interesse* em poder justificar lesões decorrentes do traumatismo, por exemplo, pessoas que têm seguros contra acidentes e gostariam de receber uma vultosa pensão, ou aquelas que processaram a companhia da estrada de ferro para demandar na justiça perdas e danos. Mas traumatismos idênticos ou ainda mais violentos não tiveram nenhuma consequência neurótica duradoura nos casos de acidentes que sobreviveram durante uma atividade esportiva ou eram imputáveis à própria negligência do indivíduo e, de um modo geral, nos casos em que as circunstâncias excluíam de antemão toda esperança de indenização; portanto, em todos os casos em que o interesse do indivíduo consistia em não ficar doente mas em restabelecer-se o mais rapidamente possível. Strümpell afirmava que o desenvolvimento das neuroses traumáticas era sempre secundário e puramente psicogênico, provocado por *representações de desejos*; recomendava aos médicos que não levassem a sério, como Oppenheim, as queixas desses pacientes mas os reorientassem o mais depressa possível para a vida e para o trabalho, reduzindo ou mesmo suprimindo-lhes suas pensões. As considerações de Strümpell já tinham causado uma forte impressão no mundo médico em tempo de paz; introduzia-se a noção de *histeria com intenções pensionistas*, mas os que a contraíam eram tratados como simuladores. Portanto, Strümpell pensa que a neurose de guerra é também uma neurose de desejo que entra no projeto do paciente de ser desmobilizado com uma pensão tão substancial quanto possível. Por isso ele recomenda que os soldados atingidos por neuroses de guerra sejam julgados e examinados com o máximo rigor. O conteúdo das representações patogênicas seria sempre um desejo; o desejo de uma indenização material, o desejo de evitar o perigo e o contágio, e esse desejo atua por via autossugestiva sobre a fixação dos sintomas, a persistência das sensações mórbidas e dos distúrbios nervosos da motilidade.

Essa argumentação de Strümpell contém muitas coisas que, para o analista, parecerão *a priori* verossímeis. Em virtude de sua experiência analítica, ele sabe que os sintomas neuróticos significam, em geral, a realização de desejos; ele também conhece bem a persistência de impressões psíquicas penosas e seu caráter patogênico. Entretanto, a argumentação de Strümpell apresenta também enormes insuficiências, como a ênfase errônea sobre a *representação* patogênica e o esquecimento da *afetividade,* assim como a omissão total dos processos psíquicos *inconscientes,* o que, aliás, Kurt Singer, Schuster e Gaupp já lhe tinham recriminado. O próprio Strümpell duvida de que apenas um exame psíquico possa explicar esses quadros clínicos neuróticos, mas nada nos diz sobre seus métodos pessoais de trabalho nesse domínio. O que ele entende por exploração psíquica reduz-se provavelmente a um interrogatório preciso do traumatismo acerca de sua situação material e dos motivos que o levam a exigir uma pensão. Mas temos que protestar quando ele chama a essa exploração "uma espécie de psicanálise individual". Um único procedimento tem o direito de reivindicar esse nome, aquele que aplica o método perfeitamente definido da psicanálise.

A origem psicogênica das neuroses de guerra é confirmada por um notável fenômeno, observado por Mörchen, Bonhöffer e outros, ou seja, que os prisioneiros de guerra praticamente nunca apresentam neuroses traumáticas. Os prisioneiros de guerra não têm nenhum interesse em ficar doentes por muito tempo, uma vez em cativeiro, e, aliás estando em país estrangeiro, não podem contar com nenhuma indenização, pensão ou compaixão. Por outro lado, sentem-se provisoriamente protegidos pelo cativeiro contra os perigos da guerra. A teoria da comoção mecânica nunca poderá explicar-nos essa diferença entre o comportamento dos nossos próprios soldados e o dos prisioneiros de guerra.

As provas em favor da origem psicogênica multiplicam-se com rapidez. Schuster, assim como muitos outros observadores, mostraram a desproporção que existe entre o traumatismo e as suas consequências nervosas. Neuroses graves surgem após traumatismos mínimos, ao passo que traumatismos violentos acompanhados de lesões graves não têm, em geral, consequência alguma no plano nervoso. Kurt Singer sublinha com mais insistência ainda a desproporção entre o traumatismo e a neurose, e propõe até uma explicação psicológica para o fenômeno: "No momento do trauma psíquico fulminante, o medo e o terror paralisantes fazem com que a adaptação à excitação fique mais difícil, mesmo impossível." No caso de um ferimento grave dá-se a liberação automática da tensão bruscamente aumentada. Mas, quando não existe lesão externa, o excesso de afeto é descarregado *"por ab-reação"*, à maneira de um salto nos sintomas físicos. O termo freudiano "ab-reação" indica que o autor devia estar vagamente pensando na psicanálise ao formular a sua teoria. Pareceria uma reminiscência da teoria da conversão segundo Breuer e Freud. Entretanto, verificamos logo que Singer tem uma concepção racionalista demais do processo; para ele, a sintomatologia da neurose traumática resulta simplesmente dos esforços do doente para substituir uma consciência vaga da doença por uma explicação mais compreensível para o indivíduo. Portanto, os trabalhos desse autor ainda estão muito longe da concepção dinâmica do psiquismo, tal como a psicanálise nos mostra.

Hauptmann, Schmidt e outros chamaram em seguida a minha atenção para o papel do fator temporal no desenvolvimento sintomático das neuroses de guerra. Se se tratasse tão só de uma lesão mecânica, o efeito atingiria a sua intensidade máxima imediatamente após o traumatismo. Ora, constatamos que os sujeitos submetidos a uma comoção brutal tomam seu tempo para efetuar nos momentos que se seguem ao traumatismo um certo número de gestos perfeitamente adaptados para assegurar sua segurança, como dirigir-se ao posto de socorros, etc., e só depois desmoronam e os sintomas se desenvolvem. Em alguns, o aparecimento dos sintomas coincide com a ordem de marcha que os reenvia para o "front" após seu período de convalescença. Schmidt atribui corretamente esse comportamento dos doentes a fatores psíquicos; considera que os sintomas neuróticos só se desenvolvem após o desaparecimento do estado passageiro de confusão mental, quando os sujeitos abalados revivem a lembrança da situação perigosa. Poderíamos dizer que para esses feridos tudo se passa como para aquela mãe que salva seu filho de um perigo mortal com o maior sangue-frio e com desprezo pela própria vida, e depois, uma vez cumprida a sua tarefa, cai desmaiada. O fato de que se trata de salvar não uma outra e querida pessoa mas a sua própria e querida pele pouco ou nada interfere na apreciação da situação psicológica.

Entre os autores que insistiram especialmente na origem psíquica das neuroses traumáticas de guerra, citarei em primeiro lugar Nonne. Não só ele demonstrou que os sintomas das neuroses traumáticas de guerra eram sempre e sem exceção de natureza histérica, mas conseguiu provocar instantaneamente o desaparecimento e o reaparecimento dos mais graves desses sintomas por meio da hipnose e da sugestão. Por conseguinte, pode-se excluir a eventualidade de uma lesão, mesmo "molecular", do tecido nervoso; um distúrbio que uma ação psíquica pode reduzir só pode ser ele mesmo de natureza psíquica.

Este argumento terapêutico foi decisivo; as fileiras dos mecanicistas veem-se pouco a pouco reduzidas ao silêncio; alguns deles tentaram reajustar suas posições no sentido da psicogênese. Em consequência, a discussão prosseguiu entre os adeptos das diferentes teorias psicológicas.

Como se deveria conceber o modo de ação dos fatores psíquicos, a psicogênese de quadros clínicos tão graves e que dão uma tal impressão de organicidade?

Foi lembrada a velha teoria de Charcot, que considerava que o pavor e a lembrança deste podiam suscitar – à maneira da hipnose e da auto-hipnose – sintomas orgânicos, tal como o faz voluntariamente a ordem pós-hipnótica dada pelo hipnotizador.

Esse retorno a Charcot representa, muito simplesmente, o abandono das especulações estéreis e a redescoberta da fonte de onde proveio também, no fim das contas, a psicanálise; pois sabemos que Breuer e Freud empreenderam suas primeiras investigações sobre o mecanismo psíquico dos fenômenos histéricos sob a influência direta das constatações clínicas e experimentais de Charcot e Janet. *Os histéricos sofrem de reminiscências*: com efeito, esse primeiro princípio da psicanálise nascente continua, aprofunda e generaliza a concepção de Charcot relativa às neuroses traumáticas; nas duas concepções reencontra-se a ideia do efeito duradouro produzido por um afeto súbito, o elo persistente entre certas manifestações afetivas e a lembrança da experiência vivida.

Comparemos agora o que acaba de ser dito com a posição dos neurologistas alemães no tocante à gênese das neuroses de guerra. Goldscheider declara: "Impressões súbitas e assustadoras podem produzir diretamente afetos e, com a ajuda associativa, representações; essas imagens mnêmicas produzem efeitos suscetíveis de aumentar e de diminuir o grau de excitabilidade. É o caso da emoção, do medo, que permite ao traumatismo essa distribuição e essa fixação das consequências nervosas da excitação que uma excitação puramente somática jamais poderia ter provocado por si mesma." Pode-se facilmente perceber que essa descrição apoia-se na teoria traumática, segundo Charcot, e na teoria da conversão, segundo Freud.

Gaupp compartilha dessa opinião: "Apesar de todos os esforços da psicologia experimental moderna, apesar de toda a penetração e delicadeza da técnica de investigação neurológica e psiquiátrica, subsiste sempre um resto irredutível que não pode ser elucidado pelos meios atuais de exploração neurológica e psiquiátrica, seja qual for a sua precisão, e aos quais têm que se adicionar uma anamnese minuciosa e uma pesquisa laboriosa da patogênese do estado observado, caso se queira chegar a um diagnóstico." Gaupp aceita mesmo, de forma explícita, uma tese de Freud quando descreve as neuroses de guerra como uma *fuga* para a doença sob o impulso dos conflitos psíquicos, e quando diz, aludindo à psicanálise: "Consideramos muito mais digno de interesse o postulado segundo o qual é o *inconsciente* que age sobre o consciente e sobre o soma, do que uma teoria psicológica que se esforça, com a ajuda de termos tomados à anatomia e à fisiologia, para ocultar o fato de que nos é totalmente desconhecido o caminho que leva do somático ao psíquico e vice-versa." Numa outra passagem, vai ainda mais longe e situa o postulado psicanalítico do inconsciente no próprio centro do problema: "Admitindo-se que os processos psíquicos exercem uma ação no próprio corpo se escapam ao campo da consciência, então a maior parte das pretensas dificuldades desaparece." Mencionemos ainda Hauptmann, que considera a neurose traumática uma doença mental, deflagrada por um fator emocional e desenvolvida por via psicogênica, e seus sintomas como "a elaboração ulterior inconsciente dos fatores emocionais nos circuitos disponíveis".

Bonhöffer parece ter aceitado integralmente todas as conclusões que a experiência psicanalítica extrai da psicologia dos complexos; ele considera os sintomas traumáticos como "fixações psiconeuróticas que, sob o efeito de uma emoção maciça, permitem *a clivagem entre o afeto e o conteúdo da representação*".

Em seu excelente resumo da literatura dedicada às neuroses traumáticas, Birnbaum constata que muitas explicações relativas a essas neuroses (como, por exemplo, a teoria do desejo segundo Strümpell) contêm a ideia de uma *origem psíquica da histeria no desejo*, e comenta: "Entretanto, se a origem psíquica num desejo, a fixação a um desejo, etc., constitui um elemento fundamental da histeria, então ela pertence também, necessariamente, à definição da doença." Mas a psicanálise já formulou essa conclusão há muito tempo; sabemos que ela considera os sintomas neuróticos em geral como manifestações de desejos inconscientes ou como reações a estes.

Também Vogt se refere à "célebre tese freudiana" segundo a qual a alma atormentada refugia-se na doença, e reconhece que "a compulsão daí resultante é, com frequência, de natureza mais inconsciente do que consciente". Liepman divide os sintomas da neurose traumática em duas categorias: as consequências diretas do traumatismo psíquico e "os mecanismos psíquicos que possuem uma finalidade". Quanto a Schuster, fala de sintomas produzidos por "processos inconscientes".

Podem constatar, senhoras e senhores, que as experiências fornecidas pelo estudo das neuroses de guerra conduziram-nos, pouco a pouco, mais longe do que a descoberta do psiquismo: elas quase levaram os neurologistas a descobrir a psicanálise. Quando reencontramos na literatura recente dedicada a esse assunto noções e conceitos tão familiares quanto os de ab-reação, inconsciente, mecanismos psíquicos, clivagem entre afeto e representação, etc., temos a impressão de nos encontrarmos entre psicanalistas, e, no entanto, nenhum desses investigadores se preocupou em saber se a experiência proporcionada pelo estudo das neuroses de guerra podia também justificar a aplicação da concepção psicanalítica ao estudo das neuroses e psicoses ordinárias já conhecidas em tempo de paz. Com efeito, eles rejeitam unanimemente a ideia de uma especificidade dos traumatismos de guerra; no conjunto, sustentam nada haver nas neuroses de guerra que permita acrescentar seja o que for à sintomatologia atualmente conhecida das neuroses; os neurologistas alemães chegaram mesmo a reclamar de forma explícita, quando do Congresso de Munique, a eliminação do termo e da noção de "neurose de guerra". Contudo, se as neuroses de paz e de guerra são fundamentalmente idênticas, os neurologistas não poderão mais abster-se de aplicar as ideias referentes aos choques emocionais, à fixação nas lembranças patogênicas e à ação que estas continuam exercendo desde o inconsciente, à explicação da histeria ordinária, das neuroses obsessivas e das psicoses. Ficarão surpresos ao constatar com que facilidade enveredarão pelo caminho aberto por Freud e lamentarão ter-se recusado tão obstinadamente a seguir suas indicações.

As opiniões estão divididas quanto à *predisposição* para as neuroses de guerra. A maioria dos autores está de acordo em afirmar, com Gaupp, Laudenheimer e alguns outros, que a maioria dos neuróticos são, desde a origem, neuropatas e psicopatas, o choque intervindo simplesmente como fator deflagrador. Bonhöffer chega ao ponto de pretender que a "possibilidade de deflagração psicogênica de um estado psicopatológico constitui um sinal de degenerescência". Förster e Jendràssik são também dessa opinião. Em contrapartida, Nonne considera que a natureza da agressão desempenha um papel mais decisivo na deflagração de uma neurose de guerra do que a constituição individual. A psicanálise adota nessa questão uma posição intermediária que Freud precisou com frequência e de um modo explícito. Ela se refere a uma "série etiológica" em que predisposição e traumatismo figuram como valores complementares e recíprocos. Uma leve predisposição associada a um choque violento pode acarretar os mesmos efeitos que um traumatismo menor aliado a uma predisposição mais acentuada. Mas a psicanálise não se contentou com uma alusão teórica a essa relação; esforça-se – com êxito – para decompor a noção complexa de "predisposição" em elementos mais simples e por destacar os fatores constitucionais que determinam a escolha da neurose (a tendência específica para desenvolver esta e não aquela neurose). Ainda voltarei à questão de saber onde é que a psicanálise procura descobrir a predisposição para a neurose traumática.

A literatura relativa à *sintomatologia* das neuroses de guerra é praticamente ilimitada. Na série dos sintomas histéricos, por exemplo, Gaupp menciona: "Crises, das mais leves às mais violentas, podendo atingir um arco de círculo durante várias horas, com um desdobramento por vezes epileptiforme por sua frequência e seu caráter espontâneo, astasia, abasia, anomalias da postura e da motilidade do tronco indo até a locomoção de gatinhas, todas as variedades de tiques e tremores, paralisias e contraturas em forma de monoplegia, de hemiplegia ou de paraplegia, surdez e surdo-mudez, gagueira, fala sacudida, afonia ou latido rítmico, cegueira acompanhada ou não de blefarospasmo, toda a espécie de distúrbios da sensibilidade e, sobretudo, estados crepusculares em número e numa variedade de combinações com fenômenos físicos de excitação e de déficit como jamais se observara antes." Como podem ver, trata-se de um verdadeiro museu de sintomas histéricos evidentes e basta vê-lo uma vez para se rejeitar sem reservas o ponto de vista de Oppenheim, que afirma a raridade dos sintomas neuróticos puros nas neuroses traumáticas de guerra. Schuster chama a nossa atenção para os numerosos fenômenos trófico-vasomotores que, segundo ele, já não são de origem psíquica. Entretanto, a psicanálise concorda com aqueles que consideram que esses sintomas são igualmente psicogênicos – análogos às modificações corporais que a hipnose é suscetível de provocar. Enfim, todos os autores mencionam as alterações de humor resultantes do traumatismo: apatia, hiperexcitabilidade, etc.

Nesse caos de quadros clínicos, notam-se a frequência e o caráter particular da *neurose de tremor*. Todos conhecemos esses infelizes que se arrastam na rua, os joelhos vacilantes, o andar inseguro, com bizarros distúrbios motores. Dir-se-ia serem inválidos incuráveis e, no entanto, a experiência prova tratar-se, uma vez mais, de um quadro clínico puramente psicogênico. Uma única sessão de eletroterapia acompanhada de sugestão, uma leve ação hipnótica, bastam com frequência para restabelecer uma total capacidade funcional nesses doentes, ainda que seja a título provisório e condicional. Foi Erben quem estudou esses distúrbios da inervação com maior precisão; ele descobriu que tais transtornos apareciam ou acentuavam-se quando os grupos musculares correspondentes realizavam ou preparavam-se para realizar uma ação. Para explicar o fenômeno, Erben sugere que "o impulso voluntário abre o caminho ao espasmo: simples descrição fisiologizante". Também neste caso a psicanálise supõe uma motivação psíquica: a ativação de uma contravontade inconsciente que se opõe às ações voluntárias conscientes. A ilustração mais clara dessa teoria é fornecida por esses pacientes de Erben, a quem violentas contrações clônicas impedem de avançar, quando são perfeitamente capazes de executar, sem o menor tremor, a tarefa muito mais difícil que consiste em recuar. Erben também dispõe para isso de uma complicada explicação fisiológica, sem se aperceber de que o movimento de recuo que distancia o doente dos perigosos objetivos da motilidade – e, em última análise, também da linha de fogo – não pode ser perturbado por uma contravontade qualquer. Os outros distúrbios da marcha requerem uma interpretação semelhante, em particular aquele tipo de andar irreprimível de numerosos neuróticos de guerra que lembra muito a propulsão na paralisia agitante. Trata-se de sujeitos que ainda não se refizeram dos efeitos do terror e que continuam fugindo do perigo que os tinha ameaçado outrora.

Estas observações e outras análogas levaram diversos investigadores – entre os quais, alguns não analistas – a supor que esses distúrbios não são efeitos diretos do traumatismo, mas reações psíquicas a este último, e que estão a serviço de uma *tendência para proteger-se* contra a repetição de experiência penosa. Sabemos que o organismo normal dispõe igualmente de tais meios de proteção. Os sintomas do medo, impossibilidade de mover-se, tremores, fala sacudida, parecem ser automatismos úteis e fazem pensar nos animais que simulam a morte em caso de perigo. E, se Bonhöffer interpreta esses distúrbios traumáticos como uma fixação dos meios de expressão da emoção aterradora experimentada, Nonne vai ainda mais longe e revela que "os sintomas histéricos recordam, em parte, os dispositivos de defesa e de resistência inatos, que precisamente os indivíduos que qualificamos de histéricos reprimem mal, se é que os reprimem". Segundo Hamburger, o tipo mórbido mais frequente em que se encontram ao mesmo tempo os distúrbios da marcha, de ficar parado em pé e da fala, acompanhados de tremores, representa "um complexo de representações de instabilidade, de fraqueza, de frustração e de esgotamento"; quanto a Gaupp, esses sintomas fazem-no pensar numa "queda nos estados infantis e pueris de impotência manifesta". Alguns autores falam até, francamente, de "fixação" da atitude corporal e da inervação traumáticas.

A quem quer que esteja familiarizado com a psicanálise não escapará até que ponto esses autores estão perto, sem admiti-lo, da psicanálise. "As fixações dos movimentos de expressão" descritas por esses autores nada mais são, no fundo, do que paráfrases da conversão histérica, segundo Breuer e Freud; e a regressão aos modos de reação atávicos e infantis corresponde exatamente ao caráter regressivo dos sintomas neuróticos sublinhados por Freud, os quais são todos, segundo ele, regressões a fases ultrapassadas do desenvolvimento ontogenético e filogenético. Seja como for, assinalemos que os neurologistas se decidiram enfim a *interpretar* certas síndromes nervosas, ou seja, a relaciná-las com os conteúdos psíquicos inconscientes, o que ninguém imaginara sequer fazer antes da psicanálise.

Passo agora a falar de alguns dos autores que se interessaram pelas neuroses de guerra no sentido psicanalítico.

Stern publicou um trabalho sobre o tratamento psicanalítico das neuroses de guerra num hospital militar. O texto original não me é acessível, mas fiquei sabendo pelas notas bibliográficas que o autor aborda o fenômeno sob o ângulo do recalque e considera que a situação do serviço militar ativo é especialmente propícia ao aparecimento de neuroses, considerando-se as repressões de afetos impostas pelo serviço. Schuster reconhece que as investigações de Freud – "seja o que for que se possa pensar quanto ao mais" – vieram elucidar a psicogênese das neuroses; elas nos ajudaram a desvendar a relação escondida, difícil de descobrir, mas, não obstante, presente, entre o sintoma e o conteúdo psíquico. Mohr trata os neuróticos de guerra pelo método catártico de Breuer e Freud, na medida em que ele faz os pacientes reviverem as cenas críticas e obtém a ab-reação dos afetos, permitindo-lhes reviver a emoção aterradora. O único que até o presente aplicou metodicamente a psicocatarse às neuroses de guerra foi Simmel, que apresentará pessoalmente suas observações neste congresso. Enfim, mencionarei aqui as minhas próprias investigações sobre a psicologia das neuroses de guerra, em que tentei introduzir os quadros clínicos traumáticos em categorias psicanalíticas.

Gostaria de assinalar ainda uma discussão com múltiplas ramificações que foi travada entre diversos autores em torno da questão de saber se um traumatismo pode exercer um efeito psicogênico mesmo quando a pessoa atingida perde de imediato o conhecimento. Goldscheider e muitos outros continuam convencidos de que a perda de conhecimento impede todo e qualquer efeito psicogênico, e Aschaffenburg sustenta inabalavelmente que a inconsciência protege da neurose.

Nonne ergue-se, com razão, contra essa concepção, demonstrando a existência de correntes psíquicas *inconscientes* capazes de exercer um efeito psíquico a despeito do estado de inconsciência; e L. Mann – referindo-se, sem dúvida, à teoria hipnoide segundo Breuer – afirma que não só a perda de conhecimento não protege da doença mas até predispõe para as neuroses ao impedir a descarga dos afetos. É Orlowsky quem exprime a opinião mais judiciosa nessa controvérsia ao propor que se considere a própria perda de conhecimento um sintoma psicogênico, uma fuga para o inconsciente que poupa ao sujeito a experiência consciente da situação e da sensação penosas.

Para nós, psicanalistas, a hipótese de uma formação de sintomas psicogênicos, mesmo num estado de inconsciência, parece muito compreensível. Esse problema só podia embaraçar os autores que adotam o ponto de vista, superado pela psicanálise, de uma assimilação possível entre *psiquismo* e *consciente*.

Senhoras e senhores, ignoro se esta série de citações e de referências (simples amostras recolhidas na literatura) lhes deu a impressão de que a posição dos neurologistas autorizados realiza uma aproximação, mesmo inconfessada, com as teses da psicanálise. De resto, encontra-se até um reconhecimento formal dessa aproximação quando, por exemplo, Nonne declara que as experiências da guerra forneceram um esclarecimento e confirmações interessantes para as teorias de Freud sobre a elaboração inconsciente.

Nessa mesma frase elogiosa, Nonne formula, porém, um juízo esmagador acerca da psicanálise; considera ele que a opinião de Freud quanto às bases quase exclusivamente sexuais da histeria foi desmentida de forma definitiva pela experiência da guerra. Não podemos deixar sem resposta essa refutação, mesmo parcial, da psicanálise, e é para nós muito fácil atualmente contestá-la. Segundo a psicanálise, as neuroses de guerra pertencem ao grupo de neuroses cujo desenvolvimento faz intervir não só a sexualidade genital, como na histeria ordinária, mas também uma etapa anterior a essa, que recebeu o nome de *narcisismo*, de amor a si mesmo, como na demência precoce e na paranoia. Devemos admitir, portanto, que a base sexual dessas chamadas neuroses narcísicas parece menos óbvia, sobretudo para aqueles que assimilam sexualidade e genitalidade e desaprenderam o uso do termo "sexual" no sentido do antigo Eros platônico. Entretanto, a psicanálise adere à visão antiga quando integra no capítulo do "erotismo" ou da "sexualidade" todas as relações carinhosas e sensuais do homem com o outro sexo e com o seu próprio, as moções afetivas em relação aos amigos, aos parentes e aos humanos em geral, inclusive a relação afetiva para com o próprio "Eu" e o próprio corpo. Na verdade, não é uma neurose narcísica (por exemplo, uma neurose traumática) que poderá convencer facilmente as pessoas pouco familiarizadas com essa concepção sobre a exatidão da teoria sexual segundo Freud. Gostaríamos de aconselhá-los a examinar atentamente um caso de histeria ou de neurose obsessiva ordinárias (de origem não traumática) e aplicar de maneira rigorosa o método freudiano da associação livre e da interpretação dos sonhos e dos sintomas. Poderão assim convencer-se com muito maior facilidade da exatidão da teoria sexual das neuroses; as bases sexuais das neuroses de guerra revelar-se-ão por si mesmas. Em todo caso, gritar vitória proclamando o fracasso da teoria sexual parece um tanto prematuro.

A minha própria observação da diminuição considerável, inclusive do desaparecimento completo e duradouro da *libido genital* e da potência nas neuroses traumáticas, conforme pude constatar, confirma igualmente a participação de fatores sexuais na formação dos sintomas nas neuroses traumáticas. Basta essa constatação positiva para demonstrar o caráter prematuro da conclusão de Nonne[4].

---

4. Esse fato foi confirmado por todos os que fizeram intervenções nesse congresso.

Senhoras e senhores! Acabo de cumprir a tarefa principal que me propus nesta minha conferência: a revisão crítica da literatura relativa às neuroses de guerra sob o ângulo psicanalítico. Mas aproveito esta ocasião rara para comunicar-lhes algumas das minhas observações pessoais e apresentar-lhes pontos de vista que ajudam a explicar esses estados em termos psicanalíticos.

O universo psíquico do paciente vítima de neurose traumática é dominado pela depressão hipocondríaca, pela pusilanimidade, pela angústia e por uma excitabilidade elevada que se faz acompanhar da tendência para acessos de cólera. A maioria desses sintomas pode ser atribuída a uma *hipersensibilidade do ego* (em especial a hipocondria e a incapacidade de suportar um desprazer moral ou físico). Essa hipersensibilidade provém de que o paciente – em consequência de um choque ou de uma série de choques – retirou dos objetos seu interesse e sua libido para concentrá-los no ego. Produziu-se assim uma estase da libido no ego, que se exprime precisamente por essas sensações orgânicas hipocondríacas anormais e pela hipersensibilidade. Esse amor excessivo pelo ego degenera às vezes numa espécie de *narcisismo* infantil: os doentes gostariam de ser mimados, cuidados e amados como crianças. Portanto, pode-se falar neste caso de uma regressão ao estágio infantil do *amor a si mesmo*. A esse recrudescimento do amor a si mesmo corresponde um enfraquecimento do amor objetal e também, com frequência, da potência sexual. Um indivíduo que desde a origem apresenta uma tendência narcísica desenvolverá mais facilmente uma neurose traumática; mas ninguém lhe está inteiramente imune, na medida em que o estágio narcísico é um ponto de fixação importante do desenvolvimento libidinal de todo ser humano. Ela combina-se com frequência com outras neuroses narcísicas, em especial com a paranoia e a demência.

O sintoma da angústia indica que o choque provocado pelo traumatismo abalou a autoconfiança. Isso é particularmente manifesto nos sujeitos que foram derrubados, arrebatados ou soterrados por uma explosão, e que perderam assim por muito tempo a confiança em si mesmos. Os distúrbios característicos da marcha (astasia-abasia com tremores) são medidas defensivas contra a repetição da angústia, ou seja, aquilo a que Freud chamou *fobias*. Nos casos em que esses sintomas predominam, pode-se falar de *histeria de angústia*. Em contrapartida, os sintomas que repetem simplesmente a situação no momento da explosão (inervação, postura) são, na acepção psicanalítica, sintomas de *histeria de conversão*. É natural que no estado de angústia a predisposição também desempenhe um papel: dela serão mais facilmente vítimas aqueles que, a despeito de uma pusilanimidade real, impõem-se pela ambição a realização de atos de coragem. Os distúrbios da marcha decorrentes da histeria de angústia constituem, ao mesmo tempo, uma regressão ao estágio infantil em que o indivíduo ainda não sabe andar ou está começando a aprender.

A tendência para os acessos de raiva e de cólera também é uma maneira muito primitiva de reagir a uma força superior; esses acessos podem ir até a crise epileptiforme e representam descargas afetivas mais ou menos descoordenadas, como se pode observar nos bebês. Uma variedade mais benigna dessa ausência de inibição é a falta de disciplina que se verifica em quase todos os sujeitos atingidos de neurose traumática. A excessiva exigência de amor e o narcisismo também explicam esse aumento de excitabilidade.

A personalidade da maioria dos traumatizados corresponde, portanto, à de uma criança que, em consequência de um susto, ficou angustiada, mimada, sem inibições e malévola. Um elemento que completa perfeitamente esse quadro é a importância desmedida que a maior parte dos traumatizados atribui à alimentação. Quando o serviço deixa a desejar, reagem com violentas explosões emotivas, podendo culminar em crises. A maioria deles recusa-se a trabalhar e gostaria de ser cuidada e alimentada como crianças.

Portanto, não se trata apenas, como acreditava Strümpell, de quadros clínicos apresentados em vista de um benefício atual (pensão, indenização por danos e perdas, isenção do serviço ativo); esses são meros benefícios *secundários* da doença; o motivo *primário* da doença é o próprio prazer de permanecer no seguro abrigo da situação infantil, outrora abandonado a contragosto.

Todos esses fenômenos mórbidos, narcísicos e de angústia, também têm seu modelo *atávico*; pode-se mesmo supor que essa neurose equivale, por vezes, a comportamentos que não desempenharam nenhum papel no desenvolvimento individual (simulação da morte nos animais, atitudes e modos de proteção da descendência nos animais durante a evolução). Tudo se passa como se um afeto demasiado intenso não pudesse mais descarregar-se pelas vias normais mas devesse regredir a modos de reação já abandonados mas virtualmente existentes. Estou certo de que muitas outras reações patológicas mostrarão ser também repetições de modos de adaptação ultrapassados.

Entre os sintomas frequentemente negligenciados das neuroses traumáticas, mencionarei a *hiperestesia* de todos os órgãos dos sentidos (fotofobia, hiperacusia, hiperestesia cutânea intensa) e os sonhos de angústia. Nesses sonhos, o sujeito revive constantemente os medos que sentiu na realidade. Sigo neste ponto uma indicação de Freud ao considerar esses sonhos de medo e de angústia, assim como o fato de se mostrar medroso durante o dia, como *tentativas de cura* espontânea do paciente. É aos poucos que esses pacientes entregam à ab-reação consciente seu medo insuportável, incompreensível em sua totalidade e, por conseguinte, convertido em sintomas físicos, e contribuem assim para o restabelecimento do equilíbrio perturbado de sua economia psíquica.

Senhoras e senhores! Este punhado de contribuições pessoais talvez lhes sirva para provar que a concepção psicanalítica pode abrir novos caminhos em certos domínios em que a neurologia está ausente.

Mas só a aplicação sistemática do método analítico a um grande número de casos pode nos permitir esperar uma elucidação completa e uma cura radical desses estados mórbidos.

Enquanto este relatório estava no prelo, tive a ocasião de ler o apaixonante artigo do professor E. Moro, pediatra em Heidelberg, a respeito do "primeiro trimestre", ou seja, os fenômenos que caracterizam os três primeiros meses da vida do bebê[5]. "Se colocarmos um bebê sobre o trocador" – lê-se ali – "e batermos dos dois lados da almofada com as mãos, deflagra-se um reflexo motor específico cujo desenrolar é mais ou menos o seguinte: os dois braços do bebê afastam-se simetricamente para aproximar-se e fechar-se de novo em arco de círculo mediante movimentos ligeiramente tônicos. Ao mesmo tempo, as duas pernas apresentam um comportamento motor idêntico." Poderíamos dizer que Moro deflagrou artificialmente neste caso uma pequena neurose de medo (ou neurose traumática).

O ponto mais notável do caso é que esse reflexo do bebê (menos de três meses), quando sente medo, evoca um reflexo natural de agarramento como o que caracteriza os *Tragsäuglinge*, ou seja, as

---

5. *Münchner Med. Wschrift*, 1918, n.º 42, p. 1150.

crias de animais (símios) que são obrigadas a agarrar-se com seus dedos, por um verdadeiro reflexo de agarramento, ao pelo da mãe quando esta salta de galho em galho (ver a figura). Poderíamos dizer que se trata de uma regressão atávica do comportamento, em consequência de um medo súbito.

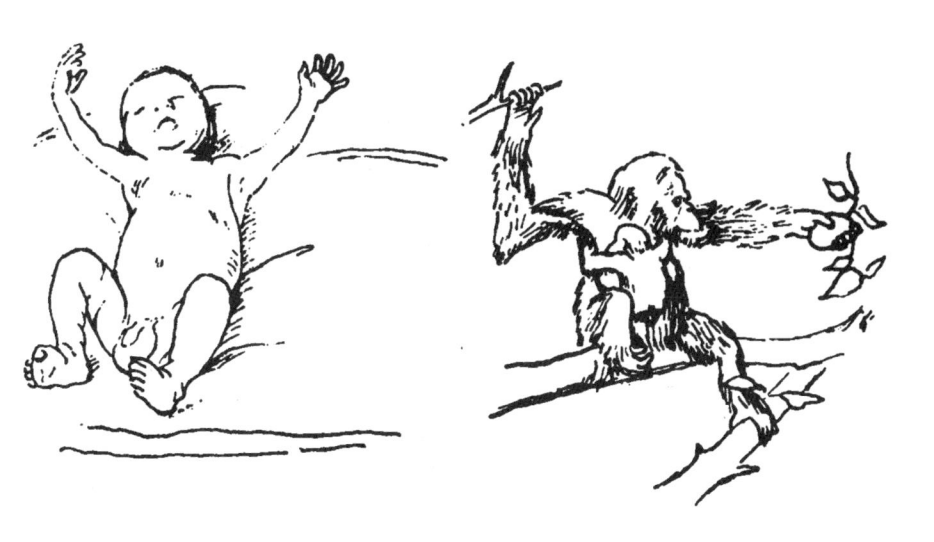

IV

A *psicogênese da mecânica*

(Comentários críticos sobre um ensaio de Ernst Mach)

A psicanálise que, após ter visto a sua ciência quase unanimemente rejeitada pela humanidade perturbada em sua quietude, fez a penosa aprendizagem do fatalismo, vê-se arrancada, por vezes, a esse estado de espírito por certas experiências, mesmo que seja apenas a título provisório. Enquanto os cientistas, cuja opinião é investida de autoridade, se dedicam sem descanso a neutralizar e enterrar a nossa ciência pela enésima vez, surge na Índia longínqua, no México ou na Austrália um pensador solitário que se proclama adepto de Freud. Fica-se ainda mais surpreendido ao saber que, bem perto de nós, um psicanalista trabalhava em silêncio e manifesta-se de súbito, rico de um saber acumulado no transcurso de muitos anos. Mas o fenômeno mais raro é descobrir na obra de uma sumidade científica reconhecida a marca da influência psicanalítica ou uma abordagem paralela à da psicanálise.

Conhecendo essa situação, poder-se-á compreender e desculpar que à leitura do último livro de Ernst Mach, *Kultur und Mechanik*[1], eu tenha podido esquecer por momentos a minha posição fatalista, aliás adotada somente por necessidade e mantida a contragosto, na esperança otimista de poder saudar e homenagear um adepto da psicanálise na pessoa de um dos pensadores e cientistas mais eminentes da nossa época[2].

---
1. E. Mach, *Kultur und Mechanik*, Stuttgart, Ed. W. Spemann, 1915.
2. Depois que redigi estas linhas, Ernst Mach faleceu.

Essa esperança, que provou ser vã em seguida, teria sido alimentada por qualquer psicanalista que lesse o prefácio daquele livro, do qual reproduzo aqui alguns excertos.

"A introdução à obra do autor intitulada *Mecânica*", lê-se no início do prefácio, "defende a concepção segundo a qual a mecânica extrai suas teorias de toda a rica experiência fornecida pelo trabalho intelectual, com a ajuda da sublimação intelectual.

"Neste momento, estou em condições de ir um pouco mais longe: *o meu filho Luís, muito dotado na infância para a mecânica, conseguiu reproduzir em detalhe, sustentado por meus encorajamentos, a trama essencial de sua evolução, por meio de experiências repetidas de rememoração*; verificou-se assim que *as experiências sensoriais dinâmicas indeléveis desse período da vida são próprias para suscitar a impressão de que todo instrumento, quer se trate de ferramentas industriais, de armas ou de máquinas, poderia ter uma origem pulsional.*

"Convencido de que o estudo atento do desenrolar desses processos *projetaria uma luz incomparável sobre a pré-história da mecânica* e poderia até fornecer as bases de *uma tecnologia genética geral*, escrevi este ensaio à guisa de modesta contribuição..."[3]

A psicanálise reencontra nessas linhas ideias e métodos que lhe são familiares.

Partir do que é primitivo para daí deduzir, mediante "experiências repetidas de rememoração", os verdadeiros fatores fundamentais de uma estrutura psíquica complexa e reencontrar, enfim, as suas raízes na vivência infantil: aí está justamente o princípio e o resultado mais importante do método psicanalítico. Há mais de 20 anos, Freud vem aplicando incansavelmente esse método às formações psíquicas mais diversas: sintomas neuróticos, mecanismos psíquicos normais complexos, inclusive um certo número de realizações sociais e artísticas da humanidade – com resultados constantes. Por outro lado, alguns discípulos de Freud inclusive elaboraram teorias e princípios empíricos da psicogênese que projetam alguma luz sobre a própria disciplina de Mach, a mecânica.

Entretanto, encontram-se na introdução de Mach certas concepções que, até o presente momento, só a psicanálise parece ter formulado e apreciado em seu justo valor. Estas palavras: "as experiências sensoriais dinâmicas indeléveis da primeira infância" evo-

---

3. O grifo é meu.

cam as teses de Freud a respeito da indestrutibilidade e perenidade de tudo o que é infantil e inconsciente. O seu projeto, que consiste em reconstruir a pré-história da mecânica não com a ajuda de escavações arqueológicas mas através do estudo genealógico sistemático da vida psíquica individual, nada mais faz do que reproduzir a tese da psicanálise segundo a qual o inconsciente do adulto aloja não só as tendências e os conteúdos psíquicos de sua própria infância, mas também os traços da vivência filogenética. A ideia de Mach de apoiar-se na lei biogenética para fazer derivar a história das civilizações da psicologia individual constitui um lugar-comum da psicanálise. Basta referirmo-nos ao trabalho original de Freud, *Totem e tabu*, onde, mediante uma psicanálise que remonta à infância, ele nos ajuda a compreender melhor certas instituições sociais ainda inexplicadas[4].

Apresso-me a assinalar que a minha esperança de ver Mach levar em consideração nas suas pesquisas os resultados obtidos pela psicanálise não se confirmou. Em nenhuma parte ele revela a natureza dessas "experiências repetidas de rememoração"; não nos comunica nem o método nem os resultados dessa experiência psicológica mas apenas as deduções que daí foram extraídas; entretanto, essas deduções fazem pensar que se tratava de um simples esforço de evocação do passado por meio de uma orientação *consciente* da atenção. Ignoramos se a vitória sobre as resistências à rememoração foi obtida com a ajuda da *sugestão*, certamente eficaz neste caso porque vinha do próprio pai, como nas primeiras experiências analíticas de Freud. Em todo caso, Mach não se serviu da *associação livre*, o único método que permite vencer as resistências afetivas na base da amnésia infantil e torna possível uma reprodução quase completa do passado. Segue-se que Mach, em suas investigações, não confere seu justo valor à determinação afetiva das descobertas mecânicas infantis e pré-históricas, contentando-se em descrever

---

4. Ver igualmente a obra de Storfer, *Zur Sonderstellung des Vatermordes* [Da posição particular do parricida], os ensaios de Sperber sobre a psicogênese da linguagem, as pesquisas de Giese sobre as ferramentas pré-históricas, assim como os trabalhos de Abraham e de Rank sobre a origem dos mitos e das criações poéticas, e as pesquisas ainda inéditas de Sachs sobre a civilização da agricultura e seu depósito simbólico no psiquismo humano. Eu mesmo tentei explicar o interesse pelo dinheiro do ponto de vista ontogenético (cf. "Ontogênese do interesse pelo dinheiro", 1914, *Psicanálise II*, p. 163, Martins Fontes, 2.ª ed., 2010).

os progressos da técnica de um ponto de vista quase exclusivamente racionalista, como um processo que seria função exclusiva do desenvolvimento da inteligência.

As posições de Mach no tocante à gênese das descobertas dos primeiros meses de vida de uma criança e de sua pré-história exprimem-se nas frases seguintes: "um relance retrospectivo (abrangendo a infância e os tempos pré-históricos) revela, para nossa surpresa, que toda a nossa vida ulterior é apenas a continuação do nosso comportamento de outrora; esforçamo-nos por estudar o nosso meio ambiente, compreendê-lo e, por esse meio, impor a nossa vontade"... "Vemos numerosas gerações lutarem no decorrer dos séculos, raramente secundadas por um clima ou um solo favoráveis, esforçando-se instintivamente para criar as condições de uma vida melhor, em geral numa situação cujo rigor nos escapa e realizando obras cujos últimos elos estão entre as nossas mãos "..."Mas, quando *refletimos* ou *sonhamos* sobre as coisas desses tempos longínquos, reencontramos como que por uma espécie de ilusão as coisas outrora vividas e percebidas, e, se voltamos a mergulhar no mundo afetivo da nossa infância, pressentimos e adivinhamos toda a sorte de caminhos e modalidades de surgimento dessas descobertas que são de um alcance incomensurável."

Mas esse programa, que mesmo do nosso ponto de vista parece inteiramente válido, Mach – como já dissemos – só o realiza imperfeitamente. Uma vez que rejeita o método psicanalítico que completa o sonhos e os pensamentos conscientes, assim como as lembranças encobridoras infantis, ao desvendar o substrato *inconsciente* e ao corrigir as deformações, as descobertas de Mach ficam necessariamente superficiais, e, como os motivos libidinais são, em geral, recalcados e inconscientes, suas investigações não vão além, na grande maioria das vezes, de uma explicação racionalizante do progresso técnico ou, mais exatamente, só podem esclarecer o aspecto racional da motivação.

Talvez a tigela de barro tenha surgido "para substituir a concha da mão quando o indivíduo queria beber", tendo a água acumulada em objetos côncavos podido fornecer o primeiro incentivo à fabricação de recipientes, simples massas de argila no começo, em que as concavidades eram feitas à mão. Mas a razão pela qual "a argila fácil de trabalhar que eles tinham à sua disposição sempre constituíra, sem dúvida, uma matéria muito sedutora", Mach não tenta elucidar. A psicanálise, porém, preenche essa lacuna ao permitir que essa "sedução" particular seja atribuída a certas pulsões parciais eróticas da libido[5].

Mach tampouco procura saber por que, por exemplo, "retorcer e fiar matérias têxteis excita a pulsão de atividade a ponto de transformar essas ocupações numa fonte de prazer quase permanente". Contenta-se em supor a existência de uma pulsão de atividade inteiramente primária, cujos traços mnênicos surgem de forma instantânea quando necessário.

"O polimento de corpos cilíndricos preexistentes, como os ramos arredondados de árvores, já fazia provavelmente parte dos jogos praticados na época primitiva. Nós mesmos brincamos inúmeras vezes com isso em nossa infância, e aconteceu-nos fazer girar essa haste de um lado depois do outro em alguma escavação, mantendo o eixo imóvel, enquanto as rugosidades da haste cavavam goteiras bem nítidas na cavidade..., etc." (forma primitiva de torno).

"... É o jogo com os nossos dedos na infância que nos permite inventar o princípio do *parafuso*; algum objeto no formato de um parafuso caía-nos nas mãos... e, enquanto nos divertíamos fazendo-o girar, sentíamo-lo enterrar-se na palma da nossa mão: era uma sensação estranhamente misteriosa na época, que nos incitava a reproduzi-la de maneira incessante..."

Mach explica da mesma maneira a origem da *broca*, da *máquina elevatória de água* e das *bombas*. Enxerga sempre e em tudo uma manifestação da pulsão de atividade que, ao sabor de um feliz acaso, resulta numa descoberta. "As descobertas produzem-se quando condições ótimas são acompanhadas de um mínimo de dificuldades." Assim, segundo Mach, as descobertas "introduziram-se provavelmente no curso do tempo na vida dos nossos ancestrais sem nenhuma participação de personalidades ou de individualidades excepcionais".

Não é isso o que a psicanálise nos ensina. No artigo que consagrei mais especialmente a esse assunto, "O desenvolvimento do sentido de realidade e seus estágios" [ver *Psicanálise II*], tive que

---

5. Ver o artigo de Freud, "Charakter und Analerotik" [Caráter e erotismo anal], e o meu artigo já citado, "Ontogênese do interesse pelo dinheiro", no vol. II das *Obras completas*.

admitir, com base na experiência psicanalítica, que foi provavelmente a necessidade que desempenhou o papel de motivação no desenvolvimento do indivíduo, bem como no da espécie e, por conseguinte, também na evolução da própria civilização humana. Insisti mais particularmente no rigor das *eras glaciais* que teria estado na origem de um progresso considerável da evolução. Se, a crer em Mach, cujas palavras são corroboradas por outras informações, os esquimós dão provas de um espírito de invenção quase inesgotável, é difícil atribuir essa inventividade a uma particular benignidade do solo e do clima. É muito mais plausível supor a existência de indivíduos, ou seja, de personalidades possuidoras de uma faculdade de adaptação que lhes permite domesticar "o acaso que nunca falta e que gera inventores".

Mas, para a psicanálise, a adaptação à realidade só elucida um único aspecto do problema. Conforme a psicanálise ensina, as descobertas têm sua fonte psíquica tanto na libido quanto no egoísmo. O prazer que a criança experimenta no movimento ou na atividade: amassar, furar, tirar água, regar, etc., deriva do erotismo de certas funções orgânicas, sendo precisamente a reprodução "simbólica" dessas funções no mundo exterior uma das formas da sublimação. Certas particularidades das ferramentas de trabalho do homem, sobretudo seus nomes, ainda contêm os traços de sua origem parcialmente libidinal[6].

Entretanto, as teses de Mach, que tudo ignora da psicologia analítica, estão muito distanciadas desses pontos de vista. Mesmo na concepção do hegeliano E. Kapp, que considera os sistemas mecânicos como projeções de órgãos inconscientes, Mach vê um gracejo que devemos abster-nos de levar a sério, pretextando que "a mística não traz nenhuma luz para o domínio da ciência". Em compensação, reconhece alguma verossimilhança nas ideias de Spencer, que considera as construções mecânicas como os *prolongamentos* dos órgãos.

---

6. A posição de Mach, que absolutamente não leva em conta os desejos libidinais, é tão incompleta a esse respeito quanto a de Jung, que cai no excesso inverso ao afirmar que as ferramentas artesanais visam simplesmente reproduzir tendências eróticas, como furadeira a vapor que reproduziria uma função genital recalcada. Afirmamos que, na nossa opinião, as invenções provenham de duas fontes: egoísta e erótica. Cumpre reconhecer, porém, que as ferramentas, em sua forma acabada, têm frequentemente por protótipo uma função orgânica libidinal.

Nenhuma dessas duas explicações está em contradição com a nossa concepção psicanalítica, e penso que tampouco o estão entre si. Existem efetivamente *máquinas primitivas* que ainda não são projeções de órgãos mas, antes, a introjeção de uma parte do mundo externo, a adjunção dessa parte ao corpo, o que acarreta na ampliação da esfera de ação do ego, por exemplo, o bordão, o martelo. Mas as máquinas automáticas são projeções de órgãos no mundo externo, em estado quase puro: uma parte do mundo externo é sublimada pela vontade humana e trabalha no lugar das mãos do homem.

Essas máquinas, que eu classificaria de bom grado de *introjetivas* e *projetivas*, não se excluem, portanto, mas correspondem a dois estágios diferentes da evolução psíquica em relação à conquista do mundo externo. (O próprio Mach é incapaz de refutar totalmente a analogia manifesta que existe entre certas máquinas e certos órgãos[7].)

Não quero, em absoluto, minimizar assim o valor e a importância do trabalho de Mach; tenho apenas por objetivo mostrar, uma vez mais, que ao desdenharem as descobertas da psicanálise os nossos cientistas privam-se de uma fonte de informações prodigiosamente rica. Nós, psicanalistas, desejamos ardentemente que se instaure uma colaboração entre a psicologia e as ciências "exatas", como Mach o reclama em seu livro; mas pedimos, em contrapartida, que as ciências exatas apliquem também o nosso método de investigação psicológica aos problemas da psicogênese e não façam uma separação artificial entre os problemas psicológicos que lhes interessam e os outros conteúdos psíquicos. Aliás, o próprio Mach considera um erro "só se interessar, entre todas as impressões que afetam o indivíduo, pelas impressões mecânicas, quando na natureza, na vida, os conhecimentos instintivos e empíricos mais variados se desenvolveram outrora juntos, sem dúvida, e uns a partir dos outros" (e é por essa razão que o seu livro fornece exemplos escolhidos não só entre as descobertas mecânicas mas também metalúrgicas, quimiotécnicas e até mesmo biológicas).

Numa outra parte do seu livro, ele sustenta que toda a mecânica nada mais é do que idealização, abstração, imprópria para representar exatamente os processos irreversíveis (termodinâmicos). En-

---

7. Cf. o instrutivo livro do engenheiro H. Wettich, *La machine en caricature* (260 ilustrações), Berlim, 1916, edição das *Lustigen Blätter* (Dr. Eysler & Co.).

tretanto, Mach, com a mesma imparcialidade com que definiu os limites de sua própria disciplina, poderia reconhecer que o estudo do desenvolvimento das aptidões mecânicas, se é feito independentemente das outras relações psíquicas, "perde necessariamente a sua probabilidade" – são esses os seus próprios termos – "pelo fato de se recusar a considerar ou a utilizar certos pontos de vista" e subsiste, portanto, como uma idealização que nada tem a ver com a realidade.

Gostaria ainda de dar a minha opinião sobre uma outra iniciativa de Mach. "A etnologia experimental poderia encontrar um complemento extraordinariamente importante" – diz ele – "na observação de crianças isoladas, arrancadas ao seu meio desde o início e o mais possível abandonadas a si mesmas. Sabendo por experiência que mesmo um adulto pode rapidamente recuperar os conhecimentos elementares, os sujeitos não padeceriam por isso, de forma nenhuma; conhecendo, por outro lado, a influência decisiva e o impulso diretor que a fase inicial da evolução exerce sobre o caráter e sobre toda a vida, pode-se esperar ver esse procedimento suscitar, pelo contrário, qualidades notáveis no indivíduo, acarretando assim a criação de valores novos de considerável alcance."

Creio ter encontrado, enfim, o argumento decisivo contra esse projeto periodicamente retomado pelos poetas e filósofos (visto que provém do âmago de seus próprios desejos inconscientes), projeto que visa produzir essa espécie de *Naturkind* [filho da natureza], não civilizado. É impossível criar tal homenzinho primitivo de maneira a preservá-lo de toda influência da civilização, pois seria necessário transplantar o recém-nascido, desde o nascimento, para uma família primitiva do tipo daquelas que existiam antes da invenção das primeiras ferramentas mecânicas. É evidente que isso é impossível em nossos dias. O máximo que poderíamos fazer seria alguma família drávida ou nativa das ilhas dos mares do Sul adotar essa criança, uma medida perfeitamente supérflua, dado que os drávidas e os insulares têm filhos pequenos e bastaria ao etnólogo ir a esses lugares para observá-los.

A própria ideia de "privar a criança de seu meio ambiente, de abandoná-la a si mesma", é irracional – visto que jamais um ser humano, ainda que seja um primitivo, viveu fora de um meio correspondente que fornece à criança o nível de cultura já atingido, mesmo que seja modesto. Já observamos os primórdios da civilização em nossos ancestrais animais, pois o próprio Mach atribui aos símios um certo talento mecânico. A forma de etnologia experimental preconizada por Mach jamais poderá atingir, portanto, o estágio da aplicação; pergunto-me, aliás, se uma tal criança abandonada a si mesma, "sem meio ambiente", não se tornaria um débil profundo. Mesmo o talento tem necessidade de um impulso externo. É preferível deixar, pois, a fantasia do *Livro da selva* para os poetas.

Apesar de todas essas objeções, aliás relativamente omissíveis, considero Mach, após a leitura do seu livro, um psicanalista, quaisquer que possam ser os eventuais protestos do autor crítico de *Erkenntnis und Irrtum* [Conhecimento e erro].

"As raízes inconscientes dos sentimentos e da inteligência encontram-se, sem dúvida, na nossa memória e na dos nossos ancestrais"... "São as emoções infantis e primitivas que fazem com que as obras-primas impregnadas de sentimentos arcaicos nos pareçam tão comoventes." Essas frases poderiam figurar *literalmente* num trabalho psicanalítico, o que por certo já terá ocorrido; mas só a psicanálise está em condições de escorá-las em provas.

"Considerando-se que o nosso desenvolvimento individual inscreve-se na fase cultural correspondente ao nosso nascimento, somos levados a percorrer, durante um tempo de aprendizagem muito curto (como no estado fetal), longos períodos de trabalho e de evolução..." Se a nossa civilização se visse bruscamente aniquilada, teríamos de reconstruir as máquinas na mesma ordem de outrora, começando pelos esforços primitivos do homem pré-histórico, e assim por diante... Parece que Mach captou magistralmente a implacável marcha avante que rege a vida psíquica (e talvez o mundo orgânico em geral) e cuja existência Freud foi o primeiro a demonstrar; com efeito, foi ele quem descreveu a complexa civilização mecânica (e outra) como sendo a mais alta realização do saber humano, que continua, porém, tendo suas raízes mergulhadas nas mais simples pulsões de atividade e só a partir delas pode reproduzir-se.

É por essa razão que Mach, que até aqui se interessara apenas pelo trabalho intelectual concretizado na literatura científica relativa à mecânica, adotou agora por objeto de suas investigações o simples operário, a criança, o homem pré-histórico; deu-se conta de que a compreensão das relações simples era "a condição prévia e a base preliminar" indispensáveis à compreensão de relações mais complexas.

Também podemos descobrir aí um paralelo com o enfoque do psicanalista, que procura explicar as realizações culturais complexas do homem normal em estado vígil partindo da vida psíquica infantil, ou que regrediu ao estágio infantil sob a ação do sonho ou da doença.

Não posso, enfim, silenciar sobre esse livre espírito *animista* que impregna a obra desse extraordinário conhecedor do universo *físico*. Mach não hesita em admitir que um mecanismo deveria ser em si mesmo imóvel, dado que somente a *energia* pode introduzir o movimento num sistema mecânico; e, como Leibnitz já o formulou muito bem, a *energia* tem algo de comum com a *psique*.

Quando chegará o tempo em que o físico que descobre a psique na mecânica e o psicanalista que encontra mecanismos na psique se darão as mãos e unirão seus esforços para elaborar uma concepção do mundo isenta de toda parcialidade e "idealização"?

V

Fenômenos de materialização histérica

(Uma tentativa de explicação da conversão e do simbolismo históricos)

> "Percorreste o trajeto que vai do verme ao homem e, sob muitos aspectos, ainda és verme" (Nietzsche, *Assim falou Zaratustra*, prólogo).

As investigações psicanalíticas de Freud ensinaram-nos a considerar os sintomas da conversão histérica como *representações*, pelo corpo, de fantasias inconscientes. Por exemplo, uma paralisia histérica do braço pode significar – de forma negativa – uma intenção de agressão; uma cãibra, a luta entre duas emoções antagônicas; uma anestesia ou uma hiperestesia localizadas, a lembrança duradoura e fixada inconscientemente de um contato de ordem sexual no local em questão. A psicanálise também nos forneceu esclarecimentos inesperados sobre a natureza das forças em jogo na formação do sintoma histérico; são sempre moções pulsionais de natureza erótica e egoísta que se exprimem na sintomatologia dessa neurose, ora alternadamente, ora, e é esse o caso mais frequente, por formações de compromisso. Enfim, no decorrer de investigações recentes e decisivas a respeito da escolha da neurose, Freud conseguiu descobrir na história do desenvolvimento libidinal o ponto de fixação genética que condiciona a predisposição para a histeria. O fator predisponente nessa neurose residiria, em sua opinião, num distúrbio do desenvolvimento genital normal, quando o primado da zona genital já está plenamente afirmado. O sujeito assim predisposto reage a um conflito erótico, que desempenha, portanto, o papel de trauma psíquico, pelo recalque das moções genitais ou, eventualmente, pelo deslocamento dessas moções para partes do corpo aparentemente anódinas. Eu direi que a histeria de conversão *genitaliza* as partes do corpo onde se manifestam os sintomas. Num artigo em que tentei reconstituir os estágios de desenvolvimento do ego, mostrei que a predisposição para a histeria supunha a fixação num período determinado do desenvolvimento do sentido de realidade[1], período durante o qual o organismo ainda tenta adaptar-se à realidade modificando – por gestos mágicos – o próprio corpo e não o mundo externo; e a linguagem gestual do histérico seria um retorno a essa etapa.

Ninguém negará que dispomos aí de um volume de conhecimentos sobre a neurose histérica de que a neurologia pré-analítica não tinha a menor ideia. Não obstante, apesar da imensa satisfação propiciada por esses resultados, penso que seria de bom alvitre indicar as lacunas do nosso saber nesse domínio. O "misterioso salto do psíquico para o somático" (Freud), por exemplo, no sintoma da histeria de conversão, ainda continua sendo um enigma.

*
 * *

Diferentes caminhos se nos oferecem para tentar decifrar esse enigma, entre outros, as condições específicas da inervação[2] que determinam a formação de numerosos sintomas de conversão.

Nas paralisias, espasmos, anestesias e parestesias histéricas, constata-se que os histéricos possuem a faculdade de interromper ou de perturbar a transmissão normal do influxo nervoso sensorial para a consciência ou do influxo motor que daí provém. Mas, além dessas modificações da descarga das excitações que já se produzem na esfera psíquica, conhecemos sintomas histéricos cuja constituição exige uma hiperprodução decisiva por parte do influxo nervoso, performances de que o aparelho neuropsíquico normal é incapaz. A vontade inconsciente do histérico gera fenômenos motores, modifi-

---

1. Sobre o sentido dessa noção na obra de Ferenczi, ver "O desenvolvimento do sentido de realidade e seus estágios", *Psicanálise II*.

2. Ferenczi serve-se do termo "inervação" para designar a passagem do influxo nervoso. (NTF)

cações da circulação sanguínea, distúrbios da função glandular e da nutrição dos tecidos que o não histérico é incapaz de produzir mediante sua vontade consciente. As fibras lisas da musculatura do tubo digestivo, dos brônquios, das glândulas lacrimais e sudoríparas, os corpos eréteis do nariz, etc. encontram-se à disposição do inconsciente do histérico; ele tem a faculdade de realizar inervações isoladas (por exemplo, dos músculos dos olhos e da laringe) que são impossíveis para o indivíduo saudável; também conhecemos a aptidão do histérico, embora mais rara, para provocar hemorragias locais, erupções cutâneas e tumescências das mucosas.

Não esqueçamos que esses desempenhos não são apanágio da histeria. A hipnose e a sugestão, às quais todo o indivíduo normal é mais ou menos sensível, podem provocar fenômenos análogos. Mas também existem pessoas, normais sob todos os demais aspectos, que "se habituam" durante a infância a proezas desse gênero. Seja, por exemplo, a inervar separadamente músculos que de hábito funcionam de modo simétrico, ou a exercer uma influência voluntária sobre o funcionamento do coração, do estômago, do intestino, ou sobre os músculos da íris, etc., proezas essas que eventualmente se convertem em objeto de exibições "artísticas". A tarefa de educação consiste, em grande parte, em desabituar a criança a realizar tais façanhas para habituar-se a outras. Seja como for, a educação das crianças pressupõe a possibilidade de exercer uma influência psíquica sobre essas atividades orgânicas e, se estas se deflagram mais tarde de um modo aparentemente "automático" ou "reflexo", nem por isso deixam de constituir, na realidade, automatismos de controle que atuam desde a infância. Penso, por exemplo, no funcionamento regular dos esfíncteres que comandam a abertura e o fechamento do intestino e da bexiga, no fato de adormecermos e despertarmos a intervalos regulares, etc. Não menos conhecida é a capacidade de hiperprodução de afetos, capazes de influenciar os processos de circulação e de eliminação os mais diversos.

*
* *

Se nos limitamos inicialmente a considerar as hiperproduções que servem para a formação do sintoma histérico, conviria escolher um grupo bem circunscrito na gama quase ilimitada das diversas possibilidades existentes nesse domínio. Escolherei, portanto, os sintomas histéricos que afetam o tubo digestivo, dos quais uma série relativamente completa se nos oferece.

Um dos fenômenos histéricos mais correntes é o sintoma do *globus hystericus*, esse estado particular de contração da musculatura faríngea que, com um outro sintoma faríngeo, à ausência do reflexo de deglutição, figura frequentemente entre os estigmas dessa neurose. Numa outra investigação, atribuí essa anestesia da glote e da região faríngea a uma reação contra as fantasias inconscientes de felação, de *cunnilingus*, de coprofagia, etc., resultantes da *genitalização* dessas zonas mucosas[3]. Enquanto essas fantasias encontram sua expressão negativa na anestesia, o *globus hystericus*, como se pôde comprovar em todos os casos submetidos à psicanálise, representa essas mesmas fantasias, mas sob uma forma positiva. Os próprios pacientes falam de uma *bola* na garganta, e temos todas as razões para acreditar que certas contrações dos músculos longitudinais e transversais da faringe produzem realmente a parestesia de um corpo estranho e até mesmo uma espécie de corpo estranho, uma bola. É verdade que, na análise, essa bola revela-se ser um corpo estranho muito particular e nada insignificante: um corpo estranho que possui um sentido erótico. Em mais de um caso, essa "bola" sobe e desde num movimento rítmico, e esse movimento corresponde a uma representação inconsciente de processos genitais.

Para muitos pacientes que sofrem de falta de apetite, de náuseas e de outras perturbações digestivas de natureza neurótica, o fato de comer, ou seja, de fazer descer um corpo estranho ao longo do estreito tubo muscular do esôfago, tem inconscientemente o mesmo sentido de afronta genital que é fantasiada, sem estímulo externo, pelos pacientes com *globus hystericus*. Desde as pesquisas de Pavlov a respeito da influência do psiquismo sobre a secreção gástrica, ninguém se surpreenderá por ver essas fantasias acarretarem igualmente todos os graus de hiper ou de hipossecreção gástrica, e de hiper ou hipoacidez.

Com base nas "teorias sexuais infantis" (Freud) que atribuem a gravidez à incorporação de uma substância pela boca, o inconsciente pode produzir uma gravidez imaginária mediante proezas

---

3. Ver o artigo "Tentativa de explicação de alguns estigmas histéricos", neste volume. (NTF)

apropriadas, executadas pela musculatura do estômago, do intestino e da parede abdominal interna ou, eventualmente, recorrendo à aerofagia.

O surgimento de vômitos incoercíveis durante uma gravidez real (*vomitus gravidarum*), o que deu lugar a tantas explicações toxicológicas, é ainda mais fácil de entender para o psicanalista. A experiência psicanalítica obrigou-me a interpretar esse sintoma de outro modo. Trata-se de uma tendência para a defesa ou a expulsão, dirigida contra esse corpo estranho, o feto, cuja presença é inconscientemente sentida no útero mas que, segundo o modelo provado, é deslocada "de baixo para cima" e culmina na evacuação do conteúdo gástrico. Os vômitos só cessam na segunda parte da gravidez, quando os movimentos da criança não permitem mais, nem mesmo às histéricas, negar a localização genital das modificações e sensações experimentadas, ou seja, quando o ego da histérica se resigna a aceitar a realidade irrefutável e renuncia à "criança estomacal" fantasística.

Como se sabe, as emoções influenciam o peristaltismo intestinal: a angústia e o medo podem provocar diarreia, e a expectativa ansiosa, cãibras do esfíncter anal e constipação. Mas coube a Freud e à psicanálise mostrar a importância dessas influências ao longo da vida inteira e os complexos de representações e moções pulsionais que desempenham um papel específico a esse respeito.

Um clínico vienense de grande experiência, o professor Singer, descobriu há muito tempo que o intestino grosso tem importância mínima enquanto órgão da digestão, que ele é, de fato, de natureza *anal* e preside à função de evacuação. A psicanálise pode confirmar essa observação e completá-la um pouco. Os nossos neuróticos, sobretudo os histéricos, mostram-nos de forma evidente que qualquer parte do intestino grosso pode funcionar como esfíncter, e que podem aí produzir-se, além da inervação "em bloco" que acarreta a propulsão brusca do bolo fecal, contrações localizadas e finamente graduadas, capazes de reter em qualquer ponto, não importa qual, um fragmento de matéria ou uma bolha gasosa, de comprimi-los e, de certo modo, de modelá-los, o que pode ser acompanhado de parestesias dolorosas. As representações que atuam mais particularmente sobre essas inervações pertencem, fato curioso, ao complexo em que predomina o desejo de possuir, de conservar, de não dar. Na análise, vemos com frequência o neurótico, que foi despojado contra sua vontade de algo que lhe era precioso ou de um objeto a que tinha grande apego, acumular por um certo tempo como substituto um bem constituído pelo conteúdo intestinal; ele pode anunciar a sua intenção de fazer confissões há muito retidas por uma emissão excepcionalmente abundante de fezes; ou ainda sofrer durante dias de "ventosidades bloqueadas", que só conseguirá expulsar após ter renunciado à sua resistência em relação ao médico, quando nada mais se oporá à sua intenção de lhe dar um presente. Os conflitos suscitados pela necessidade de pagar ao médico, considerado, por outro lado, com simpatia, são facilmente acompanhados de tais sintomas de inibição e de relaxamento na esfera anal.

Num caso, pude estudar durante vários meses o papel histerógeno do reto e do próprio ânus. Um paciente, celibatário de certa idade, que casara sobretudo por insistência de seu pai, tinha empreendido um tratamento comigo para uma impotência psicogênica. Sofria, por momentos, de uma curiosa constipação: sentia nítida e até dolorosamente a massa fecal acumular-se em seu reto, mas era-lhe impossível evacuá-la; mesmo que conseguisse defecar, isso não lhe acarretava nenhum alívio. A análise mostrou, à continuação, que esse sintoma surgia toda vez que o paciente se encontrava em conflito com uma personalidade masculina que, de um modo ou de outro, lhe era imposta. Finalmente, apurou-se que o sintoma era a expressão de sua homossexualidade inconsciente. No momento preciso em que ele queria mostrar-se enérgico em relação a esse indivíduo, uma fantasia homossexual inconsciente vinha barrar-lhe o caminho e obrigava-o a fabricar um membro viril com a ajuda da parede intestinal contrátil, utilizando a matéria maleável do conteúdo intestinal sempre à sua disposição; e esse membro viril, que era precisamente o do adversário conscientemente odiado, recusava-se em seguida a abandonar o intestino antes que o conflito encontrasse uma solução qualquer. O paciente aprendeu pouco a pouco a maneira psicanalítica de resolver esse problema, ou seja, de reconhecer o conflito em questão.

Vejamos agora qual é o elemento comum a todos os sintomas desta série. É manifestamente a figuração pelo corpo de um desejo sexual inconsciente, tal como foi evidenciado por Freud. Mas há algo nesse modo de figuração que merece um exame mais aprofundado. Quando, no *globus hystericus*, o desejo inconsciente de felação produz uma bola na garganta, quando a histérica grávida (gravidez real ou imaginária) fabrica uma "criança estomacal" com o conteúdo e a parede de seu estômago, quando o homossexual inconsciente modela seu intestino e o conteúdo deste num corpo de forma e tamanho determinados, trata-se de processos que, por sua natureza, não correspondem a nenhum dos modos conhecidos de "percepções ilusórias". Não podemos falar neste caso de *alucinações*. Uma alucinação produz-se quando a censura interdita o caminho para a consciência de um complexo de pensamentos investidos afetivamente, de modo que a excitação daí decorrente, tomando um caminho regressivo, reinveste a matéria desses pensamentos que foi acumulada na memória e a faz chegar à consciência sob a forma de percepção atual[4]. Mas os processos motores, que, como vimos, participam com tanta intensidade na formação dos sintomas de conversão histérica, são estranhos à natureza das alucinações. Pois a contração das paredes estomacais ou intestinais no *globus*, os vômitos histéricos e a constipação nada têm de "imaginários" e são, pelo contrário, muito reais.

Tampouco podemos falar neste caso de *ilusão*, no sentido corrente do termo. A ilusão é uma interpretação errônea ou uma deformação de uma excitação externa ou interna realmente existente. Além disso, o sujeito, na ilusão, tem um comportamento predominantemente passivo, ao passo que o histérico produz *ele mesmo* essas excitações, que poderá em seguida interpretar de modo errado. Esse modo de formação dos sintomas histéricos que acabamos de descrever, inclusive esse fenômeno psicofísico em geral, merece ser designado por um termo especial. Poderíamos chamá-lo de *fenômeno de materialização*, visto que consiste essencialmente em concretizar um desejo, como que por magia, a partir da matéria de que o sujeito dispõe em seu corpo e em dar-lhe uma representação plástica – por primitiva que seja –, à maneira de um artista que modela um material de acordo com a sua ideia, ou dos ocultistas que, a simples pedido de um médium, representam a "materialização" de certos objetos[5].

---

4. Sobre essa concepção da alucinação, ver o capítulo "Regressão", em *A interpretação dos sonhos*.

5. Na opinião de numerosos investigadores, os casos de materialização oculta seriam, em grande parte, autoilusão histérica. Por falta de experiência nesse domínio, não posso exprimir uma opinião a esse respeito.

Acrescentarei de imediato que esse processo não se encontra apenas na histeria, portanto, num estado patológico de importância muito relativa, mas também em numerosos estados afetivos em indivíduos normais. É perfeitamente admissível que a maioria dos movimentos expressivos que acompanham as emoções humanas – ruborizar-se, empalidecer, desmaiar, ter medo, rir, chorar – "represente" eventos importantes do destino humano, individual e coletivo, e sejam, por conseguinte, outras tantas "materializações".

Como situar esse fenômeno entre os processos psíquicos já conhecidos e como conceber o seu mecanismo? A comparação que logo se nos impõe é a analogia com a alucinação do sonho, tal como a conhecemos depois das investigações de Freud sobre o sonho. Também no sonho os desejos são representados como realizados, mas a realização do desejo é aí puramente alucinatória, estando a motilidade paralisada durante o sono. No fenômeno de materialização, em contrapartida, parece estarmos diante de uma regressão ainda mais profunda; o desejo inconsciente, e incapaz de ter acesso à consciência, já não se limita nesse caso à excitação sensorial do órgão psíquico da percepção, mas passa para a motricidade inconsciente, o que significa uma regressão *tópica* a uma profundidade do aparelho psíquico onde os estados de excitação já não se liquidam por um investimento psíquico – ainda que fosse alucinatório – mas simplesmente pela descarga motora.

No *plano temporal*, a essa regressão tópica corresponderia uma etapa muito primitiva do desenvolvimento onto e filogenético, caracterizada pelo fato de que a adaptação ainda não se faz modificando o mundo exterior mas o próprio corpo. Quando discutimos, Freud e eu, problemas da evolução, temos o hábito de chamar a esse estágio primário o estágio *autoplástico*, em oposição ao estágio *aloplástico* mais tardio.

No plano *formal*, deveríamos, portanto, considerar aqui a vida psíquica simplificada até o processo do reflexo fisiológico[6]. E, se concebemos o processo reflexo não apenas como o protótipo do psíquico mas como a etapa que o precedeu e para a qual até a mais alta complexidade psíquica tem sempre tendência a regressar, então ficamos menos surpreendidos pelo salto tão misterioso do psíquico

---

6. Esta concepção tríplice de regressão apoia-se igualmente na passagem antes citada de *A interpretação dos sonhos*.

para o corporal no sintoma de conversão e pelo fenômeno de materialização que realiza o desejo por via reflexa. Trata-se simplesmente da regressão à "protopsique".

Nos processos vitais primitivos aos quais a histeria parece retornar, produzem-se correntemente modificações corporais que, quando resultam de um processo psicogênico, apresentam-se-nos como hiperproduções. A mobilização dos músculos lisos das paredes vasculares, a atividade das glândulas, a composição biológica e química do sangue, assim como toda a nutrição tecidual, estão submetidas, porém, a uma regulação infrapsíquica. Na histeria, todos esses mecanismos fisiológicos são postos à disposição dos impulsos de desejos inconscientes e, por uma inversão completa do curso normal da excitação, um processo puramente psíquico pode assim exprimir-se numa modificação fisiológica do corpo.

Em *A interpretação dos sonhos*, no capítulo que trata da psicologia dos processos oníricos, Freud pergunta-se quais são as modificações do aparelho psíquico que permitem a formação da alucinação onírica. Encontra a resposta a esse problema, por um lado, no caráter particular do curso seguido pelas excitações psíquicas no inconsciente e, por outro, num processo que seria favorecido pelas modificações que o estado de sono envolve. A "livre transferência das intensidades" de um elemento psíquico para outro permite uma excitação particularmente intensa até de zonas muito distanciadas do sistema psíquico, entre outras, do órgão sensorial psíquico, a superfície perceptiva da consciência. Ao lado desse fator "positivo", o estado de sono cria também um fator "negativo": ao afastar as excitações sensoriais atuais, ele engendra como que um espaço vazio na extremidade sensitiva do aparelho psíquico, de modo que, nesse ponto, a excitação interna, em virtude da ausência conjuntamente de estímulos externos, adquire um valor sensorial muito intenso. Freud supõe que o "fator positivo" possui uma intensidade ainda maior na alucinação psicótica, de sorte que a alucinação se produziria apesar do estado vígil, portanto, a despeito da concorrência de estímulos externos.

Como nos figurarmos agora os fenômenos no nível da excitação, quando da formação de um sintoma de conversão? No meu artigo relativo aos estigmas histéricos[7], fui levado a apresentar a *anes-*

---

7. Cf. "Tentativa de explicação de alguns estigmas histéricos", neste volume.

tesia histérica como uma modificação duradoura da extremidade sensível do sistema ψ, modificação que favorece, tal como o estado de sono, o surgimento de alucinações e de ilusões. Assim, pode-se supor, nos casos em que um sintoma de conversão se sobrepõe a uma zona já anestesiada – o que, aliás, está longe de ser raro –, que a formação do sintoma viu-se favorecida pela ausência de estímulos sensoriais conscientes. Em todos os outros casos, é necessário buscar a fonte energética que produz a materialização num fator positivo.

A monotonia com que reaparecem os processos genitais no decorrer da interpretação psicanalítica dos sintomas histéricos prova que a força mobilizada pela conversão provém da *fonte pulsional genital*. Trata-se, portanto, de uma irrupção de forças genitais brutas nas camadas psíquicas superiores, e são elas que tornam o psiquismo capaz de proezas positivas de natureza excepcional.

Talvez o mais importante resultado alcançado pelo desenvolvimento orgânico que tende para a divisão do trabalho tenha sido a diferenciação que se operou entre, por uma parte, sistemas orgânicos específicos cuja tarefa consiste em controlar e distribuir as excitações (aparelho psíquico) e, por outra, órgãos específicos que permitem a descarga periódica de quantidades de excitações sexuais acumuladas no organismo (órgãos genitais). O órgão que distribui e controla as excitações entra em relação cada vez mais estreita com a pulsão de autoconservação e, atingido o máximo de seu desenvolvimento, converte-se no órgão do pensamento, o órgão da prova de realidade. O órgão genital, em contrapartida, conserva mesmo no adulto o seu caráter primário de órgão de descarga e, pela concentração de todos os erotismos, passa a ser o *órgão erótico central*[8]. É o pleno desenvolvimento dessa polarização antagônica que permite ao pensamento ser relativamente independente do princípio de prazer e o impede de perturbar a satisfação sexual genital.

Quanto à histeria, ela seria uma recaída no estado original anterior a essa separação e corresponderia quer a uma irrupção de movimentos pulsionais genitais na esfera do pensamento, quer à reação de defesa contra essa irrupção. Poderíamos, portanto, conceber a formação de um sintoma histérico da seguinte maneira: um movimento pulsional genital extremamente forte quer penetrar na

---

8. Ver "As patoneuroses", em *Psicanálise II*.

consciência, mas o ego sente a natureza e a força desse movimento como um perigo e repele-o para o inconsciente. Após o fracasso dessa tentativa de solução, essas massas de energia perturbadora são ainda mais profundamente rechaçadas, até atingir o órgão sensorial psíquico (alucinação) ou a motilidade involuntária em sentido amplo (materialização). Mas, nesse percurso, essa energia pulsional entrou em contato muito íntimo com camadas psíquicas superiores que a submeteram a uma elaboração seletiva. Ela deixou de ser um simples *quantum*, passou por uma diferenciação qualitativa que a converteu num meio de expressão simbólica de conteúdos psíquicos complexos.

Talvez esta concepção permita observar mais de perto o enigma fundamental da histeria, o "salto do psíquico para o somático". Podemos, pelo menos, suspeitar de como uma formação psíquica – um pensamento – vem a dispor de uma força que lhe permita mobilizar massas orgânicas brutas; essa força foi-lhe simplesmente fornecida por uma das mais importantes reservas de energia do organismo: a sexualidade genital. Por outro lado, compreende-se também melhor como é possível que, no sintoma histérico, processos fisiológicos adquiram a capacidade de representar processos psicológicos complexos e de adaptar de um modo tão sutilmente nuançado à sua diversidade multiforme. Em suma, encontramo-nos diante da produção de um *idioma histérico*, de *um jargão simbólico* feito de alucinações e materializações.

Resumindo: podemos conceber o aparelho psíquico do histérico como um movimento de relojoaria cujo mecanismo estivesse invertido. O pensamento cumpre normalmente a função do ponteiro que registra escrupulosamente os processos produzidos pelas engrenagens internas. Na histeria, o ponteiro é como que sacudido por um dono brutal e coagido a uma proeza geralmente estranha à sua natureza; são agora os movimentos do ponteiro que deflagram o mecanismo interno.

Poderíamos abordar os fenômenos de conversão histérica sob um outro ângulo e considerar o seu *simbolismo*. Freud mostrou que o modo de expressão simbólico não era somente próprio da linguagem onírica mas de todas as formas de atividade de que o inconsciente participa. Ora, a concordância perfeita entre o simbolismo do sonho e o da histeria impressiona-nos sobremaneira.

Evidencia-se, após interpretação, que todo simbolismo onírico depende do simbolismo sexual e, do mesmo modo, as figurações pelo corpo da conversão histérica pedem todas, sem exceção, uma interpretação simbólica sexual. Além disso, os órgãos e as partes do corpo que no sonho representam com frequência, simbolicamente, os órgãos genitais são precisamente aqueles a que o histérico recorre em geral para figurar suas fantasias genitais.

Eis alguns exemplos: o *sonho de irritação dentária* representa simbolicamente fantasias de masturbação; e analisei um caso de histeria em que essas mesmas fantasias exprimiam-se no estado vígil por *parestesias dentárias*. Num sonho que tive de interpretar recentemente, *enterrava-se um objeto na garganta* de uma jovem que morria por causa disso; ora, a anamnese do caso permite ver nesse sonho a representação simbólica de um coito ilegítimo, da gravidez e do aborto clandestino que puseram em perigo a vida da paciente. Portanto, constata-se neste caso o mesmo deslocamento de baixo para cima que no *globus hystericus*, a mesma utilização da zona faríngea e da garganta em lugar dos órgãos genitais.

O *nariz* substitui frequentemente o membro viril no sonho; em contrapartida, em vários casos de histeria masculina, pude demonstrar que a *turgescência dos cornetos* representava fantasias libidinais inconscientes, ao passo que os corpos eréteis dos órgãos genitais permaneciam inexcitáveis. (Aliás, Fliess mostrou muito antes da psicanálise a relação entre o nariz e os órgãos genitais.) É frequente ver a gravidez representada simbolicamente no sonho pela "indigestão" ou pelo vômito, portanto, exatamente como no *vômito histérico*. No sonho, *defecar* significa, por vezes, "dar um presente" e, com frequência, o desejo de dar um filho a alguém, sentido possível, como já vimos, desse mesmo *sintoma intestinal na histeria*. E assim por diante.

Uma concordância tão apurada faz supor que *a base orgânica sobre a qual se edifica todo o simbolismo da vida psíquica aparece, em parte, na histeria*.

Depois dos *Três ensaios sobre a teoria da sexualidade*, de Freud, fica difícil não reconhecer nos órgãos para os quais a sexualidade dos órgãos genitais foi simbolicamente deslocada os principais pontos de localização dos estágios anteriores à genitalidade, ou seja, as *zonas erógenas* do corpo. O caminho seguido pelo desenvolvimento, que vai do autoerotismo à genitalidade, passando pelo narcisismo e que culmina assim no amor objetal, esse caminho, tanto no sonho quanto na histeria, é percorrido em sentido inverso desde o genital. Portanto, uma vez mais, trata-se de uma regressão que leva a excitação a investir essas etapas anteriores e seus pontos de localização, em vez dos órgãos genitais. Por conseguinte, o "deslocamento de baixo para cima", tão característico da histeria, não seria nada mais do que a inversão do *deslocamento de cima para baixo*, ao qual a zona genital deve seu primado e cujo pleno desenvolvimento conduz à polaridade que assinalamos entre a função sexual e a atividade de pensar.

Não pretendo dizer, bem entendido, que na histeria a genitalidade decompõe-se simplesmente em seus elementos primordiais. Creio, antes, que, no caso, essas etapas anteriores servem tão só de zonas condutoras para a excitação, e que essa excitação conserva, mesmo depois do deslocamento, o seu caráter genital no que concerne à sua natureza e à sua intensidade. Poderíamos, pois, formular as coisas assim: na conversão histérica, os autoerotismos antigos são investidos de sexualidade genital, as zonas erógenas e as pulsões parciais são *genitalizadas*[9]. Essa qualidade genital manifesta-se na tendência dos tecidos para a turgescência e a umidificação (Freud), forçando a fricção e, por meio dela, a liquidação da excitação.

A primeira teoria da conversão concebia o sintoma de conversão histérica como a *ab-reação de afetos bloqueados*. Depois, verificou-se que esse "bloqueio" de natureza desconhecida era, em todos os casos, um *recalcamento*. Acrescentemos que esse recalcamento refere-se sempre a moções libidinais e, mais particularmente, a moções sexuais genitais, e que todo sintoma histérico, seja qual for o ângulo por onde o consideremos, apresenta-se como *uma função genital heterotópica*. Os antigos tinham razão, portanto, quando diziam a respeito da histeria: "*Uterus loquitur*".

Não posso encerrar estas reflexões sem indicar alguns temas de investigação que se me impuseram no decorrer deste estudo, aliás, como em tantas outras ocasiões semelhantes.

Para nossa grande surpresa, vemos nos sintomas histéricos a total submissão de órgãos de importância vital ao princípio de prazer, sem a menor atenção à sua própria função utilitária. O estôma-

---

9. "A histeria é o negativo da perversão", diz Freud numa proposição central. Com efeito, mesmo nas perversões dos adultos, jamais se encontram autoerotismos puros mas, uma vez mais, apenas, a genitalização de prévios estágios infantis ultrapassados.

go ou o intestino fazem malabarismos com seu próprio conteúdo e suas próprias paredes internas, em vez de digerir e evacuar esse conteúdo como lhes compete; a pele deixa de ser um invólucro corporal protetor cuja sensibilidade adverte contra agressões demasiado intensas; ela comporta-se como um verdadeiro órgão sexual cujo contato, se não for percebido conscientemente, produz, contudo, satisfações de prazer inconscientes. A musculatura, em vez de participar como de hábito na conservação da vida mediante movimentos funcionais, compraz-se em produzir situações fantasísticas de prazer. Não existe, enfim, nenhum órgão, nenhuma parte do corpo, que esteja imune a ser posto a serviço do prazer. Não creio que se trate de processos unicamente válidos para a histeria e que seriam insignificantes em todos os outros casos, quando não totalmente ausentes. Certos processos que se desenrolam no estado de sono normal fazem pensar que fenômenos de materialização fantasística são igualmente possíveis em não neuróticos. Penso nessa hiperprodução singular a que se dá o nome de polução.

De resto, é possível que as tendências para o prazer de que os órgãos do corpo dão provas tampouco cessem por completo durante o dia, e caberia a uma *fisiologia do prazer* descobrir toda a sua importância. Até o presente momento, a ciência dos processos vitais tem sido exclusivamente *uma fisiologia utilitária*, ocupando-se tão só das funções orgânicas úteis à conservação.

Nada tem de surpreendente que os tratados de fisiologia humana e animal, por mais excelentes e detalhados que sejam, de nada servem quando se trata de encontrar informações sobre o *coito*. Nada podem dizer-nos sobre as particularidades desse mecanismo reflexo tão profundamente enraizado, nem de sua significação onto e filogenética. E, no entanto, considero esse problema de uma importância central para a biologia e é de sua solução que espero progressos essenciais para essa disciplina.

Essas diversas formulações do problema bastam, aliás, para mostrar que, em vez da concepção corrente segundo a qual a investigação biológica constituiria a condição prévia para todo progresso em psicologia, a psicanálise ajuda-nos a formular problemas biológicos que não poderiam sê-lo de outro modo.

Um outro problema, considerado até agora unicamente sob o ângulo psicológico, o problema do *dom artístico*, é esclarecido em parte pelo aspecto orgânico da histeria. Segundo a expressão de

Freud, a histeria é uma caricatura da arte. Ora, as "materializações" histéricas mostram-nos o organismo em toda a sua plasticidade e mesmo em sua habilidade criadora. As proezas puramente "autoplásticas" do histérico poderiam muito bem constituir o modelo dos desempenhos corporais realizados pelos atores e pelos artistas, inclusive o modelo das artes plásticas, em que os artistas trabalham um material fornecido não por seus próprios corpos mas pelo mundo exterior.

VI

Tentativa de explicação de alguns estigmas histéricos

"Estigma" é uma palavra de origem religiosa que designava outrora o fenômeno milagroso da transferência para os fiéis das chagas do Cristo pelo efeito de uma oração fervorosa. Na época dos processos de bruxaria, a ausência de sensibilidade à queimadura por um ferro em brasa era interpretada como estigma de culpabilidade. Às feiticeiras de antanho dá-se hoje o nome de histéricas, e alguns sintomas permanentes que elas apresentam com grande regularidade são qualificados de estigmas histéricos.

Entre a atitude do psicanalista diante dos estigmas e a dos outros neurologistas, existe uma diferença flagrante que salta aos olhos desde o primeiro exame de um caso de histeria. O psicanalista contenta-se com um exame físico que permite eliminar toda confusão com uma doença nervosa orgânica, e apressa-se em considerar as particularidades psíquicas do caso, as únicas que vão permitir-lhe formular com precisão o seu diagnóstico. O não psicanalista mal deixa o paciente falar, muito contente quando este último termina o seu rosário de queixas, que não fazem o menor sentido para ele, e pode, finalmente, proceder ao exame físico. Demora-se nele com satisfação, mesmo depois da eliminação de complicações orgânicas, exultante quando chega, enfim, a evidenciar os estigmas histéricos exigidos pela patologia: ausência parcial ou diminuição da sensibilidade ao tato e à dor, ausência do reflexo palpebral ao contato com a conjuntiva ou a córnea, retração concêntrica do campo visual, ausência de reflexos velopalatais e faríngeos, sensação de uma bola na garganta (*globus*), hiperestesia da região abdominal inferior (ovários), e assim por diante.

Não se pode dizer que as investigações assíduas nesse domínio (com exceção das engenhosas experiências de Janet a respeito de hemianestesia histérica) tenham contribuído muito para uma melhor compreensão da histeria, sem falar da ausência total de resultados terapêuticos. Continuaram sendo, porém, os elementos essenciais de toda observação clínica do histérico, à qual conferem aparência de exatidão na medida em que permitem uma representação quantitativa e gráfica[1].

Tenho há muito a convicção de que a psicanálise chegará a explicar também esses sintomas histéricos, procedendo à análise de casos em que eles são particularmente acentuados.

Até o momento, pude fazer apenas a investigação analítica de alguns casos de *distúrbio histérico da sensibilidade cutânea*, dos quais quero relatar um datado de 1909.

Um jovem de 22 anos veio ver-me queixando-se de ser "muito nervoso" e sofrer de alucinações oníricas aterradoras. Soube em seguida que ele era casado mas, "como tinha tanto medo da noite", nunca dormia com a esposa, mas no quarto vizinho, no chão, junto à cama de sua mãe. O pesadelo cujo retorno o atormentava havia uns sete a oito meses, e que não conseguia descrever sem estremecer, desenrolou-se pela primeira vez da seguinte maneira: "Acordei", diz ele, "por volta de uma hora da manhã e tive que levar a mão ao pescoço, gritando: 'um camundongo está em cima de mim e entra na minha boca'. Minha mãe acordou, acendeu a luz, acariciou-me e tranquilizou-me, mas foi-me impossível voltar a adormecer antes que ela me levasse para a sua cama."

Conhecendo a maneira como Freud explica a angústia infantil, todo psicanalista se apressará em concluir que se trata de uma histeria de angústia sob a forma de *pavor nocturnus*, e que o paciente descobriu o remédio mais eficaz: o retorno para junto da mãe amorosa.

Entretanto, o suplemento do relato desse sonho não é desprovido de interesse: "Quando a minha mãe acendeu a luz, vi que no lugar do tão temido camundongo eu tinha na boca *a minha própria*

---

[1]. Não posso mostrar-me muito mais indulgente a respeito de um dos meus próprios artigos, no qual indiquei certas diferenças entre a anestesia orgânica e a histérica. (Publicado em 1900 em "Gyògyàszat" e na "Pester Med.-Chir. Presse".)

mão esquerda, que me esforçava energicamente por retirar com *a minha mão direita.*" Ficou claro, portanto, que nesse sonho a mão esquerda desempenhava um papel especial, o papel de um camundongo; essa mão que tateava ao longo do pescoço, ele queria apanhá-la ou rechaçá--la com a mão direita, mas o "camundongo" penetrava-lhe na boca aberta e ameaçava sufocá-lo.

O mais importante, neste caso, não é apurar que cenas sexuais são simbolicamente representadas nesse sonho. Mas observe-se a surpreendente distribuição de papéis entre a mão direita e a mão esquerda, que recorda vivamente o caso de uma paciente histérica de Freud; durante suas crises, essa paciente levantava a saia com uma das mãos enquanto, com a outra, se esforçava por abaixá-la.

Sublinhe-se que o nosso paciente já estava desperto e reclamava com a voz estrangulada que se acendesse a luz, enquanto sua mão esquerda continuava enfiada na boca, sem que ele pudesse distingui-la de um camundongo. Fui levado a relacionar esse detalhe com a *anestesia histérica da metade esquerda do corpo*; confesso, porém, não ter estado em condições de examinar a sensibilidade cutânea com toda a precisão requerida. Um exame psicanalítico muito superficial desse paralelo bastou-me para constatar que o paciente, fixado de maneira infantil em sua mãe, realizava a relação sexual (da "fantasia edipiana") deslocada "de baixo para cima", a mão esquerda representando os órgãos masculinos e a boca, o sexo feminino; ao passo que a mão direita, mais moral, servia como detonador da reação de defesa e queria expulsar o "camundongo" criminoso. Mas para isso era imprescindível a ausência de sensibilidade da mão esquerda, que assim se tornou o teatro de tendências recalcadas.

Em contraponto, relatarei um outro caso de hemianestesia histérica que pude observar recentemente na minha seção de neurologia do hospital militar. Eis os apontamentos que redigi a respeito desse caso.

X.Y., chefe de seção na artilharia, hospitalizado em 6 de fevereiro de 1916. O paciente estava havia catorze meses no "front" quando recebeu um leve arranhão de bala na têmpora esquerda (cicatriz visível). Após seis semanas de tratamento no hospital, ele voltou ao "front", mas, pouco depois, uma granada explodiu uns trinta passos à sua esquerda, e ele foi jogado por terra e atingido por alguns torrões de terra. Serviu ainda durante algum tempo mas em seguida tornou-se "confuso", "instável", e como exagerava um pouco na bebida despacharam-no para a retaguarda com o diagnóstico de "alcoolismo". No acantonamento de sua unidade, teve uma discussão com o oficial de artilharia, que (conforme me contou durante a entrevista analítica, após ter superado uma viva resistência) o arrastou para o seu quarto e o puniu a chicotadas. Manteve em segredo o insulto que lhe fora infligido e, sentindo-se doente, fez-se admitir no hospital militar. Durante algum tempo, a metade de seu corpo que recebera os golpes esteve quase inteiramente paralisada. Após a sua transferência para um outro hospital, quando já fazia as primeiras tentativas para caminhar, instalou-se um tremor na musculatura da metade esquerda de seu corpo. O seu principal motivo de queixa era a dificuldade em andar provocada por esse tremor.

    Eis alguns fragmentos do exame: o paciente mantém-se perfeitamente imóvel quando está em repouso; quando caminha, apresenta um tremor na parte esquerda do corpo. De fato, ele só se apoia na perna direita e numa bengala. As extremidades superiores e inferiores esquerdas não têm participação nenhuma na locomoção e deslocam-se para diante com rigidez, avançando o ombro. Não se encontra indício algum de doença nervosa de caráter orgânico. À parte a disbasia descrita, foram constatadas as seguintes perturbações funcionais: forte excitabilidade do humor, hiperestesia ao ruído, insônia, assim como *uma analgesia e uma anestesia totais da metade esquerda do corpo.*

    Se lhe espetamos profundamente uma agulha na pele do lado esquerdo do corpo, por trás e sem que ele o note, o paciente não tem nenhuma reação; se, pelo contrário, aproximamos a agulha da parte esquerda do seu corpo pela frente e de modo que ele possa vê-la, o paciente executa movimentos violentos de fuga e de defesa, apesar da existência da analgesia e da anestesia na face anterior esquerda. Ele agarra a mão que se aproxima, apertando-a convulsivamente nas suas, e pretende sentir, quando ameaçamos tocá-lo, um arrepio na metade anestesiada do corpo, o que o obriga a efetuar esses irreprimíveis movimentos de defesa. Se lhe vendamos os olhos, o seu lado esquerdo revela-se tão analgésico e insensível pela frente quanto por trás. Esse "arrepio" é, portanto, um fenômeno puramente psíquico, um sentimento e não uma sensação; não se pode deixar de lembrar o sentimento que o sujeito normal experimenta quando ameaçamos tocar uma parte particularmente coceguenta de seu corpo[2].

O leitor já terá adivinhado que a exclusão da sensibilidade da metade esquerda do corpo do campo da consciência encontra-se, neste caso, a serviço de uma tendência para o recalque. A perda da sensibilidade ao tato facilita a repressão da lembrança vinculada aos eventos dramáticos ocorridos durante a guerra, todos relacionados com esse lado esquerdo, e o último dos quais, a punição infligida por um superior, tinha desencadeado os sintomas. Acrescentemos que o paciente, que passa por ser, em geral, um homem violento e com dificuldade em submeter-se à disciplina do hospital, não opôs nenhuma resistência quando foi vítima dessas brutalidades – o que ele não consegue explicar nem a si mesmo. Comportou-se diante do seu tenente como outrora, em sua infância, diante do seu primeiro superior, o pai. Ele nada sente a fim de não ter que revidar e, pela mesma razão, quer impedir qualquer contado ao nível da parte atingida.

Se compararmos estes dois casos de hemianestesia, talvez possamos, a partir da oposição entre a hemianestesia traumática e o estigma histérico, descobrir as características deste último. Os dois casos têm em comum a exclusão de estímulos táteis do campo da consciência, com a conservação dos outros modos de utilização psíquica desses estímulos. No paciente que sofre de histeria de angústia, a anestesia de uma metade do corpo serviu, como vimos, para transformar em "materialização" da fantasia edipiana as sensações inconscientes provocadas pelos contatos e as mudanças de postura ao nível dessa parte do corpo.

Do mesmo modo, no caso de hemianestesia traumática, outras observações relativas às neuroses de guerra e aos transtornos libidinais resultantes de agressões físicas levaram-me igualmente a supor uma utilização libidinal das sensações táteis recalcadas e incapazes de ter acesso à consciência[3].

De toda maneira, trata-se em ambos os casos da impossibilidade de acesso de novas associações à esfera de representações re-

---

2. Reúno material clínico com vistas a uma explicação psicológica da sensibilidade à cócega, que se apoiaria na teoria freudiana do prazer suscitado pelo chiste.

3. Ver os artigos "As patoneuroses", em *Psicanálise II*, e "Fenômenos de materialização histérica", neste volume.

lativas a uma metade do corpo, impossibilidade essa que Freud, já em 1893, reconhecia estar na base das *paralisias histéricas*[4].

No segundo caso citado, a insuficiência associativa relaciona-se com o fato de a representação de partes insensíveis do corpo estar "vinculada à lembrança de um traumatismo carregado de afetos flutuantes"[5], enquanto no primeiro caso de hemianestesia histérica, no qual fomos levados a considerar a perda da sensibilidade como um estigma, não existe evento traumático cuja lembrança esteja ligada muito precisamente ao lado esquerdo.

Podemos, portanto, estabelecer agora uma distinção entre a hemianestesia "estigmática" e a hemianestesia traumática, segundo o papel desempenhado pela "complacência somática". No traumatismo, essa complacência não existe, a doença foi provocada unicamente pelos choques sofridos. Em contrapartida, no caso do estigma de anestesia, essa complacência parece ter existido desde o começo, predisposição puramente fisiológica das partes do corpo afetadas para ceder o investimento consciente, para abandonar suas excitações sensoriais em prol das moções libidinais inconscientes. Poderíamos dizer ainda que a anestesia só é ideogênica no caso do traumatismo, que no caso do estigma, embora psicogênica, nada tem de ideogênica. Após o traumatismo, uma metade do corpo é insensível *porque* sofreu uma lesão; no caso do estigma, *a fim de* poder servir à representação de fantasias inconscientes e para que "a direita ignore o que faz a esquerda".

Essa concepção vê-se reforçada se quisermos considerar a diferença entre a esquerda e a direita. Chamou-me a atenção o fato de que o estigma hemianestésico produzia-se, de maneira geral, mais frequentemente à esquerda do que à direita – o que também é assinalado por certos manuais. Daí surgiu a hipótese de que *a metade esquerda do corpo já é* a priori *mais acessível às moções inconscientes do que a direita*, que, em consequência de um maior investimento de atenção sobre essa metade do corpo mais hábil e ativa, está mais bem protegida da influência exercida pelo inconsciente. Pode-se pensar que, nos indivíduos destros, a esfera sensorial do lado esquerdo mostra, de imediato, uma certa complacência com as moções inconscientes, de sorte que ela pode mais facilmente ser des-

---

4. *Archives de Neurologie*, 1893.
5. Breuer-Freud, *Estudos sobre a histeria*.

pojada de suas funções normais e posta ao serviço de fantasias libidinais inconscientes.

Entretanto, mesmo abstraindo essa predileção do estigma hemianestésico – muito inconstante, a bem da verdade – pelo lado esquerdo, não é menos verdade que a hemianestesia estigmática apresenta uma partilha da superfície cutânea entre as instâncias em conflito (o consciente e o inconsciente, o ego e a libido).

Abre-se aqui uma perspectiva para compreender um outro estigma histérico: *a retração concêntrica do campo visual*. O que dissemos da diferença entre a direita e a esquerda ainda é mais válido para a diferença entre a visão central e a visão periférica. A visão central, que mais não seja pelo seu modo de funcionamento, está por certo mais estreitamente vinculada à atenção consciente, ao passo que a periferia do campo visual, mais afastada da consciência, é o palco de sensações confusas. Falta dar apenas mais um passo para arrancar essas sensações ao investimento consciente e fazer delas a matéria de fantasias libidinais inconscientes. Assim, a comparação de Janet segundo a qual o histérico sofre de uma "retração do campo da consciência" voltaria a merecer um lugar de destaque, pelo menos nesse sentido.

A *insensibilidade da córnea e da conjuntiva* no histérico poderia encontrar uma explicação estreitamente ligada à retração do campo visual. Seria a expressão do mesmo recalque das sensações ópticas; estamos habituados a que as anestesias histéricas se definam mais pela representação plástica do órgão do que por sua função orgânica. Mas temos aí um outro ponto que cumpre levar em consideração. O normal é a córnea ser justamente a parte mais sensível do corpo de modo que sua reação a uma lesão, o choro, tornou-se o meio de exprimir a dor psíquica. A ausência dessa reação no histérico está provavelmente em relação com a repressão de moções afetivas.

A *anestesia histérica da faringe* serve, como pude constatar em numerosos casos tratados em análise, para figurar fantasias genitais mediante o processo de deglutição. Compreender-se-á que a excitação genital, a qual se acha nesse caso deslocada "de baixo para cima", não deixa escapar essa fonte de excitação que se lhe assemelha em tantos pontos. Na *hiperestesia da faringe* trata-se da formação reativa a essas mesmas fantasias perversas, ao passo que o *globus hystericus* pode ser considerado, ao mesmo tempo, a "materialização" desses desejos e a reação de defesa contra esses mesmos desejos. Dito isto, não se compreende em que consiste a tendência específica da região faríngea para a formação de estigmas.

Plenamente consciente da insuficiência do material comunicado aqui, resumirei a minha impressão sobre o modo de formação dos estigmas histéricos na proposição seguinte: os estigmas histéricos representam a localização de quantidades de excitação convertida em partes do corpo que, em virtude de uma aptidão especial para a complacência somática, colocam-se facilmente à disposição de moções pulsionais inconscientes e tornam-se assim fenômenos secundários "banais" de outros sintomas histéricos (ideógenos).

Como, de um modo geral, os estigmas histéricos não receberam até o presente momento nenhuma explicação, contentar-me-ei provisoriamente com esta tentativa de explicação, enquanto não for apresentada outra melhor. Não posso, em hipótese nenhuma, admitir como tal "a explicação" de Babinski, segundo a qual os estigmas (assim como os sintomas histéricos em geral) nada mais seriam do que o "pitiatismo" sugerido pelo médico. Há, no entanto, um grão de verdade nessa ideia particularmente primária; é que, de fato, um considerável número de pacientes nada sabia da existência de seus estigmas antes de o médico lhes ter dado uma prova a respeito deles. Naturalmente, esses estigmas já existiam antes e só os pode negar quem permanecer prisioneiro do velho erro que consiste em assimilar consciência e psiquismo.

Aliás, é uma falta de lógica muito divulgada querer sempre explicar a histeria pela sugestão e a sugestão pela histeria, sem que se tenha analisado esses fenômenos separadamente.

VII

Psicanálise de um caso de hipocondria histérica

Em virtude da técnica psicanalítica e da evolução lenta do processo de cura ou de resolução que se estende por um longo período, a impressão geral obtida de um caso tende a apagar-se e somente certos momentos da cadeia complexa retêm a atenção à medida que se apresentam.

Ora, eis que me é dada a oportunidade de comunicar um caso em que a cura foi muito rápida e cujo quadro clínico, interessante e extremamente variado tanto pelo conteúdo quanto pela forma, desenrolou-se com grande desenvoltura, como uma série de imagens cinematográficas, praticamente sem pausas.

A paciente, uma jovem e bonita estrangeira, foi-me encaminhada por seus parentes após o fracasso de diferentes métodos terapêuticos. Ela me causou péssima impressão. O seu sintoma mais saliente era uma *angústia* sobremaneira intensa. Sem ser propriamente agorafóbica, ela não podia mais ficar sozinha nem por um instante, há vários meses; caso contrário, tinha crises de angústia extremamente violentas, mesmo à noite, e era obrigada a despertar o marido ou a pessoa que dormisse perto dela, para contar-lhe, durante horas a fio, suas representações e seus sentimentos de angústia. Suas queixas consistiam em sensações corporais hipocondríacas, às quais se associava uma angústia de morte. Sentia alguma coisa na garganta, saíam-lhe "pontos" do couro cabeludo (e essas sensações obrigavam-na a tocar-se continuamente na garganta e na pele do rosto); suas orelhas alongavam-se, a cabeça desprendia-

-se para diante, o coração palpitava, etc. Em todas as sensações desse gênero, razão pela qual a paciente observava-se ininterruptamente, ela via um sinal de sua morte próxima; pensava também em suicídio. Seu pai, dizia ela, morrera de arteriosclerose; portanto, era esse o fim que a esperava. Também enlouqueceria (como o pai) e morreria numa clínica psiquiátrica. Tudo isso me levou desde o primeiro exame a explorar a garganta da paciente, em busca de uma eventual anestesia ou hiperestesia, o que provocou imediatamente o surgimento de um novo sintoma: ela precisava observar o tempo todo num espelho as alterações em sua língua. As primeiras sessões transcorreram em meio a longas e monótonas queixas a respeito de todas essas sensações e fizeram-me considerar os sintomas deste caso como ideias hipocondríacas delirantes, ininfluenciáveis, tanto mais que tinha ainda na memória alguns casos recentes desse gênero.

Ao fim de um certo tempo, ela parecia, contudo, ter quase esgotado o assunto; é verdade que não procurei tranquilizá-la nem influenciá-la, deixando-a debulhar suas queixas e lamentações sem a interromper. Alguns leves sinais de transferência até apareceram; ela se sentia, dizia a paciente, mais calma após a sessão, aguardava a seguinte com impaciência, etc. Entendeu em seguida, muito rapidamente, como proceder à "associação livre", mas, desde a primeira tentativa, a associação adquiriu a forma de um comportamento teatral, extravagante e muito apaixonado. "Eu sou o grande industrial N. N." (e diz o nome de seu pai num tom de acentuada suficiência). Depois fez como se ela fosse o pai, dando ordens, praguejando (grosseiramente e sem nenhum resquício de pudor, como é o costume, aliás, nesta província); em seguida reproduziu cenas em que o pai tivera uma conduta demente antes de ser internado, etc. No final da sessão, no entanto, ela se orientou muito bem, despediu-se com delicadeza e deixou-se acompanhar até em casa sem dificuldade.

Na sessão seguinte, começou por relatar a cena precedente, repetindo amiúde: "Eu sou N. N. (o pai), tenho um pênis." Nesse meio tempo, ela contou uma cena infantil durante a qual uma babá particularmente detestada a ameaçava com um clister se ela não fosse por vontade própria ao banheiro. As sessões seguintes foram consagradas a queixumes hipocondríacos ou a cenas de loucura do pai, e não tardaram a surgir fantasias apaixonadas de transferência. Ela exigiu – numa linguagem grosseira de camponês – uma satisfação sexual e cobriu de injúrias o marido que não era capaz de proporcioná-la (o que, aliás, não correspondia à realidade). Seu marido contou-me depois que, a partir desse momento, na verdade ela também tinha desejado a satisfação sexual, algo que havia muito tempo vinha recusando.

Sua exaltação maníaca acalmou-se um pouco após essas descargas e ficamos em condições de estudar então a história do seu caso. A paciente descreveu as circunstâncias em que adoecera. Quando eclodiu a guerra, o marido foi mobilizado e ela teve que substituí-lo nos negócios; mas não conseguia fazer nada porque pensava continuamente em sua filha mais velha (que tinha então seis anos), obcecada com a ideia de que algo podia acontecer-lhe em casa. Por isso corria incessantemente a casa para verificar se tudo estava em ordem. Essa filha nascera, de fato, com um meningocelo raquiano: foi operada e sobreviveu, mas suas extremidades inferiores e a bexiga ficaram irremediavelmente paralisadas. A menina só podia deslocar-se de quatro e era necessário limpá-la "pelo menos cem vezes ao dia", por causa de sua incontinência. "Mas isso não tem importância, eu a amo mil vezes mais do que à caçula" (a outra filha que gozava de boa saúde). Todos os familiares confirmavam, de resto, que ela mimava essa criança enferma à custa da caçula saudável. Não queria sequer admitir a possibilidade de ser infeliz por causa da doente: a menina era tão gentil, tão inteligente, tão bela.

Logo me pareceu evidente que isso representava para a paciente um prodigioso esforço de recalcamento; que, na realidade, ela desejava inconscientemente, do fundo do coração, a morte dessa infeliz criança, e a presença desse pesado fardo impedira-a de enfrentar os novos esforços exigidos pela guerra. Por conseguinte, refugiara-se na doença.

Após uma prudente preparação, participei-lhe essa concepção de sua doença; e, pouco a pouco, após algumas tentativas infrutíferas para voltar a mergulhar na loucura ou na paixão de transferência, a paciente conseguiu, em certa medida, adquirir consciência da grande dor e da vergonha que a doença de sua filhinha lhe causava.

Recorri então a um dos métodos da "técnica ativa"[1]. Instruí a paciente a passar um dia inteiro em sua casa, para que tivesse a opor-

---

1. Cf. "Dificuldades técnicas de uma análise de histeria", neste volume.

tunidade de reviver os sentimentos que suas filhas lhe inspiravam, à luz dessas interpretações recentes. Mas, uma vez em casa, consagrou de novo todo o seu amor e suas carícias à criança doente e voltou triunfante à sessão seguinte declarando: "Está vendo? Tudo isso é falso! Eu continuo amando só a minha filha mais velha", etc. Contudo, nessa mesma sessão, ela acabaria caindo em prantos para confessar justamente o contrário. Com efeito, de natureza apaixonada e impulsiva, acudiram-lhe de súbito obsessões em que estrangulava essa criança, a enforcava ou a amaldiçoava: "Que um raio divino te abata" (esta praga era corrente no folclore do seu país).

O tratamento adotou em seguida o caminho do amor de transferência. A paciente mostrou-se ofendida com o tratamento puramente médico reservado às suas propostas amorosas reiteradas e, nessa ocasião, manifestou involuntariamente um narcisismo de excepcional potência. A resistência provocada por essa ferida em seu amor-próprio e em sua vaidade fez-nos perder algumas sessões mas forneceu-nos a oportunidade de reproduzir "ofensas" análogas em que sua vida era particularmente pródiga. Pude mostrar-lhe que toda vez que se tomava de amores por uma de suas inúmeras irmãs (ela era a caçula), sentia-se ferida pelo desdém que essa lhe testemunhava. Seu ciúme e seu ressentimento iam tão longe que, por puro despeito, denunciou uma parente a quem tinha surpreendido com um rapaz. Apesar de sua reserva e recolhimento aparentes, era muito pretensiosa e tinha em elevada conta suas qualidades físicas e intelectuais. A fim de evitar decepções dolorosas demais, preferia manter-se obstinadamente à margem quando se tratava de rivalizar com uma outra jovem. Eu também compreendia agora essa surpreendente fantasia que a paciente formulara durante um dos seus acessos de pseudodemência: ela se representara, uma vez mais, como sendo o pai (louco) e afirmara desejar ter uma relação sexual *consigo mesma*.

Mas a doença da filhinha só lhe produziu um efeito tão violento após a sua *identificação*, muito compreensível, com ela; aquela, aliás, a paciente já pudera experimentar antes algumas agressões à sua própria integridade corporal. Viera ao mundo com um defeito físico: era vesga e, antes de ser operada de seu estrabismo na juventude, tivera de superar uma angústia muito viva, quase louca, diante da ideia de que poderia ficar cega. Esse estrabismo fizera dela, aliás, desde a infância, o alvo de zombarias por parte de suas companheiras de brincadeira.

Pouco a pouco, pudemos interpretar algumas de suas sensações hipocondríacas. A sensação na garganta correspondia ao desejo de fazer ouvir e admirar sua bela voz de contralto. Os pequenos "pontos" que lhe saíam do couro cabeludo representavam os parasitas que outrora, para sua grande vergonha, tinham descoberto em sua cabeça; o "alongamento das orelhas" foi atribuído ao fato de que na escola um professor a chamara certa vez de "burra", etc.

A lembrança encobridora mais antiga a que tivemos acesso foi uma cena de exibicionismo mútuo entre ela e um menino de sua idade no sótão de sua casa; e desconfio muito de que essa cena dissimula as mais vivas impressões registradas pela paciente. A *inveja do pênis*, que se fixara nela nessa ocasião, era certamente o que lhe permitia em seus delírios uma identificação com o pai singularmente bem-sucedida ("Eu tenho um pênis", etc.).

Em última análise, não é, pois, tanto a anomalia congênita de sua filha mais velha que se pode considerar como a causa de sua doença quanto o fato de ter tido, em vez de rapazes, duas meninas (seres sem pênis que não podem, como os rapazes, urinar corretamente). Daí, com certeza, o horror inconsciente pela incontinência de sua filha doente. De resto, a doença da menina mais velha parece só ter começado a afetar seriamente a mãe no momento em que esta deu à luz uma segunda menina.

A paciente regressou muito mudada de uma segunda estada em seu país. Ela se acostumara à ideia de que preferia a filha caçula, de que desejava a morte da filha doente, etc.; deixou de se queixar de sensações hipocondríacas e concebeu o projeto de regressar em breve e definitivamente ao seu país. Mas, por trás dessa melhora súbita, descobri a resistência ao fim do tratamento. A análise dos seus sonhos obrigou-me a concluir por uma desconfiança paranoica a respeito da honestidade do médico; ela pensava que eu queria prolongar o tratamento para lhe subtrair mais dinheiro. A partir daí, tentei encontrar acesso ao seu erotismo anal ligado ao seu narcisismo (cf. o medo infantil do clister), mas não fui inteiramente bem sucedido. A paciente preferiu conservar um resíduo de suas particularidades neuróticas e regressou à casa, praticamente curada[2].

---

2. Eis ainda alguns resultados: a sensação compulsiva de ter "a cabeça que se desprendia para diante" exprimia a nostalgia da gravidez, deslocada "de baixo para cima". Ela desejava outros filhos (rapazes) em vez daqueles que tinha (a menina doente e a outra). "Nunca acontece nada de novo!", tinha ela o hábito de repetir, aludindo à sua testa; o que fazia igualmente parte do seu complexo de gravidez. A

Pondo de lado o desenrolar excepcionalmente rápido da doença, a epicrise deste caso apresenta mais de um elemento interessante. Estamos diante de uma mistura de sintomas puramente hipocondríacos e de sintomas histéricos; por isso o quadro clínico, que no início da análise tinha um aspecto de esquizofrenia, converte-se no final do tratamento em paranoia, sem dúvida apenas esboçada.

O mecanismo de certas parestesias hipocondríacas merece ser destacado. Essas parestesias repousavam, na origem, sobre a preferência narcísica pelo próprio corpo, mas tornaram-se depois – um pouco à maneira da "complacência somática" – meios de exprimir processos histéricos ("idiogênicos"): por exemplo, a sensação de alongamento das orelhas torna-se o símbolo mnêmico de um traumatismo psíquico.

A atenção recai, portanto, sobre os problemas relativos aos fundamentos orgânicos da hipocondria e da histeria de conversão que ainda não foram resolvidos. Tem-se a impressão de que a mesma estase da libido de órgão[3] pode – segundo a constituição sexual do doente – acarretar uma superestrutura puramente hipocondríaca ou histérica. O nosso caso apresentava, aparentemente, uma combinação das duas possibilidades e a face histérica da neurose permitiu a transferência e a eliminação das sensações hipocondríacas pela psicanálise. Quando essa possibilidade de descarga não existe, a hipocondria permanece inacessível e confina-se, muitas vezes de modo delirante, na sensação e na observação das parestesias.

A hipocondria pura é incurável; somente quando existem – como no presente caso – elementos adicionados que promanam de uma neurose de transferência é que se pode tentar uma ação psicoterapêutica com alguma probabilidade de êxito.

---

paciente abortara por duas vezes, não de um modo inteiramente acidental, e lamentava-o inconscientemente. As *palpitações* eram a reminiscência de impulsos libidinais durante encontros com jovens simpáticos que lhe pareciam potentes. (Ser potente significava para ela: poder engendrar *rapazes* e, de um modo geral, crianças *saudáveis*.) Os "pontos" que lhe brotavam na cabeça eram sobredeterminados. Significavam não só a infestação mas também (como é muito frequente) filhos pequenos. Dois sonhos característicos: 1. Ela vê *bolsas suspensas* (porta-moedas). (Interpretação: se ela admite que quer perder seu bebê, pode poupar-se o pagamento de honorários suplementares.) 2. Uma irmã dança o *cake-walk*; seu pai também está presente. (Reprodução de sua noite de núpcias, durante a qual o seu prazer sexual foi perturbado pela ideia de que seu pai estava lá.)

3. Cf. O meu artigo "As patoneuroses", em *Psicanálise II*.

VIII

Psicanálise e criminologia

A descoberta da vida psíquica inconsciente e a elaboração de um método de exploração, principais contribuições da psicologia psicanalítica, revolucionaram não só a psiquiatria mas também todos os ramos das chamadas ciências do homem. Essas descobertas já produziram resultados surpreendentes nos domínios da etnologia, da pedagogia e da psicologia da criação e do prazer artísticos. A Associação Psicanalítica Internacional e seu grupo local esforçam-se desde 1908 para tornar o novo método de investigação e de pesquisa psicológicas – no começo um procedimento puramente médico – acessível a todos os que procuram *aplicar* a ciência de Freud ao vasto campo da teoria e da prática.

Até o presente instante, ninguém tomou a iniciativa de reconsiderar a sociologia à luz da psicanálise; os únicos trabalhos publicados a esse respeito são ensaios fragmentários ou obras de natureza muito geral. Em minha opinião, é urgente que pessoas competentes se dediquem a essa tarefa.

Mas não temos o direito de esperar que essa nova ciência sociológica auxiliar se estabeleça pouco a pouco sobre seus alicerces e depois alcance o auge de sua elaboração. É necessário, de imediato, inscrever no programa a pesquisa suscetível de acarretar importantes resultados práticos. Considero que a elaboração de uma *criminologia psicanalítica* é uma dessas tarefas.

No plano teórico, a criminologia atual atribui os crimes à influência da hereditariedade e do meio, e no plano prático, para impedi-los, propõe a introdução de reformas eugênicas, pedagógicas e econômicas. Esse programa é correto em seu princípio e esgota teoricamente todas as possibilidades, mas ao nível prático é superficial e encontra-se em contradição precisamente com o determinismo proclamado com *tanta* clareza, na medida em que negligencia totalmente os mais poderosos fatores determinantes do crime: as *tendências da vida psíquica inconsciente* e suas origens, assim como as medidas defensivas opostas a elas.

Os relatos conscientes dos criminosos e a determinação das circunstâncias do crime, por mais aprofundada que seja, jamais explicarão de forma satisfatória por que um determinado indivíduo, numa situação dada, devia cometer tal ato. Com frequência, as circunstâncias exteriores não o justificam; e o culpado – se é sincero – deve reconhecer que, no fim das contas, ele mesmo ignora o que o impeliu a cometer esse ato; mas, na maioria dos casos, ele não é sincero nem mesmo consigo e é posteriormente que busca e encontra uma explicação para o seu comportamento, no fundo incompreensível e psicologicamente injustificado na aparência; em outras palavras, ele *racionaliza* o que é *irracional*.

Na minha qualidade de médico psicanalista, tive às vezes a oportunidade de analisar a vida psíquica de certos neuróticos que, além de seus outros sintomas (histéricos ou obsessivos), sofriam também de tendências ou impulsos criminosos. Num considerável número de casos, as tendências desses sujeitos para a violência, para o roubo, a trapaça, o incêndio, puderam ser atribuídas a motivações psíquicas inconscientes e ser atenuadas, quando não totalmente neutralizadas, precisamente por meio do tratamento psicanalítico.

Foram esses resultados que me levaram a formular a ideia de submeter os crimes a uma investigação psicanalítica profunda, não só em sua qualidade de subprodutos das doenças neuróticas mas também em si mesmos; em outras palavras, ao colocar a psicanálise a serviço da psicologia criminosa, cumpria criar a *criminopsicanálise*.

A realização desse plano não deveria deparar com obstáculos intransponíveis. Deveria começar por reunir um material criminopsicanalítico abundante. Eis como imagino as coisas: um psicanalista qualificado iria ver nas prisões criminosos legalmente condenados que teriam confessado seus delitos, e submetê-los-ia a uma psicanálise metódica.

Esses indivíduos não teriam razão nenhuma para recusar-se a comunicar seus pensamentos e associações, que permitiriam trazer à tona os motivos inconscientes de seus atos e de suas tendências. E uma vez vivida essa experiência, a relação emocional com o analista, ou seja, o que se chama *transferência*, faria com que desejassem e apreciassem que alguém se ocupasse deles dessa maneira.

A aproximação científica dos dados psicanalíticos relativos a uma mesma categoria de crimes fornecidos por diversos indivíduos permitirá em seguida, com a ajuda de um material científico sólido, eliminar as lacunas profundas do determinismo criminoso.

Seria esse o resultado teórico do empreendimento. Mas até no plano prático esse trabalho abre-nos um certo número de perspectivas. Sem falar do fato de que só uma psicologia criminal autêntica permitirá encontrar os meios de uma *profilaxia pedagógica* do crime; tenho a convicção de que o *tratamento analítico de criminosos comprovados* já apresenta por si mesmo algumas chances de sucesso, em todo caso, muito mais do que o rigor bárbaro dos grandes ou a hipocrisia dos capelães dos presídios.

A possibilidade de um tratamento psicanalítico, ou seja, de uma reeducação dos criminosos, abre-nos vastas perspectivas.

Muitos são aqueles que justificam o castigo pela necessidade de "restabelecer a ordem violada"; outros contam com o efeito dissuasório do castigo para exercer uma ação benéfica sobre a profilaxia do crime; mas, na realidade, é fácil descortinar nos atuais métodos penais elementos puramente libidinais, destinados a satisfazer o *sadismo* das instâncias repressivas.

A orientação e o método terapêutico psicanalíticos poderiam eliminar esses elementos nocivos inerentes ao desejo de punir das instâncias de execução, assim como da opinião pública em geral, e facilitar desse modo, simultaneamente, a renovação psíquica dos criminosos e sua adaptação à ordem social.

IX

Suplemento à psicogênese da mecânica

Num artigo sobre a "Psicogênese da mecânica"[1] fiz a crítica psicanalítica de *Kultur und Mechanik*, o último livro publicado pelo saudoso físico e filósofo Ernst Mach. Assinalei, entre outras coisas, que o leitor podia ter a impressão, ao ler esse pequeno livro, de que o autor tinha as descobertas de Freud presentes no espírito quando disse poder descortinar no senso mecânico de seu filho adulto a presença de um elemento infantil reencontrado mediante metódicos esforços de rememoração. Entretanto, a ausência de qualquer referência a Freud e o caráter deliberadamente intelectualizante de seu trabalho levaram-me a concluir que Mach teria talvez chegado a essa ideia independentemente de Freud. Ora, o dr. Pataki (engenheiro) acaba de me informar que os *Prinzipien der Wärmenlehre* [Princípios de termodinâmica] (pp. 443 e 444 da 2.ª edição) contêm uma nota provando que Mach já estava havia muito tempo familiarizado com a tese fundamental da psicanálise quando escreveu o seu livro sobre as condições psicológicas do desenvolvimento do sentido mecânico, e o fato de não ter feito aí nenhuma alusão mostra que estamos diante da *redescoberta criptamnêmica* de uma teoria.

Fato característico: a passagem esquecida por Mach é precisamente aquela em que ele descreve o processo pelo qual certas ideias mergulham no inconsciente, ainda que permaneçam ativas. Ele aponta o "fato notável de uma ideia *permanecer, por assim dizer, pre-*

---

1. Publicado neste mesmo volume.

sente e ativa sem estar na consciência"... "As importantes observações de W. Robert sobre o sonho (Srippel, Hamburgo, 1886) podem ser esclarecedoras a esse respeito. Robert observou que as mesmas cadeias associativas que são perturbadas e interrompidas de dia, são elaboradas à noite sob a forma de sonhos"... "Verifiquei inúmeras vezes no meu próprio caso a exatidão das observações de Robert e quero até acrescentar *que se evitam muitos sonhos penosos aproveitando o dia para ir até o fundo de todos os pensamentos desagradáveis que possam apresentar-se, ou para discuti-los em detalhe, ou para colocá-los o mais completamente por escrito, procedimento que se pode recomendar a todas as pessoas que têm tendência para abandonar-se à melancolia e às ideias tristes.* Também no estado vígil é possível observar fenômenos aparentados com os descritos por Robert. Tenho o hábito de ir lavar as mãos quando aperto uma mão úmida, molhada pela transpiração. Se algum incidente me impede de fazê-lo, persiste em mim uma sensação de desconforto cuja causa chego até a esquecer, por vezes; mas, para livrar-me de tal sensação, é preciso que a ideia de ter querido lavar as mãos me volte e seja prontamente executada. Por isso, é muito provável que *as ideias, uma vez formadas, mesmo que tenham sido eliminadas da consciência, continuem, não obstante, existindo*. Parece que isso é especialmente verdadeiro no caso de ideias que, ao alcançar a consciência, foram impedidas de descarregar outras ideias ou gestos, etc. a elas associados. Nesse caso, estes parecem agir como uma *espécie de carga*... *fenômeno aparentado em certa medida* com aqueles que Breuer e Freud descreveram recentemente em *seu livro sobre a histeria.*"

Um argumento fala a favor do caráter criptamnêmico da descoberta de Mach, a saber, que ele foi levado para esse caminho secundário justamente pela redação de um trabalho sobre as condições que favorecem ou dificultam as *descobertas científicas* (*Korrektur wissenschaftlicher Ansichten durch zufallige Umstände*, p. 44). Entre outras coisas, ele fala aí do papel que o acaso também desempenha no desenvolvimento técnico. "Esse fato pode ser ilustrado pela descoberta do telescópio, da máquina a vapor, da litografia, do daguerreótipo, etc. É possível encontrar processos similares nos primórdios da civilização humana. É muito provável que os mais importantes progressos culturais... não sejam imputáveis nem a um plano nem a uma intenção deliberada, mas a circunstâncias fortuitas..."
Esta argumentação é retomada em detalhe no último livro de Mach (Kul-

tur und Mechanik), do qual fiz a análise; segue-se então a descrição dos resultados que ele obteve por meio de esforços de rememoração com seu filho, dotado para a técnica; a única coisa que ele se esquece de mencionar é o trabalho de Breuer e Freud citado nos Prinzipien, *obra que se ocupa principalmente, como se sabe, das tentativas de fazer reviver lembranças há muito tempo esquecidas e que, portanto, certamente forneceu a Mach o protótipo de sua teoria e de seu método; é manifesto que o recalcamento ocultou-lhe a lembrança.*

O psicanalista pode até arriscar-se, partindo de certos indícios, a fazer suposições quanto aos *motivos* de tal recalcamento. Na passagem em que quer ilustrar a atividade de certos complexos de ideias inconscientes usando um exemplo extraído de sua experiência pessoal, Mach revela uma parte de sua inibição, a qual talvez represente mais do que uma inclinação excessiva para a limpeza e o pedantismo[2]. Essa hipersensibilidade para o suor e essa fobia das mãos úmidas provêm, em última análise, considerando-se a experiência clínica adquirida por outro lado, de uma defesa contra certas ideias e lembranças de ordem sexual. Os indivíduos desse tipo têm também o hábito de se furtar ao contato *intelectual* das coisas sexuais.

Ora, as primeiras comunicações de Breuer e Freud eram praticamente "assexuais". Só a experiência ulterior levou Freud a completar a teoria das neuroses com a teoria sexual. Parece que essas investigações do prof. Freud (que ensinava na mesma universidade) não eram inteiramente desconhecidas de Mach, mas inspiravam-lhe uma aversão tão profunda que as rejeitou e esqueceu. Entretanto, o desprazer ligado à teoria sexual acarretou igualmente o recalque da lembrança dos *Estudos sobre a histeria*, obra que ainda era "inofensiva". Por essa razão é que deixou de ser citada em *Kultur und Mechanik*, ao passo que uma menção ainda lhe é feita nos *Prinzipien*, à maneira de analogia distante; é assim que Mach se viu na necessidade de redescobrir (de modo criptamnêmico) a ideia dos esforços metódicos de rememoração que lhe foi inspirada por Breuer e Freud.

Também compreendemos agora por que Mach concebe a psicogênese do sentido mecânico como um simples desenvolvimento

---

2. A propósito do sentido inconsciente dos exemplos em geral, ver os meus ensaios "A técnica psicanalítica" (1919) e "Análise das comparações" (1915), ambos publicados em *Psicanálise II*.

progressivo da inteligência, e por que se contenta, quando passa a referir-se às pulsões, com a hipótese de uma "pulsão de atividade" que, favorecida por felizes acasos, culmina em descobertas, enquanto uma abordagem psicanalítica do problema, da qual foi desviado por motivos inconscientes, ter-lhe-ia permitido decompor essa mesma pulsão de atividade e obter a prova dos elementos sexuais que ele contém.

X

Reflexões psicanalíticas sobre os tiques

I

A psicanálise estudou pouco, até agora, esse sintoma neurótico muito corrente que se designa por tique ou tique convulsivo[1]. Num artigo em que descrevi as "Dificuldades técnicas de uma análise de histeria" que tive de superar num caso[2], fiz uma breve incursão nesse domínio, formulando a hipótese de que numerosos tiques poderiam revelar-se *equivalentes estereotipados do onanismo* e de que o notável vínculo que se pode observar entre os tiques e a coprolalia, após a supressão das manifestações motoras, talvez fosse apenas a expressão *verbal* dessas mesmas moções eróticas descarregadas habitualmente pelos autores de tiques sob a forma de *movimentos simbólicos*. Nessa ocasião, também chamei a atenção para as estreitas relações que existem entre, de um lado, os *estereótipos motores* e os *atos sintomáticos* (tanto no sujeito normal quanto no doente) e, de outro, os tiques ou o onanismo. É assim que, no caso em questão, contrações musculares e excitações cutâneas realizadas maquinalmente e consideradas desprovidas de qualquer significação podiam apossar-se de toda a libido genital e ser por vezes acompanhadas de um verdadeiro orgasmo.

---

1. Cf. S. Sadger, "Ein Beitrag zum Verständnis des Tic", *Int. Zsch. f. PsA.*, II (1914), p. 354.
2. Neste volume, pp. 1-8.

O prof. Freud, a quem interroguei ocasionalmente sobre o sentido e a significação que dava ao tique, disse-me que se tratava provavelmente de algo de natureza orgânica. No decorrer da presente exposição talvez consiga mostrar em que sentido essa hipótese se justifica.

Eis, pois, quase todas as informações que pude extrair das diversas fontes psicanalíticas, no que se refere aos tiques; nem mesmo posso dizer que depois tenha aprendido algo de novo pela observação direta ou pela análise dos tiques "passageiros", tão frequentes, no entanto, nos neuróticos. Na maior parte dos casos, pode-se levar a bom termo uma análise de neuróticos e até curar uma psiconeurose sem ter que prestar muita atenção a esse sintoma. Em uma ou outra ocasião pode-se ser levado a indagar quais são as situações psíquicas que favorecem o aparecimento deste ou daquele tique (por exemplo, uma careta, um cacoete, a crispação espasmódica dos ombros ou um estremecimento da cabeça, etc.) e a falar do *sentido*, da *significação* de um sintoma desse gênero. Assim, uma das minhas pacientes sacudia "negativamente" a cabeça toda vez que tinha de realizar um gesto puramente convencional (despedir-se, cumprimentar). Eu tinha notado que o movimento se tornava mais frequente e mais acentuado sempre que a paciente se esforçava para mostrar mais afeto, por exemplo, mais amizade do que sentia em seu íntimo, e tive que lhe assinalar que o gesto de sacudir a cabeça desmentia, de fato, a sua atitude ou o seu ar amistoso.

Jamais tive um paciente que me procurasse para análise com a finalidade precisa de curar um tique. Os pequenos tiques que pude observar em minha prática analítica estorvavam tão pouco aqueles que os tinham que eles nunca se queixaram; e fui sempre eu quem teve de chamar a atenção dos pacientes para esse sintoma. Nessas condições, não havia naturalmente nenhuma razão para examinar mais a fundo esse sintoma que os pacientes, como se diz, isentavam da análise.

Ora, nós sabemos que isso jamais se produz nas análises de histerias e de neuroses obsessivas de tipo corrente. Com efeito, no final de uma análise, o mais insignificante sintoma encontra-se integrado à estrutura complexa da neurose e até sustentado por múltiplos fatores determinantes. Já esse lugar particular ocupado pelo tique nos leva a supor que se tratava de um distúrbio cuja orientação era totalmente diferente da dos outros sintomas de uma neurose de transferência e que, por conseguinte, a habitual "ação recíproca dos sintomas" nada podia contra ele. Esse lugar à parte do tique entre os fenômenos neuróticos proporcionava uma base sólida à hipótese de Freud quanto à natureza heterogênea (orgânica) desse sintoma.

Certas observações de uma ordem muito diversa fizeram-me então progredir um pouco nesse domínio. Um paciente (onanista inveterado) não se cansava de realizar certos movimentos estereotipados durante sua análise. Tinha o hábito de alisar o paletó na cintura, várias vezes por minuto; no meio-tempo, verificava se a pele de seu rosto estava bem lisa, ou contemplava com satisfação seus sapatos envernizados ou engraxados, sempre brilhantes. De resto, sua atitude psíquica, sua suficiência, a afetação de seu discurso sempre composto de frases de que ele mesmo era o ouvinte mais satisfeito, tudo o apontava como um narcisista cheio de amor por si mesmo, e que, impotente com as mulheres, encontrava no onanismo o modo de satisfação que mais lhe convinha. Só iniciara o tratamento a pedido de um familiar e evadiu-se assim que deparou com as primeiras dificuldades.

Apesar da sua brevidade, essa análise causou-me uma certa impressão. Comecei a me perguntar se essa "orientação diferente" dos tiques não estaria relacionada com o fato de serem, na realidade, sintomas *narcísicos*, suscetíveis, no máximo, de se associarem aos sintomas de uma neurose de transferência sem, no entanto, se confundirem com eles. Aliás, eu não levava em conta a distinção entre tique e estereotipia, que tantos autores sublinharam. Eu via e continuo considerando o tique como uma simples estereotipia que se produz com a subitaneidade de um relâmpago, de um certo modo condensada e, com frequência, apenas indicada simbolicamente. Veremos mais adiante que os tiques são *derivados* de ações estereotipadas.

Acontece que passei a observar sob o ângulo do narcisismo os portadores de tiques a quem tinha a ocasião de ver na vida cotidiana, nas consultas ou em tratamento. Lembrava-me também de alguns casos graves de portadores de tiques encontrados na minha prática pré-analítica. E fiquei impressionado com as múltiplas confirmações que afluíam literalmente dessas diversas fontes. Um dos primeiros casos com que deparei após essas reflexões foi o de um jovem que apresentava uma contração muito frequente dos músculos faciais e do pescoço. Observei seu comportamento, sentado a uma mesa próxima num restaurante. Ele tossicava a todo instante, arrumava os punhos da camisa até ficarem perfeitamente ajustados, os botões voltados para fora; ora reajustava o colarinho engomado com um gesto da mão ou um movimento da cabeça, ora fazia o gesto, tão frequente entre os portadores de tiques, de desembaraçar o corpo de roupas demasiado apertadas. Nem um só instante ele deixou, ainda que inconscientemente, de conceder o essencial de sua atenção *ao seu próprio corpo* ou a seu vestuário, mesmo que conscientemente estivesse ocupado com outras coisas, por exemplo, comer ou ler o jornal. Esse homem devia sofrer, supunha eu então, de uma *hiperestesia* pronunciada, ser *incapaz de suportar uma excitação física sem reação de defesa*. Minha hipótese foi confirmada quando, para minha grande surpresa, vi esse jovem, que pertencia, aliás, à melhor sociedade e recebera uma educação esmerada, tirar do bolso, logo após a refeição, um pequeno espelho e, diante de todos, pôr-se a limpar meticulosamente os dentes com um palito, sempre com a ajuda do pequeno espelho; só parou depois de ter feito a limpeza, um a um, de todos os dentes, o que visivelmente o tranquilizou.

Todos nós sabemos, é claro, que os restos de alimento entalados entre os dentes podem ser, por vezes, muito incômodos, mas limpar a fundo os 32 dentes sem poder adiar esse cuidado para um pouco mais tarde, eis o que exigia uma explicação mais ampla. Lembrei-me de uma das minhas próprias reflexões a respeito das condições de surgimento das patoneuroses[3] ou do *"narcisismo de doença"*. As três condições citadas nesse artigo como suscetíveis de acarretar uma fixação da libido em certos órgãos são: (1) um perigo de morte ou uma ameaça de traumatismo; (2) uma lesão de uma parte do corpo já fortemente investida antes de libido (ou seja, uma zona erógena); e (3) um *narcisismo constitucional tal que a menor lesão de uma parte do corpo atinge por inteiro o ego*. Esta última eventualidade concordava muito bem, portanto, com a hipótese de que a hipersensibilidade dos portadores de tiques, sua incapacidade para suportar urna excitação sem reação de defesa, poderia constituir o motivo de suas manifestações motoras e, por conseguinte, dos próprios estereótipos e tiques; ao passo que a hiperestesia, que pode

---

3. Cf. "Histeria e patoneuroses", coletânea composta de uma série de artigos, o primeiro dos quais está no volume II desta edição. (NTF)

ser localizada ou generalizada, seria apenas a expressão do narcisismo, do profundo apego da libido ao próprio indivíduo, ao seu corpo ou a uma das partes deste, ou seja, da "estase da libido de órgão". Nesse sentido, a opinião de Freud quanto à natureza "orgânica" dos tiques estava justificada, mesmo deixando pendente, de momento, a questão de saber se a libido estava ligada ao próprio órgão ou ao seu representante psíquico.

Assim, atraída a minha atenção para a natureza orgânica e narcísica dos tiques, recordei alguns casos graves de tiques a que se dá o nome, de acordo com a sugestão de Gilles de la Tourette, de "doença dos tiques"[4]. Trata-se de contrações musculares progressivas, afetando pouco a pouco quase todo o corpo, que se complicam em seguida com manifestações de ecolalia e coprolalia, e *podem culminar na demência*. Essa complicação frequente dos tiques por uma psicose narcísica caracterizada não se opunha, em absoluto, à hipótese segundo a qual nos casos menos graves de doenças com movimentos convulsivos, aquelas que não degeneram em demência, os fenômenos motores devem sua origem a uma fixação narcísica. O último caso grave de tiques que encontrei foi o de um jovem que, em virtude de sua hipersensibilidade psíquica, sofria de uma incapacidade total e acabou suicidando-se em consequência de uma suposta ofensa à sua honra.

Na maior parte dos manuais de psiquiatria, o tique é definido como um "sintonia de degenerescência", o sinal, muitas vezes o primeiro, de uma constituição psicopática. Sabemos que um número relativamente importante de paranoicos e de esquizofrênicos sofrem de tiques. Tudo isso me parecia sustentar a hipótese de uma raiz comum para essas psicoses e para a doença dos tiques. Essa teoria via-se mais reforçada ainda se conjugássemos os principais sintomas da doença dos tiques com os conhecimentos adquiridos pela psiquiatria e, sobretudo, pela psicanálise a respeito da *catatonia*.

Esses dois estados têm em comum a tendência para a ecolalia e a ecopraxia, para os estereótipos, para as caretas e os maneirismos. A minha experiência psicanalítica dos catatônicos fazia-me supor, há algum tempo, que suas atitudes e suas posições extraordinárias

---

4. Gilles de la Tourette, "Études sur une affection nerveuse caractérisée par l'incoordination motrice et accompagnée d'écholalie et de coprolalie", em *Archives de Neurologie*, 1885.

constituíam um modo de defesa contra as estases libidinais locais (orgânicas). Um catatônico muito inteligente e dotado de um sentido agudo de auto-observação dizia-me ser obrigado a realizar constantemente um certo movimento de ginástica "para quebrar a ereção do intestino"[5]. Também num outro paciente pude interpretar a rigidez intermitente desta ou daquela de suas extremidades, que era acompanhada da sensação de uma considerável hipertrofia, como uma ereção deslocada, em outras palavras, como a manifestação de uma libido de órgão anormalmente localizada. Federn agrupa os sintomas da catatonia sob o termo de "intoxicação narcísica"[6]. Tudo isso se coaduna muito bem com a hipótese de uma base constitucional comum para os tiques e a catatonia, e explicaria a grande semelhança de sua sintomatologia. Seja como for, é-se tentado a estabelecer uma analogia entre os principais sintomas da catatonia – negativismo e rigidez – e a defesa imediata contra todo e qualquer estímulo externo que se manifeste no tique por um movimento convulsivo. Por outro lado, quando os tiques se transformam em catatonia na doença de Gilles de la Tourette, pode-se supor que se trata apenas de uma generalização da inervação de defesa, ainda parcial e intermitente no tique. A rigidez tônica proviria, portanto, nesse caso, da soma de inúmeras contrações clônicas de defesa e a catatonia seria tão só o agravamento da *cataclonia* (do tique).

Mencionemos a esse propósito o fato de que os tiques, como se sabe, surgem frequentemente *in loco morbi* em consequência de doenças ou de traumatismos somáticos, por exemplo, espasmos das pálpebras após a cura de uma conjuntivite ou de uma blefarite, tiques do nariz após um catarro, gesticulações específicas das extremidades após inflamações dolorosas. Aproximarei esse fato da teoria segundo a qual um *recrudescimento neuropático da libido* tende a se ligar à sede de uma alteração somática patológica (ou a seu representante psíquico)[7]. Nesses casos, é fácil atribuir a hiperestesia dos portadores de tiques, com frequência unicamente local, a um deslocamento "traumático" da libido, e as manifestações motoras

---

5. "Quelques observations cliniques sur la paranoïa et la paraphrénie" [Algumas observações clínicas de pacientes paranoicos e parafrênicos], no volume II desta edição.
6. Citado do artigo de Nunberg, "Uber den katatonischen Anfall", *Int. Zeitschr. PsA.* Bibli. II, p. 7, 1920.
7. "Histeria e patoneuroses", neste volume e no vol. II.

do tique (como já dissemos) a reações de defesa contra a excitação relativa a essas partes do corpo. Outro argumento em favor da concepção segundo a qual o tique teria algo a ver com o narcisismo: os resultados terapêuticos obtidos por um tratamento específico dos tiques baseado em certos exercícios. Trata-se de exercícios sistemáticos de inervação alternando com movimentos de imobilização forçada das partes atingidas por contrações. E o resultado é muito melhor se *o paciente se controla num espelho durante os exercícios*. Segundo os autores, o controle visual facilitaria a dosagem das inervações inibidoras requeridas pelos exercícios e explicaria esse resultado. Mas, em minha opinião, e de acordo com o que acaba de ser exposto, o efeito assustador que produz no sujeito narcisista a visão no espelho das deformações de seu corpo e de seu rosto desempenha certamente um papel importante (e essencial) em sua tendência para a cura.

II

Estou perfeitamente consciente das insuficiências da presente argumentação. Eu não teria publicado esta hipótese, elaborada de um modo especulativo, com base em escassas observações, e reservada, por assim dizer, para meu uso pessoal, se não tivesse encontrado apoio de um lado inesperado, o que a torna muito mais plausível. Esse apoio me foi fornecido pela leitura de um livro sobre os tiques, obra particularmente rica e instrutiva, que compreende, ademais, uma revisão crítica de toda a literatura consagrada a esse assunto. Trata-se do livro do dr. Henri Meige e do dr. E. Feindel, *Le tic et son traitement* (traduzido para o alemão pelo dr. O. Giesel em 1903)[8]. Gostaria de associar as reflexões que se seguem ao conteúdo desse livro.

Dada a natureza particular da prática analítica, o médico que a ela se dedica raras vezes tem a oportunidade de observar certos tipos de distúrbios nervosos, como por exemplo as neuroses "orgânicas" (como a doença de Basedow), que exigem, antes de tudo, um tratamento físico, ou as psicoses cujo tratamento só é possível numa

---

8. Meige e Feindel, *Le tic et son traitement*, 1902, Ed. Masson. As citações são dadas aqui do texto original francês. (NTF)

casa de saúde, e todas as variedades de "nervosismo comum" que, em virtude de seu caráter benigno, não chegam a ser objeto de uma psicoterapia tão apurada.

Para os casos desse gênero, o analista é remetido às observações e comunicações escritas por outros, e, embora nada seja comparável à observação pessoal, aquelas apresentam pelo menos a vantagem de nos poupar a censura tão comum de que fazemos observações parciais, de que sugestionamos o doente ou somos sugestionados por ele. Meige e Feindel ignoravam praticamente tudo a respeito do método catártico segundo Breuer e Freud; em todo o caso, seus nomes não figuram no índice bibliográfico da obra. Encontra-se, é certo, uma referência aos *Estudos sobre a histeria,* mas parece tratar-se de uma simples interpelação do tradutor, que pensava "ter o dever de mencionar alguns autores alemães desdenhados pelos autores franceses...". De resto, essa tradução data dos primeiros tempos da psicanálise e, por conseguinte, a convergência profunda que existe entre as ideias emitidas nessa obra e as mais recentes descobertas da psicanálise pode, por si mesma, constituir um critério de objetividade.

Citarei em primeiro lugar a descrição curta mas clássica que *Trousseau* dá dos tiques. "O tique não doloroso consiste em contrações instantâneas, rápidas, geralmente limitadas a um reduzido número de músculos, habitualmente aos músculos faciais mas podendo também afetar outros, dos membros, do pescoço, do tronco, etc. Numa pessoa, é um piscar de pálpebras, uma crispação convulsiva da face, das aletas do nariz, da comissura dos lábios, o que dá ao rosto um aspecto de esgar; numa outra, é um meneio de cabeça, uma contorção brusca e passageira do pescoço, repetindo-se a todo instante; numa terceira, é um encolher de ombros, uma agitação convulsiva dos músculos abdominais ou do diafragma; é, numa palavra, uma variedade infinita de movimentos bizarros que escapam a toda descrição... Esses tiques são, de certa forma, acompanhados de um grito, de um brado mais ou menos ruidoso, característico... Esse grito, essa estridência, esse brado esganiçado, verdadeiras coreias laríngeas ou diafragmáticas, podem constituir todo o tique... É ainda uma tendência singular para repetir sempre a mesma palavra, a mesma exclamação; e o mesmo indivíduo profere em voz alta palavras que gostaria muito de reter."[9]

---

9. Meige e Feindel, *op. cit.*, pp. 48-9.

Um caso descrito por Grasset fornece um quadro característico da maneira como o tique se *desloca* de uma parte do corpo para outra: "Uma jovem tivera durante sua infância tiques da boca e dos olhos; aos 15 anos de idade, passou durante alguns meses a projetar para diante a perna direita, que mais tarde ficaria paralisada; depois, durante meses, um silvo estridente substituiu os distúrbios motores. Ao longo de um ano, ela lançou o grito 'ah' intermitentemente, com voz possante. Enfim, aos 18 anos... surgiram gestos de cortesia, movimentos da cabeça para trás, um alçamento do ombro direito..."[10]

Esses deslocamentos produzem-se muitas vezes à maneira dos *atos compulsivos*, que geralmente se deslocam do elemento original e verdadeiro para um outro mais distante, para finalmente retornar por um desvio ao recalcado. Um paciente citado por Meige e Feindel chamava a esses tiques secundários "paratiques"[11] e reconhecia com franqueza o seu caráter de defesa contra os tiques primários, até se converterem por sua vez em tiques.

O ponto de partida de um tique pode ser uma *observação hipocondríaca de si*. "Um dia... senti um estalido na nuca", conta um paciente de Meige e Feindel. "Concluí imediatamente que alguma coisa se desenganchara; para verificá-lo, recomecei o movimento uma, duas, três vezes, sem que o estalido se reproduzisse, variei-o de mil maneiras, repeti-o cada vez com mais força; por fim, reencontrei o meu estalido e isso foi para mim um verdadeiro prazer... prazer logo mitigado pelo receio de ter provocado uma lesão qualquer... Ainda hoje não posso resistir à vontade de reproduzir esse estalido nem posso dominar um sentimento de inquietação assim que consiga concretizar os meus propósitos."[12] O caráter ora voluptuoso, ora ansiógeno dessas sensações permite-nos considerá-las sem hesitação uma manifestação patológica da sexualidade do paciente, sobretudo de seu narcisismo hipocondríaco; além disso, temos aí o caso relativamente raro de um paciente que continua percebendo os motivos sensoriais de seus movimentos estereotipados. Na maioria dos casos, esses motivos não são, como veremos, sensações atuais, mas *reminiscências que se tornaram inconscientes* enquanto tais. Charcot, Brissaud, Meige e Feindel estão entre os raros neu-

---
10. *Ibid.*, p. 143.
11. *Ibid.*, p. 10.
12. *Ibid.*, p. 12.

rologistas que não se recusaram a escutar o paciente quando este contava a origem de seu distúrbio. Lemos em Meige e Feindel: "Só o portador de um tique pode responder à pergunta a respeito da gênese de sua doença, *se ele recuar no passado até os primeiros acontecimentos que desencadearam a reação motora.*" Nessa perspectiva, os autores permitiram aos seus pacientes reproduzir (mas unicamente com a ajuda da lembrança consciente) as circunstâncias responsáveis pelo surgimento inicial de suas contrações. Vemos que havia aí um possível ponto de partida para a descoberta do inconsciente e sua investigação pela psicanálise. Para os autores, são com frequência traumatismos físicos que constituem a explicação final: um abcesso na gengiva, causa de um esgar inveterado; uma operação no nariz, motivo de franzir o nariz, etc. Eles mencionam igualmente os pontos de vista de Charcot acerca do tique, o qual, na opinião dele, "só na aparência é uma afecção física; trata-se, na realidade, de um distúrbio psíquico... o produto direto de uma psicose – uma espécie de psicose hereditária"[13].

Meige e Feindel tampouco deixam de assinalar os *traços de caráter* próprios dos portadores de tiques, que se poderiam qualificar de narcísicos. Entre outras coisas, citam as confidências de um paciente: "Devo confessar que tenho um grande amor-próprio e sou extremamente sensível tanto aos elogios quanto às censuras. Busco os louvores e sofro cruelmente com a indiferença e a zombaria... o mais insuportável de tudo é o pensamento de que sou profundamente ridículo e de que todos escarnecem de mim. Nas pessoas com que cruzo na rua, nas que encontro num ônibus, descubro sempre um olhar estranho, trocista, compadecido, que me humilha ou me irrita." Outro exemplo: "Há em mim dois homens: o que tem tiques e o que não tem tiques. O primeiro é filho do segundo, é uma criança terrível que causa grandes preocupações ao pai. Este deveria agir com rigor mas, na maioria das vezes, não consegue e continua escravo dos caprichos de sua progênie."[14]

Essas confissões mostram no portador de tiques o ser narcísico, que permaneceu infantil no plano psíquico, contra o qual a parte

---

13. Somente o fato de que o prof. Charcot e seus discípulos metem com frequência no mesmo saco os tiques e os estados obsessivos prejudica um pouco o caráter genial dessa concepção.

14. Meige e Feindel, *op. cit.*, p. 33.

normalmente desenvolvida da personalidade tem dificuldade em lutar. Constatamos a preponderância do princípio de prazer, em conformidade com o narcisismo, na seguinte declaração: "Só faço bem aquilo que me diverte; o que me entedia, faço mal... ou não faço."[15] Quando tem uma ideia, precisa exprimi-la a qualquer custo; por isso tem dificuldade em escutar os outros. Outras observações de Meige e Feindel sobre o caráter infantil dos portadores de tiques: "Pequenos ou grandes, os portadores de tiques apresentam o estado mental de uma idade inferior àquela que na realidade têm... O tique é um infantilismo mental... Todos os portadores de tiques possuem uma alma infantil... São crianças grandes, malcriadas, acostumadas a ceder a todos os seus caprichos, jamais tendo aprendido a disciplinar seus atos voluntários... Um inveterado portador de tiques de 19 anos tinha que ser posto na cama e vestido como um bebê por sua mãe[16]. Além disso, mostrava sinais físicos de infantilismo." A incapacidade de reter um pensamento é o equivalente puramente psíquico da incapacidade de suportar uma excitação sensorial sem uma reação imediata de defesa; falar é precisamente a reação motora que serve para descarregar a tensão psíquica pré-consciente (ideativa). Nesse sentido, podemos seguir Charcot, que fala de *"tiques puramente psíquicos"*. Assim, acumulam-se as provas em favor da hipótese de que é a hipersensibilidade narcísica do portador do tique a causa de sua incapacidade para dominar-se no plano motor e psíquico. Essa concepção do tique permite, além disso, explicar a presença num mesmo quadro clínico de sintomas tão heterogêneos quanto a contração motora e a coprolalia. Os outros traços de caráter destacados pelos autores da obra, que, desde este ângulo, se explicam muito bem, são os seguintes: uma certa excitabilidade, uma ligeira fatigabilidade, a aprosexia, a distração e a fuga de ideias, a tendência para a toxicomania (alcoolismo), a incapacidade de suportar sofrimentos ou esforços. Todos esses traços podem, em nosso entender, explicar-se facilmente se, de acordo com a biparti-

---

15. Meige e Feindel, *op. cit.*, p. 11.
16. Os idiotas (cujo desenvolvimento se detém num estágio infantil, por conseguinte, no narcisismo) têm com frequência tiques e estereótipos. *Noir* compara o movimento de balanço e de rotação da cabeça (nos idiotas) "a uma espécie de embalo que apazigua e adormece o doente, a quem, em geral, esse ritmo cadenciado agrada... o efeito é o mesmo quando se embala realmente uma criança pequena" (Meige e Feindel).

ção das funções psíquicas em atividades de *descarga* e de *ligação*, tal como foi formulada por Breuer, considerarmos que os portadores de tiques, pela própria força de seu narcisismo ou de uma fixação nesse estágio, têm uma tendência aumentada para a descarga mas uma capacidade reduzida de ligação psíquica. A descarga é um modo mais arcaico de liquidar o recrudescimento da excitação, está muito mais próxima do reflexo fisiológico do que toda forma de controle, por mais primitiva que seja (por exemplo, o recalcamento); é própria dos animais e das crianças. Não é um acaso se os autores, sem suspeitar da existência de relações mais profundas e baseando-se simplesmente nos depoimentos de seus pacientes e em suas observações pessoais, constatam que os portadores de tiques são frequentemente "como crianças", sentem-se "interiormente jovens", são incapazes de dominar seus afetos; que esses traços de caráter, "que são tão frequentes nas crianças mal-educadas, cuja reflexão e razão chegam a triunfar com a idade nos indivíduos normais... persistem, pelo contrário, nos portadores de tiques a despeito do avanço dos anos. De sorte que, por certos aspectos de seu caráter, parecem ser nada mais do que crianças grandes"[17].

A "necessidade de *contradição* e de *oposição*" desses doentes merece uma atenção especial; não só em virtude de sua analogia no plano psíquico com os movimentos de defesa motora dos portadores de tiques, mas porque serve para projetar alguma luz sobre o sentido do *negativismo na esquizofrenia*. A psicanálise nos ensina que o parafrênico desviou sua libido do mundo externo a fim de concentrá-la em si mesmo; toda excitação externa, seja ela fisiológica ou psíquica, perturba a sua nova posição e ele está, portanto, muito mais propenso a escapar de qualquer perturbação dessa ordem pela fuga motora ou a rechaçá-la pela negação e pela defesa motora. Mas vamos examinar ainda mais detalhadamente a questão dos fenômenos motores.

Há razões para supor que a função secundária, senão a principal, de toda uma série de tiques e de estereotipias consiste em permitir ao sujeito *sentir* ou *observar* por instantes certas partes do seu corpo; é o caso dos exemplos já mencionados: alisar a cintura do paletó, puxar e arrumar as roupas, esticar o pescoço, empertigar os seios (nas mulheres), lamber ou morder os lábios e, em certa medi-

---
17. Meige e Feindel, *op. cit.*, p. 25.

da, deformar o rosto por meio de caretas, chupar os dentes, etc. Poderia tratar-se, na ocorrência, de casos em que o tique provém do *narcisismo constitucional*, e em que excitações banais e inevitáveis bastam para provocar o sintoma motor. Em contrapartida, haveria casos em que poderíamos falar de *tiques neuropáticos*, de um investimento libidinal anormal em órgãos que sofreram uma alteração patológica ou traumática. Nossa fonte fornece-nos a este respeito alguns bons exemplos: "Uma jovem inclinava a cabeça sobre o ombro com o propósito de acalmar as dores de um abscesso dentário. Ato provocado por uma causa real, resposta muscular perfeitamente deliberada, refletida, incontestavelmente derivada de uma intervenção do córtex. A paciente queria acalmar sua dor comprimindo e aquecendo sua face... Persistindo o abscesso, o gesto repete-se, cada vez menos deliberado, cada vez mais habitual, por fim automático. Mas ainda tinha uma causa e um objetivo. Até aí, nada de anormal. Ora, o abscesso foi curado, a dor cessou. Entretanto, a jovem continua inclinando por momentos sua cabeça sobre o ombro. Qual é agora a causa de seu gesto? Qual o seu objetivo? Uma e outro desapareceram. O que é, pois, esse ato primitivamente deliberado, coordenado, sistemático, que se repete ainda hoje automaticamente, mas sem causa nem finalidade? É um tique."[18] Evidentemente, a explicação dada pelos autores é, em parte, discutível. Ignorando tudo a respeito do psiquismo inconsciente, eles acreditam que os tiques – em contraste com um ato voluntário consciente – produzem-se sem participação do psiquismo – e como a fixação da lembrança a um traumatismo, assim como a tendência do inconsciente para a reprodução constituem noções que lhes escapam, eles consideram os movimentos dos portadores de tiques como desprovidos de sentido e de finalidade.

Para um psicanalista, a analogia entre a formação de um tique desse gênero e a de um sintoma de *conversão histérica*, na acepção de Breuer e Freud, salta aos olhos. Eles têm por ponto comum a possibilidade de regredir para um traumatismo, na grande maioria das vezes esquecido, cujo afeto foi imperfeitamente descarregado no momento do próprio evento traumático. Tampouco existe uma diferença essencial entre os dois fenômenos. Na histeria, o sintoma físi-

---

18. Meige e Feindel, *op. cit.*, p. 89. Ver também a expressão "espasmo psíquico" para designar tique.

co é apenas o símbolo de um choque *psíquico* cujo afeto foi reprimido e a lembrança recalcada. No tique verdadeiro, o único traumatismo é constituído pela lesão orgânica, mas pode – ao que parece –, tanto quanto o conflito psíquico do histérico, deixar lembranças patogênicas. (Seja como for, a relativa independência dos tiques em relação a modificações patológicas *atuais*, e sua dependência a respeito das *lembranças* ligadas a essas modificações, tenderia a provar que a "alteração duradoura" que subsiste após o traumatismo desloca-se não na periferia, para o próprio órgão, mas para a *representação psíquica desse órgão*.) A histeria é uma neurose de transferência na qual a relação libidinal com o objeto (a pessoa) foi recalcada e retorna, de algum modo, no sintoma de conversão sob *a forma de simbolização autoerótica do próprio corpo*[19]. No tique, pelo contrário, não parece existir relação de objeto dissimulada por trás do sintoma; por conseguinte, é *a lembrança do próprio traumatismo orgânico* que, neste caso, tem um efeito patogênico.

Essa diferença obriga-nos, por outro lado, a introduzir uma complicação no esquema da estrutura "do sistema psíquico" estabelecido por Freud. O psíquico insere-se nos arcos reflexos simples, sob a forma de *sistemas mnêmicos*, inconsciente, pré-consciente e consciente entre os aparelhos aferente (sensorial) e eferente (motor). Portanto, Freud já supõe uma *pluralidade* de sistemas mnêmicos orientados segundo os diferentes princípios de associação temporal, formal, afetiva ou de conteúdo. O que eu gostaria de acrescentar aqui é a hipótese de um sistema mnêmico particular que se chamaria o *"sistema mnêmico do ego"* e ao qual caberia a tarefa de registrar constantemente os processos psíquicos ou somáticos do próprio indivíduo. Esse sistema seria, bem entendido, muito mais desenvolvido no narcisista constitucional do que no sujeito que chegou ao amor objetal maduro, e um traumatismo deveras possante poderia provocar, tanto no tique quanto nas *neuroses traumáticas*, uma fixação mnêmica excessiva na atitude que tinha o corpo no preciso momento do traumatismo, fixação que poderia ser suficientemente forte para provocar a *reprodução* permanente ou paroxísmica dessa atitude. A tendência acentuada dos portadores de tiques para a auto-observação, a atenção que eles dedicam às suas sensações endossomáticas e endopsíquicas fazem igualmente parte

---

19. Cf. "Fenômenos de materialização histérica", neste volume.

dos traços apontados por Meige e Feindel[20]. À semelhança dos sistemas mnêmicos de coisas[21], o "sistema mnêmico do ego"[22] pertenceria, por um lado, ao inconsciente e, por outro, transbordaria no pré-consciente e no consciente. Para explicar a formação do símbolo no tique, seria necessário supor a existência de um conflito no interior do ego (entre o núcleo do ego e o narcisismo) e de um processo análogo ao recalcamento[23].

As neuroses traumáticas, cujos sintomas mostraram ser uma mistura de fenômenos narcísicos e de conversão histérica, e cuja natureza nos parece, como parece a Freud, residir num afeto de medo imperfeitamente dominado, reprimido e "ab-reagido" progressivamente *a posteriori*, oferecem, no fim das contas, uma grande semelhança com os tiques "patoneuróticos". E existe ainda entre aquelas e estes uma outra e surpreendente coincidência, que gostaria de pôr mais especialmente em evidência. Quase todos os que estudaram as neuroses de guerra assinalaram que essas neuroses, com frequência, somente surgem depois de choques *sem lesões físicas graves* (sem ferimentos). Um ferimento em conjunto com o choque emocional constitui para o afeto de medo uma possibilidade de descarga apropriada e um terreno mais favorável à distribuição da libido no organismo. Foi isso, aliás, o que levou Freud a formular a hipótese de que uma lesão física grave (por exemplo, uma fratura) que ocorresse ulteriormente podia provocar a melhora dos sintomas neuróticos de origem traumática. Aproximemos essa concepção do seguinte caso clínico[24]: "No jovem M., que sofria de tiques do rosto e da cabeça, os tiques cessaram quando ele fraturou uma per-

---

20. Meige e Feindel, *op. cit.*, p. 9. Cf., sobre o mesmo assunto, "A psicanálise das neuroses de guerra" e "Dois tipos de histeria de guerra", neste volume. Poderíamos ilustrar a diferença psíquica entre a maneira como o histérico e o narcisista registram a lembrança de um mesmo evento pela anedota das duas enfermeiras que se revezaram durante a noite na assistência a um doente. Uma anuncia bem cedo ao médico que o doente dormiu muito mal, esteve agitado e pediu água por diversas vezes. A outra acolhe o médico com estas palavras: "Doutor, que noite horrível acabo de passar!" A tendência para o autossimbolismo (Silberer) explica-se igualmente pelo narcisismo.
21. *Die Systeme der Sacherinnerungen*.
22. *Das "Icherrnnerungssystem"*.
23. Já conhecemos casos de conflitos entre o ego e a libido, e casos de conflitos tanto no interior do ego quanto no interior da libido.
24. Meige e Feindel, *op. cit.*, p. 111.

na, durante todo o período em que sua perna esteve imobilizada." Os autores pensam que esse fenômeo se explica pela retirada da atenção, mas, segundo a nossa hipótese, também pela retirada da libido. Ambas as explicações são igualmente permitidas no que se refere à suspensão eventual dos tiques durante "assuntos importantes" ou "discussões cujo tema interessa vivamente"[25].

Compreende-se facilmente que os tiques cessem por completo durante o sono, considerando a vitória total do desejo narcísico de dormir e o desinvestimento total de todos os sistemas, mas isso em nada nos ajuda a resolver a questão de saber se os tiques são de origem puramente psíquica ou somática. Certas doenças orgânicas intercorrentes, a gravidez e o parto, aumentam os tiques, o que de maneira nenhuma constitui um argumento contra a sua gênese narcísica.

III

Quero submeter agora as principais manifestações dos tiques, *o sintoma motor e as dispraxias* (ecolalia, coprolalia, mania de imitação), a um exame um pouco mais profundo, apoiado em algumas observações pessoais e nos numerosos dados fornecidos por Meige e Feindel.

Esses autores pretendem reservar a denominação de "tiques" para os estados em que é possível reconhecer os dois elementos essenciais: o elemento psíquico e o elemento motor (ou seja, o elemento psicomotor). Embora nada tenhamos a objetar a essa limitação da noção de "tique", acreditamos, porém, que seria conveniente para a compreensão desse quadro clínico não nos limitarmos apenas a estados típicos, mas considerarmos igualmente como fazendo parte dessa doença os distúrbios *puramente psíquicos e mesmo sensoriais* quando correspondem, por sua natureza, aos casos típicos. Já mencionamos a importância dos distúrbios sensoriais como motivos de contrações e de certas ações aparentadas com os tiques, mas resta esclarecer a maneira como agem. Referir-me-ei aqui a um importante artigo de Freud sobre "O recalcamento", onde se pode ler o seguinte: "Pode acontecer de um estímulo externo tornar-se in-

---

25. *Ibid.*, p. 15.

terno, por exemplo, ao corroer ou destruir um órgão, e assim nascerem uma nova fonte de excitação constante e um aumento de tensão... Tal estímulo adquire então... uma semelhança com uma pulsão. Sabemos que tais casos são sentidos como dor."[26]

O que é dito no texto acima a respeito da dor atual deve, quando se trata dos tiques, ser estendido *às lembranças da dor*. Assim: no caso de pessoas hipersensíveis (de constituição narcísica), de lesões de partes do corpo fortemente investidas pela libido (zonas erógenas) ou em outras circunstâncias ainda desconhecidas, forma-se no "sistema mnêmico do ego" (ou num sistema mnêmico de órgão específico) um *depósito de excitação pulsional* que fornecerá, mesmo depois do desaparecimento total das sequelas da lesão externa, a percepção interna de uma excitação desagradável. Uma das maneiras particulares de liquidar essa excitação é a que consiste em escoá-la diretamente na motilidade. É claro que não é por acaso que tais músculos são os utilizados e tais ações as realizadas. Se tomarmos por protótipo de todas as outras formas o caso particularmente instrutivo dos tiques "patoneuróticos", podemos afirmar que o portador destes produz sempre movimentos (ou seus rudimentos simbólicos) que outrora, na época em que o distúrbio externo era atual, tinham o propósito de afastar ou de suavizar a dor. Vemos, portanto, nessa forma de tiques *uma nova pulsão, por assim dizer, in statu nascendi*, o que confirma plenamente o que Freud nos informou no tocante à origem das pulsões. Segundo Freud, toda pulsão é a reação de adaptação, "organizada" e transmitida hereditariamente, a uma perturbação de natureza externa, que se deflagra em seguida desde o interior, mesmo sem razão externa, ou com base em ligeiros sinais vindos do mundo externo.

Existem diferentes métodos para afastar o sofrimento. O mais simples consiste em subtrair-se ao estímulo; a este método corresponderia uma série de tiques que podem ser definidos como reflexos de *fuga*. O negativismo geral do catatônico pode ser considerado uma forma acentuada desse modo de reação. Os tiques mais complicados repetem a *defesa* ativa contra uma excitação externa incômoda. Uma terceira forma *volta-se para a própria pessoa*. Citemos como exemplo desta última forma os tiques de coçar (muito comuns) e o tique que consiste em infligir uma dor a si mesmo, o

---

26. S. Freud, *Ges. Schr.*, vol. V, em *Métapsychologie*, Gallimard.

que na esquizofrenia converte-se numa tendência para a automutilação.

Meige e Feindel relatam um caso muito interessante em sua monografia: "Outrora, um lápis, uma caneta de madeira, não duravam mais de 24 horas nas suas mãos; ele os triturava de uma ponta à outra. O mesmo acontecia com os cabos de bengala ou de guarda-chuva; fazia de tudo isso um extraordinário consumo. A fim de remediar esse inconveniente, teve a infeliz ideia de servir-se de canetas de metal e de bengalas com o punho de prata. O resultado foi lamentável; continuou mordendo com mais empenho ainda e, como não podia fazer mossa no ferro ou na prata, não tardou em ter todos os seus dentes abalados. Como lhe sobreviesse um pequeno abscesso, a irritação produzida pela dor foi uma nova causa de estragos. Contraiu o hábito de abalar os dentes com os dedos, com a caneta ou com a bengala; foi obrigado a extrair sucessivamente todos os incisivos, depois os caninos e até os primeiros molares. Teve que mandar fazer então uma dentadura postiça: novo pretexto para um tique. Com os lábios, com a língua, desloca perpetuamente o aparelho, avança-o, recua-o, empurra-o para a direita e para a esquerda, vira-o e revira-o na boca, correndo o risco de engoli-lo." Ele mesmo contava: "Por vezes, sinto vontade de retirar a minha dentadura... imagino os pretextos mais sutis para isolar-me, nem que seja por um instante, e retiro então o aparelho; aliás, recoloco-o prontamente e fico satisfeito." (Meige e Feindel, p. 23.)

"Ele também tem um tique de coçar que o atormenta. A todo instante passa a mão pelo rosto ou coça com um dedo o nariz, o canto de um olho, a testa, uma bochecha, etc. Ou então passa bruscamente a mão pelos cabelos, ou retorce febrilmente o bigode, puxa-o, quebra-o, arranca-o de forma que, em certos dias, parece ter levado umas tesouradas."

Num caso citado por Dubois: "Uma jovem de 20 anos bate no peito com o seu cotovelo, o antebraço dobrado contra a parte superior; bate 15 a 20 vezes por minuto e prossegue até que o cotovelo se choque com muita força contra o espartilho. Esse golpe muito violento é acompanhado de um pequeno grito. A doente só parece extrair satisfação do seu tique depois que esse último golpe é desferido."

Falarei mais adiante da relação que esses sintomas mantêm com o onanismo. De momento, gostaria apenas de mostrar a analogia que existe entre a terceira forma de descarga motora (o "retorno sobre a própria pessoa", Freud) e um modo de reação que se observa em certos animais inferiores. Estes possuem uma aptidão especial para a *autotomia*. Quando certas partes do corpo deles são a sede de uma excitação dolorosa, deixam literalmente "cair" a parte em questão, desligando-a do resto do corpo com a ajuda de contrações musculares específicas; outros (certos vermes, por exemplo) quebram-se até em vários pedaços menores ("explodem", por assim dizer, de cólera). Também acontece de o membro doloroso ser arrancado a dentadas. Encontra-se a mesma tendência de separar-se das partes do corpo que se tornaram fontes de desprazer no reflexo normal de coçar, em que se manifesta com clareza o desejo de eliminar, raspando-a, a parte da epiderme submetida à excitação, assim como as tendências dos catatônicos para a automutilação e certas tendências de numerosos portadores de tiques para representar ações automáticas de modo simbólico; somente neste último caso não se trata de lutar contra excitações atualmente perturbadoras, mas contra uma excitação pulsional destacada no "sistema mnêmico do ego" (sistema mnêmico de órgão). Conforme expus no início deste estudo e já sublinhei em ocasiões precedentes[27], penso que uma parte, pelo menos, desse acréscimo de excitação pode ser atribuída ao recrudescimento da libido local (ou vinculada às esferas sensoriais correspondentes) que acompanha a lesão. (A psicanálise ligará sem dificuldade a reação de defesa ao *sadismo* e a autodestruição ao *masoquismo*; assim, a "autotomia" seria um protótipo arcaico do componente pulsional masoquista.) Sabe-se que um aumento da libido que exceda a capacidade do núcleo do ego provoca desprazer; a libido insuportável é transformada em angústia. Ora, Meige e Feindel consideram um sintoma *cardeal* das contrações aparentadas com os tiques o fato de que sua repressão, ativa ou passiva, provoca uma *reação de angústia*, ao passo que, se *não forem inibidos ou impedidos*, os movimentos são executados espasmodicamente, acompanhados *de todos os sinais de prazer*.

Num plano puramente descritivo, pode-se comparar a tendência para desvencilhar-se da excitação mediante uma contração muscular ou a incapacidade de inibir a descarga motora (ou afetiva) a

---

27. "Histeria e patoneuroses", *O.C.* II e neste volume.

certos *temperamentos* conhecidos nos meios científicos sob o nome de "tipo motor"[28]. O portador de tiques tem uma reação desproporcional porque já está carregado de excitações pulsionais internas; não é impossível que seja este mais ou menos o caso dos "temperamentos" em questão. Seja como for, é necessário situar os tiques no número dos casos em que a motilidade e a afetividade, dominadas normalmente pelo Pcs, estão submetidas, em grande medida, a forças pulsionais não intencionais, em parte inconscientes e, segundo a nossa hipótese, "organoeróticas"; o que, como se sabe, só se apresenta habitualmente nas psicoses. Uma razão a mais que torna verossímil o fundamento comum (narcísico) dos tiques e da maioria das psicoses.

A doença dos tiques produz-se com mais frequência nas crianças durante o período de latência sexual, época em que elas são propensas, aliás, a apresentar outros transtornos psicomotores (por exemplo, a coreia). A doença pode ter diversos desfechos: à parte as remissões, o estado estacionário ou a degenerescência progressiva em síndrome de Gilles de la Tourette. A julgar por um caso cuja investigação analítica pude realizar, a hiperexcitabilidade motora pode ser compensada mais tarde por uma excessiva inibição. É o caso de certos neuróticos cujo andar e gestos são compassados, impregnados de prudência e de ponderação[29].

Os autores assinalam também a existência de *tiques de atitude*; por exemplo, em vez de contrações clônicas extremamente rápidas, uma rigidez tônica em certas posições da cabeça ou de um membro. Esses casos constituem certamente estados transitórios entre a inervação *cataclônica* e a inervação *catatônica*. Os próprios Meige e Feindel nos dizem de forma explícita: "Este fenômeno (o tique tônico ou de atitude) está ainda mais próximo das atitudes catatônicas, cuja patogênese apresenta mais de um ponto comum com a do tique de atitude!" Eis um exemplo característico: S. tem um torcicolo (tique de atitude) do lado esquerdo. A todos os esforços para lhe fazer sua cabeça pender para a direita, opõe uma im-

---

28. A necessidade irresistível de *dançar* quando se ouve uma música ritmada (flauta encantada!) ilustra bem a maneira como um aumento de excitação sensorial, acústica neste caso, pode liquidar-se por uma descarga motora imediata.

29. A propósito dessa "angústia motora", ver "As palavras obscenas", *O.C.* I, p. 109.

portante resistência muscular. Mas, se, no decorrer dessas tentativas, alguém fala com ele ou absorve sua atenção, a cabeça de S. torna-se aos poucos inteiramente móvel e pode ser girada em todos os sentidos sem o menor esforço.

Perto do final do livro, verifica-se que um dos autores (H. Meige) percebeu, inclusive, a identidade que existe entre os tiques e a catatonia. Comunicou essa concepção num relatório submetido ao Congresso Internacional de Medicina de 1903, em Madri ("A aptidão catatônica e a aptidão ecopráxica dos portadores de tiques"). O tradutor da edição alemã explica essa comunicação nos seguintes termos:

"Se se examinar um grande número de portadores de tiques, é possível efetuar as seguintes observações, que não são isentas de interesse para a patogênese da doença... Certos portadores de tiques apresentam uma tendência surpreendente para conservar as posições que se dão a seus membros ou que eles mesmos assumem. Trata-se, portanto, de uma espécie de *catatonia*. Ela é às vezes tão acentuada que fica difícil o exame dos reflexos tendinosos e, num grande número de casos, dá a impressão de ausência do reflexo patelar. De fato, trata-se de uma tensão muscular excessiva, de uma elevação do tônus muscular. Se se pede a esses pacientes que relaxem bruscamente um músculo, só o conseguem, em geral, após um período de tempo relativamente longo. Além disso, pode-se observar amiúde uma tendência frequente dos portadores de tiques para repetir de maneira exagerada certos movimentos passivos dos membros. Por exemplo, se lhes movimentamos os braços muitas vezes seguidas, verifica-se que o movimento prosseguirá durante um certo tempo. Além da catatonia, esses pacientes apresentam também o sintoma da ecopraxia, num grau nitidamente superior ao normal." (Meige e Feindel, p. 386 da edição alemã.)

É o momento de falarmos agora de uma quarta forma de reação motora que parece ser idêntica no tique e na catatonia: a *flexibilitas cerea* [flexibilidade de cera ou catalepsia]. A flexibilidade cérea é a aptidão de certos sujeitos para conservar durante um certo tempo, *sem a menor resistência muscular*, todas as posições que forem dadas aos seus membros. Sabe-se que esse sintoma também se encontra na hipnose profunda.

Num artigo em que procuro apresentar uma explicação psicanalítica para a docilidade na hipnose, relacionei essa docilidade incondicional do hipnotizado ao medo e ao amor[30]. Na "hipnose paterna", o *medium* realiza tudo o que se lhe pede na esperança de escapar assim ao perigo que representa o temido hipnotizador. Na "hipnose materna", ele tudo faz para assegurar-se do amor do hipnotizador. Se procurarmos no mundo animal um modo de adaptação análogo a esse, encontraremos *a simulação da morte* praticada por certas espécies animais em presença de um perigo, bem como o modo de adaptação denominado *mimetismo*. A "flexibilidade cérea" e a catalepsia dos catatônicos (e seu esboço nos portadores de tiques) podem ser interpretadas no mesmo sentido. De fato, tudo é indiferente ao catatônico, seu interesse e sua libido retiraram-se para o seu ego, ele nada quer saber do mundo externo. A despeito de uma inteira submissão automática a toda vontade, ele é, na realidade, interiormente independente dos importunos; pouco lhe importa que seu corpo assuma esta ou aquela posição, então por que não conservaria a atitude que lhe deram? A fuga, a resistência ou o retorno sobre a própria pessoa são modos de reação que testemunham ainda a existência de uma relação afetiva relativamente profunda com o mundo externo. Só na catalepsia o ser humano atinge esse grau de concentração em seu ego *mais profundo*, estado em que *o próprio corpo é sentido como algo estranho ao ego*, como uma parte do mundo externo cuja sorte deixa o seu possuidor totalmente indiferente. A catalepsia e o mimetismo seriam regressões do ser vivo a um modo de adaptação muito mais primitivo ainda, à adaptação *autoplástica* (adaptação por *modificação do próprio corpo*), ao passo que a fuga e a defesa já visariam à *modificação do meio ambiente* (adaptação *aloplástica*)[31].

De acordo com a descrição que nos dá Kraepelin em seu *Manual de psiquiatria*, a catatonia é, com frequência, uma curiosa mistura de sintomas de negativismo e de automatismo de comando, assim como de movimentos aparentados com os tiques; o que sugeriria que diferentes tipos de reação motora podem manifestar-se num só e mesmo caso. Entre os gestos estereotipados dos catatônicos a que chamaríamos tiques, Kraepelin menciona os seguintes: "Esgares, contorções e distorções dos membros, saltos, quedas, cam-

---

30. "Transferência e introjeção", *O.C.* I, p. 77.
31. Ver, a este respeito, o artigo "Fenômenos de materialização histérica", neste volume.

balhotas, bater palmas, correr em todos os sentidos, trepar e saltitar, produzir sons e ruídos desprovidos de significação[32]."

Se se quiser explicar a ecopraxia e a ecolalia dos dementes como dos portadores de tiques, cumpre igualmente considerar os processos mais sutis da psicologia do ego, para os quais Freud chamou a nossa atenção[33]. "O desenvolvimento do ego consiste em distanciar-se do narcisismo primário e gera uma intensa aspiração no sentido de se recuperar esse narcisismo. Esse distanciamento produz-se por meio do deslocamento da libido para um ideal do ego do exterior, a satisfação pela realização desse ideal."

Parece haver aí uma contradição entre a tendência muito acentuada dos portadores de tiques e dos dementes para imitar *todo o mundo* em gestos e em palavras, portanto, para fazer de todas as pessoas, por assim dizer, um objeto de identificação e de ideal, e, por outro lado, a asserção segundo a qual esses pacientes teriam regredido ao estágio de narcisismo primário ou então aí teriam permanecido. Mas essa contradição só é aparente. Como os outros sintomas espetaculares da esquizofrenia, essas formas excessivas da tendência para a identificação têm por único objetivo dissimular a *falta* de interesse verdadeiro; como diria Freud, estão a serviço da tendência para a cura, da aspiração a recuperar o ideal do ego perdido. Mas a indiferença com a qual *toda* ação, *todo* discurso é simplesmente imitado, faz desses deslocamentos de identificação uma caricatura da busca normal de ideal e ocorre muitas vezes serem sentidos como ironia[34].

Meige e Feindel descrevem casos em que cerimoniais complexos à base de tiques são adotados em bloco; sublinham, por exemplo, que numerosos portadores de tiques possuem um temperamento de ator e um pendor para imitar todas as pessoas que conhecem. Um dos seus pacientes adotou na infância o piscar de olhos de um policial que lhe parecia particularmente imponente. De fato, esses doentes imitam a maneira como um homem imponente "tosse e

---

32. E. Kraepelin, *Lehrbuch d. Psychiatrie*, 4 vols., 1883.
33. S. Freud, "Zur Einführung des Narzissmus" (*Ges. Schr.*, vol. VI). "Pour introduire le narcissisme", em *La Vie Sexuelle*, PUF.
34. Como se sabe, a imitação é um bom meio de praticar a ironia; o sentimento de irritação que experimentamos quando nos imitam mostra muito bem que a imitação produz esse efeito.

cospe"³⁵. Os tiques, como se sabe, podem ser literalmente contagiosos para as crianças.

As contradições que constatamos no comportamento motor dos catatônicos e dos cataclônicos não se limitam às ações musculares; encontramos o seu equivalente perfeito no *discurso* do paciente. Na catatonia esquizofrênica, um mutismo absoluto se alterna com uma compulsão incoercível para falar e com a ecolalia; o primeiro fenômeno é o equivalente da rigidez muscular; o segundo, o do tique irreprimível; o terceiro, o da ecocinese. O que se designa por *coprolalia* enfatiza bem a relação profunda entre o distúrbio verbal e o distúrbio motor. Os pacientes por ela vitimados são impelidos a pronunciar em voz alta, sem razão válida, palavras e frases de conteúdo erótico, na maioria dos casos erótico-anal (pragas, palavrões, frases obscenas, etc.). Esse sintoma acentua-se particularmente quando o portador de tiques se esforça para reprimir seu *tique motor*³⁶. A "energia pulsional destacada" de que falamos mais acima encontra uma saída, quando a descarga na motilidade lhe é interditada, nos movimentos "ideomotores", nos movimentos verbais. Ora, as palavras que se apresentam são justamente de natureza erótica, mais precisamente de natureza "organoerótica" (perversas), fenômeno que deve ser aproximado, na minha opinião, da chamada "linguagem dos órgãos" nas psicoses narcísicas. ("No conteúdo das manifestações esquizofrênicas, encontra-se frequentemente no primeiro plano uma referência aos órgãos e às inervações do corpo", Freud.)

IV

Se as observações de Meige e Feindel nos são especialmente preciosas, as conclusões teóricas que delas se extraem apresentam, em contrapartida, pouquíssimo interesse. Limitam-se em geral a atribuir os sintomas a certas causas (circunstâncias) imediatas, ou então à "predisposição" e à "degenerescência". Quando o paciente é incapaz de fornecer uma explicação para o seu tique, eles conside-

---

35. Citação de um escritor alemão.
36. Cf., sobre a conversão sistemática da repressão motora em excitação ideativa e verbal, "Dificuldades técnicas de uma análise de histeria", neste volume.

ram este último "desprovido de sentido e de objetivo". Abandonam depressa demais a via psicológica para se perderem em especulações fisiologizantes. Nesse plano, chegam ao ponto de supor, com Brissaud, a existência de uma "hipertrofia do centro funcional cerebral" (inata ou adquirida por uma utilização frequente) nos portadores de tiques, centro que eles consideram como o "órgão central da função do tique". Por isso, a terapêutica de Meige e Feindel consiste em "reduzir essa hipertrofia por métodos de imobilização". Falam de uma "anomalia congênita", de "desenvolvimento insuficiente e defeituoso das vias associativas corticais e das anastomoses subcorticais", de "malformações teratológicas moleculares que os nossos conhecimentos anatômicos não bastam, lamentavelmente, para reconhecer".

Grasset[37] distingue os tiques bulbospinais, "poligonais" e psíquicos no sentido próprio. Meige e Feindel excluem com razão os primeiros (bulbospinais) da série dos tiques e incluem-nos entre os "espasmos"; os "tiques psíquicos" deveriam sua formação a um impulso psicomotor consciente; quanto aos tiques "poligonais", Grasset assim denomina todos os que atribuímos em geral a motivos psíquicos inconscientes. Com base em um mecanismo cortical construído segundo o esquema bem conhecido da afasia, a que dá o nome de "polígono cortical", ele define todas as atividades inconscientes e automáticas como funções do "polígono": "sonha-se com o polígono", "as pessoas distraídas agem com o polígono", etc.

Meige e Feindel decidem-se finalmente pela seguinte definição do tique: "Não basta, portanto, que o gesto seja intempestivo no instante em que se executa; é necessário estar certo de que no próprio momento de sua execução já não está ligado à ideia que, no passado, lhe deu origem. Se, ademais, esse ato se faz notar por sua repetição frequente demais, sua constante inoportunidade, pela imperiosidade de sua execução, pela dificuldade de sua repressão e pela satisfação que lhe sucede: é um tique." Num único ponto eles dizem: "Encontramo-nos aí no terreno perigoso do inconsciente", e abstêm-se de penetrar nesse domínio tão aterrador.

Não podemos julgá-los com severidade. Nessa época, a teoria das funções psíquicas inconscientes ainda dava seus primeiros passos. Mesmo hoje, após quase 30 anos de trabalho psicanalítico, os

---

37. *Anatomie clinique des centres nerveux*, Paris, 1900.

homens de ciência do país deles não tiveram a coragem de enveredar pelo caminho que torna esse "terreno perigoso" acessível à pesquisa. Meige e Feindel têm o mérito, que não se deve subestimar, de serem os primeiros a tentar formular uma teoria psicogênica do tique traumático, ainda que incompleta.

Confiaram nas manifestações conscientes e nos depoimentos de seus pacientes mas, como não dispunham de nenhum método que lhes permitisse *interpretar* as falas dos pacientes, não há lugar para a *sexualidade* em suas explicações. Seus casos clínicos, no entanto, estão repletos de confissões eróticas, a bem dizer escondidas, e citarei a título de exemplo excertos da anamnese detalhada de um portador de tiques mencionado por Meige e Feindel.

Esse mesmo paciente que, como já relatamos, tivera que extrair quase todos os dentes, tinha um "tique de atitude": tinha que estar com o queixo apontando para o ar. Surgira-lhe a ideia de apoiar o queixo contra o castão da *bengala*; depois variou a posição de modo *"a colocar a bengala entre o paletó e a gabardine abotoada, somente o castão* da bengala aparecendo na abertura da gola para servir de ponto de apoio do queixo. Mais tarde, sua cabeça buscava constantemente um apoio na ausência da bengala, senão ficava oscilando de um lado para o outro. Via-se até obrigado às vezes a se apoiar no espaldar de uma cadeira se quisesse ler tranquilamente". O seu próprio relato elucidará os cerimoniais que, por outro lado, era coagido a realizar: "No começo, usava colarinhos de altura média mas apertados demais para poder introduzir aí o queixo. Desabotoava então a camisa e, no colarinho aberto, inseria o queixo empurrando fortemente a cabeça; o efeito foi satisfatório durante alguns dias, mas o colarinho desabotoado não oferecia suficiente resistência. Passei por isso a comprar colarinhos muito mais altos, verdadeiras golilhas nas quais afundava o queixo, de tal sorte que não podia mais virar a cabeça para a direita nem para a esquerda. Isso foi perfeito... mas só durante algum tempo. Por mais engomados que fossem, os colarinhos acabavam sempre por ceder e, ao fim de uma ou duas horas, ficavam com um aspecto deplorável.

"Tive que inventar outra coisa, e foi então que me acudiu uma ideia extravagante; atei um fio aos botões dos suspensórios das calças que, passando por baixo do colete, era arrematado no alto por uma pequena placa de marfim que eu apertava entre os dentes. O comprimento do fio era calculado de modo que, para apanhar a placa, eu fosse obrigado a baixar a cabeça. Excelente truque!... mas sempre por algum tempo, visto que, além de essa posição ser tão incômoda quanto ridícula, *à força de puxar a calça, acabava por fazê-la subir mais do lado direito, de uma forma verdadeiramente grotesca e deveras embaraçosa*. Tive que renunciar a essa bela invenção. Entretanto, sempre conservei um fraco pelo princípio desse método, e ainda hoje me acontece com frequência, quando estou na rua, de apanhar entre os dentes a gola do paletó ou do sobretudo, e deambular desse jeito. Destrocei inúmeras golas roendo-as dessa maneira. Em casa vario um pouco: apresso-me a retirar a gravata, desaboto o colarinho da camisa e faço a mesma manobra, mordendo este último." Em consequência de sua atitude, a cabeça virada e o nariz empinado, ele não via mais os pés quando caminhava. "Tenho que prestar a maior atenção quando caminho, pois não vejo para onde vou. Sei perfeitamente que para eliminar esse inconveniente, bastaria baixar os olhos ou a cabeça, mas é justamente isso o que eu não consigo fazer."

O paciente manifesta sempre "uma certa repugnância em olhar para baixo". Apresenta, além disso, um "estalido do ombro", "análogo à subluxação voluntária do polegar e aos ruídos singulares que podem realizar voluntariamente certas pessoas à maneira de divertimento". Só o produz como uma "pequena habilidade em reuniões sociais". Quando está em sociedade, reprime essas bizarrias porque se sente embaraçado diante dos outros, mas, assim que se encontra sozinho, entrega-se-lhes de alma e coração; todos os seus tiques são deflagrados: é um verdadeiro deboche de gesticulações absurdas, um desatino motor com o qual o paciente se sente aliviado. Volta a reunir-se aos demais e reata tranquilamente a conversa interrompida.

Os cerimoniais que acompanham o momento de ir para a cama são ainda mais grotescos. "O roçar da cabeça no travesseiro ou contra os lençóis... exaspera-o; revolve-se em todos os sentidos a fim de evitá-lo... chegou mesmo a escolher uma posição insólita, porque lhe parece ser a mais eficaz para deter os tiques: deita-se de lado, o mais perto possível da beira da cama, e deixa pender a cabeça no vazio."

Antes de abordar a interpretação psicanalítica deste caso clínico, devemos infelizmente perguntar se se trata de *tiques* verdadeiros ou de uma grave *neurose obsessiva*. Em muitos casos, é difícil estabelecer a diferença entre o cerimonial do obsessivo, as manias e bizarrias das formas benignas de catatonia e as medidas de defesa contra um tique penoso. Faz-se necessária, com frequência, uma análise de várias semanas, ou até mais, antes de se chegar a uma conclusão[38]. Por isso, os tiques serviram por muito tempo de depósito para os mais heterogêneos estados neuróticos, tal como os "vapores" do início do século passado ou as "psicastenias" dos nossos dias. Essa dúvida impede-nos de explorar *o simbolismo do onanismo, do pênis e da castração* de que este caso está repleto (cabeça, nariz, atonia dos músculos do pescoço, colarinho duro, gravata, bengala, vara colocada entre a calça e a boca, castão de bengala na boca, simbolismo da cenestesia dentária, extração dos dentes, cabeça pendente, etc.), para uma generalização relativa à patogênese dos tiques. Felizmente, sobre esse ponto não dependemos de um único exemplo. Um caso em que levei a análise bastante a fundo[39] provou-me de modo evidente que a atividade masturbatória, assim como, de um modo geral, a atividade genital e a excitabilidade dos órgãos genitais são transferidas sob a forma de *movimentos estereotipados* para partes do corpo e da epiderme que em geral não são particularmente erógenas. Não se ignora a relação que existe entre, por um lado, o onanismo recalcado e, por outro, a *onico-hiperestesia*, a *onicofagia*, a *"sensibilidade capilar"* e o tique que consiste em *puxar e arrancar os cabelos*. Recentemente, consegui desembaraçar um jovem do penoso hábito de roer as unhas numa única discussão sobre suas tendências para o onanismo[40]. A maioria dos tiques têm por sede a *cabeça* e *partes do rosto*, que são os lugares privilegiados da figuração simbólica dos processos genitais.

Meige e Feindel sublinham o parentesco entre os *tiques* e as *cãibras de ocupação*. Estas últimas, assim como o "delírio de ocupação" dos alcoólicos, são de fato, como demonstrou Tausk, substitutos do onanismo. O constrangimento particular que obriga os portadores de tiques a mascarar e a dissimular suas gesticulações recorda vivamen-

---

38. Sobre essa dificuldade de diagnóstico, ver mais adiante.
39. "Histeria e patoneuroses", "Dificuldades de uma análise de histeria", etc., neste mesmo volume.
40. Um perspicaz cirurgião húngaro, o prof. Kovács, tinha o hábito de chamar a atenção de seus ouvintes para o sintoma de onicofagia dizendo: "São pessoas incapazes de deixar em paz as partes proeminentes de seu próprio corpo."

te a maneira – descrita em 1879 pelo pediatra Lindner, de Budapeste – como as crianças se esforçam para ocultar "seu prazer em chupar". Tampouco é impossível que o "monasticismo", a tendência para viver suas emoções no isolamento, não provenha do onanismo[41].

A esse respeito, remetemos o leitor para as observações de Gowers e Bernhard, que mostram serem os tiques mais acentuados na época dos primórdios da puberdade, da gravidez e do parto, por conseguinte, nos períodos de forte excitação da região genital. Enfim, se considerarmos a *coprolalia*, esse caudal de obscenidades erótico-anais que é característico de inúmeros portadores de tiques[42], assim como a tendência para a neurose (noturna e diurna) sublinhada por Oppenheim, parece que se deve atribuir grande importância, quando da formação dos tiques, ao "deslocamento de baixo para cima" que, se é particularmente acentuado nos neuróticos, está longe de ser desprezível no desenvolvimento sexual normal.

Poderíamos vincular esse deslocamento à hipótese, que dominou até agora as nossas reflexões, segundo a qual o tique é atribuível a um recrudescimento do narcisismo. Assim: no *tique neuropático*, a parte do corpo (ou seu representante psíquico) que sofreu uma lesão ou uma excitação é muito fortemente investida de libido e de interesse. A quantidade de energia requerida para esse efeito é captada no maior reservatório de libido, a sexualidade genital, o que deve ser necessariamente acompanhado de distúrbios mais ou menos graves da potência e das sensações genitais normais. Nesse deslocamento, não é apenas uma determinada quantidade de energia que é deslocada de baixo para cima; é também a qualidade dessa energia (seu modo de inervação), daí resultando a "genitalização" das partes afetadas pelo tique (hiperestesia, tendência para a fricção rítmica e, em

---

41. Segundo Meige e Feindel, a palavra "tique" é uma onomatopeia, imitando um "ruído muito breve". *Zucken, ticken, tic* em alemão; *tic, tiqueur, tique*, em francês; *tugg, tick*, em inglês; *ticchio* em italiano; *tic* em espanhol; e *tique* em português, todas mostram a mesma raiz e possuem a mesma origem onomatopeica (Meige e Feindel, *op. cit.*, p. 46). Recordemos que em virtude de uma sinestesia acústica muito divulgada, a maioria das mulheres designa o frêmito e a ereção do clitóris pelo termo *batimento* ("*Klopfen*" em alemão, NTF).

42. Há indivíduos em tudo o mais normais que devem formular imediatamente seu pensamento, por exemplo, murmurar ao ler ou falar consigo mesmo. Segundo Stricker, todo pensamento seria acompanhado da ligeira inervação dos órgãos motores da fala.

numerosos casos, um verdadeiro orgasmo). No tique do "narcisista constitucional", a primazia da zona genital não parece, em geral, muito firmemente estabelecida, de sorte que excitações ordinárias ou perturbações inevitáveis bastam para provocar tal deslocamento. O onanismo seria então uma atividade sexual ainda seminarcísica, a partir da qual a passagem para a satisfação normal com um outro objeto seria tão possível quanto o retorno ao autoerotismo.

Antecipando-me às reflexões que comunicarei num outro estudo[43], quero precisar que a sexualidade genital se me afigura como a soma dos autoerotismos deslocados para os órgãos genitais, autoerotismos que, quando desse "deslocamento de baixo para cima", levam consigo não só as suas quantidades mas também os seus modos de inervação ("Anfimixia dos autoerotismos"). São os erotismos anal e uretral que fornecem à genitalidade a principal contribuição. No "deslocamento para o alto", patológico, a genitalidade parece desintegrar-se parcialmente em seus componentes, o que acarreta necessariamente o reforço de certas tendências eróticas anais ou uretrais. E esses erotismos não são os únicos afetados por esse reforço, o mesmo ocorre com os seus frutos, aquilo a que se dá o nome de *traços de caráter* anais ou uretrais. Citarei como traço uretral (no tique e na catatonia) a incapacidade de suportar tensões, a necessidade de descarregar todo afeto, todo aumento da excitação, por uma reação motora imediata e a necessidade incoercível de falar. Poder-se-ia interpretar como traços anais: a tendência para a rigidez, o negativismo, o mutismo e os tiques "fonatórios".

Assinalarei, para terminar, o "erotismo muscular" descrito por Sadger ou o reforço constitucional do *prazer de se movimentar* sublinhado por Abraham, que podem favorecer consideravelmente o aparecimento dos fenômenos motores no tique e na catatonia.

V

Devo dizer neste ponto que já falei em alguns trabalhos anteriores da "genitalização dos autoerotismos", que este artigo apresenta como estando na origem do *tique* e da *catatonia*, vendo nela o

---

43. Refere-se o autor ao seu *Thalassa: ensaio sobre a teoria da genitalidade* [trad. bras. Martins Fontes, 1990]. (N. do T.)

modo de formação dos "fenômenos de materialização" *histérica* (na histeria de conversão). Não posso esquivar-me por mais tempo à difícil tarefa que consiste em apurar as diferenças que, apesar de numerosos pontos comuns, distinguem esses estados. Já sublinhei a diferença essencial entre um sintoma de conversão histérica e os sintomas corporais localizados de uma neurose narcísica (tique, catatonia). Na histeria, neurose de transferência, o material patogênico recalcado pertence aos traços mnêmicos de coisas inscritas no inconsciente, relativas aos objetivos da libido (pessoas). Em consequência do vínculo associativo, constante e recíproco, entre o *sistema mnêmico de coisas* e o *sistema mnêmico do ego* (do corpo), o material psíquico patogênico do histérico pode utilizar o material mnêmico somático associado a esse material como *meio de expressão*. É o que explicaria a "complacência somática" a que Breuer e Freud fizeram menção desde as primeiras análises de casos de histeria. Por exemplo, no célebre caso da paciente *Anna O.*, a paralisia histérica do braço explicar-se-ia pelo fato de que a doente, num momento crítico em que suas tendências psíquicas antagônicas entravam em conflito, deixou por acaso o seu braço pender por cima do espaldar de uma cadeira e este "adormeceu". Do mesmo modo, uma lágrima que lhe turvou a vista esteve na origem de sua macropsia ulterior. O catarro fortuito de uma paciente de Freud (Dora) tornou-se, sob a máscara de uma "tosse nervosa", o meio de exprimir com muitos matizes os mais complexos movimentos amorosos, etc. Na conversão histérica, a energia psíquica pertencente a lembranças de coisas recalcadas serve, portanto, para *reforçar* e, finalmente, "*materializar*" lembranças do ego (corpo) a elas associadas. Tal seria o mecanismo do "salto do psíquico para o somático" quando da formação do sintoma histérico.

No tique, em contrapartida, a lembrança traumática do ego (do corpo) *destaca-se espontaneamente* sempre que a ocasião se apresenta. Poderíamos dizer, portanto: os tiques (e a catatonia) são, na realidade, *histerias do ego*; ou ainda, na terminologia da teoria da libido: os sintomas de conversão histérica são expressões do amor objetal (genital) que se reveste da forma de autoerotismos, ao passo que o tique e a catatonia são autoerotismos que, em certa medida, adotaram qualidades genitais[44].

---

44. Ver, a esse respeito, a seguinte passagem no rico trabalho de Nunberg sobre a crise catatônica (*Int. Zeitschr. f. PsA.*, V, 1919, p. 19): "Em conclusão, gostaria de

Comparemos, enfim, as expressões motoras dos *atos compulsivos* e o tique. Freud ensinou-nos que esses atos são medidas psíquicas de defesa que têm por finalidade impedir o retorno de certos pensamentos dolorosos; são os "substitutos por deslocamento" somáticos de pensamentos obsessivos. Os atos compulsivos distinguem-se em geral dos tiques e dos estereótipos por sua maior complexidade; são verdadeiramente *atos* que visam modificar o mundo exterior (na maioria das vezes num sentido ambivalente) e nos quais o narcisismo só desempenha um papel secundário, ou mesmo nulo.

O diagnóstico diferencial desses sintomas motores só é possível, com frequência, após uma longa psicanálise.

---

apontar várias semelhanças particularmente impressionantes entre a crise catatônica e o acesso histérico, por exemplo, a *dramatização* e a *angústia*. A única diferença consiste em que na histeria dá-se um investimento libidinal dos objetos, enquanto o acesso catatônico é a consequência de um *investimento de órgão*. Mesmo as perversões dos adultos são autoerotismos genitalizados (a perversão é, com efeito, 'o positivo da histeria')."

XI

O simbolismo da ponte

Quando se estabelece a relação simbólica entre uma fantasia inconsciente e um objeto ou uma atividade, fica-se, em primeiro lugar, reduzido a conjecturas que, sob a influência da experiência, deverão sofrer toda espécie de modificações e até, por vezes, ser inteiramente revistas. As provas que os mais diversos domínios científicos nos fornecem com frequência e de modo abundante têm, neste caso, valor de indícios importantes, de sorte que todos os ramos da psicologia individual e coletiva são suscetíveis de contribuir para o estabelecimento de uma relação simbólica específica. Entretanto, a interpretação de sonhos e a análise de neuroses permanecem, como sempre, a base mais segura de todo o simbolismo, porquanto nos permitem observar *in anima vili* a motivação e, em geral, toda a gênese dessas formações psíquicas. Em suma, só a psicanálise está em condições, na minha opinião, de obter o sentimento de *certeza* de uma relação simbólica. As interpretações simbólicas praticadas em outros domínios científicos (mitologia, folclore, contos, etc.) têm sempre algo de superficial e de insosso; tem-se constantemente a impressão de que a interpretação poderia muito bem ter sido diferente, tanto mais que existe nesses domínios uma tendência para atribuir a todo momento novas significações aos mesmos conteúdos. Essa falta de profundidade talvez seja o que diferencia também a insípida alegoria do símbolo feito de carne e de sangue.

As pontes desempenham muitas vezes um notável papel nos sonhos. É frequente, no decorrer da interpretação de sonhos relatados por neuróticos, defrontarmos com o problema da significação típica a atribuir à ponte, sobretudo quando nenhum elemento histórico referente à ponte do seu sonho acode ao espírito do paciente. O acaso do material fornecido por meus pacientes quis que, em toda uma série de casos, eu estivesse em condições de substituir a ponte pela interpretação simbólico-sexual seguinte: a ponte é o *membro viril* e, em especial, o membro potente do pai que liga duas regiões (ele é gigantesco porque figura o casal parental para o ser infantil). Essa ponte é a sobranceira a uma vasta e perigosa extensão de água, de onde jorra toda a vida, para onde o ser humano deseja voltar ao longo de sua existência e para onde retorna, de fato, periodicamente, uma vez adulto, que mais não seja representado apenas por uma parte do seu corpo. Os indivíduos que têm esses sonhos apresentam uma particularidade que nos permite compreender por que é impossível, mesmo em sonho, acercar-se diretamente dessa água, por que se faz necessário um suporte de tábua: todos eles sofrem, sem exceção, de impotência sexual e protegem-se da perigosa proximidade da mulher pela fraqueza de seus órgãos genitais. Vemos essa interpretação simbólica dos sonhos de ponte ser confirmada, portanto, em grande número de casos. Por outro lado, encontrei a confirmação da minha hipótese num conto popular e no croqui obsceno de um artista francês: nos dois casos, trata-se de um gigantesco membro viril disposto acima de um grande rio e, no conto, esse membro é até bastante forte para sustentar uma robusta parelha de cavalos.

Mas é a um paciente que sofria de *uma fobia das pontes* e de *ejaculação retardada* que devo a confirmação decisiva da minha maneira de apreender esse símbolo, assim como o seu verdadeiro aprofundamento, que até então me faltava. A par de toda a espécie de experiências próprias para despertar e aumentar a angústia de castração e de morte sentida por esse paciente (ele era filho de um alfaiate), a análise revelou este evento desconcertante, que datava do seu nono ano de vida: a mãe (uma parteira!), que o idolatrava, não quis renunciar à presença de seu filho nem mesmo na noite em que foi acometida pelas dores de parto e deu à luz uma menina; o rapazinho, de sua cama, teve por conseguinte a possibilidade de deduzir, a partir do processo de nascimento, que deve ter senão visto pelo menos ouvido, assim como pelas conversas e comentários das pessoas que se ocupavam de sua mãe, os detalhes sobre o aparecimento e o redesaparecimento provisório do corpo da criança. O rapazinho não pode ter escapado à angústia que se apodera irresistivelmente de todas as testemunhas de uma cena de parto; ele sentiu-se na situação dessa criança que estava passando por sua primeira e maior angústia, protótipo de todas as angústias futuras, e que durante horas foi virada e revirada entre o ventre da mãe e o mundo externo. Esse vaivém, esse ponto de junção entre a vida e o que ainda não é (ou já não é), a vida, deu à histeria de angústia desse paciente a forma específica da fobia das pontes. A margem oposta do Danúbio significava para ele o além que, como de costume, era concebido à imagem e semelhança da vida pré-natal[1]. Ele jamais transpusera em toda a sua vida uma ponte a pé, somente em veículos que a percorriam velozmente e na companhia de uma forte personalidade que se lhe impunha. A primeira vez que o levei – após suficiente consolidação da transferência – a tentar de novo, transcorrido um longo intervalo, o trajeto em minha companhia aferrou-se a mim de modo convulsivo, todos os músculos tensos, a respiração ofegante. No regresso, aconteceu a mesma coisa, mas somente até a metade da ponte: quando a margem do rio que significava para ele a vida ficou visível, a cãibra cedeu, ele tornou-se alegre, ruidoso e tagarela, a angústia desaparecera.

Podemos compreender agora a ansiedade que esse paciente sentia à aproximação dos órgãos genitais femininos e sua incapacidade para abandonar-se completamente a uma mulher, que representava sempre para ele, embora inconscientemente, uma água profunda e ameaçadora na qual iria afogar-se se alguém mais forte não o "mantivesse na superfície".

Em minha opinião, as duas interpretações: ponte = ligação entre os pais, e ponte = junção entre a vida e a não vida (a morte), completam-se de um modo muito eficaz; o membro paterno não é, com efeito, a ponte que faz transitar para a vida o que ainda não era nascido? E só esta última interpretação proporcionou à comparação o sentido mais profundo, sem o qual não pode existir verdadeiro símbolo.

No caso de fobia neurótica de pontes, é natural interpretar o recurso ao símbolo da ponte como um modo de representação de "relações", de "ligações", de "encadeamentos" puramente psíquicos

---

1. Ver, a esse respeito, os trabalhos de Rank, os quais se apoiam na psicologia dos povos, em "A lenda de Lohengrin", 1911.

(as "pontes verbais" de Freud), em suma: como a figuração de uma relação psíquica ou lógica, como um fenômeno "autossimbólico", "funcional" na acepção de Silberer. Mas assim como no exemplo citado encontramos representações bem materiais referentes ao processo de um parto na base desses fenômenos, também não existe, na minha opinião, fenômeno funcional sem paralelo material, ou seja, sem referência a representações de objeto. Sem dúvida, é possível que, no caso de reforço narcísico dos "sistemas mnêmicos do ego"[2], a associação com as lembranças de objeto venha a esfumar-se e que tenha então a *aparência* de um autossimbolismo puro. Por outro lado, é bem possível que tampouco exista um fenômeno psíquico "material" ao qual não se acrescente algum traço mnêmico, mesmo fraco, da autopercepção que o acompanha. Enfim, recorde-se o seguinte: em última análise, quase todo símbolo, talvez mesmo todos os símbolos em geral, possuem uma base fisiológica, ou seja, exprimem de uma forma ou de outra o corpo inteiro, um órgão do corpo ou uma função deste[3].

Estas anotações parecem-me conter indicações para uma futura *tópica* da formação simbólica e, uma vez que já descrevemos o *dinamismo* do recalque em operação a esse respeito[4], nada mais nos resta, para ter uma visão "metapsicológica" da natureza do símbolo no sentido de Freud, senão reconhecer a distribuição das quantidades psicofisiológicas que intervêm no jogo dessas forças, bem como dispor de dados mais precisos sobre a onto e a filogênese[5].

O material psíquico revelado na fobia das pontes aparece igualmente nesse paciente num sintoma de conversão histérica. Um pavor súbito, a vista de sangue ou de uma lesão física qualquer, podia provocar nele um desmaio. O modelo desses acessos era-lhe fornecido pelo relato de sua mãe, segundo o qual ele teria vindo ao mundo semimorto após um parto difícil, e fora muito trabalhoso fazê-lo respirar.

É inútil sublinhar que a ponte pode igualmente apresentar-se nos sonhos desprovida de qualquer sentido simbólico e provir do material histórico do sonho.

---

2. Cf. o meu ensaio sobre os tiques, neste volume.
3. Cf. os meus comentários a esse respeito no artigo "Fenômenos de materialização histérica", neste volume.
4. Ver "Ontogênese dos símbolos", em *Psicanálise II*.
5. Cf. o artigo de Jones sobre o simbolismo, *Int. Zeitschr. f. PsA*, vol. V, 1919.

XII

Prolongamentos da "técnica ativa" em psicanálise

(Comunicação apresentada no VI Congresso da Associação Internacional de Psicanálise em Haia, 10 de dezembro de 1920)

I

Desde a introdução por Freud da "regra fundamental" (a associação livre), os fundamentos da técnica psicanalítica não sofreram nenhuma modificação essencial. Sublinharei desde já não ser esse tampouco o objetivo de minhas propostas; pelo contrário, sua finalidade era e continua sendo colocar os pacientes em condições de obedecer melhor à regra de associação livre com a ajuda de certos artifícios e chegar assim a provocar ou a acelerar a investigação do material psíquico inconsciente. Por outro lado, esses artifícios só se tornam necessários em casos excepcionais. Para a maioria dos pacientes, o tratamento pode desenrolar-se sem uma "atividade" particular por parte do médico ou do paciente, e mesmo nos casos em que se é levado a mostrar-se mais ativo, essa intervenção deve limitar-se ao estritamente necessário. A partir do instante em que seja superada a estagnação da análise, que é a justificação propriamente dita e a razão de ser da modificação em questão, o especialista retornará o mais depressa possível à atitude de receptividade passiva que cria para o inconsciente do médico as condições mais favoráveis a uma colaboração eficaz.

Como ocorre com quase toda a inovação, a "atividade", se a olhamos de perto, mostra ser conhecida de longa data. Não só porque desempenhou um papel essencial na pré-história da psicanálise, mas também porque, num certo sentido, ela jamais deixou de existir. Portanto, trata-se aqui de criar um conceito e um termo técnicos para algo que sempre foi utilizado *de facto*, mesmo sem ser formulado, e de empregá-lo deliberadamente. De resto, considero que tal definição e a escolha de uma terminologia não são coisas desdenháveis no plano científico; é o único meio de tomar consciência do seu próprio agir no verdadeiro sentido do termo, e só essa tomada de consciência permite a utilização metódica e crítica de um procedimento[1].

A época do *método "catártico"*, segundo Breuer e Freud, foi um período de enorme atividade, tanto da parte do médico quanto do paciente. O médico esforçava-se para despertar as lembranças ligadas aos sintomas e, com esse propósito, apelava para todos os recursos que lhe ofereciam os processos de sugestão hipnótica ou em estado vígil; quanto ao doente, ele também se esforçava para seguir as diretrizes do seu guia, era também obrigado a mostrar-se extremamente ativo no plano psíquico e, com frequência, a recorrer a todas as suas forças psíquicas.

A psicanálise, tal como a utilizamos atualmente, é uma prática cuja característica mais saliente é a *passividade*. Pedimos ao paciente que se deixe levar sem nenhuma crítica "pelo que lhe venha ao espírito"; nada mais tem a fazer senão comunicar sem reservas essas ideias – superando, na verdade, a resistência que se opõe a isso. Quanto ao médico, tampouco concentrará sua atenção com uma intenção qualquer (por exemplo, o desejo de curar ou de compreender), mas abandonar-se-á – passivamente também – à sua imaginação e brincará com as ideias do paciente. Evidentemente, se quer exercer uma influência sobre o curso das ideias do doente, não pode prosseguir indefinidamente com essa divagação. Conforme já expus em outro trabalho[2], desde que certas opiniões seguras e realmente válidas tenham se cristalizado nele, é necessário que sua atenção se concentre nelas e que, após madura reflexão, se decida a comunicar ao paciente uma *interpretação*. Mas tal comunicação já constitui uma intervenção ativa na atividade psíquica do paciente; orienta o pensamento deste numa certa direção e facilita a emergência de ideias que, de outro modo, a resistência não teria deixado

---

1. A importância da denominação em matéria científica mereceria um estudo psicológico à parte.
2. "A técnica psicanalítica", em *Psicanálise II*.

ingressar na consciência. Quanto ao paciente, também deve comportar-se passivamente durante esse "parto dos pensamentos".

Descobertas recentes a respeito da importância decisiva da distribuição da libido na formação dos sintomas neuróticos levaram Freud[3] a considerar uma ajuda complementar de outra ordem. Ele distingue duas fases no tratamento: na primeira, toda libido é recusada aos sintomas em proveito da transferência; na segunda, a luta trava-se com a libido transferida para o médico, a fim de tentar desprender essa libido do seu novo objeto. Esse desprendimento é possibilitado pela transformação do ego sob influência da educação propiciada pelo médico. O afluxo da libido na transferência, diz Freud, não implica nenhuma sustentação ativa da parte do médico; a transferência nasce espontaneamente e o médico deve ter apenas a habilidade de não perturbar o processo.

A educação do ego, em contrapartida, é uma intervenção francamente ativa ao alcance do médico em virtude de sua autoridade aumentada pela transferência. Freud não teme chamar "sugestão" a esse modo de influência, embora tendo o cuidado de indicar as características essenciais que diferenciam a sugestão *psicanalítica* daquela que não o é[4].

A influência exercida sobre o paciente é certamente algo de ativo, e o paciente reage passivamente a esse esforço do médico.

Tudo o que dissemos até aqui sobre o comportamento passivo ou ativo referia-se exclusivamente à *atitude psíquica* do paciente. No tocante às *ações*, a análise nada exige do paciente a não ser que compareça pontualmente às sessões; não exerce, por outro lado, nenhuma influência sobre o seu modo de vida e sublinha até, de forma categórica, que o próprio paciente é quem deve tomar as decisões importantes ou adiá-las até sentir-se capaz de fazê-lo.

---

3. S. Freud, "Vorlesungen zür Einführung in die Psychoanalyse" (*Ges. Schr.*, vol. VIII, p. 473). *Introduction à la Psychanalyse*, Payot.
4. Os métodos precedentes de sugestão consistiam, de fato, em querer persuadir o paciente de uma mentira consciente ("Você não tem nada" – o que é certamente inexato, visto que o paciente sofre de neurose). As "sugestões" psicanalíticas utilizam a transferência para permitir ao paciente convencer-se pessoalmente dos motivos inconscientes de seu sofrimento; além disso, o próprio psicanalista deve cuidar de que a crença assim adquirida não seja uma "fé cega", mas a convicção pessoal do paciente escorada em suas lembranças e em sua vivência atual ("repetição"). Isso é igualmente o que diferencia a psicanálise dos tratamentos de Dubois pela explicação e pela persuasão.

A primeira exceção a essa regra teve lugar no decorrer da análise de certos casos de *histeria de angústia*. Os pacientes, apesar de uma observância rigorosa da "regra fundamental" e de uma profunda penetração em seus complexos inconscientes, não chegavam a superar certos pontos mortos da análise enquanto não eram incitados a ousar sair do seguro abrigo constituído por sua fobia e a expor-se, a título de ensaio, à situação de que haviam fugido com angústia em virtude do seu caráter penoso. Como era de esperar, essa tentativa provocava um agudo acesso de angústia. Entretanto, ao se exporem a esse afeto, superavam a resistência contra uma parte do material inconsciente até então recalcado, que a partir daí se tornava acessível à análise sob a forma de ideias e de lembranças[5].

Daí em diante, foi esse o procedimento que resolvi designar pelo termo de "técnica ativa", que, por conseguinte, significava uma intervenção ativa muito menos por parte do médico do que por parte do paciente, ao qual era agora imposta, além da observância da regra fundamental, uma *tarefa* particular. No caso das fobias, essa tarefa consistia em *realizar certas ações desagradáveis*.

Não demorei muito em ter a ocasião de impor a uma paciente tarefas que consistiam nisto: devia *renunciar* a certas *ações agradáveis* que tinham permanecido até então despercebidas (excitação masturbatória das partes genitais, estereotipias e tiques, ou excitações de outras partes do corpo), dominar seu impulso para realizar esses atos. O resultado foi o seguinte: um novo material mnêmico tornou-se acessível e o curso da análise foi manifestamente acelerado.

O prof. Freud expôs a consequência dessas experiências e de outras semelhantes em seu relatório ao congresso de Budapeste[6]; esteve, inclusive, em condições de generalizar o ensinamento extraído dessas observações e de formular suas regras: o tratamento deve desenrolar-se, em geral, na situação de *abstinência*; a mesma recusa que acarretou a formação dos sintomas deve ser mantida durante todo o tratamento a fim de sustentar o desejo de cura; é até mesmo indicado que se recuse *precisamente* a satisfação que o paciente deseja com mais ardor obter.

---

5. Cf. S. Ferenczi: "Dificuldades técnicas de uma análise de histeria", neste volume, pp. 1-8.
6. "Wege der psychoanalytischen Therapie" (*Ges. Schr.*, vol. VI).

Creio ter relatado com clareza tudo o que foi publicado de essencial até o presente sobre a atividade na técnica psicanalítica e tudo o que pode ser relevante no método geralmente conhecido sob o termo "atividade".

II

Gostaria de relatar agora fragmentos de algumas análises que podem reforçar o que foi exposto e de aprofundar, em certa medida, a nossa compreensão do jogo de forças em ação na "técnica ativa". Penso, em primeiro lugar, no caso de uma jovem música croata que sofria de uma porção de fobias e medos obsessivos. Citarei apenas alguns de seus inúmeros sintomas. Sofria de um medo pavoroso; quando na escola de música lhe pediam que tocasse diante dos outros, seu rosto ruborizava-se; os exercícios de dedilhado, que ela executava automaticamente e sem dificuldades quando estava sozinha, pareciam-lhe então prodigiosamente difíceis; fracassava sem apelo em cada apresentação e estava obcecada com a ideia de que iria cair no ridículo – o que não deixava de acontecer, a despeito de um notável talento. Na rua, julgava-se observada a todo instante por causa de seus volumosos seios, e não sabia como se comportar a fim de dissimular essa malformação física (imaginária). Ora mantinha os braços cruzados sobre o peito, ora comprimia ao máximo os seios num sutiã; mas após cada medida de precaução, como é frequente nos obsessivos, surgia a dúvida: não atrairia ela justamente as atenções em virtude dessa maneira de conduzir-se? O seu comportamento na rua ou era exageradamente timorato ou provocante; sentia-se infeliz se (apesar de sua beleza real) não lhe prestassem atenção, mas não ficava menos estupefata se lhe acontecia ser efetivamente abordada por alguém a quem sua conduta induzia em erro (ou, melhor, que a interpretava corretamente). Receava ter mau hálito e por esse motivo corria a todo instante ao dentista e ao gastrolaringologista, que, naturalmente, nada encontravam. Veio ver-me após vários meses de análise (o colega que a tratava tinha sido forçado a interromper o tratamento por razões exteriores) e já estava inteiramente a par de seus complexos inconscientes. Entretanto, no decorrer do tratamento que prosseguiu comigo, não pude confirmar uma observação feita pelo meu colega, a saber, que a sua evolução não correspondia, em absoluto, à profundidade de sua compreensão teórica e ao material mnêmico já revelado. O mesmo ocorreu comigo durante semanas. Depois, no decorrer de uma sessão, acudiu-lhe ao espírito um refrão popular que sua irmã mais velha (que a tiranizava de mil maneiras) tinha o hábito de cantar. Após ter hesitado muito, a paciente disse-me o texto bastante equívoco da canção e depois emudeceu demoradamente; eu a fiz confessar que era na *melodia* da canção que tinha pensado. Pedi-lhe logo que a *cantasse*. Mas foram necessárias mais duas sessões antes que ela se decidisse a cantar a canção tal como a imaginava. Interrompeu-se por várias vezes no meio da estrofe, tão embaraçada se sentia; por isso começou a cantar numa voz fraca e vacilante, até que, encorajada pelas minhas exortações, decidiu-se a cantar mais alto, e, para terminar, sua voz soltou-se cada vez mais, revelando-se a paciente uma magnífica soprano. Mas nem por isso a resistência cessou; confessou-me, não sem reticências, que sua irmã tinha o hábito de cantar esse refrão acompanhado de *gestos* expressivos e desprovidos de qualquer equívoco, e executou alguns movimentos canhestros com os braços para ilustrar o comportamento de sua irmã. Finalmente, pedi-lhe que se levantasse e repetisse a canção *exatamente* como tinha visto interpretada por sua irmã. Após inúmeras tentativas frustradas e acessos de desânimo, a paciente acabou por mostrar-se uma perfeita cançonetista, com esse mesmo coquetismo na mímica e nos gestos que tinha observado em sua irmã. E, a partir de então, pareceu encontrar prazer nessas exibições, decidindo dedicar-lhes suas sessões de análise. Quando me dei conta disto, observei-lhe que já sabíamos que ela gostava muito de mostrar seus diversos talentos e que, por trás de sua modéstia, escondia-se um não menor desejo de agradar; e, agora, bastava de cantoria e de dança, era preciso trabalhar. Foi surpreendente verificar a que ponto esse pequeno episódio favoreceu o prosseguimento do trabalho de análise; acudiram-lhe lembranças que até aí nunca tinham sido evocadas e que se referiam aos primeiros tempos de sua infância, à época em que nascera um irmãozinho que tivera sobre o seu desenvolvimento psíquico um efeito verdadeiramente funesto e fizera dela uma criança tímida e ansiosa, ao mesmo tempo que temerária demais. Lembrou-se do tempo em que ainda era um "pequeno diabrete", a preferida de toda a família e de todos os amigos, e de que nessa época, sem se fazer de rogada e até com prazer, exibia todos os seus talentos, cantava para as pessoas e, de um modo geral, parecia sentir um prazer ilimitado em movimentar-se. Tomei então essa intervenção ativa por modelo e pedi à paciente que realizasse as ações que suscitavam nela mais angústia. Ela dirigiu diante de mim (imitando as vozes de uma orquestra) um extenso movimento tirado de uma sinfonia; a análise dessa ideia levou-nos a descobrir a inveja de pênis que a atormentava desde o nascimento do irmão. Tocou ao piano para mim uma peça difícil que tinha executado num exame; apurou-se pouco depois, na análise, que o seu temor do ridículo ao tocar piano estava ligado a fantasias de masturbação e à vergonha que a elas se associava (os "exercícios de dedilhado" proibido). Não ousava ir à piscina por causa de seus volumosos seios supostamente disformes; somente após ter, a instâncias minhas, superado essa resistência é que conseguiu convencer-se, no decorrer da análise, do prazer latente que sentia em exibir-se. Agora que se tornara possível o acesso às suas tendências mais escondidas, a paciente confessou-me que se preocupava muito – durante as sessões – com seu esfíncter anal; ora afagava a ideia de soltar uma flatulência, ora contraía os esfíncteres de modo rítmico, etc. Como acontece com toda regra técnica, a paciente esforçou-se em seguida para levar a atividade a um nível absurdo, exagerando as tarefas que lhe tinham sido prescritas. Deixei que ela o fizesse durante algum tempo e depois ordenei-lhe que acabasse com esse jogo; e, após um trabalho relativamente rápido, descobrimos a explicação, de ordem erótico-anal, para o seu receio de ter mau hálito; este não tardou em melhorar de forma notável após a reprodução das lembranças infantis a ele relacionadas (e mantendo a interdição dos jogos anais).

Devemos a mais importante melhora à descoberta do *onanismo inconsciente* da paciente, evidenciado com a ajuda da "atividade". Ao piano, ela experimentava – a cada gesto um pouco violento ou apaixonado – uma sensação voluptuosa ao nível dos órgãos genitais, que eram excitados pelo movimento. Foi obrigada a reconhecer suas sensações flagrantes após ter recebido a ordem de adotar um comportamento muito apaixonado ao piano, como tinha visto numerosos artistas fazerem em seus recitais; mas assim que esses jogos começaram a proporcionar-lhe prazer, tornou-se necessário, a meu conselho, renunciar a eles. Por conseguinte, foi-nos então possível recolher reminiscências e reconstituições de jogos infantis praticados com os órgãos genitais, talvez a principal fonte de seu excessivo pudor.

Mas já é tempo de refletir sobre o que fizemos exatamente quando dessas intervenções e de tentar consubstanciar uma ideia do jogo de forças psíquicas a que cumpre atribuir aqui os incontestáveis progressos da análise. Nossa atividade pode, neste caso, decompor-se em duas fases. Na primeira, fui levado a dar à paciente, que tinha fobia de certos atos, a *ordem* de executar esses atos, apesar de seu caráter desagradável. Quando as tendências até aí reprimidas se converteram em fontes de prazer, a paciente foi incitada, numa segunda fase, a defender-se: certas ações lhe foram *interditas*. As injunções tiveram por consequência torná-la *plenamente consciente* de certos impulsos, até então recalcados ou que se exprimiam sob uma forma rudimentar irreconhecível, acabando por *conscientizar-se* deles como representações que lhe eram agradáveis, enquanto *moções de desejos*. Em seguida, quando lhe foi recusada a satisfação proporcionada pela ação agora impregnada de voluptuosidade, as moções psíquicas despertadas encontraram o caminho do material psíquico recalcado desde longa data e das lembranças infantis, sem o que o analista teve que interpretá-las como a repetição de algo infantil e reconstruir os detalhes e as circunstâncias dos eventos infantis com a ajuda do material analítico fornecido por outros meios (sonhos, associações, etc.). Foi então fácil fazer a paciente aceitar essas construções, pois ela não podia negar, nem para si mesma nem para o médico, que acabara de experimentar *agora* essas presumidas atividades e sentir os afetos correspondentes. Portanto, a "atividade" que consideramos até então como uma entidade decompõe-se na intimação e na execução sistemáticas de *injunções* e de *proibições*, embora mantendo constantemente a "situação de abstinência", segundo Freud.

Já tive ocasião de recorrer a essas medidas em grande número de casos, e tratava-se não só – como no caso presente – de estimular e dominar tendências eróticas mas também atividades altamente sublimadas. À vista de certos sinais, incitei uma paciente que, à parte ingênuas tentativas durante a puberdade, jamais compusera versos a pôr por escrito as ideias poéticas que lhe acudiam ao espírito. Veio a revelar assim não somente um excepcional talento poético mas toda a extensão de sua aspiração a produzir uma obra viril, que permanecera latente até então, e que estava ligada ao seu erotismo clitórico preponderante e à sua anestesia sexual em relação ao homem. Na fase de proibição, quando o trabalho literário lhe foi interdito, verificou-se, entretanto, que no seu caso tratava-se mais de um abuso do que do bom uso de um talento. Revelou-se que todo o seu "complexo de virilidade" era secundário, consequência de um tratamento sexual sofrido na infância, o que tinha orientado seu temperamento, outrora autenticamente feminino e oblativo, para o autoerotismo e a homossexualidade, e a fizera manifestar horror pela heterossexualidade. As experiências realizadas pela paciente no decorrer da análise permitiram-lhe avaliar corretamente suas verdadeiras tendências; ela sabe agora que recorre à criação literária quando teme não se impor plenamente como mulher. Esse reviver de experiências na análise contribuiu para tornar normal sua capacidade de gozo feminino.

Se, de imediato, sem ter recebido tal ordem, um paciente se mostra "ativo", se se masturba, realiza atos compulsivos, produz atos falhos e "sintomas transitórios", o primeiro período, a "fase das injunções", desaparece naturalmente por si mesma, e a "tarefa" do paciente limita-se a abandonar provisoriamente essas ações com o intuito de facilitar a análise. (De fato, os pequenos sintomas constituem apenas, com frequência, os germes de tendências latentes, e é necessário, em primeiro lugar, encorajar o paciente a desenvolvê-las plenamente.) Entre esses sintomas surgidos e depois proibidos durante o tratamento, mencionarei: a necessidade de urinar momentos antes ou depois da sessão, sentir náuseas no decorrer da sessão de análise, agitar as pernas sem descanso, acariciar e beliscar o rosto, as mãos e outras partes do corpo, o jogo já mencionado com os esfíncteres, apertar as pernas, etc. Observei, por exemplo, que um paciente, em vez de continuar o trabalho, produzia afetos, gritava, agitava-se e tinha, de um modo geral, um comportamento incongruente assim que o conteúdo das associações lhe parecesse embaraçoso ou desagradável. Era, bem entendido, a resistência contra o material analítico já abordado a responsável por isso; o paciente queria literalmente "sacudir" os pensamentos que lhe eram desagradáveis e assim se desvencilhar deles[7].

---

7. Os tiques e os chamados estereótipos do doente exigem uma atenção especial. Cf. a minha tentativa a esse respeito em "Reflexões psicanalítcas sobre os tiques", neste volume.

Aparentemente em contradição com a regra fundamental, tive também de me resolver, em alguns casos, a encorajar os pacientes a produzirem *pensamentos* e *fantasias* ou, inversamente, a dissuadi--los disso. Assim me aconteceu de incitar pacientes que ameaçavam mentir-me – por exemplo, simulando sonhos – a realizarem precisamente esse projeto. Em compensação, quando verifiquei um "abuso da liberdade de associar"[8] por intermédio de associações ou de fantasias insignificantes destinadas a enganar e a afastar para longe o assunto principal, mostrei sem hesitar ao paciente que estava apenas tentando escapar a tarefas mais penosas, e intimei-o a reatar imediatamente o fio interrompido de seus pensamentos. Tratava-se precisamente de casos em que os pacientes, para evitar o que os preocupava imensamente mas lhes era desagradável, recorriam ao que se chama *desconversar* (Ganser)* – seria mais correto dizer *"despensar"*. Essa orientação dada à corrente associativa, essa inibição ou essa ativação de pensamentos e fantasias, também constituem, sem dúvida, atividade no sentido em que utilizamos o termo.

III

Há pouco a dizer sobre as *indicações* da atividade em geral; como sempre, é um caso especial. O ponto essencial continua sendo o *emprego excepcional* desse artifício técnico, que é apenas um auxiliar, um complemento pedagógico da análise propriamente dita e jamais deve pretender substituí-la. Num outro trabalho, comparei essas medidas ao fórceps do obstetra, ao qual só se deve recorrer em caso extremo e cujo emprego injustificado é considerado em medicina, com toda a razão, uma falta técnica. Os principiantes ou os analistas sem grande experiência fariam melhor em abster-se pelo máximo de tempo possível, não só porque podem facilmente levar os doentes a falsas pistas (ou podem para aí ser arrastados por eles), mas também porque assim correm o risco de perder a única ocasião que se lhes oferece de tomar conhecimento e convencer-se da dinâmica das neuroses, que só se pode descobrir na atitude de pacientes

---

8. Ver "A técnica psicanalítica", em *Psicanálise II*.
* Na tradução francesa: *parler-à-côté*. (N. da R. T.)

submetidos tão somente à "regra fundamental" e tratados sem nenhuma influência exterior.

Citarei apenas algumas das numerosas contraindicações. Os artifícios técnicos desse gênero são nocivos no começo de uma análise. O paciente já tem muito trabalho para habituar-se à regra fundamental; por isso, o médico permanecerá o mais possível reservado e passivo no início, a fim de não perturbar as tentativas espontâneas de transferência. Mais tarde, no decorrer do tratamento, segundo a natureza do caso, a atividade pode mostrar-se, com maior ou menor frequência, vantajosa ou mesmo inevitável. Evidentemente, o analista deve saber que essa experiência é uma faca de dois gumes; por isso ele deve ter, antes de se decidir, indícios seguros da *solidez da transferência*.Vimos que a atividade trabalha sempre "a contrapelo", em outras palavras, contra o princípio de prazer. Se a transferência é fraca, ou seja, se o tratamento ainda não se converteu para o paciente numa coação interna (Freud), ele usará facilmente como pretexto essa nova e penosa tarefa para desligar-se por completo do médico e fugir do tratamento. Assim se explicam os fracassos sofridos pelos "psicanalistas selvagens" que procedem, em geral, de um modo ativo e brutal demais, e assim acabam assustando e perturbando ainda mais seus pacientes. As condições são diferentes no período final de uma análise. Aí, o médico não receia ver o paciente escapar-lhe; de ordinário, ele deve até lutar contra a tendência deste a prolongar indefinidamente o tratamento, ou seja, a apegar-se-lhe em vez de se voltar para a realidade. Na análise, é raro chegar ao "final" sem intervenções ativas ou instruções que o paciente deve cumprir, além da observância rigorosa da "regra fundamental". Citarei como tais: fixar um prazo para a análise, instigar o paciente a tomar uma decisão visivelmente já madura mas protelada pela resistência, por vezes fazer também um sacrifício particular, imposto pelo médico, uma doação caritativa ou qualquer outro donativo em dinheiro. Após esse ato, no início imposto e realizado a contragosto pelo paciente, as últimas explicações e reminiscências do céu, por assim dizer, como um presente de despedida (como, por exemplo, em "Uma neurose infantil", descrita por Freud), aliás acompanhadas muitas vezes de um presente modesto mas significativo no plano simbólico, presente que desta vez é verdadeiramente dado pelo paciente e não "se volatiliza" como os oferecidos no decorrer da análise.

Não existe, de fato, nenhum tipo de neurose ao qual a atividade não possa eventualmente ser aplicada. Já afirmei, a propósito dos atos compulsivos e das fobias histéricas de angústia, que dificilmente se poderia dispensar essa técnica. É raro precisar-se dela nas verdadeiras histerias de conversão, mas lembro-me de um caso, há muitos anos, que tratei uma vez dessa maneira sem saber que estava procedendo assim à terapia ativa. Descreverei sucintamente esse caso.

Um homem de aspecto rústico veio consultar-me na policlínica dos trabalhadores queixando-se de perdas de consciência. Considerei que seus acessos eram de natureza histérica e levei-o para o meu consultório particular, a fim de realizar um exame algo mais minucioso. O paciente contou-me uma longa história familiar de desavenças com seu pai, um rico agricultor que o expulsara por causa de seu casamento com uma mulher de condição social inferior, o que "o obrigara a ir trabalhar no serviço de conservação e limpeza de ruas, ao passo que..." – a estas palavras, ele empalideceu, vacilou e teria caído se eu não o amparasse. Parecia ter perdido a consciência e murmurava frases incompreensíveis; mas não me desconcertei, sacudi vigorosamente o homem sem cerimônias, repeti a frase que ele começara e pedi-lhe em tom enérgico que terminasse o que estava dizendo. Ele disse então em voz fraca que tinha de trabalhar na limpeza urbana enquanto seu irmão caçula trabalhava no campo; que o via caminhar atrás da charrua atrelada a seis bois soberbos, e depois voltar para casa, concluído o trabalho, comer com o pai, etc. Ia desmaiar pela segunda vez ao falar sobre os motivos de discórdia entre sua mãe e sua esposa mas de novo o obriguei a prosseguir com o relato até o fim. Em suma, esse homem apresentava desmaios histéricos toda vez que queria fugir da realidade desagradável para o universo maravilhoso da imaginação ou evitar pensamentos demasiado penosos. O fato de ir conscientemente até o fim de suas fantasias histéricas, o que lhe foi imposto "ativamente", teve sobre esse paciente o efeito de uma cura milagrosa. Custava-lhe a crer que pudesse ter sido curado assim, "sem remédios". Sokolnicka publicou recentemente um caso de acesso histérico numa menina obsessiva que também melhorou pelo método ativo[9]. Além disso, a autora expôs a ideia muito interessante de que se deveria

---

9. "Analyse einer infantilen Zwangsneurose" (*Int. Zschr. F. PsA.*, VI, p. 228).

tentar abordar de modo pedagógico os sintomas que estão a serviço do benefício secundário da doença.

Menciono também, a propósito, as análises de histerias traumáticas de guerra apresentadas por Simmel[10], em que a duração do tratamento foi sensivelmente abreviada pela intervenção ativa, assim como as experiências relativas ao tratamento ativo de catatônicos, que me foram oralmente comunicadas por Hollós, de Budapeste. De um modo geral, as *neuroses infantis e as doenças mentais* poderiam constituir um campo particularmente favorável à aplicação da atividade, pedagógica ou outra; só que nunca se deve perder de vista que essa atividade apenas pode ser qualificada de psicanalítica na medida em que não é utilizada como fim em si, mas como meio de investigação aprofundada.

A necessidade de abreviar a duração do tratamento por razões exteriores, o tratamento em massa no hospital militar ou na policlínica poderiam constituir com maior frequência uma indicação de atividade do que as análises individuais normais. Entretanto, a minha própria experiência permite-me chamar aqui a atenção para dois perigos. O primeiro é que o paciente, em virtude de tais intervenções, seja curado *depressa demais* e, por essa razão, de um modo incompleto[11]. Pude, por exemplo, levar rapidamente, por meus encorajamentos, uma paciente que era vítima de fobias obsessivas a procurar com prazer todas as situações a que antes se furtava com angústia; e a pessoa tímida, que devia fazer-se acompanhar constantemente por sua mãe, tornou-se uma mulher independente e de extrema vivacidade, cercada por toda uma legião de adoradores. Entretanto, ela jamais atingiu a segunda fase da técnica ativa, a da renúncia, e deixei-a partir com a certeza de que a paciente deveria passar por essa outra fase da técnica ativa numa segunda análise, a partir do instante em que dificuldades exteriores intensificassem o conflito interno, resolvido somente em parte, incitando-a a formar novos sintomas. O outro perigo é que, em decorrência da exacerbação das resistências, o tratamento que se pretendia abreviar pela atividade acabe por se prolongar, contra todas as expectativas.

Mencionarei ainda como indicações especiais da análise ativa os casos de onanismo cujas formas larvadas e infinitamente variá-

---

10. "Die Psychoanalyse der Kriegsneurosen" (*Int. PsA.*, Bibl., vol. I).
11. "Análise descontínua", em *Psicanálise II*.

veis é necessário desenvolver e depois interdizer, o que aliás leva com frequência os pacientes a praticar efetivamente o onanismo pela primeira vez. Poder-se-á em seguida observar, durante um certo tempo, as formas declaradas de onanismo até que elas estejam, por assim dizer, plenamente desabrochadas; mas é improvável que se consiga atingir alguma vez o núcleo inconsciente (edipiano) das fantasias de autossatisfação sem interdizer previamente a própria satisfação.

No tratamento da impotência, assistir-se-á também por algum tempo, sem intervir, às tentativas de relações sexuais dos pacientes, na grande maioria das vezes infrutíferas, mas de um modo geral não se tardarão muito em interdizer, pelo menos provisoriamente, essas tentativas de autocura, desaconselhando as tentativas de coito enquanto a verdadeira libido, com suas características precisas, não tiver surgido em resultado da análise. Não se trata, evidentemente, de fazer disso um axioma; existem casos, por certo, em que todo o tratamento se desenrola sem nenhuma ação desse gênero sobre a atividade sexual. Por outro lado, a fim de permitir um aprofundamento da análise, é-se levado, às vezes, a desaconselhar provisoriamente as relações sexuais mesmo depois do retorno da potência sexual.

Fui levado a fazer um uso bastante importante da atividade nos casos que poderíamos chamar de "análises de caráter". Num certo sentido, toda análise deve levar em conta o caráter do paciente na medida em que ela prepara, pouco a pouco, o ego deste para aceitar dolorosas tomadas de consciência. Entretanto, há casos em que são os traços de caráter anormais que dominam, em vez dos sintomas neuróticos. Os traços de caráter diferem dos sintomas neuróticos, entre outras coisas, pelo fato de esses indivíduos, à semelhança dos psicóticos, não terem geralmente "consciência de sua doença"; esses traços de caráter são, de certo modo, psicoses privadas, suportadas, até admitidas por um ego narcísico, em todo caso, anomalias do ego, e é precisamente o ego que opõe a maior resistência a essa mudança. O narcisismo pode, como Freud nos ensinou, limitar a influência da análise sobre o paciente, em especial porque o caráter se apresenta em geral como uma muralha que barra o acesso às lembranças infantis. Se não se conseguir levar o paciente ao que Freud chamou a "temperatura de ebulição do amor de transferência", em que se derretem até os traços mais coriáceos, pode-se fazer uma última tentativa e recorrer ao método oposto, dando ao paciente tarefas que lhe são desagradáveis; portanto, pelo método ativo, exacerbar e, dessa forma, desenvolver plenamente e conduzir ao absurdo traços de caráter que, na maioria das vezes, só existem em estado de esboço. Inútil sublinhar que tal exacerbação pode facilmente acarretar a ruptura da análise; mas, se a dedicação do paciente resiste a essa prova, o nosso esforço técnico pode ser recompensado pelo progresso da análise.

Nos casos tratados até aqui, a atividade do médico limitou-se a prescrever aos pacientes certas regras de conduta, ou seja, a incitá-los a cooperar ativamente no tratamento por suas atitudes. Donde resulta a seguinte questão de princípio: está o médico em condições de acelerar o tratamento *pela sua própria conduta em relação ao paciente*? Impelindo o doente à atividade, mostramo-lhe com efeito o caminho da autoeducação que lhe permitirá suportar mais facilmente o que ainda está recalcado. Portanto, põe-se a questão de saber se também temos o direito de utilizar os outros recursos pedagógicos, dos quais os mais importantes são o elogio e a censura.

Freud disse um dia que, com as crianças, a reeducação analítica não podia estar dissociada das tarefas atuais da pedagogia. Mas os neuróticos, sobretudo na análise, têm todos algo de infantil e, de fato, somos levados amiúde a arrefecer uma transferência excessivamente impetuosa por uma certa reserva ou a mostrar aos mais intratáveis um pouco de benevolência, a fim de estabelecer por essas medidas a "temperatura ótima" da relação entre médico e paciente. Entretanto, o médico nunca deve despertar no paciente expectativas a que ele não pode nem deve responder; tem a obrigação de responder até o fim do tratamento pela sinceridade de cada uma das suas declarações. Mas no quadro da maior sinceridade há lugar para medidas táticas em relação ao paciente. Quando esse "ótimo" é atingido, deixa de se ocupar, bem entendido, dessa relação para consagrar-se o quanto antes da principal tarefa da análise, a investigação do material inconsciente e infantil.

IV

Fui levado por diversas vezes a levantar-me contra tentativas injustificadas de modificar a técnica analítica na medida em que as julgava supérfluas ou mesmo falaciosas. Agora, quando eu mesmo chego a novas proposições, devo ora retratar-me a respeito das opiniões conservadoras que professei até aqui, ora demonstrar como essas proposições são compatíveis com as minhas declarações precedentes. Os meus adversários de então por certo não deixarão de me acusar de inconsequência. Penso sobretudo nas críticas que enderecei às tentativas técnicas de Jung, Bjerre e Adler.

Bjerre sustentava que, no decorrer da análise, não bastava apurar as causas patogênicas, que era preciso, ademais, assumir a direção espiritual e ética do paciente. Segundo Jung, o psicoterapeuta devia desviar a atenção do paciente do passado e orientá-lo para as tarefas atuais da existência; por fim, Adler afirmava que, em vez de se analisar a libido, é necessário ocupar-se do "caráter nervoso". Minhas tentativas atuais apresentam, portanto, certas analogias com essas modificações, mas as diferenças são por demais evidentes para escapar a um julgamento objetivo.

As diretrizes que proponho dar ao paciente – e isso, como já dissemos, apenas em certos casos excepcionais – não dizem respeito, em absoluto, à conduta espiritual ou prática da vida em geral; referem-se tão somente a certas ações particulares; tampouco estão orientadas *a priori* para a moral, mas apenas *contra o princípio de prazer*, só refreiam o erotismo (o "imoral") na medida em que esperam afastar assim um obstáculo à prática da análise. Mas pode igualmente ocorrer que se permita ou se encoraje uma tendência erótica que o paciente se interdiz. A investigação do caráter jamais ascende ao primeiro plano em nossa técnica; tampouco desempenha aqui o papel preponderante que tem, por exemplo, em Adler; só se recorre a ela nos casos em que certos traços anormais, comparáveis aos das psicoses, perturbam o curso normal da análise.

Poder-se-ia objetar, além disso, que a "técnica ativa" é um retorno à banal terapêutica por sugestão ou por ab-reação catártica. Replicaremos que certamente não sugestionamos no sentido antigo do termo, pois apenas prescrevemos certas regras de conduta sem predizer o resultado da atividade que, aliás, nós próprios não conhecemos de antemão. Quando estimulamos o que está inibido e inibimos o que não o está, esperamos somente provocar uma nova distribuição da energia psíquica do paciente (em primeiro lugar, de sua energia libidinal), suscetível de favorecer a emergência do material recalcado. Mas em que consistirá esse material, pouco podemos falar ao paciente, porquanto nós mesmos ficamos frequentemente surpreendidos. Enfim, não prometemos ao paciente mais do que a nós próprios uma "melhora" imediata do seu estado. Pelo contrário, a exacerbação da resistência pela atividade perturba de forma considerável a tranquilidade confortável mas tórpida de uma análise estagnada. Uma sugestão que só promete coisas desagradáveis difere de maneira não desprezível das sugestões médicas atuais que prometem a saúde, a ponto de ser difícil dar-lhe o mesmo nome. As diferenças entre a "atividade" e a tendência catártica não são menores. O método catártico dava-se por tarefa despertar reminiscências e obtinha, ao despertar lembranças, ab-reação de afetos bloqueados. A técnica ativa incita o paciente a certas atividades, a inibições, a atitudes psíquicas ou a uma descarga de afetos, e espera poder ter acesso *secundariamente* ao inconsciente ou ao material mnêmico. Seja como for, a atividade suscitada no paciente é apenas um meio com vistas a um fim, ao passo que na *catarse* a descarga de afetos era considerada um fim em si. Portanto, quando a catarse considera sua tarefa terminada, o trabalho propriamente dito começa para o psicanalista "ativo".

Ao sublinhar as diferenças (e, em parte, as antinomias) entre os métodos de tratamento e as modificações mencionadas, por um lado, e a técnica ativa, por outro, não procuro negar, em absoluto, que uma utilização irrefletida das minhas proposições possa facilmente conduzir a uma distorção da análise numa das direções adotadas por Jung, Adler e Bjerre, ou faça regredir para a terapia catártica. Uma razão a mais para utilizar esse recurso técnico com a maior prudência e somente quando se possui um domínio perfeito da psicanálise clássica.

V

Em conclusão, gostaria de comunicar brevemente algumas reflexões que me servem para teorizar a eficácia da técnica ativa. Na acepção aqui definida, a atividade provoca essencialmente um recrudescimento da resistência ao irritar a sensibilidade do ego. Além disso, acarreta a exacerbação dos sintomas, aumentando a violência do conflito interno. As intervenções ativas recordam, portanto, os tratamentos reativantes a que se recorre em medicina no caso de certos processos crônicos ou tópicos; um catarro mucoso que passa ao estado crônico mostra-se refratário a qualquer tratamento, e a exacerbação aguda por reativação artificial não conduz apenas à descoberta de focos latentes da doença mas desperta também forças de defesa no organismo que podem ser úteis ao processo de cura.

Uma consideração teórica de ordem inteiramente diversa elucida a eficácia da técnica ativa do ponto de vista da economia psíquica. Quando o doente abandona atividades voluptuosas ou obriga-se a praticar outras carregadas de desprazer, surgem nele novos estados de tensão psíquica, na maioria das vezes recrudescimentos dessa tensão, que vão perturbar a tranquilidade de regiões psíquicas distantes ou profundamente recalcadas que a análise tinha até então poupado, de sorte que seus produtos encontram – sob a forma de ideias significativas – o caminho da consciência.

A eficácia da técnica ativa talvez se explique, em parte, pelo aspecto "social" da terapia analítica. É um fato bem conhecido que a confissão feita a outra pessoa produz efeitos mais intensos e mais profundos do que a autoconfissão, o mesmo ocorrendo com a análise em relação à autoanálise. Foi em data muito recente que um sociólogo húngaro, Kolnai, avaliou essa ação em seu justo valor. Quanto a nós, conseguimos aumentá-la ainda mais quando induzimos um paciente não só a reconhecer moções profundamente escondidas mas *a convertê-las em atos diante do médico*. Se, à continuação, também lhe damos por tarefa *dominar conscientemente* essas moções, teremos provavelmente submetido a uma revisão todo o processo que tinha sido outrora regulado de maneira inadequada por meio do *recalcamento*. Não se trata por certo de um acaso se são precisamente os *maus hábitos* infantis que têm tantas vezes que ser desenvolvidos e depois interditos na análise[12].

A reciprocidade do afeto e da representação, sublinhada por Freud em *A interpretação dos sonhos*, explica em parte que as expressões de afetos ou as ações motoras obtidas por coerção façam emergir secundariamente reminiscências do inconsciente. O despertar de uma reminiscência é suscetível – como na catarse – de acarretar uma reação afetiva; mas uma atividade exigida do paciente ou um afeto liberado nele também podem fazer surgir certas representações recalcadas, vinculadas a esses processos. Naturalmente, o médico deve ter certos indícios dos afetos ou das ações que precisam ser re-

---

12. Cf. "Psicanálise dos hábitos sexuais", neste volume.

produzidos. Também pode acontecer que certos conteúdos psíquicos inconscientemente patogênicos, datando da primeira infância, que nunca foram conscientes (ou pré-conscientes), mas provêm do período dos "gestos incoordenados" ou dos "gestos mágicos", portanto, da época anterior à compreensão verbal[13], não possam ser rememorados mas somente *revividos* no sentido da repetição freudiana. A técnica ativa apenas desempenha, por conseguinte, o papel de agente provocador, cujas injunções e interdições favorecem repetições que cumpre em seguida interpretar ou reconstituir nas lembranças. "É uma vitória da terapêutica", diz Freud, "quando se consegue libertar pela via da lembrança o que o paciente queria descarregar pela ação." A técnica ativa não tem outra finalidade senão revelar, pela ação, certas tendências ainda latentes para a repetição e ajudar assim a terapêutica a obter esse triunfo um pouco mais depressa do que antes.

---

13. Cf. "O desenvolvimento do sentido de realidade e seus estágios", em *Psicanálise II*.

XIII

Contribuição para a discussão sobre os tiques

Devo à gentileza do sr. presidente poder participar, pelo menos por escrito, desta interessante discussão. Todos os que leram o meu artigo em questão deverão admitir que o meu colega Van Ophuijsen arromba portas abertas quando chama a atenção para as lacunas desse artigo, em particular as da definição do tique[1]. Esse artigo só devia servir, conforme eu disse expressamente, para dar uma primeira orientação e suscitar os problemas que nele se expõem. Por conseguinte, cumpriu perfeitamente a sua tarefa se logrou, como a interessante contribuição de Abraham o prova, incitar outros investigadores a adotar uma posição sobre o problema.

Depois de ter tomado conhecimento das experiências de Abraham, reconheço que se deve atribuir maior importância aos componentes sádicos e erótico-anais na gênese do tique – um ponto que, aliás, não tinha me escapado – do que a dada em meu artigo. Sua "conversão ao estágio sadicoanal" é um ponto de vista original que tem igualmente sua importância no plano teórico. Entretanto, não posso deixar de chamar a atenção para os pontos que, mesmo após considerarmos a concepção de Abraham, permanecem válidos.

1. Mesmo no esquema de Abraham, o tique está tão próximo da neurose obsessiva e da histeria quanto da catatonia.

---

1. "Reflexões psicanalíticas sobre os tiques", neste volume.

2. A identidade do tique e da catatonia (Abraham diz a "semelhança") subsiste: o tique como defesa motora localizada em oposição à catatonia generalizada.

3. A analogia entre o tique e a neurose traumática permite situar esse tipo de neurose entre as neuroses narcísicas e as neuroses de transferência. Essa posição intermediária caracteriza igualmente, como se sabe, as neuroses de guerra.

4. A culminação da "doença dos tiques" na catatonia é um fato bem estabelecido, mesmo que não seja muito frequente (ver os trabalhos de Gilles de la Tourette).

Espero que as divergências que ainda subsistem quanto à teoria dos tiques se apaguem quando se considerar a "regressão do ego" que Freud assinala em seu trabalho sobre a psicologia coletiva. Já no meu artigo sobre "O desenvolvimento do sentido de realidade e seus estágios"[2], afirmava que para definir um tipo de neurose é necessário estabelecer tanto a regressão do ego quanto a regressão libidinal que o caracterizam. Baseando-me sobretudo nas observações relativas aos tiques patoneuróticos, considero que essa regressão do ego é muito mais profunda nessa forma de neurose do que na histeria ou na neurose obsessiva. A neurose obsessiva regride para a "onipotência do pensamento", a histeria para a "onipotência dos gestos" e o tique para o estágio do reflexo de defesa. Investigações posteriores terão que decidir se a reflexão do tique pela força provoca simplesmente "estudos de tensão" ou também uma verdadeira angústia.

---

2. *Psicanálise II.*

XIV

Os Três ensaios sobre a teoria da sexualidade (4.ª edição revista e aumentada, 1920)

Esse estudo essencial de Freud, cujo interesse científico já sublinhei num artigo precedente[1], acaba de ser publicado numa quarta edição aumentada com numerosos e importantes acréscimos. O prefácio dessa nova edição trata da singular dissociação de que a doutrina psicanalítica foi objeto no que tange ao reconhecimento oficial. Se, apesar das hesitações e reservas, a maioria de suas descobertas acabou por ser admitida, só as teorias sexuais de Freud continuam enfrentando uma viva resistência, que chega mesmo a arrastar a defecção de alguns de seus antigos partidários. O autor fornece-nos, aliás, a explicação do destino particular reservado para a sua teoria sexual.

O capítulo sobre a *inversão* foi consideravelmente aumentado. Ao contrário das afirmações dos uranistas, que se julgam uma espécie humana à parte, Freud continua afirmando a bissexualidade originária de todos os animais superiores, inclusive o homem; dessa bissexualidade decorrem a heterossexualidade ou a homossexualidade por limitação mais ou menos importante das tendências para o seu próprio sexo. Entre os fatores constitucionais que predispõem à inversão, Freud destaca o narcisismo e a fixação na zona anal. Por outro lado, ele aprova a distinção conceptual que propus entre *ho-*

---

1. "A importância científica dos três ensaios sobre a teoria da sexualidade", de Freud, em *Psicanálise II*, p. 213.

moerotismo de sujeito e *homoerotismo de objeto*[2] mas comenta que essa distinção nunca é nítida na realidade. Em contrapartida, a expressão neurose obsessiva que utilizei para qualificar o homoerotismo de objeto não foi mantida. Devo reconhecer *a posteriori* o bem fundado dessa crítica; eu deveria ter-me limitado a qualificar o homoerotismo de objeto como *neurose*.

As descobertas importantes de Steinnach sobre as consequências experimentais da implantação de glândulas pubertárias, etc. são estudadas em detalhe e Freud expõe a posição da psicanálise a respeito desses fatos novos.

Numa outra ordem de ideias, Freud mostra que as observações e as experiências biológicas vêm confirmar a concepção psicanalítica do "período de latência sexual", ao ser constatado que a puberdade divide-se em duas grandes fases separadas por uma "fase intermediária".

Quanto às *perversões*, mostra-se pela primeira vez que elas não representam, em absoluto, o bloqueio de uma etapa precoce do desenvolvimento mas regressões a partir do estágio da primazia genital no momento do recalque do complexo de Édipo. Por conseguinte, não se deve fazer uma distinção de princípio tão nítida entre as neuroses e os casos de perversão com que deparamos na nossa prática (e que podem ser curados pela psicanálise).

Essa nova edição leva em conta os resultados mais recentes obtidos pelas investigações psicanalíticas no domínio das *organizações sexuais* (como o artigo de Abraham sobre a fase canibal).

Não seria necessário repetir, uma vez mais, que toda pessoa envolvida com psicanálise tem a obrigação de conhecer perfeitamente esse livro de Freud.

---

2. Cf. S. Ferenczi, "O homoerotismo: nosologia da homossexualidade masculina", em *Psicanálise II*.

XV

Georg Groddeck: o explorador de almas[1]

(Romance psicanalítico)

Na literatura alemã, o nome de Groddeck é certamente conhecido desde já como o de um médico temperamental, que sempre teve horror à suficiência de tantos homens de ciência e que, como Schweninger, a quem se aparenta, observou os homens e as coisas, as doenças e os processos de cura com os seus próprios olhos, descreveu-os com suas próprias palavras e não se deixou encerrar na cama de Procusto de uma terminologia convencional.

Muitos de seus artigos pareciam apresentar alguma semelhança com determinadas teses da psicanálise. Entretanto, no começo, Groddeck atacou a escola de Freud, como atacaria todas as escolas em geral. Finalmente, o seu fanatismo pela verdade mostrou-se ainda mais forte do que a sua aversão por todo saber escolástico: reconheceu abertamente que se enganara ao enfurecer-se contra o criador da psicanálise e – o que é ainda mais excepcional – desvendou *coram publico* seu próprio inconsciente ao indicar a tendência que o impelira, por pura inveja, a fazer-se adversário de Freud.

Não surpreenderá, portanto, que Groddeck, mesmo depois de ter proclamado sua adesão à psicanálise, não tenha enveredado pelo caminho habitual de um aluno de Freud mas tenha seguido, uma vez mais, o seu próprio caminho. Pelas doenças psíquicas, domínio propriamente dito da investigação analítica, manifestou pouco interesse, e até mesmo as palavras "psique" e "psiquismo" soavam fal-

---

[1] Internationaler Psychoanalytischer Verlag, Leipzig e Viena.

so a seus ouvidos de monista. Com perfeita lógica, pensou que, se o seu monismo era justificado e se as teorias da psicanálise eram exatas, estas últimas deviam igualmente ter fundamento no domínio orgânico. Com uma coragem temerária, assestou, portanto, todas as armas do arsenal psicanalítico contra as doenças orgânicas e não tardou em publicar observações que confirmavam de maneira notável suas hipóteses. Em numerosos casos de doenças orgânicas graves, Groddeck descobriu a ação de *intenções* (*Absichten*) inconscientes que desempenham, segundo ele, um papel preponderante no que está na origem de toda e qualquer afecção. Há sempre e por toda parte bactérias, diz Groddeck, mas quanto a saber em que momento e de que maneira o ser humano vai recorrer a elas dependerá de seu querer inconsciente. Mesmo o surgimento de tumores, de hemorragias, de inflamações, etc. pode ser favorecido e até suscitado por tais "intenções", de sorte que Groddeck acaba considerando essas tendências a *conditio sine qua non* de toda doença. Segundo ele, o motivo central dessas intenções latentes patogênicas é quase sempre a pulsão sexual; o organismo adoece facilmente e de bom grado se pode satisfazer assim um gozo sexual ou escapar a um desprazer sexual. E, do mesmo modo que a psicanálise cura as doenças psíquicas tornando conscientes desejos escondidos e vencendo a resistência contra tendências recalcadas, Groddeck pretende ter influído com êxito no curso de graves enfermidades orgânicas com a ajuda de tratamentos analíticos metódicos. Não tenho conhecimento de que outros médicos tenham constatado ou verificado esses extraordinários efeitos terapêuticos, sendo portanto impossível, de momento, dizer se estamos diante de um novo e genial método terapêutico ou se se trata do poder de sugestão de uma personalidade médica única e excepcional. Mas não se pode, em nenhum caso, contestar ao autor a seriedade de sua tese e o rigor de sua argumentação.

    Ora, eis que esse investigador nos reservava uma nova e não menor surpresa: em sua última obra, apresenta-se como um romancista. Não penso, porém, que tenha tido por objetivo principal conquistar assim a glória literária; apenas encontrou no romance a forma que lhe pareceu a mais apropriada para exprimir as consequências últimas de suas opiniões sobre a doença e a vida, os homens e as instituições. Como provavelmente não tem muita confiança na capacidade de seus contemporâneos para aceitar o novo e o inabitual, Groddeck achou necessário atenuar a singularidade de suas ideias com a ajuda do cômico e da narrativa divertida, seduzindo de algum modo o leitor com um brinde de prazer. Não sou um homem de letras e não posso me permitir julgar o valor estético desse romance, mas creio que um livro que, como esse, consegue cativar o leitor do começo ao fim, apresentar graves problemas biológicos e psicológicos sob uma forma espirituosa, e até divertida, e que logra encobrir com um humor delicado cenas cruas, grotescas ou profundamente trágicas, suscetíveis de chocar em sua nudez, não pode ser ruim.

O procedimento espirituoso utilizado no caso por Groddeck consiste em apresentar o seu herói, Muller-Weltlein, o "explorador de almas", como um louco genial sobre quem o leitor jamais poderá dizer se está dando provas de seu gênio ou de sua loucura. Groddeck-Weltlein pode então falar francamente do que lhe teria sido impossível dizer numa obra científica ou num livro romanesco concebido seriamente, sem desafiar o mundo inteiro. O burguês não tardaria em pedir a camisa de força mas, como o malicioso autor começou logo por vesti-la, tudo o que restou ao guardião da moral para fazer boa figura foi rir com os outros. Entretanto, mais de um pensador, médico ou filósofo, encontrará nesse livro o esboço de uma concepção do mundo liberto de todos os vínculos com a mística e o dogmatismo tradicionais, ou até mesmo um método engenhoso para julgar os homens e as instituições. O valor educativo dessa obra resulta, porém, do fato de seu autor, como fizeram outrora Swift, Rabelais e Balzac, arrancar a máscara ao espírito devotamente hipócrita do nosso século e expor à luz do dia, embora compreendendo o seu caráter inelutável, a crueldade e a lubricidade que ele dissimula.

É quase impossível resumir o conteúdo desse romance. O seu protagonista é um solteirão cuja solidão organizada, consagrada a leituras aprazíveis, é perturbada pela chegada inesperada de uma irmã viúva acompanhada de sua filha casadoura. O que realmente aconteceu entre essa moça e o nosso herói nunca nos é dito de maneira explícita e mesmo algumas alusões obscuras não nos permitem adivinhá-lo com segurança. As camas da casa estão infestadas de percevejos e o dono da casa participa com ardor do seu extermínio. Durante essa caçada aos parasitas, o nosso herói "enlouquece", em outras palavras, liberta-se de todos os laços usualmente impostos pela educação, pela tradição e pela hereditariedade. Está como que "metamorfoseado", muda até de nome e torna-se um vagabundo; entretanto, seu dinheiro e suas antigas relações asseguram-lhe ao mesmo tempo o acesso às camadas superiores da sociedade. E por onde quer que ande usa a liberdade concedida ao louco para lançar a verdade na cara das pessoas; é assim que o leitor é levado a ouvir as verdades que mesmo Groddeck não se atreveria a dizer sem enfiar primeiro o gorro de bufão. Vemos e ouvimos o nosso Muller-Weltlein na prisão, num clube de boliche pequeno-burguês, na enfermaria de um hospital, numa galeria de pintura, no jardim zoológico, num carro de quarta classe de um trem, num comício, no congresso das feministas, entre as prostitutas, os escroques e os cafetões empedernidos, e até mesmo durante uma farra com um príncipe de sangue prussiano. Por toda parte ele fala e comporta-se como um verdadeiro *enfant terrible*, observando e comentando tudo sem papas na língua, afirmando em termos claros e conscientes a natureza inexoravelmente infantil do próprio adulto e escarnecendo de todos os hipócritas, fanfarrões e gabarolas. O tema de sua loucura, sua estereotipia, por assim dizer, continua sendo – manifestamente como traço mnêmico do evento traumático assinalado no início – os percevejos, cujo simbolismo multiforme não se cansa de repetir com toda equação simbólica que consegue descobrir e em cuja revelação se tornou um mestre. O simbolismo, que a psicanálise considera timidamente um dos fatores constitutivos do pensamento, está para Weltlein profundamente ancorado no orgânico, talvez até no cósmico, e a sexualidade é o pivô em torno do qual gira todo o universo dos símbolos. Toda obra humana é apenas uma representação plástica dos órgãos genitais e do ato sexual, esse arquétipo e protótipo de todo desejo e de toda aspiração. Uma unidade grandiosa rege o mundo, a dualidade entre o corpo e a alma é um preconceito. O corpo inteiro pensa; os pensamentos podem exprimir-se sob a forma de um bigode, de um calo no pé e mesmo de excreções. O espírito é "infectado" pelo corpo e o corpo pelos conteúdos dos espíritos; com efeito, é impossível falar de um "Eu", não se vive mas se é "vivido" por um Algo (*ein Etwas*). As "infecções" mais profundas são as de ordem sexual. Quem não quer ver o erotismo torna-se míope; quem não pode "cheirar" alguma coisa fica resfriado; a forma da zona erógena eletiva pode-se traduzir na estrutura do rosto, por exemplo, por um duplo queixo. O espiritual é "infectado sacerdotalmente" por sua casula; não é a mulher quem tricota as meias, é o tricô que tricota todo o sexo feminino para fazer dele essa pobre coisinha.

A suprema realização humana é o parto: os esforços intelectuais do homem não passam de irrisórias tentativas de imitação. A nostalgia de dar à luz é tão geral – tanto no homem quanto na mulher – que "ninguém engravida a não ser pelo desejo insatisfeito de ter um filho". As próprias doenças e feridas não são apenas fontes de sofrimento, delas também brota "a energia que alimenta o impulso de realização".

Naturalmente, é no quarto das crianças que Weltlein sente-se mais à vontade: aí, pode compartilhar das delícias dos jogos infantis e saborear-lhes o erotismo ainda ingênuo. Em contrapartida, o seu espírito cáustico investe contra os cientistas e sobretudo contra os médicos, cuja estreiteza de espírito é o alvo preferido de seus sarcasmos. Uma ironia, muito sutil, na verdade, tampouco poupa o dogmatismo psicanalítico, mas isso chega a parecer genuína ternura se comparada com a ferocidade com a qual a "psiquiatria escolástica" é amarrada ao pelourinho do ridículo. Não é sem melancolia que ficamos sabendo, para terminar, o fim trágico desse mártir sorridente. Ele morre numa catástrofe ferroviária. Contudo, mesmo morto, ele não renega o seu cinismo: a cabeça de Weltlein não foi encontrada e sua identidade só poderá ser estabelecida com a ajuda de certas particularidades apresentadas pelo resto do corpo, uma identificação que, curiosamente, será feita apenas por sua sobrinha.

Tal seria, resumida ao extremo, a substância desse romance. É certo que Groddeck-Weltlein será "interpretado para sempre, comentado, despedaçado, insultado e incompreendido", como disse Balzac nos "Contos jocosos" a propósito de Rabelais. Mais, a exemplo de Pantagruel e de Gargântua, que permaneceram vivos para nós, talvez chegue um dia em que se faça também justiça a Weltlein.

XVI

A propósito da crise epiléptica

Observações e reflexões (escrito por volta de 1921)

Na época em que eu era assistente num hospital municipal para doentes incuráveis – a *Salpêtrière*, de Budapeste – tive ocasião de observar centenas de crises epilépticas. Essa experiência foi-me de grande utilidade durante os anos de guerra, visto que nas minhas funções de chefe de serviço num hospital militar incumbia-me igualmente "constatar" a autenticidade das crises epilépticas. Não me deterei aqui nos problemas, muitas vezes complexos, quando não insolúveis, apresentados por certos casos individuais em que era preciso decidir se se tratava de simulação, de histeria ou de epilepsia autêntica; contentar-me-ei em oferecer-lhes algumas observações e reflexões referentes aos casos em que pude constatar com absoluta certeza o quadro típico da verdadeira epilepsia: ausência de reflexos e dilatação pupilar, convulsões tônicas e clônicas, anestesia completa (inclusive da córnea), mordedura da língua, respiração estertorosa, espuma nos lábios, perda total da consciência, relaxamento dos esfíncteres e coma pós-epiléptico.

Esses casos deram ao psicanalista que sou a impressão de regressão a um estágio de organização extremamente primitivo, quando todas as excitações internas ainda são descarregadas pela via motora mais curta e a aptidão para ser influenciado por estimulações externas está totalmente ausente. Ao observar essas crises, voltava-me repetidas vezes ao espírito uma das minhas antigas hipóteses pessoais[1]: a minha primeira tentativa de classificação da epi-

---

1. "O desenvolvimento do sentido de realidade e seus estágios", em *Psicanálise II*.

lepsia na categoria nosológica das psiconeuroses. Eu supunha na época que a crise epiléptica representava uma regressão a um grau de organização do ego muito primitivo e infantil, quando os desejos ainda eram expressos através de *movimentos descoordenados*. Recordemos que essa ideia foi retomada mais tarde pelo psicanalista norte-americano McCurdy, que a modificou ao sugerir que a regressão dos epilépticos ia ainda mais longe, remontando à situação intrauterina. Um colega húngaro, Hollós, numa exposição apresentada à Sociedade Húngara de Psicanálise, emitiu uma opinião semelhante ao comparar o estado psíquico dos epilépticos durante a crise à inconsciência do feto antes do nascimento.

A repetida observação dessas crises durante os anos da guerra levaram-me a adotar a posição desses autores. Um dos principais sintomas da crise é manifestamente constituído pelo rompimento de todo contato com o mundo externo, a interrupção da "vida de relação", como teria dito o grande Liébault. Mas a crise epiléptica compartilha essa característica com o sono normal, que a psicanálise considera precisamente uma regressão à situação pré-natal[2]. No sono, o interesse também é retirado do mundo externo e a sensibilidade às excitações externas diminui de forma considerável. Em todo caso, seria necessário definir então a epilepsia como um estado de sono *extraordinariamente profundo*, cujas excitações externas mais intensas não chegam a despertar o indivíduo adormecido.

A contradição entre a minha primeira hipótese (crise epiléptica = regressão à "onipotência" infantil por meio de gestos descoordenados) e sua versão modificada (crise epiléptica = regressão à situação intrauterina) ficou resolvida quando levei em consideração o desenrolar da crise em seu conjunto. A crise começa em geral pela queda do doente (com ou sem grito), seguindo-se-lhe a fase de contratura tônica generalizada e de convulsões clônicas. A duração dessa fase de convulsões tônicas e clônicas é variável; contudo, ela é cortada por períodos de repouso mais ou menos longos, com persistência da inconsciência, da dilatação pupilar, da respiração estertorosa acompanhada dos sinais anunciadores de um edema pulmonar (espuma nos lábios) e importante eretismo cardíaco. No decor-

---

2. No artigo antes citado, ver o trecho referente ao primeiro sono do bebê recém-nascido.

rer dessas *pausas*, a atitude do epiléptico é semelhante, em todos os pontos, à do feto no ventre materno, feto que imaginamos imóvel e sem conhecimento (e, naturalmente, em estado de apneia). Entretanto, *o primeiro período*, o da *queda e das convulsões*, lembra muito mais, na minha opinião, as expressões descoordenadas de desprazer de uma criança já nascida, mas insatisfeita ou irritada. Portanto, é perfeitamente possível que, no tocante à profundidade da regressão, a hipótese original e sua versão modificada sejam igualmente corretas e que, no decorrer de sua crise, o epiléptico passe por toda uma *gama de regressões*, desde a situação de onipotência infantil até à de onipotência intrauterina. Nos casos em que ocorre uma alternância repetida dos períodos de calma e dos períodos de convulsões, seria necessário conceber que a excitação se desloca de um extremo ao outro dessa gama. O "estágio pós-epiléptico", que representa geralmente a transição entre a crise e o despertar, já tem uma certa semelhança com o simples sono; o paciente já efetua alguns movimentos de defesa, restabelece-se o reflexo pupilar; só uma tendência para o "automatismo ambulatório", uma espécie de sonambulismo, denuncia ainda a existência de uma hipermotilidade patológica, geralmente violenta.

Uma experiência que tentei fazer, embora tomando as maiores precauções, permitiu-me em inúmeros casos perturbar o estágio da "pausa epiléptica" descrita mais acima e provocar o reinício das convulsões ou mesmo o despertar súbito do paciente. Durante essa pausa, os dentes do paciente estão fortemente cerrados, a língua e o véu palatino recuam para o fundo da cavidade bucal, o que se traduz por um ronco sonoro; o tórax executa bem os movimentos respiratórios mas a respiração pela boca é impossível; esse transtorno respiratório acarreta o congestionamento da pequena circulação e a expectoração abundante de serosidades. Se a crise se prolongasse, se o paciente não recebesse um pouco de ar *pelo nariz*, correria o risco de sufocar (o que, aliás, ocorre em certos casos). Se, no decorrer da pausa, eu fechasse as narinas do paciente de modo que ele não recebesse ar nenhum, as convulsões tônicas e clônicas reapareceriam logo, em geral (portanto, ausência de reação menos profunda), e, se prolongasse a obturação das narinas, na maioria dos casos o paciente despertaria, ao passo que o reflexo pupilar e a sensibilidade se restabeleceriam. No entanto, essa experiência não está isenta de perigo; se ele ficar privado de ar por um tempo excessivo, o paciente pode realmente sufocar. De fato, em certos casos, o estado do paciente mantinha-se inalterado mesmo ao fim de 20 a 30 segundos; naturalmente, eu não insistia. Durante toda a experiência, eu vigiava constantemente o pulso do paciente.

Seja como for, essa experiência ensinou-me que um epiléptico em crise é muito mais sensível a todo constrangimento exercido sobre o que lhe resta de capacidade respiratória do que a qualquer outra estimulação externa, por mais dolorosa que seja (estimulação pelo frio ou pelo calor, golpes, contato da córnea, etc.). Tudo isso só adquire sentido se interpretarmos o período da pausa como uma regressão à situação intrauterina. A ilusão da situação intrauterina durante a crise epiléptica – assim como durante o sono – só pode ser mantida se o suprimento de oxigênio, mesmo reduzido, prosseguir de modo contínuo. Se até mesmo essa respiração restrita for bloqueada pela obturação das narinas, o paciente é forçado a acordar e a respirar pela boca, tal como o recém-nascido é forçado a respirar e a despertar da inconsciência intrauterina quando o afluxo sanguíneo veiculado pelo cordão umbilical é interrompido.

No artigo anteriormente citado, indiquei que o epiléptico poderia ser considerado um tipo humano particular, que se caracteriza pela acumulação e descarga dos afetos desagradáveis segundo um modo infantil. Acrescentemos apenas que, em última instância, eles também podem suspender assim a relação com o mundo externo, a consciência, e fugir para uma forma de existência puramente "autística", onde a clivagem dolorosa entre o ego e o mundo externo ainda não se produziu, ou seja, para a situação intrauterina.

As diferenças individuais entre as diversas formas de crise poderiam explicar-se pelo predomínio ora da descarga motora, ora da "regressão apneica". Aliás, as crises de um mesmo paciente podem apresentar ora uma, ora outra característica da crise epiléptica.

A existência, a par da epilepsia constitucional, das epilepsias traumáticas, tóxicas e mesmo "reflexas", deixou de ser um motivo de embaraço depois que tivemos conhecimento da hipótese de Freud a respeito das séries complementares na etiologia das neuroses. Segundo parece, ninguém está totalmente livre de uma regressão epiléptica, mas, em certos casos, ela só pode ser desencadeada por um traumatismo craniano grave, uma intoxicação alcoólica crônica ou ainda uma excitação nervosa periférica muito dolorosa, ao passo que nos indivíduos predispostos a ela essa regressão pode sobrevir sem que intervenha nenhum desses fatores[3].

Quanto à natureza dos afetos que se descarregam na crise epiléptica, sem uma investigação psicanalítica metódica nada se pode afirmar com certeza. Mas pode-se esperar que essa investigação evidencie uma forte participação das pulsões parciais sadomasoquistas.

Do mesmo modo, suponho que a epilepsia situa-se no limite entre as neuroses de transferência e as neuroses narcísicas, e formulo a mesma hipótese no que se refere aos *tiques*[4].

A intensidade da crise faz pensar que se trata de uma regressão narcísica muito mais profunda do que no sono normal, algo que se assemelha à rigidez cataléptica e à flexibilidade cérea do catatônico. Enquanto na descarga motora e no delírio pós-epiléptico, o doente investe ainda contra o mundo externo ou então desvia sua agressividade contra si mesmo e, portanto, apega-se ainda à "relação de objeto".

A teoria da regressão epiléptica permite projetar alguma luz sobre a estreita relação que existe entre a crise de epilepsia e o estado de sono (portanto, um grau mais fraco da mesma regressão) e, ao mesmo tempo, sobre a associação entre a disposição para a epilepsia e outros distúrbios orgânicos do desenvolvimento ou certos atavismos.

Gostaria de retornar ao caso em que o epiléptico em crise sufoca realmente em vez de ser acordado pelo bloqueio respiratório. A literatura médica relata casos em que o doente, tendo caído de cabeça numa poça de água pouco profunda, afoga-se quando um simples movimento seria suficiente para salvar-lhe a vida; também me foi relatado um caso em que o doente tinha sempre suas crises à noite e, como que intencionalmente, tinha o hábito de dormir de barriga para baixo, a boca e as narinas ameaçadas de obstrução pelo travesseiro (esse doente morreu, aliás, durante uma crise, mas sem testemunhas, de modo que não é possível estabelecer as circunstâncias exatas de sua morte). Poder-se-ia dizer que só merecem o

---

3. A epilepsia jacksoniana que é produzida por uma irritação puramente mecânica dos centros motores do cérebro não deve ser classificada entre as epilepsias psicogênicas, no sentido de que se trata aqui.

4. "Reflexões psicanalíticas sobre os tiques", neste volume.

nome de "epilepsia" os casos em que a inconsciência não pode ser modificada por nenhum impedimento respiratório, mesmo provocado. Mas um outro ponto de vista merece igualmente reter a atenção, a saber, que a inconsciência epiléptica pode ser mais ou menos profunda e que os casos em que o paciente sufoca verdadeiramente representam os casos extremos em que a regressão pré-natal ultrapassou, por assim dizer, a situação intrauterina, até atingir o estado de não vida[5].

O mundo animal também nos oferece exemplos em que o organismo se defende de um sofrimento intolerável pelo desmembramento ou pela autotomia. Poderíamos ver aí o protótipo filogenético desse "retorno contra a própria pessoa" que se manifesta em diversas neuroses (histeria, melancolia, epilepsia). A hipótese metapsicológica que corresponderia a esse modo de reação seria a de uma retirada do investimento libidinal do próprio organismo, que é então tratado como uma coisa estranha ao ego, ou seja, hostil. Uma profunda tristeza ou uma dor física muito forte podem reforçar a aspiração a uma quietude absoluta, isto é, à quietude da morte, ao ponto de que tudo o que ameaça perturbar essa tendência suscita uma reação de defesa e de hostilidade. Pude constatá-lo há tempos no triste caso de uma mulher agonizante, em meio a sofrimentos inomináveis, que reagia a qualquer tentativa terapêutica para despertá-la de sua letargia crescente com movimentos de cólera e inclusive com violentos movimentos de defesa. Vista sob esse ângulo, a crise de epilepsia poderia ser descrita como uma *tentativa de suicídio por bloqueio respiratório*, mais ou menos séria, esboçada simbolicamente nos casos benignos, mas realmente concretizada em certos casos extremos.

É possível que na crise epiléptica a *zona erógena respiratória* – cuja primazia no caso de certos distúrbios respiratórios da criança foi estabelecida pelo dr. Forsyth, de Londres – desempenhe o papel de zona predominante.

Aqueles que conhecem a importância verdadeiramente prodigiosa do simbolismo na vida, e a regularidade com que se encontram associados o simbolismo da morte e o simbolismo do corpo

---

5. Ver a observação de Freud sobre a pulsão de morte em "Para além do princípio de prazer", em *Essais de Psychanalyse*, Payot.

materno nos sonhos e nas neuroses[6], não se surpreenderão se se constatar que a crise epiléptica também procede dessa dupla significação.

Segundo essa interpretação das crises, a personalidade do epiléptico apresentar-se-ia como a de um ser com pulsões particularmente fortes e afetos violentos, que consegue proteger-se durante muito tempo das explosões por meio de um recalque extremamente rigoroso de suas pulsões, às vezes também com a ajuda de formações reativas, como uma enorme submissão ou uma religiosidade exagerada, mas que periodicamente, no momento oportuno, liberta essas pulsões e permite que elas se desencadeiem, por vezes com uma bestial indiferença por outrem, contra o mundo inteiro ou contra a sua própria pessoa, que se tornou estranha e hostil. Essa descarga afetiva proporciona-lhe então um apaziguamento vizinho do sono – quase sempre de curta duração –, cujo protótipo é a quietude intrauterina ou a morte.

Em certos casos, sobretudo durante a aura, ou no decorrer dos chamados estados crepusculares e "equivalentes" epilépticos, é a agressão contra o mundo externo que predomina e pode manifestar-se por homicídios em série e por um furor cego de destruição. Em outros casos, o furor volta-se essencialmente contra a própria pessoa e só se acalma quando a intenção suicida inconsciente atingiu seu objetivo. O *"pequeno mal"*, ou ausências passageiras sem convulsões, parece afetar os sujeitos que conseguem atingir a felicidade desse estado de repouso embrionário passageiro sem descarga afetiva crítica, simplesmente por uma retirada da libido e do interesse do mundo externo, por um bloqueio da função de percepção.

O número importante de delinquentes sexuais entre os epilépticos e a multiplicidade das perversões sexuais que eles apresentam com frequência em combinações extraordinárias são testemunho suficiente da importância considerável de que a sexualidade se reveste entre as pulsões descarregadas na crise epiléptica[7]. Em certos casos, a crise parece manifestamente constituir um "equivalente de coito", como por exemplo no paciente por mim observado que só

---

6. Ver os meus trabalhos recentes sobre o simbolismo: "O simbolismo da ponte" e "O simbolismo da ponte e a lenda de Dom Juan", neste volume.

7. Maeder, "Sexualité et épilepsie", *Jahrb. f. Psychoanal. u. Psychopath. Forsch.*, vol. I, 1909.

podia evitar a crise ao preço de um coito cotidiano e, por vezes, até pluricotidiano. A semelhança, sob muitos aspectos, entre a crise epiléptica (e, segundo Freud, entre a crise histérica) e o desenrolar do coito – convulsões, modificação do ritmo respiratório, distúrbios da consciência, etc. – já era reconhecida pelos médicos de outrora. Espero poder fornecer, em outra oportunidade, uma chave teórica que permita explicar as múltiplas analogias entre sono, crise e orgasmo, quando abordarei o sentido dessa curiosa coordenação dos atos agressivos e das alterações do estado psicofísico a que se dá o nome de ato sexual, e que se reencontra com essa notável semelhança em tantas espécies animais[8].

Contentar-me-ei em indicar desde já a minha tese, segundo a qual, no orgasmo, o conjunto da personalidade (o ego) identifica-se com o órgão genital e – tal como no sono e em certas fases da crise epiléptica – ingressa na situação intrauterina de modo *alucinatório*; o membro viril que avança para o útero atinge esse objetivo de maneira parcial ou, mais exatamente, "*simbólica*", e só a secreção genital, o esperma, tem o privilégio de alcançá-lo na realidade.

---

8. Cf. *Thalassa: ensaio sobre a teoria da genitalidade*, Martins Fontes, 1990.

XVII

Para compreender as psiconeuroses do envelhecimento

Creio poder explicar os casos em que me foi possível efetuar uma investigação psicanalítica das condições de surgimento das psiconeuroses do envelhecimento: tratava-se de pessoas que não tinham conseguido modificar a distribuição da libido associada aos processos do envelhecimento, ou que não tinham podido adaptar--se a essa nova distribuição dos interesses libidinais.

Depois que o prof. Freud chamou a minha atenção para esse ponto, sei (e não posso deixar de confirmá-lo) que o homem tende, ao envelhecer, a retirar as "emanações da libido"[1] dos objetos de seu amor e voltar para o seu próprio ego o interesse libidinal, de que provavelmente dispõe em menor quantidade. As pessoas idosas voltam a ser – como as crianças – narcísicas, perdem muito de seus interesses familiares e sociais, uma grande parte de sua capacidade de sublimação desaparece, sobretudo no que se refere à vergonha e à repugnância; tornam-se cínicas, ranzinzas e avarentas; em outras palavras, sua libido regride para "etapas pré-genitais do desenvolvimento" e adotam frequentemente a forma ostensiva do erotismo anal e uretral, da homossexualidade, do voyeurismo, do exibicionismo e do onanismo[2].

---

1. S. Freud, "Pour introduire le narcissisme", em *La Vie Sexuelle*, PUF, 1914.
2. O voyeurismo da velhice é representado na lenda de "Susana no banho", em que a banhista é espiada por velhos lúbricos; o exibicionismo é um sintoma frequente da *dementia senilis*. Freud, em seu artigo sobre a predisposição para a neu-

O processo parece, portanto, ser o mesmo que Freud considerou incluído na esfera da parafrenia: nos dois casos, trata-se de um abandono dos investimentos de objeto e de uma regressão ao narcisismo. Mas, enquanto no parafrênico a quantidade de libido permanece inalterada, só que dirigida por inteiro para o ego, na velhice surge uma parada na produção libidinal que acarreta a diminuição da quantidade global, cujo sinal mais importante é constituído pelos investimentos libidinais extremos e particularmente instáveis no objeto, as "emanações da libido". Os sintomas da parafrenia assemelham-se a ilhotas que um tremor de terra faz surgir de súbito das profundezas do mar; os sintomas da velhice são semelhantes ao rochedo que emerge quando da secagem de um golfo cuja comunicação com o mar foi cortada e que nenhum rio alimenta.

Curiosamente, nem todos os *neuróticos* de ambos os sexos que atravessam essa idade crítica mostram esses sinais psíquicos da velhice. Pelo contrário, mostram-se particularmente preocupados em dar sua ajuda, tanto no plano familiar quanto no social, desinteressados e pudicos; sofrem, em geral, de estados depressivos e são propensos a ideias de pecado e de empobrecimento que recordam a melancolia, e de que se defendem refugiando-se nos braços da religião. Essas depressões são às vezes interrompidas por acessos de enamoramento intenso, de que tentam em vão defender-se em virtude da incompatibilidade desses estados com os sentimentos de convivência exigidos pela idade. São esses acessos que dão ao período de climatério o nome, que se tornou popular, de "idade crítica".

Creio, porém, que se pode comparar esse grande alvoroço amoroso do período climatérico a um rufar de tambores que tenta encobrir o grito de dor provocado por uma condenação à morte, neste caso, a da libido de objeto. Na verdade, a libido do paciente já se retirou dos objetos e só o ego força doravante o indivíduo a manter seus antigos ideais amorosos e a dissimular a regressão presente por demonstrações de interesse amoroso. A discronia fatal entre a evolução do ego e o desenvolvimento libidinal persegue, pois, o homem até uma idade avançada e obriga-o a recalcar o ideal oposto.

---

rose obsessiva, chamou a nossa atenção para a regressão a erotismos pré-genitais na mulher que envelhece.

A dispersão excessiva dos interesses sexuais em certos homens de idade madura é um sintoma de supercompensação, um sinal da tendência para a cura; ao passo que o estado real da distribuição da libido corresponde às ideias de pecado e de empobrecimento que acompanham a depressão. Essas ideias fornecem uma expressão funcional ao empobrecimento libidinal dos investimentos de objeto e denunciam a regressão a um narcisismo e a um autoerotismo associais (portanto, "culpados"). A própria depressão é a expressão do desprazer, da repugnância de uma consciência altamente civilizada em face desses desejos incompatíveis.

Darei como exemplo característico um caso que estudei recentemente. O paciente, conhecido desde sempre como inveterado paquerador e frequentemente envolvido em aventuras galantes, em que arriscava alegremente sua apreciável posição social e todos os seus interesses familiares, viu-se aos 55 anos dominado por crises depressivas que eram acompanhadas de uma tendência acentuada para ideias de empobrecimento e de pecado (sem fundamento real). Esses estados depressivos eram às vezes interrompidos por períodos de coitos compulsivos (extraconjugais) no decorrer dos quais ele se mostrava, porém, mais ou menos impotente. Foi então iniciada uma análise que revelou como causa desencadeadora da neurose as ameaças perfeitamente inofensivas de um marido que se opunha às intenções galantes do nosso paciente a respeito da mulher dele. O perigo que o ameaçava era muito menor do que aquele a que estivera antes exposto centenas de vezes despreocupadamente, no entanto, o leve temor que experimentou nessa ocasião teve sobre ele um efeito patogênico. Verificou-se, então, na sequência da análise, que com os anos a sua segurança pessoal, a sua fachada social, sua boa reputação de respeitável pai de família e, por certo, o dinheiro, tudo isso passou a ser para ele muito mais precioso quando se deu conta de que as aventuras amorosas tinham perdido muito de seus atrativos reais, embora tratasse de anular essa convicção íntima com um interesse transbordante por mulheres, até com uma verdadeira compulsão para o coito. Quanto à impotência psíquica, mostrou ser fruto de sua angústia narcísica de castração, muito intensa na origem, mas de que se defendera facilmente por muito tempo dessa maneira; essa angústia de castração aumentou a tal ponto com a regressão libidinal da velhice que se manifestou todas as vezes em que surgia o menor perigo para a sua segurança pessoal, perigo de perder dinheiro ou de se "divorciar". Durante a análise, o paciente não tardou em adaptar a sua maneira de viver e as suas ideias à real distribuição dos seus interesses libidinais. Deixou de paquerar as mulheres, o que teve por efeito fazer desaparecer seus estados depressivos e também o fez reencontrar sua potência sexual, mas somente com sua mulher, que ele tinha até então desdenhado, e ainda assim desde que antes do coito ela lhe desse provas simbólicas de sua boa vontade e do caráter inofensivo da iniciativa, acariciando-lhe os órgãos genitais. O paciente considerou-se satisfeito com esse resultado e, por razões financeiras, pôs fim ao tratamento que a análise teria por certo aprofundado mais. Através da análise, ele conseguiu trocar seus ares de jovem *bon vivant* pela modéstia de um filisteu que envelhece, processo que tantos outros realizaram sem a ajuda do médico. Seja como for, casos como esse mostram que, ao envelhecer, o homem não tem menos obstáculos a evitar para não adoecer do que ao passar da infância para a maturidade sexual.

Ao esclarecer os casos em que o empobrecimento da libido e as reações de defesa consecutivas se apresentam como consequências da transformação operada pela idade, a psicanálise permite elucidar também os estados em que esse depauperamento surge por outras razões. Penso, em primeiro lugar, nas consequências de um *onanismo* excessivo. O onanismo – e o bom senso popular não se deixa ludibriar pelos "defensores do onanismo" – representa, sem dúvida alguma, um desperdício de libido que só pode ocorrer à custa dos outros interesses do organismo. Descobriremos certamente uma base real para as queixas intermináveis dos onanistas a respeito de seus distúrbios "neurastênicos", assim como fomos levados, na esteira de Freud, a explicar as sensações orgânicas de natureza hipocondríaca pelas verdadeiras modificações da distribuição da libido nos órgãos. Mas, enquanto na hipocondria trata-se de uma estase da libido, na neurastenia tem-se um empobrecimento da libido no organismo. Os estados depressivos, as ideias de empobrecimento e de pecado que acompanham o onanismo, são análogos, talvez, aos fenômenos presentes na neurose da idade crítica: é a expressão psíquica do empobrecimento da libido e do dano infligido ao ego querido pelo desperdício da libido, dos "pecados contra si mesmo".

A depressão passageira que se segue à relação sexual normal, o *Omne animal triste...* bem conhecido, também poderia muito bem ser uma reação do ego ao esquecimento de si que pode ser levado longe demais no entusiasmo sexual, isto é, ser a expressão de preocupação com sua própria saúde e de mágoa narcísica inspirada pela perda de secreções corporais. O caminho que vai da sensação de perda de seu sêmen à ideia de depauperamento leva ao erotismo anal; ao passo que a tendência para o desperdício no onanismo e, de um modo mais geral, a ejaculação parecem constituir um produto do erotismo uretral. A depressão orgânica e psíquica que se segue ao coito e ao onanismo representaria, portanto, a reação de desprazer do *conjunto* de erotismos constitutivos do narcisismo diante da requisição excessiva da libido por uma única zona – no caso, a zona predominante, a zona urogenital. Por conseguinte, não obstante procurar-se atribuir a neurose climatérica a um conflito entre libido de objeto e narcisismo, creio que, na depressão consequente ao coito e ao onanismo, intervém um outro conflito além do precedente, um conflito entre os autoerotismos no interior do narcisismo[3].

Pode-se invocar duas razões para explicar por que a mulher, segundo o provérbio citado, escapa à regra da depressão pós-coital (e, uma vez mais, o provérbio diz toda a verdade). Em primeiro lugar, a mulher não "se esquece" tanto quanto o homem durante suas relações sexuais; o seu narcisismo impede uma "emanação" excessiva da libido sobre o objeto; portanto, ela escapa, em parte, à depressão pós-coital. Em segundo lugar, ela nada "perde" durante o coito; pelo contrário, ganha a esperança de um filho. Se a experiência nos convencer da prodigiosa importância do narcisismo, no fundo sempre corporal na origem, compreenderemos melhor o temor inextirpável de todos os homens diante da ideia de "perder suas secreções".

Quanto à maneira como muitos neuróticos climatéricos procuram compensar seu interesse declinante pelo mundo externo por uma produção intempestiva de libido, ela nos lembra a concepção dos *estados maníacos de exaltação* segundo Gross. Este considera a mania o efeito criado por uma espécie de produção endógena de prazer que tem por objetivo dissimular os sentimentos de desprazer. Essa produção de prazer maníaco lembrou-me, às vezes, o al-

---

3. Essas ideias, sem dúvida apenas provisórias, acerca da "hierarquia dos erotismos" serão em breve estribadas em exemplos analíticos extraídos da patologia.

coolismo[4]; mas, se o alcoólatra obtém no exterior a bebida do esquecimento, o maníaco consegue produzir essa substância por via endógena. Somente quando a embriaguez maníaca e o fenômeno de prazer endógeno desaparecem é que transparece a tonalidade fundamental do maníaco: a depressão melancólica. Considerando as observações precedentes sobre as pessoas idosas – frequentemente vítimas de melancolia –, seria necessário averiguar se a depressão melancólica não senil (com o delírio do pecado e do depauperamento que a caracterizam) não constitui apenas, também nesse caso, a reação do narcisismo ao dano causado pelo empobrecimento libidinal.

Nos casos de melancolia, aliás pouco numerosos, de que pude fazer a investigação analítica, as ideias de empobrecimento dissimulavam sempre uma angústia das consequências do onanismo; quanto ao delírio do pecado, era a expressão de uma capacidade de amor objetal constitucionalmente insuficiente ou que assim se tornou[5].

Encontrava-se sempre na anamnese de meus pacientes um quadro clínico que só o termo neurastenia podia definir. Os transtornos físicos que acompanham a melancolia recordam, aliás, os sintomas da neurastenia, sobretudo a insônia, a fadiga, as quedas de temperatura, as enxaquecas e a constipação tenaz.

A neurose atual na base do humor melancólico seria apenas, portanto, uma *neurastenia* cuja origem residiria no desperdício de libido em consequência da masturbação; e essa neurastenia poderia igualmente constituir o núcleo orgânico da loucura maníaco-depressiva, tal como a neurose de angústia constitui o núcleo orgânico dos estados mórbidos da parafrenia.

Se considerarmos a distribuição da libido nas pessoas idosas, talvez se entenda um pouco melhor o quadro tão complexo da *demência senil*. Pondo de lado o caso da atrofia cerebral, o único estudado até agora, cumpre interpretar uma parte dos sintomas como sinais de transformação senil da libido; uma outra parte, como tentativas de cura por compensação; enfim, uma última parte, como "fe-

---

4. Cf. "Álcool e neurose", em *Psicanálise I*.
5. Cf. os estudos de Abraham sobre os maníaco-depressivos. Esse autor sublinha também a dificuldade para os maníaco-depressivos de uma relação analítica ("La thérapeutique psychanalytique des états maniaco-dépressifs", em *Oeuvres Completes*, vol. II, Payot).

nômenos residuais" (cf. a maneira como Freud agrupa os sintomas parafrênicos na *Introdução ao narcisismo*). Parece totalmente plausível explicar a perda frequente da capacidade de registrar novas impressões sensoriais quando, por outro lado, há conservação de lembranças antigas, não por alterações histopatológicas do cérebro mas em consequência do empobrecimento da libido objetal disponível: as lembranças antigas devem sua capacidade de reprodução à viva nuança afetiva que, vestígio da libido de objeto ainda intata, permanece ligada a elas, ao passo que o interesse atual pelo mundo externo já não permite adquirir lembranças duradouras.

Na demência senil, as modificações psíquicas e as alterações anatômicas grosseiras ligadas à idade eliminam em grande parte a diferença entre o nível de interesses do ego e o nível libidinal que, nas neuroses climatéricas, está na origem do recalcamento e da formação de sintomas que o acompanham. Nos dementes, a inteligência também recai nesse nível inferior para o qual somente a libido regride no neurótico climatérico. Assim é que eles chegam a apresentar essas irrupções do recalcado que Swift nos mostra em seu Gulliver entre os Struldbrugg. No país dos Struldbrugg há pessoas que não podem morrer e estão condenadas a viver eternamente. Elas se tornam "cada vez mais melancólicas e amargas até os 80 anos". Quando atingem essa idade, a depressão desaparece e elas passam a ser "não só cabeçudas, ranzinzas, tagarelas mas também incapazes de qualquer amizade e mesmo de afeição por alguém". "Têm duas paixões dominantes, a inveja e os desejos reprimidos." "Suas únicas lembranças remontam à juventude ou ao começo de sua maturidade." "Algumas dessas pessoas tornam-se completamente pueris, mas perdem um grande número dos traços perversos de caráter que se observa nos outros."

Aí está uma descrição pertinente dos conflitos psíquicos tal como se exprimem na velhice, assim como de sua solução.

XVIII

A psicanálise dos distúrbios mentais da paralisia geral (teoria)[1]

A psicanálise pode abordar os distúrbios psíquicos da paralisia sob diferentes ângulos, mas o melhor ponto de partida seria, em minha opinião, a relação entre a doença física e os estados psíquicos. O que a psiquiatria descritiva nos ensina a esse respeito pode se resumir numa variante da velha fórmula *mens sana in corpore sano*. Dizem-nos que certas perturbações mentais parecem ser a consequência direta da doença ou de lesões físicas. Quanto ao "como" da relação doença física-distúrbios mentais, a psiquiatria pré-freudiana deixa-nos na mais completa obscuridade. Aliás, a própria psicanálise só passou a interessar-se por essa questão depois da publicação da *Introdução ao narcisismo*[2]. O comportamento do indivíduo durante os períodos de invalidez física é um dos fatores que levaram Freud a considerar o narcisismo, ou seja, a relação libidinal com o próprio ego, um fenômeno universal e não, como se fizera até então, uma perversão bizarra[3]. O homem doente retira seu interesse e seu amor dos objetos do mundo externo e desloca-os, de um modo mais ou menos exclusivo, para si mesmo ou para o seu órgão doente. Torna-se "narcisista", ou seja, a doença leva-o a regredir para um estágio do desenvolvimento pelo qual já passou outrora, em sua in-

---

1. O original alemão constitui o capítulo III de um livro escrito em colaboração com Hollós.
2. S. Freud, "La Vie Sexuelle", PUF, p. 81.
3. S. Freud atribui a avaliação que fez do fator doença a uma sugestão oral deste autor.

fância. Dando prosseguimento a essa reflexão, eu próprio descrevi o quadro clínico da patoneurose[4], uma neurose especificamente narcísica, que envolve, por vezes, a doença ou a lesão de uma parte do corpo ou de um órgão, vitais ou particularmente caros ao ego, com destaque para as zonas erógenas. A base da teoria das patoneuroses encontra-se na proposição seguinte: quantidades de libido podem acumular-se não só no ego, de um modo geral, mas no próprio órgão doente (ou em seu representante psíquico), e a essas quantidades de libido é necessário atribuir um papel nas tendências orgânicas para a regeneração e a cura. Essa hipótese viu-se confirmada por certas observações sobre as neuroses de guerra[5]. Com efeito, constatou-se que um choque, se for acompanhado de um ferimento grave, não é seguido de efeito traumático ou então este é muito menor do que no caso de um choque sem dano físico. Esse fato aparentemente paradoxal pode explicar-se, desde que se formule a hipótese de que a libido narcísica mobilizada pelo traumatismo, a libido considerada pela psicanálise a causa da neurose traumática, é utilizada em parte, quando existe um ferimento simultâneo, de um modo "patoneurótico"; de que ela se liga ao órgão lesado e, por conseguinte, não pode flutuar livremente e constituir um fator de neurose. Enfim, podemos mencionar ainda dois outros pontos. Em primeiro lugar, uma lesão ou uma doença das zonas erógenas podem provocar graves doenças psicóticas: as psicoses puerperais, por exemplo, constituem, no meu entender, patoneuroses desse gênero. Em segundo lugar, como o próprio Freud indicou, psicoses narcísicas graves de natureza puramente psicogênica, como a melancolia, curam-se muitas vezes de maneira inopinada, em consequência de uma enfermidade orgânica intercorrente que liga o excesso de libido.

Todos esses fatos parecem distanciados do nosso assunto, mas citamo-los aqui porque pretendemos apresentar alguns dos sintomas psíquicos da paralisia geral como sintomas de uma *patoneurose cerebral*, ou seja, como reação neurótica ao dano sofrido pelo cérebro ou por seu funcionamento.

---

4. S. Ferenczi, "Sobre as patoneuroses", coletânea de artigos publicados nos volume II e III desta edição das *Obras completas*.

5. "Psicanálise das neuroses de guerra" (neste volume). Contribuições de Freud, Ferenczi, Abraham, Simmel e Jones. *Intern. PsA*. Biblio. n.º l, 1919.

Ninguém, bem entendido, teria a veleidade de subestimar a importância e o papel primordial dos sintomas puramente físicos da paralisia geral: paralisias e fenômenos de irritação nas esferas motora, vegetativa e sensorial. Também se admite que os distúrbios das funções psíquicas devem ser considerados, em boa parte, consequências diretas do processo orgânico. Resta-nos apenas acrescentar que uma outra parte dos sintomas psíquicos, e talvez a menos importante, corresponde de fato a uma *tentativa de controlar a quantidade de libido mobilizada pela lesão cerebral*.

Chegado a este ponto, o leitor não iniciado na recente literatura psicanalítica certamente se surpreenderá e se perguntará o que uma doença do cérebro pode ter a ver com a libido; o cérebro, dirá ele, não é, no fim de contas, uma "zona erógena" cuja lesão é suscetível de provocar uma patoneurose no sentido definido mais acima. Não é difícil refutar essa objeção. Pois, em primeiro lugar, acreditamos, de acordo com a "teoria da sexualidade", não existir nenhum órgão do corpo cuja excitação ou ferimento brutal não faça intervir a sexualidade; e, por outro lado, temos todas as razões para supor que o cérebro e seu funcionamento desfrutam um investimento e uma estima particularmente importantes da parte da libido narcísica. Com efeito, do mesmo modo que no decorrer do desenvolvimento as zonas erógenas periféricas renunciam à maior parte de sua própria satisfação autônoma em proveito da zona *princeps* (genital), que obtém, por consequência, a primazia sobre todas as outras, também o cérebro passa a ser, no decorrer do desenvolvimento, o *órgão central das funções do ego*[6]. "Talvez o mais importante resultado alcançado pelo desenvolvimento orgânico que tende para a divisão do trabalho seja a diferenciação que se operou entre, por um lado, sistemas orgânicos específicos cuja tarefa consiste em controlar e distribuir as excitações (aparelho psíquico) e, por outro, órgãos específicos que permitem a descarga periódica das quantidades de excitação sexual acumuladas no organismo (órgãos genitais). O órgão que distribui e controla as excitações entra em relação cada vez mais estreita com as pulsões do ego e, alcançado o máximo de seu desenvolvimento, converte-se no órgão do pensamento, o órgão do teste de realidade. O órgão genital, em contrapartida,

---

6. Schopenhauer define o intelecto e seu órgão, o cérebro, como o polo oposto à sexualidade e ao seu órgão.

torna-se o órgão erótico central."⁷ Mas, enquanto o órgão genital, órgão consagrado exclusivamente ao amor de objeto, evidencia o seu caráter sexual, a harmônica narcísico-libidinal que acompanha em surdina todos os nossos atos psíquicos superiores sob a forma de um "sentimento do seu próprio valor" ou de uma "autoconsciência" mais ou menos racionais pode apenas deduzir-se de certos processos psicopatológicos.

Podemos agora supor que a afecção metaluética do cérebro, quando ataca o órgão central das funções do ego, não provoca apenas "deficiências", mas age, além disso, à maneira de um traumatismo, perturbando o equilíbrio da economia da libido narcísica, perturbação expressa pelos sintomas psíquicos da paralisia geral.

Naturalmente, essa hipótese só pretende ser plausível na condição de contribuir para a melhor compreensão tanto de certos sintomas da paralisia quanto do desenrolar da doença em seu todo. Vamos, portanto, reexaminar os estágios típicos da paralisia geral à luz dessa hipótese.

Podemos, *grosso modo*, conservar o esquema estabelecido por Bayle há um século e dividir o curso da paralisia em quatro estágios: *a depressão inicial, a excitação maníaca, a formação de delírios paranoicos e a demência terminal.*

A paralisia começa frequentemente por sintomas que dão ao paciente a impressão de sofrer de "neurastenia", impressão geral que decorre dos indícios de um enfraquecimento das capacidades físicas e psíquicas. Trata-se, na realidade, do único estágio da doença caracterizado exclusivamente por deficiência e passa muitas vezes despercebido porque, de um modo geral, os doentes iniciam um tratamento médico numa etapa mais tardia, já caracterizada por tentativas de compensação. Entre os múltiplos sintomas desse período "neurastênico", citemos a queda muito frequente da libido genital e da potência; podemos, escorados em nossa experiência com outras doenças e, sobretudo, na análise de neuroses traumáticas, considerar sem hesitação esse sintoma o sinal da retirada do interesse libidinal dos objetos sexuais; e preparemo-nos, portanto, para ver a quantidade de libido retirada dos objetos ressurgir em outro lugar e servir para fins diferentes[8].

---

7. S. Ferenczi, "Fenômenos de materialização histérica", neste volume.

8. Contra a hipótese segundo a qual os distúrbios da potência podem ter uma origem puramente anatômica, por exemplo, explicar-se por processos de degene-

Não teremos que esperar por muito tempo a confirmação dessa hipótese. Nas formas depressivas da paralisia, é frequente esse estágio inicial ser imediatamente seguido de *sensações hipocondríacas* extraordinárias em todo o corpo. Os pacientes queixam-se de ter uma pedra no estômago, dizem que a cabeça virou um buraco vazio, que todo o corpo é continuamente atormentado por vermes, que o pênis foi roído, etc. Ora, nós seguimos a teoria de Freud no que se refere à hipocondria e a consideramos uma neurose narcísica atual e suscetível como tal de ser explicada pela acumulação dolorosa da libido narcísica nos órgãos do corpo. Contentemo-nos em acrescentar que a hipocondria não sobrevém somente nos indivíduos cujos órgãos estão intactos do ponto de vista anatômico – o que é, com efeito, o caso da hipocondria neurótica corrente –, mas em associação com lesões e doenças verdadeiras, quando a quantidade de libido mobilizada como "contrainvestimento" do processo orgânico excede o nível exigido pelas tendências para a cura e tem que ser controlada no plano psíquico. É precisamente esse o caso das patoneuroses. A súbita irrupção da síndrome hipocondríaca na paralisia depressiva não é, portanto, um argumento de pouco peso a favor do fundamento patoneurótico dos distúrbios mentais da paralisia.

Em numerosos casos, o estágio neurastênico-hipocondríaco inicial permanece latente e, como Hollós em particular o sublinhou, os doentes só recorrem ao tratamento quando já atingiram um estágio de *euforia* em que se entregam a uma atividade transbordante, com uma potência e uma libido reencontradas. Mas essa euforia e esse aumento de interesses pelo mundo externo e, em primeiro lugar, pelos objetos da sexualidade são apenas uma tentativa de supercompensar o desprazer narcísico-hipocondríaco mediante um frenético investimento de objeto. Na realidade, vê-se por vezes despontar com nitidez a tonalidade basicamente hipocondríaca por trás dessa exaltação resultante de uma atividade excessiva das funções físicas, e não é difícil, portanto, ver nessa euforia uma *"hipocondria dotada de sinal positivo"*.

---

rescência dos centros nervosos da ereção e da ejaculação ou das vias de condução, basta invocar os estados ulteriores de exaltação e os estados de remissão, no decorrer dos quais a potência sexual no homem e a sensibilidade sexual correspondente na mulher podem reencontrar um vigor juvenil.

Os sintomas desses dois estágios preliminares que, como dissemos, apresentam-se em muitos casos sob uma forma larvar pouco manifesta, ainda envolvem essencialmente a esfera fisiológica e orgânica; só afetam o psíquico na medida em que este reage à hipocondria patoneurótica com um desprazer excessivo e à supercompensação eufórica bem-sucedida com afetos de prazer. Esses dois estágios preliminares merecem ser isolados, como *estágio da psicose atual paralítica*, da superestrutura psicótica ulterior, a qual se situa geralmente no domínio psíquico[9].

A psicose atual paralítica compõe-se, portanto, de sintomas dos quais uma parte pode ser atribuída a um escoamento da libido fora dos objetos, ou ainda ao seu reinvestimento insano, e a outra parte deve ser atribuída a um recrudescimento da libido provocado pela lesão orgânica, à maneira de uma patoneurose narcísica.

Em geral, o humor eufórico do doente não dura muito. Quando os sinais de deficiência física e mental aumentam e se multiplicam quando as funções mais simples e mais naturais do ego ou do organismo acabam sendo afetadas e surgem a disartria, a paralisia dos esfíncteres, etc., assim como uma deterioração intelectual, desenvolve-se uma verdadeira *melancolia paralítica*, acompanhada de insônias, de autoacusações, de tendências suicidas, de perda de apetite e de emagrecimento; e somente a presença de sinais físicos incuráveis da doença cerebral permite diferençar essa melancolia da melancolia psicogênica.

Não há nenhuma razão para não se aplicar à melancolia da paralisia geral a teoria psicanalítica, que permitiu pela primeira vez a Freud explicar o mecanismo e a economia psíquica da melancolia psicogênica[10].

Segundo essa teoria, a melancolia psicogênica é uma psicose narcísica; os seus sintomas são a expressão psíquica da grande ferida e do empobrecimento em libido que o ego do doente sofreu em virtude da perda ou da desvalorização de um Ideal com o qual ele se

---

9. Segundo Freud, a hipocondria psicogênica (dos esquizofrênicos) produz-se quando a libido narcísica impossível de controlar psiquicamente liga-se a um órgão. Na hipocondria patoneurótica, o doente deve controlar psiquicamente a libido narcísica, a qual não está ligada de forma suficiente pelo processo orgânico.

10. S. Freud, "Deuil et mélancolie" [Luto e melancolia], em *Métapsychologie*, col. Idées, Gallimard.

identificava totalmente. A tristeza corresponde ao luto inconsciente desse Ideal; as autoacusações são, de fato, acusações dirigidas a outrem, e, por trás da tendência suicida, escondem-se impulsos homicidas contra o antigo objeto de amor e contra a parte do ego identificada com esse objeto. Uma outra parte dos sintomas explica-se pela regressão da libido a estágios de organização arcaicos (erotismo oral e sadismo).

Quanto a saber se só existem "melancolias de identificação" ou se também existem melancolias resultantes de um dano sofrido diretamente pelo próprio ego, Freud deixa essa questão sem resposta.

Por minha parte, penso que, com a melancolia paralítica, encontramo-nos diante de uma psicose desse gênero, consequência de uma ferida direta do ego, cujos sintomas – depressão, autoacusações e tendências suicidas – referem-se a uma *parte de si mesmo que perdeu suas capacidades e suas antigas aptidões em decorrência da doença cerebral*, perda que abala profundamente o amor-próprio do doente e diminui nele o sentimento de autoestima. O melancólico, vítima de paralisia geral, chora a *perda do seu Ideal-do-ego outrora realizado*.

Enquanto as deficiências só afetavam os órgãos periféricos, o paralítico podia livrar-se psiquicamente de maiores problemas com uma hipocondria patoneurótica, ou mesmo com uma euforia reativa, mantendo-se ainda, portanto, no âmbito da "neurose atual". Mas, quando o processo de deterioração se estende às atividades mais caras ao ego e invade os domínios intelectual, moral e estético, a percepção dessa deterioração acarreta forçosamente um sentimento de empobrecimento no que se refere à quantidade global de libido narcísica, que, como indicamos há instantes, está ligada ao bom desempenho das funções mentais superiores.

Uma parte da quantidade de libido retirada dos objetos pode ainda ligar-se ao ego, e essa ampliação do ego pode proteger contra a doença. A própria mutilação do corpo, a perda de um membro ou de um órgão dos sentidos, não acarreta forçosamente uma neurose; enquanto a libido estiver satisfeita com o valor de suas próprias realizações psíquicas, ela é capaz de superar toda e qualquer deficiência física com filosofia, humor ou cinismo, inclusive com orgulho, desafio, arrogância ou desprezo. Mas ao que a libido pode prender-se quando já se retirou há muito tempo dos objetos, já não sente prazer nas realizações de um organismo enfraquecido, imprestável, e quando se vê, por fim, expulsa do seu derradeiro refúgio, o sentimento de autoestima e a consideração pelo ego mental? Tal é o problema com que se defronta o infeliz paralítico, o problema que ele deve enfrentar na fase melancólica[11].

Embora alguns paralíticos "hipomaníacos" continuem em vão esse trabalho de luto até a morte, a maioria dos pacientes consegue desembaraçar-se desse trabalho por um *mecanismo reativo megalomaníaco e maníaco*, ou ainda, mais raramente, por uma *psicose de desejo alucinatório*.

As observações comunicadas no capítulo precedente[12] mostram pacientes que se dedicam em geral a esse trabalho de defesa, portanto, num estado maníaco-alucinatório; pois é somente nessa fase que um número muito grande de doentes se apresenta no hospital. Ao passo que as fases de "psicose atual" e de "melancolia regressiva" permanecem com frequência em estado latente e desaparecem rapidamente (as pessoas próximas ao doente atribuem isso, por eufemismo, a uma "instabilidade de humor"), os sintomas ruidosos e tenazes da megalomania paralítica não deixam mais dúvidas sobre a gravidade da doença mental.

Em suma, a interpretação psicanalítica dos sintomas maníacos e megalomaníacos da paralisia acompanha a teoria freudiana referente à mania psicogênica e concebe-a como uma vitória alcançada sobre o luto melancólico, vitória possibilitada pela dissolução no ego narcísico do Ideal-do-ego alterado por identificação (que é objeto de luto e de ódio por causa da depreciação que sofreu)[13].

Na mania psicogênica compreendemos bem esse processo: basta ao paciente abandonar a identificação com um objeto estra-

---

11. O ego corporal seria abandonado mais facilmente, atribuir-se-lhe-ia portanto menos valor do que ao ego psíquico. A favor dessa hipótese citemos o fato de observação corrente em psicanálise: pacientes que, por outro lado, deixam um ginecologista examinar seus órgãos genitais sem criar a menor dificuldade levam frequentemente semanas para se decidir a falar, e mesmo assim com timidez, sobre sua vida sexual. "Há coisas que se fazem mas não se dizem." Assim o catatônico em estado de flexibilidade cérea deixa fazer tudo o que se quiser com seu corpo, que se lhe tornou tão indiferente quanto o mundo externo; todo o seu narcisismo se retira para o seu ego mental, espécie de cidadela ainda defendida quando todos os fortes externos e internos já estão perdidos. Ver, a esse respeito, o meu artigo "Reflexões psicanalíticas sobre os tiques", neste volume.
12. Trata-se de um capítulo escrito por Hollós. (NTF)
13. Ver as reflexões de Freud sobre esse ponto em "Luto e melancolia" e em "Psicologia de grupo e análise do ego".

nho (uma pessoa) para que o contrainvestimento mobilizado com o objetivo de dominar o luto relativo a essa pessoa fique disponível para uma utilização maníaca; o ego narcísico, que as exigências do Ideal deixam em paz, pode sentir-se feliz de novo. Mas o que ocorre na melancolia paralítica? Será possível, com efeito, ver-se livre das partes integrantes do próprio ego que foram desvalorizadas diretamente pela doença? O fenômeno que mencionávamos há pouco em nota de rodapé, esse "sequestro" do corpo fora e longe do ego em certos catatônicos, justifica, sem dúvida, que se espere ver esse processo ir mais longe e atingir o ego mental. Segundo a concepção aqui apresentada, na paralisia geral, esse processo faz intervir uma *regressão a etapas anteriores do desenvolvimento do ego*.

Cumpre recapitular aqui brevemente o curso seguido pelo desenvolvimento do ego, na medida em que o psicanalista conseguiu compreendê-lo. Ao vir ao mundo, o ser humano espera possuir uma onipotência incondicional, expectativa justificada por sua existência intrauterina, onde vivia sem desejo, ao abrigo de todo desprazer. Os cuidados que se prodigaliza ao recém-nascido permitem-lhe salvaguardar a ilusão dessa onipotência, desde que se adapte a certas condições, menores no começo, que lhe são impostas pelo mundo externo. Assim se desenvolve o estágio de onipotência com a ajuda de gestos mágicos. Depois, após esses dois estágios, vem o domínio do "princípio de realidade", ou seja, o reconhecimento dos limites impostos aos nossos desejos pela realidade[14]. Mas a adaptação à realidade exige uma renúncia ainda maior à afirmação narcísica de si mesmo do que o reconhecimento da realidade. O meio ambiente exige do adulto não só o sentido da lógica mas qualidades como a atenção, a habilidade, a inteligência, a sabedoria e, além do mais, normas estéticas e morais; coloca-o também em situações em que deve sacrificar-se, inclusive conduzir-se com heroísmo. Toda essa evolução, do narcisismo mais primitivo até a perfeição exigida (pelo menos teoricamente) pela sociedade, não ocorre de forma espontânea, mas sob a influência constante da educação. Se estendermos ao conjunto desse processo evolutivo a concepção de Freud quanto ao papel da formação do Ideal no desenvolvimento do

---

14. Ver S. Ferenczi, "O desenvolvimento do sentido de realidade e seus estágios", em *Psicanálise II*, Martins Fontes.

ego[15], a educação das crianças e dos adolescentes pode-se definir como uma série ininterrupta de identificações com os educadores, aceitos como ideais. No decorrer dessa evolução, os ideais do ego, assim como as renúncias e as frustrações que eles exigem, ocupam cada vez mais espaço e, segundo Freud, constituem esse "núcleo do ego" que se comporta como o "sujeito", que critica o resto do ego que permaneceu narcísico, e funda as instâncias da consciência: a censura, o teste de realidade e a auto-observação. A aquisição de toda nova capacidade ou aptidão representa a realização de um ideal e, ademais, aufere de sua utilidade prática uma satisfação narcísica, um aumento da autoestima, a restituição da grandeza do ego diminuída pelas exigências do Ideal-do-ego que não foram satisfeitas.

Naturalmente, a libido dirigida para os objetos também deve admitir uma certa educação, que, na verdade, nada tem de severa, e aprender a renunciar, pelo menos, às infrações grosseiras à moral sexual (incesto, uma parte das perversões); o amor de objeto também deve, portanto, tornar-se "conforme ao ego", submeter-se aos pontos de vista da utilidade e da autoestima narcísica.

Portanto, quando a doença cerebral paralítica acarretou a destruição dos produtos essenciais desse desenvolvimento, quando a introspecção revela ao núcleo do ego o desaparecimento não só das aptidões físicas mais importantes mas também das capacidades mentais mais valorizadas, o núcleo do ego reage a essa perda de valor pessoal com a melancolia paralítica, tal como a descrevemos sucintamente há pouco. E, quando a dor torna-se insuportável – como ocorre a maior parte do tempo –, abre-se um caminho ao narcisismo, caminho que consiste em *regredir para fases do desenvolvimento que, apesar do seu caráter primitivo, estiveram outrora em conformidade com o ego.* Se o paciente consegue abandonar os ideais que lhe impôs a educação regida pela civilização e reativar de um modo regressivo lembranças de formas de atividade e de satisfação impregnadas de narcisismo primitivo, o seu narcisismo encontra-se de novo protegido e o declínio progressivo do seu valor real não pode mais afetá-lo. Em seguida, quando o processo paralítico ganha cada vez mais terreno, corrói uma a uma, por assim dizer, as sucessivas camadas da árvore da vida e reduz o doente a funções cada vez

---

15. Ver S. Freud, "Introdução ao narcisismo" e "Psicologia de grupo e análise do ego".

mais primitivas, a libido narcísica continua acompanhando esses estados como uma sombra, sempre pela via da regressão, e isso ela pode fazer porque houve um tempo, na adolescência e na infância, em que o ser humano, apesar do seu desamparo, podia sentir-se contente consigo mesmo e, mais do que isso, onipotente.

A fase maníaco-megalomaníaca da paralisia (que passa frequentemente por primeira fase) constitui, portanto, uma *regressão progressiva da libido narcísica a etapas ultrapassadas do desenvolvimento do ego*. Do ponto de vista psicanalítico, a paralisia progressiva é, de fato, uma *paralisia regressiva*.

Assim é que são reativados, um após outro, os modos juvenis, depois os infantis de teste da realidade e de autocrítica, as formas cada vez mais rudimentares de fantasias de onipotência, o todo deformado por vestígios da personalidade sã (como Freud já o demonstrou para a megalomania esquizofrênica) e entrecortado, por vezes, por períodos lúcidos de depressão em que os estragos sofridos pelo ego podem ser, pelo menos em parte, percebidos pelo doente.

O desenrolar da psicose paralítica, tal como o esboçamos aqui, é particularmente evidente nos casos *cíclicos*. Nesses casos, profundas depressões melancólicas, provocadas pela progressão triunfal do processo de deterioração, alternam com estados de recrudescimento maníaco da autoestima, portanto, com períodos de autocura bem-sucedida. O estado depressivo é o *fim do mundo* que o núcleo do ego é forçado a constatar quando se dá conta da perda de valor sofrida pelo ego inteiro; ao passo que as *renascenças* do estado de exaltação maníaca mostram que o ego conseguiu, ao regredir para situações mais primitivas de satisfação, superar o trauma constituído pelo empobrecimento libidinal e reencontrar a autossatisfação perdida[16].

Vemos confirmar-se aí, uma vez mais, a predição de Freud, ou seja, que a análise das psicoses deveria também revelar, ao estudar-se a psicologia do ego, a existência de mecanismos de conflito e de recalque entre os elementos do ego bastante análogos aos que já foram descobertos entre o ego e o objeto nas neuroses de transfe-

---

16. O dr. Hollós pensa que os processos de destruição do cérebro, as perdas de substâncias, correspondem ao empobrecimento em libido; ao passo que os processos de regeneração explicariam o recrudescimento da libido no *órgão*.

rência. O "processo de sequestro", a maneira como o dano outrora infligido ao ego é neutralizado na fase maníaca, é muito semelhante ao recalcamento neurótico, à luz do qual uma situação de frustração libidinal por parte de um objeto torna-se inconsciente. Para isso, é necessária, naturalmente, a ajuda de "recompensas" (Tausk), ou seja, compensações para a felicidade perdida no presente, mediante a regressão a uma felicidade anterior.

Considerados sob esse ângulo, os sintomas da megalomania paralítica passam a ser, sem dúvida, mais compreensíveis. Entende-se por que o paciente, cujo corpo enfermo constituirá tanto para ele quanto para os outros a imagem da miséria, não só se sente perfeitamente bem mas descobre, além disso, uma panaceia contra todas as doenças e doa à humanidade a vida eterna. Com efeito, no estágio psíquico para onde o seu ego regrediu, basta-lhe murmurar interiormente algumas palavras mágicas ou realizar certos passes de mágica para que tudo isso se realize. Mesmo que não tenha mais que um só dente em sua boca, sua capacidade de regressão alucinatória ou delirante permite-lhe sentir-se dotado de várias fileiras de esplêndidos dentes. A despeito de sua impotência manifesta, pode vangloriar-se de ser o criador da humanidade, bastando-lhe retomar as teorias sexuais extragenitais de sua infância para realizar esse prodígio. A enorme perda que sofreu no plano intelectual não o faz sofrer mais, porque conseguiu compensar tudo o que perdeu por satisfações arcaicas, orais e anais (enlambuzar-se com comida ou com suas fezes).

Se a magia alucinatória não consegue conjurar a percepção de sua decadência, ele projeta simplesmente todas as coisas desagradáveis sobre o "outro", ou então isola do seu ego por "sequestro" toda a sua existência corporal e considera "essa coisa aí" (o seu corpo doente) como um cristão enfermo, enquanto ele próprio é o Rei dos Judeus, capaz de dilapidar somas enormes e de dar provas de uma potência colossal. Assim, como observou Hollós, alguns doentes tornam-se sucessivamente conde, príncipe, rei e até mesmo deus. Toda perda real é compensada por uma promoção social[17].

---

17. As observações de Groddeck, que recorre à psicanálise para demonstrar toda a influência do psiquismo sobre o comportamento alimentar do homem, permitem considerar o sintoma tão característico – *o aumento de peso* do paralítico – como a expressão física de sua tendência para a *dilatação do ego,* portanto, do seu narcisis-

O doente pode muito bem, por um simples cálculo de que ainda é perfeitamente capaz no plano intelectual, adicionar os anos passados na instituição à idade que tinha à sua chegada, mas a autossatisfação do seu ego é muito mais importante do que toda a matemática, e, se lhe perguntarem a idade, indicará a idade que tinha antes de adoecer; os anos sombrios de sua doença são simplesmente anulados, à semelhança do menino do belo poema de Wordsworth que não se cansa de afirmar "Nós somos sete", quando todos os seus irmãos e irmãs já estão no cemitério.

Paralelamente a esse declínio da personalidade, vê-se reviver, uma a uma, todas as etapas já superadas do erotismo e da organização libidinal: tendência para o incesto, homossexualidade, exibicionismo, escopofilia, sadomasoquismo, etc. Dir-se-ia que todo o processo que, no transcurso do desenvolvimento, levou à "polarização" dos investimentos pulsionais entre o centro do ego (o cérebro) e os órgãos genitais foi pouco a pouco anulado, e que o ego, desembaraçado outrora desses "maus" impulsos pela educação, encontra-se de novo submerso pelo erotismo. É assim que quanto mais o doente declina mais perde toda a inibição e torna-se onipotente; morre finalmente na euforia, como uma criança desarmada mas feliz[18].

Mas pode-se levar ainda mais longe a analogia que fizemos entre a mania-melancolia da psicose e a da paralisia geral, se recor-

---

mo. Cf. as expressões "inchado, empolado de orgulho". Em húngaro, diz-se de uma pessoa vaidosa que ela "engorda de lisonjas".

18. Em seu artigo "Psicanálise e psiquiatria" (n.º 2 de *Inter. Zeitschr. f. PsA.*), A. Stärcke espanta-se que não se tenha fundado ainda uma psiquiatria clínica alicerçada nos meus "estágios de desenvolvimento do sentido de realidade". Esse ensaio pode efetivamente ser considerado uma primeira tentativa nesse sentido. Por outro lado, o próprio Stärcke diz que nas psicoses "aparecem com toda nitidez... camadas paleopsíquicas que, de costume, estão profundamente enterradas e que só um difícil trabalho de escavação permite normalmente alcançar... aparecem com nitidez".

Não é por acaso que existem tantas relações estreitas entre a *sífilis* e a *libido*. Além dos afetos primários, eflorescências secundárias vão ligar-se de preferência às zonas erógenas (boca, ânus, órgãos genitais) mas desaparecem as infiltrações terciárias. Na paralisia geral, os espiroquetas parecem ter restabelecido a antiga relação, instalando-se na "zona narcísica". Convém recordar aqui a observação já antiga feita por Freud: as neuroses graves, portanto, também os transtornos da economia libidinal, são extremamente frequentes nos descendentes de sifilíticos. Por outro lado, Freud chamou igualmente a atenção para as diferenças que o curso da sífilis apresenta no homem e na mulher, diferenças que parecem indicar que a virulência do mal depende do quimismo sexual.

darmos as palavras de Freud em sua introdução à "Psicologia de grupo": "Na vida psíquica dos indivíduos, o outro é regularmente considerado como modelo, objeto, auxiliar ou adversário, e logo de imediato a psicologia individual é, ao mesmo tempo, psicologia social – na acepção ampla mas perfeitamente correta do termo."

Na melancolia psicogênica, trata-se efetivamente do luto provocado pela perda de um Ideal-do-ego que serve de modelo, em outras palavras, de um movimento de ódio contra certas partes do ego em *pleno processo* de identificação; em contrapartida, o processo paralítico destrói uma a uma todas as identificações realizadas e bem-sucedidas, cuja soma representava o Ideal-do-ego já *alcançado* pelo doente.

Como foi demonstrado pelas alucinações, as personificações, etc., tão frequentes nas psicoses, as identificações e ideais, assim como os primeiros estágios do desenvolvimento, devem conceber-se como complexos relativamente independentes e homogêneos no interior do ego, suscetíveis de reencontrar sua independência no sonho e na psicose. Em todo o caso, o lento "processo de sequestro" da paralisia pode comparar-se ao mecanismo da projeção e ser considerado o oposto dessas progressivas "introjeções de ideais", o inverso do que, à luz da psicanálise, parece constituir o desenvolvimento do ego.

Mesmo o último estágio da paralisia, o completo "embrutecimento", não é apenas a consequência direta da destruição do tecido nervoso. O psiquismo do paralítico pode até o último instante evitar a paralisia, esforçando-se por manter ao máximo o contentamento e, até um certo ponto, a unidade do ego; e o "sequestro" de tudo o que é doloroso persiste "até os limites da inconsciência" na medida em que esse processo realiza a regressão infantil e talvez mesmo a regressão fetal.

Entretanto, uma teoria psicanalítica tem a obrigação de tornar mais compreensíveis os diferentes *modos de desenvolvimento* da paralisia. Os tipos principais são a paralisia melancólica (hipomaníaca), a paralisia maníaca (megalomaníaca) e o simples embrutecimento. No que se refere à patogênese das neuroses, a psicanálise formula uma equação etiológica geral cujos elementos são, ao mesmo tempo, constitucionais e traumáticos. A paralisia não pode ser exceção a essa regra. A "escolha de neurose", ou seja, a escolha do tipo de neurose na qual se refugia o psiquismo em agonia, também depende desses dois fatores. É nesse nível que o fator *endógeno*, já avaliado de múltiplas maneiras na literatura, insere-se organicamente na paralisia geral. A constituição do ego e da libido, os pontos fracos do indivíduo, os "pontos de fixação" de seu desenvolvimento não podem ser indiferentes para o desenrolar do processo patológico, para o modo como a psique reage à deterioração cerebral. Podemos supor *a priori* que num indivíduo já dotado anteriormente de um forte narcisismo, a paralisia adotará uma outra coloração, a psicose seguirá um curso diferente do que teria feito num indivíduo do tipo "neurose de transferência"; que nos processos de regressão de um indivíduo às fixações orais ou sádico-anais, os sintomas dominantes serão diferentes do que seriam se a primazia da zona genital já tivesse sido plenamente estabelecida. Além disso, o passado do doente, o desenvolvimento do ego que se oferece retrospectivamente ao seu olhar, o nível cultural que ele atingiu, o dos ideais que realizou, nada disso é indiferente, sem dúvida, à forma e à intensidade da reação patoneurótica e psicótica. As investigações vindouras terão por tarefa mostrar em detalhe a influência do caráter do ego e do caráter sexual sobre a sintomatologia da paralisia geral.

Neste meio-tempo, já é possível dizer algumas coisas a respeito da relação entre o trauma e a escolha dos sintomas psicóticos. Não se trata da significação possível do estado anátomo-patológico, embora talvez chegue o dia em que poderemos também explicar mais ou menos este último, mas antes de certos fatores *temporais* e *tópicos* do desencadeamento da doença.

Da mesma forma que uma morte inesperada provoca um luto mais intenso ou que uma súbita decepção infligida pelo objeto amado narcisicamente suscita um humor melancólico mais vivo, também se pode esperar que um processo cerebral, que também sobrevenha de maneira brutal, acarrete uma reação patoneurótica mais intensa, que obrigará a psique a um trabalho de compensação mais ruidoso do que uma doença cerebral que começa de forma imperceptível e progride lentamente. Neste último caso, é de esperar sobretudo a ocorrência de um simples processo de demência, porquanto está faltando aí o fator traumático que poderia obrigar à mobilização de grandes quantidades de libido narcísica e provocar uma melancolia e uma mania paralíticas.

Além desse fator temporal, tem que se levar em conta um fator tópico, o que não deve ser tomado, pelo menos de momento, no sentido de uma localização anatômica ou histológica, mas na acepção da tópica de que nos fala Freud na *Metapsicologia*[19]. A violência da reação melancólica à doença cerebral e, bem entendido, a violência da contrarreação maníaca devem ser consideradas, em função do que expusemos acima, como dependentes do *nível atingido pela diferença de tensão entre o núcleo do ego e o ego narcísico*. Se o núcleo do ego (e suas funções: a autopercepção, a consciência, etc.) é relativamente poupado pela desintegração, o declínio catastrófico das diferentes faculdades físicas e mentais acarreta forçosamente violentas reações psicóticas; mas, se a faculdade de crítica do ego desaparece simultaneamente com essa decadência psíquica geral, a doença apresentará provavelmente o quadro da demência simples.

O ruidoso paralítico megalomaníaco não merece, portanto, como se faz nos manuais, ser apresentado como "totalmente desprovido de espírito crítico". Essa descrição conviria mais ao paralítico afetado de demência simples, pois os sintomas ruidosos da hipomania ou da megalomania são justamente o produto de uma intensa autocrítica.

Existe ainda um outro quadro clínico da paralisia que, embora mais raro, merece uma atenção particular do ponto de vista teórico. Estou pensando na forma "agitada" ou "galopante". Esta última surge repentina e fulminantemente, acompanhada de uma agitação prodigiosa, discursos absurdos, acessos de raiva, etc., não tardando em degenerar num delírio de angústia alucinatória, durante o qual o doente deambula continuamente, provoca tumulto de maneira incoerente, rasga tudo, saltita em todas as direções, ataca brutalmente seus guardiões e nada pode fixar sua atenção[20]. Manifestam-se "personificações" no doente e estas lhe dão as ordens mais extraordinárias, a que ele obedece fielmente, etc. Esses pacientes morrem, em geral, muito rapidamente, na maioria dos casos apenas algumas semanas após o aparecimento do distúrbio mental; morrem de exaustão em consequência da necessidade incoercível de movimentos.

Considerando-se que a anatomia ainda não nos forneceu nenhuma explicação para essa forma da paralisia, temos o direito de

---

19. Cf. os artigos metapsicológicos de Freud em *Ges. Schr.*, vol. V, e suas considerações em "Psicologia de grupo e análise do ego".

20. Ver o exemplo citado no *Lehrbuch d. Psychiatrie*, de Bleuler, Berlim, 1916, p. 243.

recorrer uma vez mais à psicanálise. Sobre esse ponto, a tópica metapsicológica de Freud permite-nos uma abordagem do problema. Na maioria dos casos, o processo de deterioração, como já vimos, começa na "periferia do ego", portanto pela desagregação das funções físicas, e ataca, em seguida, de forma progressiva ou a intervalos, as faculdades superiores. Mas o núcleo do ego continua mantendo a integridade do conjunto e a unidade da personalidade, mesmo que seja num nível muito regressivo. O núcleo do ego pode proteger-se da dissolução total por meio de contrainvestimentos e formações reativas; os investimentos libidinais das partes do ego e das identificações a "sequestrar" ainda encontram refúgio a tempo no "núcleo do ego", que se torna cada vez mais narcísico. Em contrapartida, no caso excepcional em que o processo patológico (seja no plano psicotópico ou histológico) *começa* imediatamente pela destruição do núcleo do ego e de suas funções, o cimento que aglutina as diferentes partes da personalidade corre o risco de ser destruído; as diferentes "identificações" e "personificações" que não têm mais tempo de abandonar seu investimento libidinal podem exprimir-se de um modo totalmente anárquico, independentemente e sem nenhuma consideração uma pelas outras, acabando por oferecer, finalmente, o quadro da paralisia galopante que descrevemos.

Do ponto de vista teórico, o mais interessante nessa explicação, supondo que seja correta, seria aprofundar o paralelo estabelecido por Freud entre a psique coletiva e a psique individual até chegar-se a uma concepção plástica da "organização" que constitui a psique individual. No psiquismo individual, tal como na psique coletiva, a libido, e mesmo a libido narcísica, poderia revelar-nos a força que aglutina as partes numa unidade. No psiquismo individual, tal como em certos grupos organizados, existiria uma hierarquia das instâncias subordinadas entre si; mas a eficácia do conjunto da organização dependeria da existência de um chefe colocado acima de todas as instâncias e essa direção suprema seria assumida na psique individual pelo *núcleo do ego*. E, quando este é eliminado em primeiro lugar, o indivíduo pode cair naquela *confusão* que conhecemos sob o nome de *pânico* na psicologia coletiva. Com a dissolução do vínculo libidinal que une as diferentes partes do ego ao ego que comanda, o vínculo que unia os elementos anteriormente subordinados a este último também é destruído, visto que, segundo Freud, a única razão dessa cooperação era a relação de todos os elementos com o chefe comum. Essa analogia é ainda mais plausível se levarmos em conta o fato de que uma enorme quantidade de *angústia* é geralmente descarregada na confusão alucinatória. Quando surge um "pânico" desse gênero, é como se toda a energia psíquica, que tinha estado "ligada" ao curso do desenvolvimento, se libertasse de súbito e se transformasse em energia "flutuante".

Seria necessário, naturalmente, encontrar uma explicação análoga para os casos não paralíticos de *anoia*, por exemplo, para os sintomas presentes na maior parte dos delírios tóxicos. Por outra parte, esse "plano de organização da psique individual" poderia abrir caminho para uma explicação da *tendência do psiquismo para a unificação*, que continua inexplicada até hoje, e até para a explicação de um fenômeno fundamental: a *associação de ideias*. O impulso que leva a unificar dois conteúdos psíquicos proviria, portanto, de fato, da deferência libidinal a respeito de um terceiro complexo "diretor", o "núcleo do ego".

É tempo de interromper estas especulações sobre a estereoquimia da psique e voltar ao nosso tema. Um grande número de sintomas psicóticos presentes na paralisia progressiva, assim como todo o curso dessa doença, provam, podemos afirmá-lo com toda certeza, ser acessíveis a uma explicação psicanalítica, e essa tentativa de explicação leva mesmo a ideias que prometem resolver certos problemas difíceis da psiquiatria e da psicologia em geral. Se o valor heurístico de uma teoria é tomado como padrão para aferir o seu grau de verdade, podemos nos arriscar a afirmar que a psicanálise, que até o presente se declarava competente unicamente no caso das chamadas psicoses "funcionais", merece doravante ocupar um lugar na psiquiatria orgânica.

XIX

Psicanálise e política social

Certos escritores, nem todos adversários da ciência, julgaram conveniente associar a psicanálise a esta ou àquela concepção política, ou a esta ou àquela concepção do mundo (*Weltanschauung*). Como única justificação, aliás bastante inepta, para tal procedimento, contentam-se em indicar o número de indivíduos que se dizem adeptos da psicanálise entre os partidários de diferentes orientações políticas, e assinalam as tendências que concedem uma certa liberdade de ação a esse ramo da psicologia. No que se refere ao primeiro desses pontos, parece extremamente difícil apoiar-se sobre uma prova qualquer, mesmo que a situação possa ser perfeitamente esclarecida. Pois, de fato, a proporção de partidários confessos ou não da psicanálise é mais ou menos idêntica nas diferentes tendências políticas. É fácil prever que uma tendência política só pode impedir o acesso a certos fatos científicos por um tempo limitado; assim, os dados astronômicos, tão severamente combatidos outrora, hoje em dia são submetidos apenas à apreciação objetiva dos meios científicos. No caso da psicanálise, também existe um fator puramente subjetivo que contribui para assegurar sua independência em relação à política. Esse ramo da psicologia não é somente uma ciência teórica, mas também uma ciência aplicada: é um procedimento terapêutico psíquico. E como sabemos que nenhuma posição política protege da doença, é em número aproximadamente igual que os adeptos das diferentes tendências e correntes recorrem ao psicanalista quando adoecem.

Não há a menor dúvida de que, após as revoluções que se produziram tanto na Alemanha quanto na Áustria e na Hungria, a psicanálise expandiu-se, mesmo no plano oficial. Os mais esclarecidos sabem igualmente que, depois do Congresso de Psicanálise de Budapeste, ou seja, antes mesmo do fim da guerra, os responsáveis militares pela Saúde manifestaram sua vontade de introduzir a psicanálise no exército, e foi o fim da guerra, ou seja, a revolução, que os impediu de realizar esse projeto. Por outro lado, é igualmente verdadeiro que as revoluções favorecem, por princípio, as orientações novas ou desdenhadas até então pelos meios oficiais, e a psicanálise pertence a essa categoria. Essa atitude produz, às vezes, estranhos frutos. Lembro-me, por exemplo, de um grupo que reivindicava uma linha política mais ou menos radical e que, durante vários semestres, tinha propagado as ideias de Bergson com o maior entusiasmo, pela única e exclusiva razão de que eram novas e "modernas", sem se aperceber de que a tese fundamental de Bergson, ultraidealista, resolutamente espiritual e mística, estava em perfeita contradição com as tendências do grupo.

Nada permite, portanto, estabelecer uma relação entre o conteúdo de uma tendência política e o conteúdo de uma ciência somente com base no favor testemunhado pelos partidários de uma dada tendência, que mais não seja para acompanhar a moda, em relação a uma certa disciplina científica. No que se refere mais particularmente à psicanálise, aqueles que conhecem a fundo a literatura analítica sabem muito bem que esse ramo da psicologia jamais aspirou a outra coisa senão expor verdades científicas; em todo o caso, jamais aceitou desviar-se da verdade, num sentido ou em outro, para comprazer a qualquer tendência no poder. Longe de se enfeudar a tal ou qual dogma político ou filosófico, a psicanálise considerou tanto as concepções filosóficas quanto as tendências políticas como expressões da psicologia humana. Recusou-se sobretudo a ver em tal ou qual partido, individualista ou coletivista, o representante da verdadeira natureza humana, preferindo esperar que o futuro traga o desenvolvimento de uma orientação "individualista-socialista" que leve em conta as diferenças naturais entre indivíduos, suas aspirações à independência e à felicidade, assim como a necessidade de uma organização que a vida em comum impõe mas que é difícil de suportar.

Naturalmente, essa diferença de concepção não impediu a psicanálise de exprimir suas teses toda vez que a possibilidade lhe foi oferecida. Da mesma maneira, ela não deixará no futuro de aproveitar todas as ocasiões para difundir suas verdades o mais amplamente possível, do alto de uma cátedra, se isso lhe for permitido, ou através da literatura, se as outras vias lhe forem fechadas. Pouco importa que aqui ou ali seja provisoriamente relegada para a sombra, visto que se interessa por fenômenos humanos de alcance geral que são hoje o objeto de investigações no mundo inteiro.

Outrora, recriminava-se à filosofia ser simplesmente a *ancilla theologiae*, a serva da teologia. A ciência deve abster-se de estar a serviço da política. Mas a psicologia deve cuidar com um zelo todo especial de preservar sua soberania, visto que jamais deverá privar-se da possibilidade de formular um julgamento imparcial sobre todos os fenômenos psíquicos, inclusive os movimentos políticos.

Naturalmente, não obstante essa recriminação, talvez sejam justamente os dados fornecidos pela psicanálise os que venham a culminar na formação de uma concepção do universo. Ignoramos quais serão as suas linhas mestras e, diga-se de passagem, isso não nos interessa grande coisa de momento, pois as questões que nos preocupam são muito mais elementares, logo, muito mais importantes. Contudo, podemos afirmar *a priori* que a psicanálise, disciplina que leva em conta tanto os fatores endógenos quanto os exógenos, jamais produzirá uma orientação em que as exigências, historicamente fundamentadas, da vida pulsional não sejam levadas em consideração no mesmo plano das exigências do presente e do futuro, e que tampouco será a porta-voz nem de uma adesão cega às tradições, nem da destruição a todo custo, em outras palavras, de uma política de "tábula rasa".

Tive há instantes de me rebelar contra a prática que consiste em pôr no mesmo saco as tendências da psicanálise e certas teorias sociais. O melhor argumento a esse respeito é que o grupo de sociólogos teóricos e de socialistas de palanque que dirige ataques violentos e nem sempre muito honestos contra as teorias de Freud é precisamente aquele ao qual tinham o costume de nos assimilar. Seria interessante, sem dúvida, examinar de perto os verdadeiros motivos desses ataques.

Eminentes pensadores, líderes de tendências políticas baseadas no materialismo histórico, começam a dar-se conta de todos os fracassos que poderiam talvez ter evitado se não tivessem dado uma base tão exclusivamente materialista aos seus esforços de progresso rumo ao socialismo, e se tivessem igualmente levado em consideração o universo psíquico dos homens cujo destino se tratava de melhorar. Assim descobriram ser um erro menosprezar o ponto de vista psicológico e superestimar a importância dos fatores econômicos. Agora que, para reparar essa insuficiência – "depois da batalha", poder-se-ia dizer –, diferentes psicologias se lhes oferecem, é de recear que deem provas, uma vez mais, da mesma falha de informação que, apesar de suas eminentes qualidades em outros domínios, parece caracterizá-los no plano da psicologia. Em vez de se apoiarem numa psicologia isenta de preconceitos, cuja autenticidade é precisamente garantida por sua independência em relação a todas as tendências, eles preferem teorias psicológicas que lhes parecem apropriadas para justificar a tática atual com que se pretendem conquistar o poder. Aliás, pudemos encontrar certos psicólogos que se valeram da psicanálise para afastar ou minimizar todo e qualquer fator psíquico que não seja o desejo de poder, o egoísmo, quando a psicanálise, na verdade, atribui uma importância igual a todos os fatores. Essa psicologia adotou como seu principal bode expiatório a expressão psíquica do outro grande instinto biológico, a sexualidade, que a ciência freudiana não hesita em considerar no seu justo valor. Os partidários dessa tendência esforçam-se infatigavelmente por demonstrar que a sexualidade é apenas uma manifestação extraviada do desejo de dominação, uma espécie de ficção, de "como se" (*Als-ob*), cuja verdadeira importância é nula ou desprezível.

Somente o futuro dirá se essa tendência adleriana da "psicologia individual" é a que oferece as melhores perspectivas de solução para os problemas individuais e sociais, ou se é a psicanálise de Freud. Recomendamos aos indecisos que leiam o mais recente trabalho de Freud, "Psicologia de grupo e análise do ego", que lhes propiciará a convicção de que, atualmente, a postura clássica do mestre ainda possui mais valor do que os esforços de originalidade dos epígonos.

XX

O simbolismo da ponte e a lenda de Dom Juan

Faz pouco tempo, numa breve comunicação sobre o "simbolismo da ponte"[1], tentei descobrir as múltiplas camadas de significação adotadas pela ponte no inconsciente. Segundo essa interpretação, a ponte é: 1º) O membro viril que une o casal parental durante as relações sexuais e ao qual a criança pequena deve agarrar-se se não quiser perecer na "água profunda" que a ponte domina. 2º) Na medida em que é ao membro masculino que se deve o fato de ter nascido dessa água, a *ponte* constitui uma via de passagem importante entre o "outro lado" (o que ainda não nasceu, o seio materno) e "este lado" (a vida). 3º) Como o ser humano é incapaz de representar-se a morte, o para-além-da-vida, a não ser à imagem e semelhança do passado, portanto, como um regresso ao seio materno (a água, a mãe terra), a ponte adquire igualmente a significação simbólica de uma via de passagem para a morte. 4º) Enfim, a ponte pode servir para figurar "passagens", "mudanças de estado".

Ora, a versão primitiva da lenda de Dom Juan apresenta os três primeiros motivos (1-3) tão estreitamente associados a um símbolo de ponte evidente que me sinto autorizado a ver aí uma confirmação da minha interpretação.

Segundo a lenda, o célebre sedutor *Miguel Monara Vicentello de Leco (Don Juan) acende o seu charuto no do diabo por cima do Guadal-*

---

1. Neste volume, cap. XI, p. 113.

quivir. Um dia, deparou com o seu próprio cortejo fúnebre e quis ser enterrado na cripta de uma capela construída por ele, a fim de ser espezinhado. Foi somente depois desse "sepultamento" que ele se converteu e se tornou um pecador arrependido.

Gostaria de mostrar que o charuto aceso por cima do Guadalquivir constitui uma variante do símbolo "ponte" que (como ocorre frequentemente com as variantes) permite o retorno de uma grande parte do inconsciente recalcado. O charuto evoca, por sua forma e por sua incandescência, o órgão masculino ardendo de desejo. O gesto grandioso – acender seu charuto por sobre o rio – coaduna-se perfeitamente com a imagem de um Dom Juan dotado de uma potência prodigiosa, cujo membro seria representado numa ereção colossal.

A presença em seu próprio sepultamento poderia explicar-se admitindo que essa fantasia do duplo é, com efeito, a personificação de uma parte essencial do ego corporal de Dom Juan: o seu órgão sexual. A cada relação sexual, este é efetivamente "enterrado", e isso no mesmo lugar que foi o do seu nascimento; e o resto do ego poderia considerar esse "enterro" com uma certa angústia. A psicanálise de um grande número de sonhos e da claustrofobia neurótica explica o temor de ser enterrado vivo pelo desejo, transformado em angústia, de voltar ao seio materno. Por outro lado, do ponto de vista narcísico, toda relação sexual, toda entrega de si à mulher, constitui uma espécie de castração no sentido de Stärke[2], e o ego lesado pode reagir a essa castração por uma angústia de morte. Escrúpulos de consciência e fantasias de punição podem contribuir igualmente para que um Dom Juan se sinta, em cada ato sexual, mais próximo do inferno, do aniquilamento. Essa fantasia de punição fica um pouco mais esclarecida se, na esteira de Freud, considerarmos a vida amorosa à maneira de Dom Juan, isto é, a compulsão para a formação de séries, para a conquista de inúmeras mulheres (a lista de Leporello!), como um simples substituta da *única* bem-amada que permanece interdita inclusive para Dom Juan (fantasia edipiana); essa fantasia apenas pressente, sem dúvida, o "pecado mortal" por excelência.

Não pretendo, em absoluto, ter desvendado nestas poucas linhas todo o conteúdo oculto da lenda de Dom Juan, a qual ainda

---

2. "Der Kastrationcomplex", *Int. Zeitschr. f. PsA.*, vol. VII, 1921.

possui mais de um traço obscuro (indiquemos, por exemplo, a significação provavelmente homossexual do fato de acender o seu charuto no de um outro); quis somente produzir uma prova a favor da interpretação da ponte como falo ou vida-e-morte quando aparece entre os símbolos típicos da morte, do nascimento e da sexualidade.

XXI

A psique como órgão de inibição

(Alguns comentários a respeito do ensaio do dr. F. Alexander:
"Considerações metapsicológicas")[1]

Nesse interessante livro em que Alexander tenta vincular as pulsões sexuais (de vida) e as pulsões do ego (de morte) distinguidas por Freud às leis biológicas e físicas mais gerais, pode-se ler, entre outras coisas: "Peço-lhes que considerem com atenção a minha afirmação quanto à função puramente inibidora do sistema 'Consciência'. Esse sistema 'Consciência' é certamente concebido por Freud como algo ativo que rege a motilidade. E ele considera que nesse sistema, ou em seu limite, uma função essencialmente ativa é exercida pela censura. *Conceber o ato de consciência como uma percepção puramente passiva de processos externos e internos está longe da teoria psicanalítica...*[2] E, no entanto, se examinarmos de perto o material psicanalítico, veremos que toda atividade de orientação positiva provém das camadas mais profundas e que, em última instância, somente as pulsões têm uma ação dinâmica. O único desempenho que compete aos sistemas superiores, à 'Consciência", é da ordem da inibição: recalcamento, repressão do desenvolvimento pulsional e, no máximo, orientação das pulsões."

As reflexões acima decorrem logicamente de uma concepção psicanalítica dos processos psíquicos e respondem de forma cabal às minhas próprias convicções nesse domínio; entretanto, contêm certos erros que me cumpre assinalar.

---

1. *Int. Ztschr. f. PsA.*, vol. VII, 1921, p. 275.
2. O grifo é meu.

1) A concepção do ato de consciência como realização puramente passiva está não só pouco distanciada da teoria psicanalítica mas constituiu desde o começo uma bem conhecida parte essencial desta. Desde *A interpretação dos sonhos*, onde tentou pela primeira vez estabelecer uma localização tópica das funções psíquicas em "sistemas psíquicos", Freud fala da consciência como de um *órgão dos sentidos destinado a perceber qualidades psíquicas (inconscientes)*, formulação que coloca em evidência o caráter puramente passivo da percepção no ato de consciência. E mesmo o *pré-consciente* (confundido um pouco esquematicamente demais por Alexander com o consciente, quando este último supõe um sobreinvestimento recente) sempre foi concebido por Freud como um sistema que assenta na atividade seletiva da censura e provém do inconsciente, mais profundo e mais próximo das pulsões, *por inibição e passagem a um nível superior*.

2) Essa concepção não é somente a opinião pessoal de Freud; ela também é compartilhada por todos os autores psicanalistas. Posso referir-me a um dos meus próprios artigos, datado de 1915, onde se pressupôs que a tese enunciada por Alexander é aplicável não só à consciência mas ao psíquico em geral. Gostaria de citar na íntegra toda a passagem em questão[3]: "Esse elemento de aparência mística e inexplicável, que se prende a todo e qualquer ato de vontade e de atenção, explica-se em grande parte se admitirmos a seguinte hipótese: o ato de atenção implica, em primeiro lugar, a firme *inibição* de todos os atos, salvo o ato psíquico planejado. Se todas as vias de acesso à consciência estão fechadas à exceção de uma única, a energia psíquica escoa *espontaneamente* na única direção possível, sem esforço especial (aliás inconcebível). Portanto, se quero olhar atentamente para alguma coisa, faço-o isolando da minha consciência todos os sentidos, exceto o visual; assim, a atenção acrescida nas excitações ópticas realiza-se por si mesma, tal como se eleva o nível de um rio em que fecharmos os canais de comunicação e de escoamento. *O princípio de toda ação é, portanto, uma inibição desigual*. A vontade não funciona como uma locomotiva que avança impetuosamente sobre os trilhos; seria mais como o agulheiro que bloqueia todas as vias, com exceção de uma única, à energia em si mesma indiferenciada – a energia locomotriz essen-

---

3. "Análise das comparações", *Obras completas*, vol. II, p. 223.

cial –, de modo que esta é obrigada a encaminhar-se pela única via que permaneceu aberta. Tenho a impressão de que isso é válido para todo tipo de *'atividade'*, logo, para a atividade fisiológica também; a excitação de um certo grupo muscular só pode atingir um resultado se houver inibição dos músculos."

Essas proposições, onde todos os processos psíquicos e fisiológicos, mesmo os mais complexos, são concebidos como "inibições quanto à meta" de tendências primitivas para a satisfação pulsional (os verdadeiros motores da ação), nunca foram desmentidas até o presente momento e isso porque elas se integram perfeitamente na teoria psicanalítica.

3) Quanto à afirmação de Alexander, segundo a qual Freud suporia que "no sistema Cs ou no seu limite uma função essencialmente ativa é exercida pela censura", ela é inexata. Freud jamais viu na atividade da censura outra coisa senão uma orientação das pulsões, ou seja, a inibição dos modos primitivos de descarga. Segundo Freud, são as pulsões que fornecem o "capital" para todo empreendimento psíquico e as instâncias superiores, impotentes por si mesmas, preocupam-se unicamente com a regulação das forças pulsionais dadas.

4) Segue-se que Freud jamais pretendeu manifestamente deduzir do domínio exercido pelo pré-consciente sobre a motilidade a existência de forças motrizes próprias do pré-consciente que alimentariam a musculatura, mas que o pré-consciente rege, isso sim, o *acesso* à motilidade, portanto, segundo a metáfora do agulheiro citada mais acima, que permite ou recusa a descarga motora às forças pulsionais oriundas de fontes mais profundas.

5) Seria desnecessário acrescentar que essa concepção psicanalítica vale para todas as realizações psíquicas do pré-consciente, "superiores" ou "sociais", quer sejam de ordem intelectual, moral ou estética. Freud não diz expressamente que a "tendência humana para o aperfeiçoamento" é apenas uma reação sem fim contra as pulsões primitivas e amorais que permanecem vivas no inconsciente e aspiram infatigavelmente à satisfação. Mesmo que essas tendências cheguem secundariamente a uma autonomia aparente, sua verdadeira fonte é e continua sendo a vida pulsional, limitando-se o papel dos sistemas superiores à transformação, à moderação e à regulação "sociais" das forças pulsionais, portanto, à sua inibição.

6) Mas estas reflexões não excluem, em absoluto, que uma parte das tendências para a satisfação pulsional que se destacaram *muito precocemente*, talvez desde o surgimento da vida, assim como seus frutos, possa adquirir uma relativa autonomia, estabelecer-se como "pulsões de regeneração, de reprodução, de vida e de aperfeiçoamento", e opor-se assim de modo permanente às pulsões egoístas de repouso e morte. Portanto, pode-se muito bem, e de encontro à concepção de Alexander, aceitar a teoria freudiana da pulsão de vida imanente e autônoma. Basta para tanto permanecer consciente da origem *ab ovo* sempre exógena dessas pulsões para evitar o perigo de cair no misticismo, como fez Bergson, por exemplo, em seu *A evolução criadora*.

A vontade de Alexander, louvável em si, de assegurar o monismo do universo não deve nem tem a menor necessidade de levá-lo a rejeitar *a priori* a dualidade das forças cuja existência a psicanálise e a biologia constatam por toda a parte. E é não só mais sedutor mas também mais correto e mais promissor, de um ponto de vista heurístico, dedicar-se a acompanhar os conflitos entre as forças antagônicas, antes de proceder à unificação filosófica de toda a dinâmica psicofisiológica.

Gostaria, aliás, de aproveitar a ocasião para indicar que a própria noção de "monismo" não foi definida com muita clareza. Muitos entre nós supõem de bom grado que todo o físico, todo o fisiológico e mesmo o psíquico podem reduzir-se a sistemas de leis elementares; e estes podem muito bem ser considerados, num certo sentido, como monistas. Mas a hipótese de tais leis em todos os domínios da experiência humana não se confunde com o monismo, que crê poder explicar esses fenômenos mediante um princípio *único*.

XXII

Psicologia de grupo e análise do ego, *de Freud*

(Progresso da psicologia individual)

Se abrangermos de um relance a evolução das ciências, teremos forçosamente que constatar que, nesse domínio, o progresso linear atinge em geral com bastante rapidez um ponto morto que obriga, se se quiser avançar, a prosseguir o trabalho sob um outro ângulo, muitas vezes inteiramente inesperado ou insólito. Já tive a oportunidade de assinalar tempos atrás esse fenômeno deveras surpreendente, quando fui levado a ver nos *Três ensaios sobre a teoria da sexualidade*, de Freud, obra de *psicologia* pura, um progresso importante da *biologia*, portanto, uma ciência dependente das ciências exatas e naturais, progresso que essa disciplina jamais teria conseguido, sem dúvida, por seus próprios meios.

Esse "utraquismo" (como gostaria de chamá-lo) de uma boa política científica encontra-se confirmado não só na grande alternativa entre métodos de conhecimento objetivos (ciências exatas e naturais) e subjetivos (psicologia), mas no próprio âmbito da psicologia. Ainda mal tínhamos nos habituado à hipótese de que os fatos psicanalíticos da psicologia individual constituíam a base da nossa ciência e de que a sua "aplicação" resolveria os fenômenos mais complexos da psique coletiva (arte, religião, formação de mitos, etc.), quando a nossa confiança nessa hipótese foi abalada pela recente publicação do livro de Freud sobre a "psicologia coletiva". Com efeito, somos aí informados de que a investigação de processos dependentes da psicologia coletiva pode resolver problemas importantes da psicologia individual. Nas páginas que se seguem proponho-

-me destacar os principais progressos que a psicologia individual normal e patológica deve a essa dissecação da alma coletiva por Freud.

O autor descarta a ideia, em geral admitida automaticamente por todos os autores, de que os fenômenos coletivos só se produzem numa "multidão", portanto, no seio de um *grande* número de indivíduos. Ele constata, antes, que esses mesmos fenômenos da vida afetiva e da esfera intelectual podem produzir-se quando se trata de um pequeno grupo de pessoas, uma família, por exemplo, e mesmo nas relações com uma só pessoa, o caso da "formação coletiva a dois". Essa concepção leva-nos a mudar radicalmente o nosso ponto de vista sobre um dos processos mais espantosos e mais importantes para a psicologia individual: *a hipnose e a sugestão*.

Até o presente, os autores pretendiam explicar os fenômenos coletivos pela sugestão sem poder dizer em que consistia a natureza desta última. Ora, Freud descobriu a existência de fenômenos coletivos cuja evolução histórica deveria contribuir para explicar o processo de sugestão tal como funciona entre dois indivíduos. Segundo Freud, pode-se acompanhar o rastro da disposição para a hipnose até a época primitiva da raça humana, até a horda humana onde o olho do pai, o pai temido da horda, senhor da vida e da morte, exercia efetivamente durante a vida toda, sobre todos os membros da horda, o mesmo efeito paralisante, a mesma inibição de toda atividade independente, de toda moção intelectual pessoal, que ainda hoje é produzido pelo olhar do hipnotizador sobre o seu "médium". O temor inspirado por esse olhar faz parte, portanto, do poder hipnótico; quanto aos outros procedimentos que servem para produzir a hipnose (ruído monótono, fixar um ponto), estes limitam-se a desviar a atenção consciente do sujeito prestes a adormecer, a fim de submeter melhor o seu inconsciente à influência do hipnotizador.

Contrariamente à hipótese, até aqui predominante, de Bernheim, que via na hipnose apenas uma forma da sugestão, nós suporemos agora com Freud que a aptidão para ser hipnotizado constitui o fenômeno essencial que pode nos explicar a sugestionabilidade; quanto à aptidão propriamente dita para ser hipnotizado, ela não é apenas, como se acreditava até então, um resíduo da angústia infantil inspirada pelo pai severo, pois representa também o retorno das emoções experimentadas pelo homem da horda primitiva diante do temido chefe da horda. A psicologia coletiva fornece, portanto, o paralelo filogenético da ontogênese da aptidão para ser hipnotizado. Se tomarmos em consideração a posição central dos problemas apresentados pela hipnose e pela sugestão na patologia, na terapia das neuroses e na pedagogia, veremos imediatamente a revisão fundamental das nossas concepções anteriores marcar todo o campo da psicologia normal e patológica.

O outro resultado, igualmente essencial, que a psicologia individual deve a essas investigações de psicologia coletiva, é a *descoberta de uma nova etapa do desenvolvimento do ego e da libido*. As neuroses de transferência, ponto de partida da investigação psicanalítica, e durante muito tempo seu único objeto, permitiram a Freud reconstituir quase por completo as fases do desenvolvimento da pulsão sexual. Em contrapartida, o segundo fator implicado na formação da neurose, o ego, continuava sendo uma massa compacta, impossível de reduzir muito mais, e as ideias que se podia ter sobre a sua estrutura eram extremamente hipotéticas. O estudo das psiconeuroses narcísicas e da vida amorosa do indivíduo normal projetou alguma luz sobre essa obscuridade, mas foi necessário esperar por esse estudo da psicologia coletiva para que Freud lograsse descobrir a existência de um verdadeiro "estágio" no ego. Essa etapa superior do ego, que sucede ao narcisismo original da criança e da humanidade, consiste na distinção entre um ego sempre caracterizado pelo narcisismo primário e um "Ideal-do-ego", modelo erigido internamente a fim de medir todos os seus atos e qualidades. Esse Ideal-do-ego cumpre funções importantes, como o teste da realidade, a consciência moral, a auto-observação e a censura dos sonhos; é igualmente a força responsável pela produção do "recalcado inconsciente", tão importante na formação da neurose.

Paralelamente a essa etapa evolutiva do ego, existe um processo libidinal específico que vai integrar-se agora, enquanto fase particular do desenvolvimento, entre o narcisismo e o amor objetal (mais exatamente: entre as fases de organização oral e sádico-anal que ainda são predominantemente narcísicas e o amor objetal propriamente dito). Esse processo libidinal intermediário é a *identificação*. No decorrer desse processo, os objetos do mundo externo não são realmente "incorporados" como na fase canibal mas tão somente na imaginação ou, como se diz, eles são *introjetados*, suas propriedades são anexadas e atribuídas ao próprio ego. Ao identificar-

-se assim com um objeto (pessoa), cria-se de certo modo uma ponte entre o ego e o mundo externo, e esse vínculo permite em seguida deslocar a ênfase do "ser" intransitivo para o "ter" transitivo; portanto, permite à identificação evoluir para o verdadeiro amor objetal. Mas a fixação no estágio de identificação permite regredir da fase mais tardia do amor objetal para a etapa da identificação; encontram-se exemplos particularmente impressionantes dessa regressão em certos processos patológicos, e outros tão evidentes quanto esses nas produções da psique coletiva que até agora eram incompreensíveis. A hipótese dessa nova etapa do desenvolvimento do ego e da libido permitirá certamente compreender um pouco melhor um certo número de fenômenos, ainda mal explicados, da psicologia e da patologia individuais.

Embora Freud esteja preocupado, sobretudo, com a dinâmica da psique coletiva em sua obra sobre a psicologia de grupo, ele não pôde impedir-se de prosseguir na elaboração de certos capítulos da teoria das neuroses que suas investigações precedentes tinham deixado incompletos. Limitar-me-ei a citar alguns exemplos colhidos na massa de ideias que nos são propostas.

A clínica psicanalítica já tinha podido constatar que a *homossexualidade* masculina apresentava-se quase sempre em reação a uma antiga corrente heterossexual particularmente intensa. Agora, Freud ensina-nos que essa reação produz-se na regressão do amor objetal para a identificação. A mulher é abandonada enquanto objeto de amor externo, mas, em compensação, é erigida de novo no próprio ego por meio da identificação, ou seja, colocada no lugar do Ideal-do-ego; o homem torna-se, pois, feminino e procura eventualmente um parceiro masculino a fim de restabelecer a primeira relação heterossexual, mesmo que de forma invertida.

A teoria que mostra a natureza libidinal do vínculo social com o chefe e com os semelhantes permite entrever a patogênese *da paranoia*. Pela primeira vez compreendemos verdadeiramente por que tantos indivíduos se tornam paranoicos em consequência de uma humilhação social. A libido, que até então se encontrava socialmente vinculada, vê-se libertada em virtude da ofensa e gostaria de exprimir-se sob uma forma sexual grosseira, em geral homossexual, mas esse modo de expressão é recusado pelo Ideal-do-ego, sobremaneira exigente, e a saída para esse conflito agudo encontra-se na paranoia. O antigo vínculo social continua a exprimir-se no sentimento de ser perseguido por coletividades, comunidades e associações (jesuítas, franco-maçons, judeus, etc.). Assim, a paranoia aparece como um distúrbio não só do vínculo (homossexual) com o pai mas também da "identificação" social (assexuada em si mesma).

A solução do problema apresentado pela psicologia coletiva oferece um novo suporte para a metapsicologia da *melancolia* que já tinha sido elaborada anteriormente. Essa psicose também se apresenta como a consequência da substituição do Ideal-do-ego pelo objeto, objeto abandonado no exterior porque odiado; quanto à fase *maníaca* da ciclotimia, apresenta-se como a revolta provisória do que resta do ego narcísico (narcisismo primário) contra a tirania do Ideal-do-ego. Vemos as novas fases do ego e da libido fazerem estreias promissoras na psiquiatria.

A identificação *histérica* difere das outras identificações pelo fato de que, entre outras coisas, a incorporação (inconsciente) do objeto é aí apenas parcial, de que envolve unicamente certas propriedades do objeto.

Capítulos importantes da *vida amorosa* normal terão que ser revistos à luz dessas novas concepções. A distinção entre pulsões sexuais *diretas* e pulsões sexuais *inibidas quanto à meta* (ternas) revela ser, nessa investigação, ainda mais importante do que se supunha antes; e o *período de latência* que realiza essa inibição quanto à meta ganha, portanto, em importância.

A correta avaliação das moções sexuais inibidas quanto à meta obrigou Freud a elaborar uma nova concepção da *dinâmica das doenças neuróticas*. Segundo esta última descrição, o conflito neurótico desenrola-se entre as pulsões sexuais inibidas quanto à meta e requeridas pelo Ideal-do-ego (em conformidade com o ego), por um lado, e as pulsões sexuais diretas (recusadas pelo ego), por outro. Os processos de investimento libidinal no *estado amoroso* aparecem igualmente sob uma nova luz após essa investigação de psicologia coletiva. O *sentimento de vergonha* torna-se compreensível se o considerarmos como sendo igualmente determinado por um fenômeno de psicologia de grupo, ou seja, como reação ao distúrbio gerado pela manifestação em público das pulsões heterossexuais, sempre associais.

Voltemos ao nosso ponto de partida e indiquemos, uma vez mais, para concluir, os fatores da psicologia coletiva que estão implicados em toda psicoterapia e tornam indispensável o estudo desse livro de Freud por quem quiser cuidar de espíritos doentes. Durante o tratamento, o médico é o representante de toda a sociedade humana e pode, à semelhança do padre católico, levar à perdição ou salvar. Por amor ao médico, o doente aprende a neutralizar a sua antiga "consciência moral" que o fez adoecer, e a autoridade do médico permite-lhe abolir seus recalcamentos. Os médicos estão, pois, entre os primeiros que têm o dever de manifestar seu reconhecimento e admiração ao autor desse livro. Com efeito, certos processos da psicologia de grupo permitiram a Freud explicar a eficácia dos diversos procedimentos psicoterapêuticos e, pela primeira vez, os médicos podem compreender como age a ferramenta de que se servem cotidianamente.

XXIII

Considerações sociais em certas psicanálises

I

O "romance familiar" da decadência

Há alguns anos, recebi um telegrama que me chamava para consultar uma jovem condessa residente numa estação de inverno em moda. Esse chamado não deixou de me surpreender. Com efeito, a psicanálise, sobretudo nessa época, suscitava geralmente muito pouco interesse nos círculos aristocráticos e, além disso, o colega que me chamava, um antigo professor de cirurgia com quem eu mantinha, aliás, relações amistosas, tampouco era favorável à nossa ciência.

Esse enigma ficou resolvido desde a minha chegada, quando me contaram a história da doença. A jovem condessa tinha fraturado uma perna andando de trenó na neve; tinha então desmaiado e, nesse estado de inconsciência, gritara injúrias, palavrões e expressões as mais obscenas e vulgares; crises desse gênero tinham-se reproduzido por diversas vezes desde então. O meu colega perguntara-se, portanto, se não se trataria de "um caso de histeria com etiologia freudiana" e sugerira que me chamassem.

Nos dois dias seguintes, cheguei a estabelecer uma anamnese de estilo mais ou menos psicanalítico. A paciente, uma bonita jovem de 19 anos, tinha sido mimada por um pai algo fraco e tratada mais severamente, embora com atenção e afeição, por sua mãe. Ela já estabelecera uma transferência muito intensa com o cirurgião que engessara sua perna e a tratava havia uns oito dias; a jovem mostrou-se mais reservada a meu respeito mas consegui, não obstante, com a ajuda do meu colega e dos pais, estabelecer os seguintes antecedentes. A paciente sempre tivera um comportamento algo estranho. Sempre que podia, evadia-se dos esplêndidos aposentos do palácio onde residia com os pais e ia conviver com gente comum. Ligara-se mais particularmente a uma babá que se ocupara dela desde a mais tenra infância. Essa babá foi obrigada a sair do palácio e a viver numa dependência distante do domínio. Nem por isso a paciente (entre os 16 e os 18 anos) deixou de frequentar assiduamente essa pessoa de confiança, na casa de quem, para grande contrariedade dos pais, passava o dia inteiro, ajudando-a nos trabalhos domésticos, mesmo os mais grosseiros, como esfregar o assoalho, dar de comer ao gado, limpar o estábulo, etc. Nada lhe repugnava mais do que a companhia de pessoas de sua própria classe, e era uma dificuldade enorme fazê-la aceitar a ideia de fazer e receber um mínimo de visitas indispensáveis. Mandava passear com bastante brutalidade os pretendentes de origem aristocrática perfeitamente aceitáveis.

Alguns anos antes, sofrerá de uma neurose que a mãe me descreveu assim: a paciente tornara-se de súbito uma jovem deprimida, chorando continuamente sem confiar a ninguém a causa de sua mágoa. A mãe levou-a a Viena na esperança de distraí-la, mas seu humor em nada melhorou. Uma noite, apareceu em prantos no quarto de sua mãe, enfiou-se na cama ao lado dela e abriu-lhe o coração. Sofria, segundo contou, de uma angústia pavorosa: temia ter sido violada quando estava inconsciente. A coisa teria acontecido nos domínios da família, um dia em que acompanhara sua mãe à estação de trem. Após a partida desta, regressara rapidamente ao palácio na carruagem da família e o trajeto não durara mais que cinco minutos. Mas pelo caminho sentira um mal-estar súbito e tinha provavelmente perdido a consciência por breves instantes: o cocheiro tinha podido aproveitar-se do seu estado para cometer a agressão em questão. Quanto a saber se o cocheiro tinha feito realmente alguma coisa, ela era incapaz de lembrar-se; tudo o que recordava era que, ao recobrar os sentidos, o cocheiro lhe dissera alguma coisa, mas tampouco sabia exatamente o quê. A mãe esforçou-se por tranquilizá-la e explicou-lhe que um tal ato, em plena luz do dia, numa carruagem aberta e numa estrada muito frequentada, era totalmente impossível. Entretanto, a tensão nervosa da paciente persistiu até o momento em que a mãe fez com que fosse examinada por toda uma série de eminentes ginecologistas, os quais a declararam *virgo intacta*.

Durante os dois dias que passei na estação de inverno, pude convencer-me de que se tratava de um caso de histeria com exacerbação traumática; que certamente existia uma relação entre os palavrões grosseiros da paciente, suas paixões rústicas e sua fantasia de violação, e que só a psicanálise estava em condições de explicar esse caso. Sem procurar mais longe, eu já podia formular a hipótese, que foi aliás confirmada pelas testemunhas do acidente, de que ela fraturara deliberadamente a perna, sem dúvida por alguma tendência para a autopunição.

Soube mais tarde que a paciente, em vez do tratamento psíquico previsto, partira em convalescença para tratar de sua perna num sanatório, que se interessou cada vez mais pela cirurgia, tornou-se enfermeira durante a guerra e, por fim, casou com um jovem cirurgião de origem judaica, contra a vontade dos pais.

Não estou em condições de preencher pela psicanálise as lacunas da história deste caso, mas devo admitir que se trata, indiscutivelmente, de um caso de romance familiar invertido, um "romance familiar da decadência". Como se sabe, os romances familiares dos neuróticos são, na grande maioria dos casos, fantasias de grandeza relativas à posição social de seus pais, que de uma condição muito humilde ou modestamente burguesa veem-se elevados à categoria de nobres ou mesmo de membros da família real. As investigações psicanalíticas de Otto Rank sobre a mitologia culminaram em romances familiares muito semelhantes no que se refere aos mitos dos heróis mais conhecidos (Moisés, Édipo, Rômulo e Remo, etc.); todos de origem nobre, eles foram abandonados, criados por camponeses pobres ou mesmo por animais, e conseguem finalmente reencontrar seu antigo *status* social. Segundo a concepção muito plausível de Rank, poder-se-ia considerar esses pais camponeses ou animais nutridores e os pais de elevada estirpe como simples *duplicações* de uma imago parental.

Enquanto no mito esses pais "primitivos" são geralmente tratados como figuras provisórias que devem, no fim, ceder o lugar aos pais de alta categoria, a nossa neurótica, pelo contrário, desejava abandonar o universo nobre para retornar ao universo primitivo. Esse desejo aparentemente absurdo está longe de constituir uma exceção. Toda uma série de observações com crianças mostrou-me que um enorme contingente delas sente-se melhor entre os camponeses, os empregados domésticos e as pessoas humildes do que com suas próprias famílias, muito mais refinadas. As crianças sonham com frequência e com nostalgia em levar a vida nômade dos ciganos ou mesmo em ser metamorfoseadas em animais. Nesse caso, é a vida amorosa sem disfarces e, ademais, incestuosa que atrai as crianças e as faria renunciar de bom grado ao elevado *status* e à abastança. Poderíamos falar, portanto, nesse sentido, de domésticos e ciganos "prestativos" que acodem a criança em plena aflição sexual, como os "animais prestativos" o fazem tantas vezes nos contos.

Mais tarde, como se sabe, esse retorno à natureza produz-se, às vezes, na realidade; existe um bom número de histórias, repetidas e divulgadas com satisfação, que se referem às relações entre duquesas e seus motoristas, entre princesas e ciganos; e o grande interesse que elas suscitam explica-se por certas tendências humanas universais.

II

Distúrbios psíquicos resultantes de uma ascensão social

Disponho de um pequeno número de observações referentes a neuroses, para as quais a ascensão social da família numa época em que os pacientes eram muito jovens, sobretudo no período de latência sexual, constituiu um fator etiológico de grande importância. Três casos a respeito de homens que sofriam de impotência sexual; no quarto caso, trata-se de uma paciente vítima de um tique convulsivo. Dois dos pacientes eram primos cujos pais haviam enriquecido e passado a ser pessoas "distintas" no mesmo momento, ou seja, numa época em que seus filhos tinham entre sete e nove anos. Nos três casos de impotência, os pacientes tinham passado por um período de sexualidade infantil polimorfa extremamente violenta e exuberante, cujo desenvolvimento nenhum controle, nenhuma convenção social, lograra sustar. Na idade em questão, foram levados a viver em condições de refinamento que lhes eram inteiramente estranhas e que os obrigaram mais ou menos a deixar suas antigas residências no campo para ir habitar numa cidade. Essa mudança fê-los perder a audácia e a segurança de outrora, pois sua própria exuberância os coagiu a desenvolver formações reativas particularmente intensas se quisessem corresponder um pouco ao Ideal-do-ego desse novo meio social refinado. Nada tem de surpreendente que essa onda de recalcamento tenha se abatido com uma força muito especial sobre sua agressividade sexual e sua capacidade genital.

Em todos esses casos, mas de maneira mais particular na paciente com tiques, constatei a existência de um narcisismo muito superior à média, que assumia a forma de uma sensibilidade excessiva. Os pacientes consideravam uma ofensa pessoal a menor negligência às regras de polidez correntes; sofriam todos do "complexo dos convites" e podiam votar um ódio eterno àquele que os tivesse um dia rechaçado. Naturalmente, essa suscetibilidade escondia o sentimento de sua própria inferioridade social e, de um modo mais particular, a ação inconsciente de excitações sexuais perversas. A paciente com tiques e um dos casos de impotência tinham ainda um outro ponto em comum: sua ascensão, ao sobrevir no período de latência, não tinha sido somente de ordem social mas também moral, na medida em que compensava ao mesmo tempo o caráter ilegítimo de seu nascimento.

Uma irmã caçula da paciente dos tiques, um irmão caçula e um irmão mais velho de um dos pacientes impotentes tinham sido poupados da doença, sem dúvida porque tinham vivido essa importante mudança do meio para o fim do período de sexualidade infantil ou após o início da puberdade. O período de latência é de importância extraordinária, pois é o momento em que se formam os traços de caráter e em que se estabelece o Ideal-do-ego. Toda perturbação no decorrer desse processo, como, por exemplo, a introdução de uma nova escala de valores morais, com o inevitável conflito entre o ego e a sexualidade que ele implica, pode acarretar, muito mais vezes do que suspeitávamos até agora, a deflagração de uma neurose.

XXIV

Nota de leitura: Contribuições clínicas para a psicanálise, *do dr. Karl Abraham*

Nesse imponente volume estão reunidos 28 artigos do eminente psicanalista berlinense, dr. Karl Abraham. Esses artigos são importantes não só pelos múltiplos exemplos clínicos que informam detalhadamente o leitor de todos os progressos essenciais realizados pela teoria freudiana das neuroses entre 1907 e 1921 mas, sobretudo, pela abundância das contribuições originais e plenas de interesse de que a nossa ciência é devedora a esse infatigável investigador. A maioria dos impulsos dados por Karl Abraham foram confirmados e um bom número deles tornou-se patrimônio comum de todos os analistas. Enfim, vários artigos são obras francamente brilhantes que devemos à grande experiência e à argúcia desse autor. Uma simples exposição não pode dar uma ideia, mesmo grosseira, da safra de conhecimentos novos contidos nesses ensaios, e os mais curiosos interessados poderão reportar-se ao original. Entretanto, os títulos de certos capítulos bastarão para evidenciar a originalidade e o espírito universal desse autor.

"Os traumas sexuais como forma de atividade sexual infantil"[1] obriga a rever completamente a nossa concepção atual da gênese de certas neuroses. Acreditava-se outrora poder atribuir um certo número desses estados a traumas sexuais infantis. Mas esse estudo de Abraham mostra que as crianças têm frequentemente uma *ten-*

---

1. Todos os artigos aqui citados encontram-se em *Oeuvres Complètes*, de Karl Abraham, tradução de I. Barande e E. Grin, Payot, 2 volumes. (NTF)

dência para expor-se a esses traumas, o que prova, por conseguinte, o papel da *constituição sexual* na patologia dessas neuroses, uma hipótese que já tinha sido aventada por Freud. Dois artigos, "Casamento entre pessoas aparentadas e psicologia das neuroses" e "A propósito da exogamia neurótica", tratam da dupla relação dos neuróticos com o progenitor do sexo oposto, viva atração ou hostilidade intensa. A psicanálise deve a esse autor observações capitais sobre a importância de certas pulsões parciais, de zonas erógenas e de organizações sexuais que tinham sido mais ou menos negligenciadas até então: "O pavilhão auricular e o canal auditivo, zona erógena", "A angústia locomotora e seu aspecto constitucional", "Limitações e modificações do voyeurismo nos neuróticos. Observações a respeito de manifestações similares na psicologia coletiva" e "Sobre a ejaculação precoce" (primeira abordagem científica do erotismo uretral).

As "Investigações sobre os primeiros estágios pré-genitais do desenvolvimento da libido" mostram a importância da fase oral (canibal) da organização sexual no deflagrar das perturbações neuróticas ulteriores e na escolha da neurose. Esse trabalho, tão fecundo em conclusões, valeu aliás ao seu autor o Prêmio Internacional de Psicanálise de 1920. Karl Abraham revela igualmente ser um clínico de primeira ordem nos seus artigos "Uma forma particular da resistência neurótica ao método psicanalítico" e "O prognóstico do tratamento psicanalítico nos sujeitos de uma certa idade". Como ensaio teórico importante destacaremos "As diferenças psicossexuais entre a histeria e a demência precoce", artigo que fez de Abraham o precursor da concepção de Freud sobre as "neuroses narcísicas". Os outros artigos tratam, em sua maioria, de casos clínicos retirados da prática analítica (estados oníricos, histéricos, fetichismo, alcoolismo, psicose maníaco-depressiva, etc.). Não deixemos de citar a brilhante crítica que é feita à pseudopsicanálise de Jung. Enfim, assinalemos que esse volume não pode dar uma imagem exaustiva das obras psicanalíticas de Karl Abraham; com efeito, ele contém somente seus trabalhos médico-clínicos e deixa de lado suas incursões tão apaixonantes nos domínios da estética e da psicologia coletiva.

XXV

Ptialismo no erotismo oral

    Um estudante que concluiu seu curso de medicina conta-me que toda vez que vai auscultar uma mulher e, com esse propósito, aproxima a cabeça do peito dela, é tomado de um brusco afluxo de saliva; em geral, sua secreção salivar não ultrapassa o normal. Não tenho a menor dúvida sobre a origem infantil (erotismo oral) dessa particularidade (cf. o caso de "poluções bucais" comunicado por Abraham na *Zeitschr, f. PsA.* IV, pp. 71 ss.).

XXVI

Os filhos de "alfaiate"

Verifica-se, em relação ao número de pacientes, uma porcentagem de casos extremamente elevada entre os neuróticos masculinos cujos pais exerciam uma profissão que se poderia qualificar, de certo modo, de "imponente". Já indiquei num outro artigo que é particularmente difícil para a criança separar o Ideal Paternal da pessoa do pai – etapa necessária para ter acesso à independência – quando o próprio pai ocupa uma posição elevada cujos representantes são, em geral, objeto de uma transferência dos sentimentos filiais (príncipes, professores, grandes espíritos, etc.). É o que também explica, na minha opinião, que os descendentes diretos de personalidades importantes e de gênios "degenerem" tão facilmente. Mas cumpre acrescentar que existem profissões que não desfrutam em absoluto desse especial apreço, mas que nem por isso deixam traços menos vivos, até indeléveis, na vida psíquica dos filhos. Trata-se de profissões cujo exercício está ligado ao manejo de ferramentas pontiagudas e cortantes. Em primeiro lugar vem a profissão de *alfaiate*, depois a de cabeleireiro, de soldado, de açougueiro, talvez mesmo a de médico. Por exemplo, dos sete pacientes que tenho atualmente em tratamento, dois são filhos de alfaiate. Trata-se, bem entendido, nesses dois pacientes, como aliás em todos os casos análogos que pude observar, de um recrudescimento extraordinário da *angústia de castração*, que acarretou subsequentemente uma paralisia da potência sexual.

XXVII

A *"materialização" no* globus hystericus

Como exemplo de *"materialização"* histérica (processo pelo qual uma ideia se realiza plasticamente no corpo), cito entre outros o *globus hystericus* no meu artigo sobre o assunto[1], sustentando que se trata não só de uma parestesia mas de uma materialização efetiva. Ora, li no livro de Bernheim, *Hypnotisme, suggestion, psychothérapie* (p. 33), o seguinte: "Quando fui externo no serviço do dr. Sédillot, este mestre eminente foi chamado a examinar um doente que não podia engolir nenhum alimento sólido. Ele sentia na parte superior do esôfago, por trás da cartilagem tireoide, um obstáculo ao nível do qual o bolo alimentar era retido e depois regurgitado. Ao introduzir o dedo tão profundamente quanto possível através da faringe, Sédillot sentiu um tumor, que descreveu como um pólipo fibroso saliente no calibre do esôfago. Dois distintos cirurgiões praticaram o toque depois dele e constataram sem hesitação a existência de um tumor, tal como o mestre o descrevera. Foi então praticada a esofagotomia; nenhuma alteração existia nesse nível."

---

1. Ver, neste volume, "Fenômenos de materialização histérica".

XXVIII

A atenção durante o relato de sonhos

Como se sabe, o psicanalista não deve ter uma escuta tensa quando seu paciente fala, mas, pelo contrário, manter o livre jogo de seu próprio inconsciente por meio da "atenção equiflutuante". Gostaria de abrir uma exceção a essa regra no que se refere aos *relatos de sonhos* feitos pelo paciente, pois aí cada detalhe, cada matiz de expressão, a ordem na qual o conteúdo do sonho é apresentado, tudo isso deve ser discutido na interpretação. Portanto, cumpre esforçar-se por anotar minuciosamente o *texto* dos sonhos. Peço muitas vezes para que os sonhos complicados me sejam contados uma segunda vez e até mesmo uma terceira vez, se necessário.

XXIX

Arrepios provocados pelo ranger do vidro, etc.

A análise das neuroses permitiu descobrir o sentido dessas idiossincrasias muito comuns. O primeiro elemento da interpretação me foi fornecido por um paciente cujo "sangue gelava" à vista de batatas sendo descascadas: inconscientemente, identificava esses vegetais a algo de humano, de modo que o descascar batatas significava para ele esfolar, retirar a pele, e isso de maneira tão ativa (sádica) quanto passiva (masoquista), no sentido da pena de talião. Munido dessa experiência, tenho que atribuir igualmente a particularidade citada no título deste artigo a impressões de infância, a uma época antiga em que a concepção animista e antropomorfa da matéria inerte é coisa corrente. O som agudo produzido pelo vidro que se risca evoca, para a criança, o queixume de um objeto maltratado, tal como o tecido que solta gritos de dor – pensa ela – quando é rasgado. Tatear materiais ásperos, acariciar a seda, são com frequência acompanhados de "arrepios", sem dúvida por causa do ruído "desagradável" que produzem esses materiais quando se lhes passa a mão. Mas a rugosidade por si mesma pode bastar para provocar por empatia a sensação de algo rugoso ou de um ferimento na própria pele, ao passo que acariciar objetos lisos e suaves parece ter um efeito apaziguador, calmante, sobre os nervos da pele. A tendência para desenvolver esse gênero de idiossincrasias deriva, na maioria das vezes, de fantasias inconscientes de castração. Não é impossível que esses fatores e outros semelhantes desempenhem um papel no efeito estético produzido por diversas matérias ou substâncias.

XXX

Simbolismo da cabeça da Medusa

A análise dos sonhos e associações levaram-me por diversas vezes a interpretar a cabeça da Medusa como o símbolo assustador da região genital feminina, cujas características foram deslocadas "de baixo para cima". As numerosas serpentes que se enroscam ao redor da cabeça poderiam significar – segundo o princípio da representação pelo contrário – a ausência de pênis e o próprio horror, repetir a impressão aterradora que produz na criança a vista de órgãos genitais desprovidos de pênis (castrados). Os olhos da cabeça da Medusa, fonte da angústia e do pavor, também têm a ereção por significação secundária.

XXXI

Tremedeira e auto-observação narcísica

As pessoas atormentadas pela "tremedeira", quando têm que se apresentar em público, quer se trate de declamar, de interpretar uma comédia ou executar uma música, informam-nos que nesses momentos encontram-se frequentemente mergulhadas num estado de auto-observação: ouvem sua própria voz, observam cada um de seus gestos, etc., e essa clivagem da atenção entre o interesse objetivo dedicado ao objetivo de sua produção e o interesse subjetivo por seu próprio comportamento perturba a realização motora, fonadora ou oratória que em tempo normal é automática. É um erro acreditar que esses indivíduos são prejudicados por um excesso de modéstia; pelo contrário, é o narcisismo deles que se mostra exigente demais no que tange ao seu desempenho. À observação negativa e crítica soma-se igualmente uma observação positiva e ingênua em que os atores se inebriam com sua própria voz e outras produções, esquecendo por completo o próprio conteúdo. O "desdobramento da personalidade" quando se fala é frequentemente o sintoma de uma dúvida interior quanto à sinceridade do que se diz.

XXXII

Um "pênis anal oco" na mulher

Quando criança, um paciente imaginava os órgãos genitais femininos da seguinte maneira: havia um tubo que pendia para fora, preso por trás, e que seria tanto para defecar quanto para receber o pênis. Essa concepção satisfazia simultaneamente o seu desejo de ver as mulheres possuírem um pênis.

XXXIII

O sonho do bebê sábio

Não é raro ouvir pacientes contarem sonhos em que recém-nascidos, bebês de cueiros ou crianças muito pequenas, são capazes de falar ou escrever com perfeita desenvoltura, brindar seu meio com falas profundas ou sustentar conversas de erudito, proferir discursos, dar explicações científicas e assim por diante. O conteúdo desses sonhos parece-me dissimular algo muito típico. Uma primeira interpretação superficial do sonho faz ressaltar, com frequência, uma concepção irônica da psicanálise, que, como se sabe, confere muito mais valor e efeito psíquico às vivências da primeira infância do que geralmente se faz. Essa exageração irônica da inteligência das crianças pequenas exprimiria, portanto, a dúvida sobre as comunicações psicanalíticas a esse respeito. Mas como fenômenos semelhantes são muito frequentes nos contos, nos mitos e na tradição religiosa, e os encontramos, por outro lado, representados concretamente na pintura (ver o debate entre a Virgem Maria e os Doutores da Lei), creio que a ironia serve neste caso unicamente de intermediária para lembranças mais profundas e mais graves da própria infância do sujeito. O desejo de vir a ser um sábio e de suplantar os "grandes" em sabedoria e em conhecimentos seria apenas, portanto, uma inversão da situação em que a criança se encontra. Uma parte dos sonhos que apresentam esse conteúdo manifesto e que pude estudar são ilustrados pela célebre tirada do libertino: "Ah, se eu tivesse sabido fazer melhor uso da situação de bebê!" Enfim, não esqueçamos que um bom número de conhecimentos ainda são, efetivamente, familiares à criança, conhecimentos que mais tarde serão enterrados pelas forças do recalcamento[1].

---

1. Não penso ter esgotado a interpretação desse tipo de sonhos nesta comunicação, cujo intuito foi somente chamar a atenção dos psicanalistas para o assunto. (Uma observação recente do mesmo gênero ensinou-me que esses sonhos ilustram o saber *efetivo* das crianças sobre a sexualidade.)

XXXIV

Compulsão de lavagem e masturbação

Tenho em tratamento uma paciente muito inteligente que sofre de um misto de histeria e de neurose obsessiva. Sua obsessão mais intensa é a de que vai enlouquecer; apresenta também uma compulsão de lavagem. Foi durante muito tempo uma onanista inveterada, mesmo depois do seu casamento. Tinha sempre escrúpulos de consciência ao masturbar-se porque (quando menina) sua mãe a ameaçara, afirmando que ela iria acabar idiota (por causa da masturbação). O início de sua neurose atual coincide com o abandono do onanismo. Algumas análises de sonhos convenceram-me de que a obsessão de perder a razão ocupa o lugar de todo um conjunto de fantasias perversas. Enlouquecer = cometer atos loucos, insensatos, idiotas e, por certo, de natureza sexual[1]. Essa paciente apresenta uma multidão de fantasias de prostituição; as fantasias sexuais inconscientes referem-se a seus pais, que ela substitui frequentemente por seus filhos. Ela adora seu filho e chama-o de "paizinho" (expressão corrente em húngaro); quanto à filha, a quem trata com severidade, chama-a de "mãezinha" em seus acessos de ternura. Mas o fato mais notável no caso desta paciente é que ela variou suas lavagens até conseguir que elas lhe proporcionassem de novo a satisfação genital. *Acabou por masturbar-se com a cânula para lavagens internas e por esfregar a vulva com uma escova dura.* Sua

---

1. Num bom número de casos, essa ideia obsessiva e hipocondríaca de enlouquecer pareceu-me servir de cobertura para desejos sexuais "loucos".

consciência fica então tranquila: ela não se masturba, apenas se lava. Este caso vem confirmar de maneira flagrante a hipótese do prof. Freud de que os atos compulsivos, que em princípio são medidas de defesa contra o onanismo, constituem meios desviados de voltar ao onanismo.

XXXV

A psicanálise a serviço do clínico geral[1]

Nós, médicos, sempre pusemos em prática o velho ditado húngaro: "Um bom vigário instrui-se até a morte." Para nós, a faculdade de Medicina jamais representou outra coisa senão uma escola preparatória: devia fornecer-nos as bases teóricas para edificar em seguida o nosso verdadeiro saber médico adquirido na escola da vida. Uma vez instalado, o clínico geral raramente sentia a necessidade de completar seus conhecimentos com uma leitura atenta da literatura; contentava-se em percorrer cuidadosamente a imprensa médica para manter-se informado sobre as novidades científicas.

Entretanto, ocorre que certas descobertas subvertem radicalmente todas as noções adquiridas na universidade ou fornecidas pela experiência da vida; elas abrem perspectivas tão novas que o médico não dispõe de conhecimentos básicos que lhe permitam abordá-las. Nesse caso, o clínico geral deve, não obstante, resolver voltar aos livros. É para uma tal transformação radical da concepção científica que desejo agora chamar a atenção de vocês.

O que é que a universidade pedia a um bom médico até o presente? Conhecer o corpo humano em suas mínimas partes, os menores detalhes histológicos dos tecidos, o funcionamento dos órgãos e sua coordenação, as doenças do corpo e o modo de curá-las.

---

1. Exposição feita em Kassa, a 2 de fevereiro de 1923, a convite da Associação Húngara dos Médicos de Kassa.

De algum tempo para cá, começou-se a perceber que esse programa de ensino só abrangia, por assim dizer, metade dos conhecimentos relativos ao homem. Os cientistas adquiriram, enfim, consciência de que o homem não é somente um corpo, mas também um universo psíquico; quando esta ideia começou a ganhar raízes, concluiu-se que um bom médico não podia ser totalmente ignorante em matéria de psicologia e que uma medicina sem conhecimento do homem era incompleta.

Como explicar essa extraordinária omissão? Por um lado, sem dúvida alguma, pela supervalorização dos conhecimentos biológicos à custa dos conhecimentos psicológicos, supervalorização que caracteriza o mundo científico em geral desde o início do século XIX; e, por outro, pelo fato de que a psicologia nem mesmo era uma ciência até então, mas apenas uma arte própria de certas pessoas possuidoras de um dom particular, arte cujos métodos eram desconhecidos, misteriosos e, por conseguinte, intransmissíveis. Essas pessoas não comunicavam seu saber às outras, salvo sob a forma disfarçada de parábolas, histórias dramáticas e palpitantes, poemas e outras criações artísticas.

Havia médicos dotados de uma alma de artista que, sem que o tivessem aprendido, eram capazes de penetrar intuitivamente no universo psíquico de outrem, e, sem dúvida, poucos médicos negarão a utilidade dessa espécie de psicologia *self-made* inventada junto ao leito do paciente. Quantos médicos de prestígio devem seu êxito ao comportamento seguro, calmo, resoluto, suave ou enérgico, que adotam com seus doentes? E quem, dentre nós, não pôde constatar até que ponto essa ajuda psicológica fornecida pelas palavras amigas, enérgicas ou benevolentes, até mesmo pelo simples aparecimento do médico, tinha mais efeito sobre o doente, inclusive sobre o doente orgânico, do que todos os medicamentos? Mas a faculdade não nos ensina como dosar corretamente esse medicamento e quais são os seus modos de ação; ela deixa a cada um descobri-lo por si mesmo.

Neste momento, uma tendência espiritualista está procurando substituir quase que por toda parte a óptica materialista da concepção atual. Na física, essa tendência manifesta-se pela energética, na biologia pelo neovitalismo e pelo psicologismo. A fisiologia e a patologia deixaram de ser ciências descritivas que se contentam em anunciar o desenvolvimento exato dos sintomas; devemos doravante conceber as células isoladas, os grupos de células, os órgãos e todo o organismo como indivíduos dotados de um psiquismo, de certo modo prontos a opor-se às forças ativas que os atacam, a defender sua individualidade contra elas, a fabricar substâncias protetoras para esse efeito, a eliminar as substâncias nocivas, se possível, e, caso contrário, a tentar adaptar-se a elas. Não podemos conceber nem compreender esses processos sem supor a existência em todas as partes do organismo de energias que agem de modo mais ou menos similar aos processos afetivos, pulsionais e voluntários, tal como os conhecemos em nossa vida psíquica.

Fato notável, a própria psicologia permaneceu por muito mais tempo submetida à concepção materialista do que os diferentes ramos da biologia. Uma parte dos psicólogos continua acreditando que a melhor maneira de compreender os fenômenos psíquicos consiste em medir em centésimos de segundo os tempos de reação às impressões sensoriais de origem externa ou em estudar o afluxo sanguíneo no cérebro durante a atividade intelectual ou sob o efeito das emoções. Só começam a reconhecer pouco a pouco que essas experiências de laboratório em quase nada ampliaram o campo da psicologia nem fornecem praticamente nenhum dado novo que permita compreender a natureza e a gênese de processos psíquicos complexos.

Foram os fenômenos da hipnose e da sugestão que chamaram a atenção para o efeito extraordinário dos fatores psíquicos não só sobre os processos psíquicos mas também sobre o funcionamento do corpo. Mais tarde, as observações feitas por neurologistas franceses sobre doentes histéricos permitiram colocar em evidência o extraordinário fenômeno da dissociação psíquica, uma espécie de clivagem da vida psíquica de um indivíduo em várias partes, de sorte que uma mesma pessoa pode abrigar duas ou três psiques cujos traços de caráter são inteiramente diferentes e que se manifestam alternadamente em seus afetos e em seus atos. Foi a psicanálise de Freud que deu a solução desses fenômenos, considerados até então como meras curiosidades.

A psicanálise dos neuróticos, o estudo psicanalítico dos sonhos, dos atos falhos, das diversas categorias de chistes, das obras de arte e do folclore mostraram não ser necessário estar doente para apresentar tais processos de dissociação, talvez sob uma forma menos espetacular. A descoberta dos fatores inconscientes da vida psíquica permitiu reencontrar nos sonhos do homem normal o paralelo dos sintomas inquietantes do doente mental e analisar seus elementos; verificou-se que as manifestações ativas e os movimentos de expressão do homem normal resultam dos mesmos mecanismos que os sintomas físicos dos histéricos; todos os absurdos da vida social que se apoderam periodicamente da alma coletiva são a expressão das mesmas ideias delirantes cujas formas individuais impõem o internamento de um doente no hospital psiquiátrico.

A psicanálise já forneceu matéria para uma ampla literatura, que poderia, por si só, encher uma biblioteca inteira. Para exercê-la com competência, é necessário seguir uma formação particular. Não se pode exigir dos clínicos gerais que se familiarizem com a técnica e as inúmeras complexidades da psicanálise, ainda menos pelo fato de, segundo a minha convicção, somente a teoria da psicanálise poder constituir-se em objeto de um ensino. O ensino da prática psicanalítica é impossível pelo simples fato de ser impossível efetuar um exame psicanalítico na presença de um terceiro. A regra fundamental da psicanálise estipula que o paciente que deseja submeter-se a um tratamento por esse método compromete-se a relatar sem exceção tudo o que lhe passa pelo espírito, mesmo que isso seja desagradável, penoso, até vergonhoso para ele mesmo, para um outro, ou para o próprio analista. A presença de um terceiro excluiria a possibilidade de atingir esse nível de sinceridade. Portanto, só existe uma forma de transmitir os conhecimentos psicanalíticos: *o médico que deseja praticar a psicanálise deve submeter-se ele próprio a um tratamento psicanalítico.* Considerando-se que a análise de uma pessoa supostamente normal dura cerca de seis meses e que seis outros meses, pelo menos, serão ainda necessários para que o médico analisado efetue, sob a direção e segundo as indicações de seu mestre, um certo número de análises, admitir-se-á que o exercício qualificado da psicanálise será sempre reservado a especialistas. Entretanto, isso não quer dizer que os clínicos gerais devam permanecer ignorantes na matéria. Um dos propósitos desta exposição é assinalar tudo o que pode ser útil na prática médica cotidiana, sem impor ao médico uma formação especializada.

Começarei por assinalar dois erros relativos à psicanálise que são muito comuns nos meios médicos. Um consiste em afirmar que, para a psicanálise, todo processo psíquico deriva da sexualidade e que o tratamento, no intuito de curar os neuróticos, libera as pulsões sexuais na vida social. Aqueles que assim falam ou agem chocam-se direta e frontalmente com as teorias psicanalíticas. Freud tem o hábito de chamar "psicanalistas selvagens" a esses temerários que aconselham sem rodeios o doente neurótico" a "arranjar uma amante", "a casar-se", "divorciar-se", etc. O verdadeiro psicanalista sabe que, antes de se arriscar a aconselhar ao doente que mude qualquer coisa no domínio de sua vida sexual *física*, deverá estudar durante longos meses as camadas *psíquicas* de sua sexualidade. A maioria dos pacientes, justamente por causa de sua doença, são incapazes de seguir esses conselhos grosseiros e, para poder mudar alguma coisa, sobretudo no que se refere à sua sexualidade, é necessária uma completa exploração de sua vida psíquica inconsciente. Quanto ao outro erro, a saber, que a psicanálise libera as pulsões sexuais, só se justifica tal afirmação na medida em que a psicanálise ensina o paciente a conhecer e a admitir suas pulsões latentes e perigosas; mas não lhe fornece indicação nenhuma quanto à maneira de utilizar, após a cura, as pulsões que acabou de descobrir.

Pois a psicanálise ensina-nos que *uma pulsão insatisfeita não conduz o indivíduo à neurose, mas no máximo torna-o infeliz*. Em geral, a neurose não é produzida pela insatisfação em si mas pelo fato de que a sensação de insatisfação e os objetos de desejo encontram-se mergulhados no inconsciente. A psicanálise permite aos indivíduos adquirir justamente consciência de que são infelizes e suportar isso. No que se refere às suas pulsões, ela deixa o próprio paciente decidir, após sua cura, em que medida descarregará suas pulsões e em que medida se acomodará por uma forma qualquer de sublimação, até mesmo pela resignação.

Nunca será demais repetir que *a psicanálise não se serve da hipnose nem da sugestão*. Ela trabalha com o método da associação livre, ou seja, a obrigação de dizer a verdade até os ínfimos detalhes. O médico contenta-se, sobretudo no início, em interpretar para o paciente o material produzido e ajuda-o a preencher, pouco a pouco, as lacunas de sua memória, que desempenham com frequência um papel tão importante na constituição da doença. É verdade que a psicanálise apresentou no transcorrer do seu desenvolvimento uma fase em que se tentou estimular a rememoração, suscitar as lembranças traumáticas e as paixões recalcadas por meio da hipnose, valendo-se do princípio de que o paciente, sob o efeito da hipnose e a mando do seu médico, lembra-se frequentemente melhor do seu passado longínquo. Entretanto, esse método caiu em desuso a partir do instante em que se percebeu que ele produzia rapidamente alguns pequenos resultados mas tornava quase irrealizável o segundo objetivo importante do tratamento: permitir ao paciente tornar-se independente, até mesmo do seu médico. No método psicanalítico, a relação entre médico e doente baseada na sugestão é substituída pelo que se chama *a transferência de afetos*.

Para que compreendam esse fenômeno psíquico particular, recorrerei a um tema que ressurge constantemente nos mitos e nos contos enquanto fenômeno humano geral. Ninguém se surpreende quando, num drama cinematográfico, a jovem salva das águas desloca para o seu salvador toda a sua simpatia e toda a sua dedicação, ou quando a Bela Adormecida, despertada de seu sono secular, escolhe para companheiro de sua vida o cavaleiro que, com um golpe de espada, abriu o espinheiral que rodeava a jovem adormecida e a isolava do mundo. Tampouco é surpreendente ver os pacientes, sem consideração nenhuma por sexo e idade, constituírem ou tentarem constituir uma relação afetiva profunda com o médico que se incumbe de abrir caminho nas camadas mnêmicas complexas e enterradas na poeira dos tempos que envolvem os núcleos de origem das doenças psíquicas.

Não foi a psicanálise que descobriu a transferência. Esta é tão antiga quanto a própria medicina. O bom "doutor", que seduz as crianças oferecendo-lhes balas, atrai por um artifício a afeição de seu pequeno paciente, afeição que desempenha um papel tão capital no apaziguamento da criança e, portanto, indiretamente, em sua cura. E quem poderia desconhecer a chama desse reconhecimento quase infantil, dessa afeição ou até mesmo desse amor que inflama o doente a quem o médico restituiu a vida, a saúde ou a paz? Até agora, o manejo desses movimentos psíquicos era uma questão de tato e de diplomacia por parte do médico. Desde sempre existiram médicos que sabiam explorá-los habilmente a favor da cura. Mas ignorávamos até agora toda a verdadeira importância dessa transferência de afetos e, sobretudo, a sua significação nos neuróticos confiados aos nossos cuidados.

Foi Freud o primeiro a evidenciar a tendência dos neuróticos para *repetir* no tratamento, sem se darem conta disso, certos eventos antigos ou fantasias inconscientes. O psicanalista, ao invés dos que praticam os outros procedimentos médicos, não considera que a cura esteja completa se essas instâncias inconscientes da transferência não forem igualmente desvendadas; segue-se que, por um lado, o médico vê-se, de certo modo, desmistificado aos olhos do seu paciente por ter declinado a divinização imerecida, mas, por outro, o paciente aprende a dirigir-se por si mesmo e não fica a vida inteira dependente do seu médico, incapaz de tomar a menor decisão importante sem a sua ajuda.

Se muitos métodos terapêuticos, entre eles o tratamento em casa de saúde, contentam-se em proporcionar aos neuróticos um alívio tão considerável quanto provisório, tendendo mais a reforçar do que a afrouxar o apego ao médico e à instituição, a psicanálise, pelo contrário, não procura esquivar-se à outra tarefa da psicoterapia que consiste em dissolver a transferência. Existem célebres estações termais cuja direção tem por hábito oferecer um suntuoso presente ao doente que estiver fazendo a sua 25.ª cura de águas consecutiva. Esse gênero de recompensa tem igualmente por finalidade, sem dúvida, exaltar as qualidades das águas em questão. Por minha parte, considero que um lugar de tratamento onde o doente, após uma única mas proveitosa estada, não tivesse que voltar mais seria muito mais merecedor de elogios. Do mesmo modo, todas as honras vão para a casa de saúde cujo eminente neurologista foi consultado dez vezes ou mais pelo paciente.

A psicanálise não se arroga o direito de uma intervenção tão duradoura na vida do paciente, mas pretende evitar a necessidade de toda e qualquer outra intervenção por uma ação terapêutica única, com resultados estáveis. Reconheço, porém, que mesmo na psicanálise existem exceções à regra; em outras palavras, ocorre que, em condições de vida especialmente difíceis, a mudança sofrida pelo paciente revela-se incompleta e precisa ser rematada.

Para evitar todo o mal-entendido, é preciso saber que a transferência está longe de ser sempre positiva, ou seja, de caráter carinhoso. O papel dos afetos agressivos, ofensivos a respeito do médico, tem pelo menos a mesma importância em psicanálise; esses afetos constituem sobretudo uma reação ao fato desagradável de que o médico não responde aos sentimentos do paciente, nem na realidade nem mesmo na aparência, mas, pelo contrário, utiliza essas reações afetivas para a aprendizagem da renúncia, preparando assim o paciente para as novas lutas que o aguardam na vida.

O clínico geral deve conhecer esses fatos, pois esses fenômenos desempenham um papel capital não só na neurologia mas também na medicina geral, de modo que o clínico que possui uma certa experiência da diplomacia psicológica tem melhores chances de êxito do que aquele cujos conhecimentos se limitam à patologia e à farmacologia.

Há ainda uma ou duas noções de psicanálise que gostaria de trazer ao conhecimento de vocês. Uma delas é o fenômeno de resistência ao tratamento, ou seja, o fato curioso de que o mesmo doente que, conscientemente, quer a todo preço desembaraçar-se de seus penosos sofrimentos faz inconscientemente tudo o que pode para impedir essa cura. Há duas razões para isso. Por um lado, a neurose pode representar uma arma poderosa para favorecer toda espécie de interesses importantes. Sem que se possa verdadeiramente falar de simulação, ou seja, de um modo inteiramente inconsciente, o doente pode agravar o seu estado no momento mesmo em que pode extrair disso alguma vantagem. Não penso apenas nas neuroses traumáticas em que a doença proporciona ao doente um benefício material, indenização ou pensão, mas também na tendência dos neuróticos para utilizar sua doença a fim de obrigar, inconscientemente, seu meio a dar-lhes todo o carinho e toda a consideração que não conseguem obter de outra forma.

Uma outra explicação para essa resistência reside na gênese das neuroses. A maioria das neuroses deve sua existência ao chamado *recalcamento*. Nas situações críticas, em especial no caso de conflitos psíquicos, os fatos que parecem demasiado penosos mergulham no inconsciente. O material inconsciente é protegido, como uma chaga dolorosa, de toda e qualquer tomada de consciência. O tratamento psicanalítico visa precisamente ensinar o paciente a suportar com coragem até mesmo os conteúdos psíquicos dolorosos. Não causará surpresa, portanto, se o paciente se esforçar por todos os meios ao seu alcance para impedir que o médico efetue o seu tratamento esclarecedor; o analista não poderá superar essa resistência se não reconhecer essas tendências desde o seu aparecimento e as desarmar pela interpretação.

Mas ocorre, por vezes, que interesses demasiado importantes estejam ligados à doença; nesse caso, o paciente, assim que percebe a orientação dada ao tratamento, foge dele interrompendo-o. Freud cita o caso de um jovem médico que, tomado pelo seu entusiasmo, tinha curado e feito andar normalmente um mendigo que havia uns trinta anos auferia sua subsistência da sua claudicação; não surpreende que esse infeliz, privado dos seus meios de vida e incapaz de aprender um novo ofício, acabasse por maldizer o seu benfeitor! Mas tais casos são muito raros no domínio das neuroses; na maioria das vezes, o paciente, durante o tratamento e sobretudo perto do seu final, busca e encontra o meio de utilizar suas energias psíquicas em propósitos mais vantajosos do que alimentar sintomas inúteis e penosos: encontrar o contato com a realidade, organizar-se uma vida tão agradável quanto possível nas circunstâncias dadas, podendo renunciar a algumas de suas fantasias.

Proponho-me agora enumerar sem ordem um certo número de fatos descobertos pela psicanálise, dos quais o clínico geral pode tirar vantagem sem ter que adquirir uma formação especializada.

Falarei, em primeiro lugar, das *neuroses de angústia*. Freud classifica-as em várias categorias. Primeiro, a simples angústia neurótica que se manifesta por uma timidez geral, um pessimismo perpétuo, um temor penoso por sua própria vida ou pela dos seus entes queridos, a expectativa de catástrofes diversas; adicionemos-lhes os sintomas físicos e psíquicos frequentemente graves da angústia: debilidade cardíaca, transpiração, diarreia, medo da morte. É frequente obter-se bons resultados mediante alguns simples conselhos de higiene sexual. Apurou-se que certos *métodos contraceptivos*, em especial o *coitus interruptus*, não eram desprovidos de inconvenientes e que se podia obter a cura relativamente rápida de um estado de angústia grave pondo fim a essa prática. Os conselhos de higiene acarretam resultados igualmente rápidos nos casos de excitação sexual incompleta, ou seja, de uma excitação que não culmina em satisfação, como por exemplo nos casos de noivados muito prolongados. Se a mulher vítima de angústia engravida, a excitação incompleta perde assim a sua razão de ser e a angústia cura-se por vezes espontaneamente. Devo sublinhar neste ponto que um *aborto provocado* não constitui uma intervenção tão benigna, mesmo no plano psicológico, quanto o grande público e mesmo alguns médicos querem crer. Em muitas neuroses graves verificou-se que essa intervenção constituía uma fonte de culpa torturante e de angústia psíquica.

Cumpre mencionar aqui a neurose de angústia das crianças, conhecida sob o nome de *terror noturno*. Sei que esse fenômeno acompanha com frequência estados patológicos físicos, sobretudo os transtornos respiratórios. Mas também é frequente a criança despertar em sobressalto porque certos eventos se desenrolam na sua presença no quarto dos pais e, coisa talvez inacreditável, têm um efeito ansiógeno mesmo em crianças de um, dois ou três anos. Nesses casos, após uma curta fase de excitação, a cura sobrevém se se fizer a criança dormir num outro quarto.

A psicanálise também se propõe, entre outras coisas, *dar pouco a pouco ao médico de família o papel importante que lhe cabe na vida da família*, papel de que foi levado a afastar-se pela proliferação das especialidades no decorrer dos últimos cem anos. Se o médico não limita o seu saber à vida física mas estende-a igualmente à vida psíquica, o seu conhecimento sistemático dos homens o recolocará em seu papel de conselheiro da família para todas as decisões importantes que precisem ser tomadas. Quando de um casamento, ele não se limitará a procurar a sífilis no sangue do noivo ou os gonococos em seu esperma; deverá igualmente determinar se a vida psíquica dos noivos apresenta essa harmonia recíproca, que é a única garantia de um casamento aprazível e feliz, descobrir se ela não dissimula os germes de conflitos graves, inclusive de neuroses.

Em virtude dos seus conhecimentos psicanalíticos, o clínico geral exercerá igualmente uma considerável influência sobre *a educação das crianças*. Ensinará os pais a renunciarem às punições tradicionais, passando a aplicar regras mais adequadas. Por trás das supostas "malcriações" da criança, saberá reconhecer o desespero provocado pela falta de compreensão ou de amor. Uma melhor compreensão da vida sexual das crianças permitir-lhe-á uma profilaxia das neuroses, talvez inevitáveis em outras circunstâncias. Naturalmente, seu trabalho de educação não se limitará às crianças; o médico estará igualmente atento às alterações do caráter e da vida psíquica dos pais, suscetíveis de comprometer tão gravemente o futuro de seus filhos.

No domínio das doenças nervosas propriamente ditas, ele saberá apreciar em seu justo valor os fatores psíquicos em relação a uma óptica exclusivamente materialista e fisiológica. Em particular, nos casos de *impotência sexual*, não se contentará em prescrever um tratamento termal e elétrico, mas saberá reconhecer onde começa o campo de aplicação da psicoterapia. Os sintomas físicos embaraçosos dos *histéricos* e as conversas estranhas e alucinações dos *doentes mentais* não constituirão somente a seus olhos curiosidades; saberá que se trata das expressões de conteúdos psíquicos inconscientes transformados numa espécie de enigma em imagens. Ele não dispensará o seu paciente com *obsessões* penosas dando-lhe o bom conselho de evitar pensar nas coisas nas quais se vê forçado a pensar (se o paciente pudesse fazer isso não precisaria consultar o médico), mas saberá que só uma análise profunda permitirá compreender e curar seus doentes.

Quanto aos seus *doentes orgânicos*, em especial quando se trata de doentes cardíacos ou pulmonares, o médico não se contentará em explicar pela fadiga qualquer agravamento: procurará também encontrar a relação entre aquela e os afetos recalcados. Constatei melhoras rápidas nos casos de *descompensação*, quando a análise pôde reequilibrar as tensões inconscientes no psiquismo do paciente. *Considero que a equipe de um sanatório para doentes pulmonares deveria obrigatoriamente incluir um psicanalista.* Os bruscos agravamentos ou melhoras dessa doença correspondem com frequência a movimentos psíquicos e está na hora de se efetuar um estudo sistemático, isto é, psicanalítico, da maneira de abordar esse estado mórbido sob o ângulo psíquico.

Conhecendo o peso considerável que o psiquismo do paciente atribui às palavras do médico, essa força mágica que faz com que uma fala possa, por um efeito *a posteriori*, fazer o paciente se sentir nas nuvens ou lançá-lo no fundo de um abismo, o médico com formação psicanalítica favorecerá o efeito terapêutico dos medicamentos mostrando-se mais prudente e mais diplomático, mas também ativo e enérgico, se necessário. É evidente que, se existe uma circunstância em que se deve conceder ao indivíduo uma consideração atenta, é bem essa. Conheço casos em que um diagnóstico pretensioso, pronunciado levianamente, como o de "arteriosclerose", por exemplo, provocou no paciente estados psíquicos graves. Em compensação, em outros casos, uma exposição clara e verídica do seu estado chegou a acalmar o paciente muito melhor do que uma dissimulação inepta, cuja falta de sinceridade o inconsciente dele capta infalivelmente.

Para terminar, quero exprimir a esperança, talvez um pouco utópica, de ver o médico, que em virtude de sua profissão tem a oportunidade de estudar de perto o psiquismo humano, tornar-se para a sociedade humana o especialista em problemas de higiene mental, não só no plano individual mas também coletivo, aquele a quem se irá consultar a propósito de todo problema importante nas áreas da sociologia, da criminologia, inclusive das artes e da ciência. Atrevo-me a esperar, portanto, que a extensão e o aprofundamento dos conhecimentos psicanalíticos propiciem a volta a essa antiga situação em que sábio e médico eram mais ou menos sinônimos. Houve um tempo em que a química era exclusivamente uma química médica ou *iatroquímica*. Espero que o futuro assista ao início de uma época *iatrofilosófica*, em que os mais variados domínios do conhecimento, em particular as disciplinas relacionadas com as ciências naturais e as ciências do espírito, atualmente tão distanciadas umas das outras, poderão reencontrar-se na ciência médica, convertida em ponto de convergência de todas elas. Quando tiver chegado essa era, poderemos dizer de novo que é uma felicidade ser médico!

XXXVI

Prefácio da edição húngara da Psicopatologia da vida cotidiana, *de S. Freud*

A *Psicopatologia da vida cotidiana* constitui o primeiro volume de uma série que tornará as obras fundamentais de Freud acessíveis ao público húngaro. Há boas razões para justificar o fato de ter sido escolhido precisamente esse volume para inaugurar a série. Pois esse trabalho do inventor da psicanálise constitui a *introdução* mais natural aos mistérios da vida psíquica inconsciente, enquanto o estudo dos sonhos, a psiquiatria e o folclore só permitem abordá-la por vias intelectuais extremamente complexas. Por outro lado, observar em si mesmo os fenômenos da "psicopatologia da vida cotidiana" e analisá-los está ao alcance de qualquer um e esse trabalho analítico pode servir de preparação para a análise das formações psíquicas mais complexas.

Mas, pondo de lado todo valor didático, a obra cuja tradução húngara estamos aqui apresentando reveste-se igualmente de considerável importância no plano teórico. A hipótese de uma ausência de separação precisa entre as manifestações psíquicas normais e patológicas, hipótese puramente teórica até o presente, encontra-se confirmada aqui pelos fatos. Concebe-se o progresso assim realizado no domínio da nossa compreensão e da nossa sensibilidade no tocante às doenças mentais propriamente ditas, do mesmo modo que os outros estados psíquicos anormais. Por outro lado, Freud demonstra neste livro, com base em centenas de exemplos notáveis, o reinado absoluto do *determinismo* até no domínio psíquico; não será necessário sublinhar a importância desse fato do ponto de vista tanto filosófico quanto prático e, em particular, do ponto de vista da psicologia criminal; mas também o pedagogo pode encontrar nesta obra com o que se instruir, sobretudo no que se refere à interpretação das imagens mnêmicas infantis e das "lembranças encobridoras". Até os meios muito distanciados dos círculos científicos sofrerão em maior ou menor medida o impacto dessa obra que – ao invés de numerosas obras médicas que suscitam essencialmente reações hipocondríacas – reconforta ao mostrar que muitos dos "atos falhos", atribuídos até aqui a um distúrbio do funcionamento cerebral, dependem do modo de funcionamento de um psiquismo perfeitamente normal e lógico, embora submetido ao efeito de tendências inconscientes.

A tradução esforçou-se por verter cada palavra do texto alemão original, subordinando, sempre que necessário, a forma ao conteúdo. Entretanto, em certas passagens, pareceu-nos indispensável esclarecer os exemplos alemães por meio de exemplos húngaros correspondentes.

XXXVII

Prefácio da edição húngara de Para além do princípio de prazer[1]

Há mais de dez anos, no Congresso de Psicanálise de Nuremberg, uma viva controvérsia opôs-me a um renomado e altamente respeitável professor da Universidade de Harvard, em Boston, que se esforçava para introduzir o conjunto do material científico da psicanálise no quadro de um sistema filosófico que se tornara muito popular recentemente. Do meu lado, sustentei energicamente que os dados novos fornecidos pela análise deviam, durante bastante tempo ainda, ser objeto de uma investigação e de uma elaboração científicas imparciais, portanto independentes de todo sistema rígido já estruturado. Entretanto, não rejeitei a eventualidade de uma concepção do mundo inteiramente nova e independente de tudo o que existia antes, baseada precisamente nesses dados novos. Essa exigência manifesta-se cada vez mais raramente nos psicanalistas sérios, e aqueles que não puderam renunciar a ela, aqueles que, em sua impaciência, queriam dotar prematuramente a psicanálise de uma base filosófica definitiva, tiveram que abandonar as fileiras dos investigadores ativos.

Parece ter chegado o momento em que se pode, de tempos em tempos, fazer uma pausa no domínio particular da pesquisa psicanalítica, a fim de prestar atenção ao conjunto do material científico e tentar inserir a nossa investigação parcial no conjunto dos nossos

---

1. Este livro foi publicado em húngaro com o título de "A pulsão de morte e as pulsões de vida". (NTF)

conhecimentos do universo. É uma coisa rara e reconfortante que esse trabalho tenha sido empreendido pelo mesmo cérebro que criou e depois elaborou minuciosamente a psicanálise. O livro cuja tradução húngara publicamos aqui situa-se nessa região limítrofe que separa, quer dizer, que une a psicologia e as ciências biológicas.

Sabemos que a psicanálise de Freud deve os seus êxitos científicos consideráveis ao fato de que, ao invés da psicologia oficial que se considerava *a priori* um ramo das ciências naturais e quis adaptar-se às noções oriundas dessas disciplinas, manteve por muito tempo uma certa distância destas, esforçando-se para elaborar os mecanismos internos do psiquismo normal e patológico, e para descobrir seu funcionamento unicamente com base nos dados fornecidos pelos processos psíquicos internos. No decorrer desse trabalho de construção, Freud deparou com as *pulsões*, que já não podiam ser explicadas apenas com base na experiência psicológica; daí a necessidade de serem considerados todos os dados fornecidos pela biologia. Foi então que se viu até que ponto esse mergulho temporário no universo psíquico foi fecundo para a nossa ciência e como os nossos conhecimentos dos fenômenos naturais foram enriquecidos e aprofundados com esse enorme progresso do nosso conhecimento de nós mesmos. Isso não deveria nos surpreender muito. No fim das contas, o nosso próprio ego, o nosso psiquismo, é a parte do universo que conhecemos mais diretamente, e o método que consiste em compreender a natureza que nos rodeia a partir da nossa própria natureza é, pelo menos, tão justificado quanto o enfoque inverso, ou seja, tentar explicar a nossa própria natureza a partir dos fenômenos da natureza circundante.

O apego ao passado, a tendência para reencontrar um estado anterior de equilíbrio, a *regressão*, manifesta-se com uma constância tão absoluta na vida psíquica que Freud foi levado a opor às pulsões de conservação e de evolução – as únicas consideradas até então – a *pulsão de morte* e, pondo assim termo à arbitrariedade que campeava no domínio da teoria das pulsões, a reduzir os processos biológicos à polaridade dessas duas tendências.

Com a modéstia do verdadeiro cientista, o autor qualifica esse ensaio de sondagem incerta, mas, se aferirmos o valor de uma teoria pelo número de fenômenos que ela permite explicar, ou seja, pelo seu valor heurístico, devemos reconhecer que as novas perspectivas contidas nesta obra podem servir de ponto de partida para uma evolução cuja importância é atualmente incalculável.

XXXVIII

Perspectivas da psicanálise

(Sobre a interdependência da teoria e da prática)[1]

I
Introdução

Como se sabe, o método psicanalítico desenvolveu-se numa trintena de anos. No começo, simples modo de tratamento médico--terapêutico de certos distúrbios neuróticos, converteu-se num vasto sistema científico que não para de se expandir progressivamente e parece conduzir a uma nova concepção do mundo.

Se quiséssemos acompanhar em detalhe o curso dessa evolução e, nesse intuito, estudar como o método terapêutico e a técnica médica se influenciaram mutuamente, assim como a interação de suas respectivas expansões científicas, seria necessário escrever nada menos do que uma continuação da *História do movimento psicanalítico*[2]. Para empreender essa tarefa, atualmente ainda impossível, seria necessário abordar questões que ultrapassam em muito a matéria propriamente dita da psicanálise e envolvem a relação entre os

---

1. Os autores assinalam no prefácio desse livro que o capítulo II foi redigido somente por Rank e o capítulo III somente por Ferenczi. A sra. Ferenczi acredita, por outro lado, lembrar-se de que os capítulos I e V também foram, no essencial, escritos por seu marido e nós mesmos temos a impressão de reconhecer o estilo de Ferenczi nessas duas partes. As perguntas que endereçamos por escrito ao dr. Rank ficaram sem resposta. (Nota das *Bausteine*, 1938.)
2. Ver S. Freud, *História do movimento psicanalítico*.

fatos elaborados por uma ciência e essa mesma ciência. Se essa tarefa já é, em si, extremamente delicada, pois nos leva diretamente às questões fundamentais da nossa metodologia científica, torna-se praticamente impossível para a psicanálise, que se encontra ainda em pleno desenvolvimento. E por nossa parte temos grande dificuldade em chegar a uma visão objetiva do estado em que se encontram essas relações quando participamos pessoal e diretamente nesse processo, quando nos encontramos no seu próprio âmago como representantes dos dois grupos: o grupo médico-terapêutico e o grupo teórico-científico.

De fato, não se pode negar o surgimento nestes últimos anos de uma desorientação crescente entre os analistas, sobretudo no que diz respeito aos problemas técnicos apresentados pela prática. Em contraste com o rápido desenvolvimento da teoria psicanalítica, também a literatura negligenciou de forma singular[3] o fator técnico-terapêutico, que, entretanto, constituiu o núcleo primitivo do processo e o verdadeiro estímulo de todos os avanços importantes da teoria. Poder-se-ia ficar com a impressão de que a técnica permaneceu imutável nesse meio-tempo, tanto mais que o próprio Freud, como se sabe, deu sempre provas de extrema reserva nesse domínio e não publica há uma dezena de anos nenhuma obra de ordem técnica. Para os analistas que não tinham passado pessoalmente por uma análise, os seus raros artigos técnicos (reunidos em *Samml. kl. Schr. z. Neurosenlehre*, IV ss.) constituíram os únicos princípios diretores de sua ação terapêutica; embora tais artigos, na opinião do próprio Freud, certamente incompletos e ultrapassados em certos pontos de vista pela evolução atual, pareçam modificados. Por isso se explica que a maior parte desses analistas, reduzidos ao estudo da literatura, esteja aferrada com excessiva rigidez a essas regras técnicas, incapaz de articulá-las com os progressos registrados nesse meio-tempo pela ciência psicanalítica.

Descontentes com esse estado de coisas, sentimo-nos por várias vezes obrigados a suspender o nosso trabalho a fim de avaliar essas dificuldades e esses problemas. Descobrimos então que o nos-

---

3. Única exceção, as tentativas do autor com o propósito de estabelecer a necessidade de uma intervenção ativa na técnica. Mas a maioria dos analistas ignorou ou interpretou mal essas tentativas, talvez porque nessa época o autor, ao expor essa nova concepção, não tenha assinalado ao leitor como ela podia inscrever-se na teoria e na técnica atuais (ver, sobretudo, "Prolongamentos da técnica ativa", neste volume).

so poder técnico realizara, enquanto isso, progressos não desprezíveis cuja compreensão e apreciação plenas e conscientes permitiam ampliar de maneira bastante considerável o nosso saber. Finalmente, achamos necessário, tendo em vista a necessidade manifesta e geral de aclarar a situação, comunicar a nossa experiência, e o melhor meio parece-nos ser expor, em primeiro lugar, como praticamos hoje a psicanálise e o que isso quer dizer atualmente para nós. Após o que poderemos então compreender o porquê das dificuldades que surgem hoje um pouco por toda a parte e que esperamos poder remediar.

Tomamos desde já por ponto de partida o último artigo técnico de Freud, "Rememoração, repetição e perlaboração" (1914)[4], no qual ele atribui uma importância incomparável aos três fatores enumerados no título; a rememoração (*Erinnern*) é aí considerada o verdadeiro objetivo do trabalho analítico, ao passo que o desejo de repetição (*Wiederholen*), em vez da rememoração, é considerado um sintoma de resistência que, como tal, cumpre evitar. Sob o ângulo da compulsão à repetição (*Wiederholungszwang*) é absolutamente inevitável, porém, que o paciente repita no tratamento fragmentos inteiros de sua evolução e como a experiência o mostrou precisamente fragmentos inacessíveis sob a forma de rememoração; de sorte que o paciente não pode fazer outra coisa senão reproduzi-los e o analista considerá-los como o *verdadeiro material inconsciente*. Trata-se apenas de compreender essa forma de comunicação, a linguagem dos gestos, por assim dizer (Ferenczi), e de explicá-la ao paciente. Entretanto, como nos ensinou Freud, os próprios sintomas neuróticos nada mais são do que discursos deformados em que o inconsciente se exprime num estilo à primeira vista incompreensível.

Essas considerações fizeram ressaltar a necessidade prática, não só de não estorvar as tendências para a repetição na análise[5], mas até mesmo de favorecê-las, na condição de saber dominá-las, senão o material mais importante não poderá ser fornecido nem liquidado. Por outro lado, certas resistências opõem-se com frequência à compulsão à repetição, sobretudo os sentimentos de angústia

---

4. Ver *La Technique Psychanalytique*, trad. de Anne Berman, PUF.
5. Caso contrário, manifestam-se na realidade e, na maioria das vezes, em detrimento da análise; sobretudo na vida amorosa (relações, casamentos, divórcios, etc.) que, na análise, sucumbe geralmente à frustração.

e de culpa, os quais só podem ser enfrentados mediante uma intervenção ativa, ou seja, favorecendo a repetição. Finalmente, *na técnica analítica, o papel principal* parece, portanto, caber *à repetição e não à rememoração*. Não se trata, em absoluto, de limitar-se a deixar os afetos perderem-se na fumaça das "vivências"; com efeito, essa repetição consiste, como exporemos mais adiante em detalhes, em permitir esses afetos para depois liquidá-los progressivamente, ou ainda em *transformar elementos repetidos em lembrança atual*.

Há duas maneiras de formular e de conceber os progressos que pudemos constatar ao proceder a um balanço do nosso saber. No plano técnico, trata-se incontestavelmente de uma tentativa de "atividade" no sentido de uma estimulação direta da *tendência para a repetição* no tratamento, que foi até agora menosprezada e mesmo considerada um embaraçoso fenômeno secundário. Do ponto de vista teórico, trata-se de apreciar em seu justo valor a importância primordial da *compulsão à repetição*, mesmo nas neuroses, tal como neste meio-tempo foi estabelecido por Freud[6]. Essa última descoberta permite compreender muito melhor os resultados obtidos pela "atividade" e justifica igualmente sua necessidade no plano teórico. Estamos convencidos, portanto, de que acompanhamos Freud ao atribuir doravante à compulsão à repetição no tratamento o papel que lhe cabe biologicamente na vida psíquica.

II

Retrospectiva histórica crítica

Após ter exposto sucintamente o que se deve entender por método analítico, estamos em condições de constatar em retrospecto que uma série de técnicas defeituosas apenas corresponde, de fato, a uma pausa numa certa fase da evolução do saber analítico. Compreender-se-á sem dificuldade a possibilidade, ou até mesmo a existência de uma estagnação dessa ordem em todas as etapas do progresso analítico, a qual persiste ou se repete ainda hoje.

Vamos tentar mostrar a propósito de certos pontos como é que se deve entender tudo isso; e trata-se não só de elucidar a gênese

---

6. S. Freud, *Para além do princípio de prazer*.

da psicanálise mas, sobretudo, de permitir que no futuro se evitem semelhantes erros. O que se segue é, pois, de fato, a exposição de uma série de métodos técnicos errôneos, ou seja, que não correspondem mais à ideia que se tem atualmente da psicanálise.

Dada a concepção clínico-fenomenológica em uso na medicina, nada havia de surpreendente no fato de, na prática médica, chegar-se frequentemente a uma *forma de análise descritiva*, verdadeira *contradictio in adjecto*. Esse gênero de análise limitava-se, por via de regra, a escutar ou a descrever minuciosamente os sintomas ou os impulsos perversos dos pacientes, sem agir fundamentalmente no plano terapêutico, na medida em que negligenciava o fator dinâmico.

Um outro tipo de análise errônea consistia em *colecionar as associações*, como se elas constituíssem o essencial e não simples bolhas subindo à consciência, excelentes apenas para nos indicar em que local, eventualmente a que profundidade, se dissimulam as moções afetivas atuantes e, sobretudo, que *motivos* impelem o paciente a recorrer, num caso dado, a este e não àquele modo de associação.

Mais grave era *o fanatismo da interpretação* que levava a ignorar a rigidez das traduções lexicais, a esquecer que a técnica da interpretação é unicamente um dos meios para se conhecer o estado psíquico inconsciente do paciente e não o objeto ou o objetivo principal da análise. Convém conceder a essa tradução das associações quase o mesmo valor que se lhe dá no domínio linguístico, de onde, aliás, a comparação é extraída. A averiguação dos termos desconhecidos é o trabalho preparatório indispensável à *compreensão do conjunto do texto;* não constitui um fim em si. A essa "tradução" deve suceder a "interpretação" propriamente dita, no sentido de um encadeamento significante. Nessa perspectiva desaparecem as discussões tão frequentes sobre a exatidão de uma interpretação, ou seja, da tradução. Indagar, como fazem certos analistas, se tal "interpretação" (o que quer dizer tradução na nossa terminologia) é correta, ou, além disso, o que "significa" tal ou qual coisa (num sonho, por exemplo), denuncia a má compreensão do conjunto da situação analítica e a supervalorização de certos detalhes a que fizemos alusão há instantes. Esses detalhes podem ter tal significação num caso e uma outra num caso diferente. O mesmo símbolo pode ter ou assumir uma outra significação para o mesmo paciente numa outra relação, uma situação diferente, sob a pressão de uma resistência ou ao término desta. São tantas as coisas na análise que dependem de pequenos detalhes, de fatos aparentemente anódinos, como a entoação, os gestos, a mímica; tantas coisas dependem de uma interpolação bem-sucedida, de um encadeamento significante, do *sentido* adotado pelas falas do paciente à luz do seu comentário inconsciente com a ajuda da nossa interpretação. A técnica da tradução esqueceu, portanto, em proveito da tradução "certa" do detalhe, que o todo, ou seja, *a situação analítica do paciente como tal*, possui igualmente uma significação – e mesmo a mais importante; é sempre a compreensão de conjunto que dá a boa interpretação de detalhe das partes traduzidas, desta vez sem dificuldades nem hesitações, ao passo que o fanatismo da tradução conduz à esquematização e mantém-se estéril no plano terapêutico.

Uma outra falta metodológica consistiu em agarrar-se à fase ultrapassada da *análise dos sintomas*. Como se sabe, a análise passou outrora por uma etapa em que partia dos sintomas e revelava, sob a pressão da sugestão, as lembranças que, agindo desde o inconsciente, provocavam os sintomas. Esse método está desde há muito superado pela evolução da técnica psicanalítica. Não se trata, em absoluto, de fazer desaparecer os sintomas, o que, aliás, todo método sugestivo é capaz de fazer sem dificuldade, mas de impedir a sua volta, ou seja, aumentar a capacidade de resistência do ego. Isso exige, precisamente, uma análise do conjunto da personalidade. Portanto, é necessário sempre, de acordo com a prescrição de Freud, que o analista parta da superfície psíquica e não tem por que perseguir os vínculos associativos com o sintoma. Evidentemente, é por demais sedutor e cômodo informar-se no modo direto e interrogar o paciente sobre os detalhes da sua neurose ou dos seus atos perversos, levando-o assim a lembrar-se diretamente da gênese de sua anomalia[7]. Só uma série de experiências convergentes pode permitir a compreensão dos múltiplos "sentidos" que um sintoma é suscetível de adquirir em um determinado caso. Tudo o que se obtinha ao interrogar diretamente o paciente era concentrar sua atenção de maneira imprópria sobre esses elementos, que ao mesmo tempo ficavam expostos à ação da resistência, na medida em que o paciente

---

7. A rejeição de princípio da análise dos sintomas não exclui, evidentemente, a possibilidade de interrogar o paciente sobre as razões que o fizeram conceder a prioridade a tal forma de sintomas (por exemplo, aos sintomas "passageiros").

podia abusar da orientação dada à sua atenção, não forçosamente injustificada em si. Portanto, era possível ser "analisado" durante muito, muito tempo, sem se chegar à história infantil arcaica cuja reconstrução é necessária para que se possa qualificar um tratamento de verdadeira análise.

Falaremos um pouco mais demoradamente de uma fase da psicanálise que se pode denominar a *análise dos complexos* e que perpetua uma fase importante das relações com a psicologia escolástica. Jung foi o primeiro a usar o termo "complexo" para resumir um estado psicológico complexo e para designar certas tendências características da pessoa ou de um grupo homogêneo de representações de coloração afetiva. Esse termo, cuja significação tornou-se cada vez mais ampla e que, por conseguinte, não queria dizer praticamente mais nada, teve o seu sentido restringido depois por Freud, que, sob o nome de "complexo", circunscreveu somente *as partes inconscientes recalcadas* desses grupos de representações. Mas quanto mais os processos de investimento no psíquico, lábeis e flutuantes, ficavam acessíveis ao estudo, mais se considerava supérflua a hipótese de componentes psíquicos rigorosamente separados, homogêneos em si, móveis e excitáveis somente *in toto*, componentes psíquicos que, como o mostrava uma análise mais precisa, eram "complexos" demais para ser tratados como elementos não decomponíveis. Nos trabalhos recentes de Freud, essa noção só figura, aliás, a título de vestígio de uma fase ultrapassada da psicanálise e, de fato, não existe mais lugar para ela no sistema psicanalítico, sobretudo depois da elaboração da metapsicologia.

O mais lógico teria sido engavetar esse vestígio dos tempos antigos, agora inútil, e abandonar a terminologia predileta da maior parte dos analistas, em proveito de uma melhor compreensão. Em vez disso, apresentou-se frequentemente o conjunto da psique como uma espécie de mosaico de complexos, e praticou-se a análise como se fosse necessário "analisar até o fim" um complexo após o outro. Do mesmo modo, também se tentou tratar toda a personalidade como uma soma de complexos: paterno, materno, fraterno, sororal, etc. Sem dúvida, era fácil reunir material relativo a esses complexos, uma vez que todo ser humano possui, com efeito, todos os "complexos" e foi obrigado, na verdade, a encontrar uma saída, de um modo ou de outro, para a relação com as pessoas e as coisas que o cercam. A enumeração sistemática dos complexos ou dos indícios de complexo tem, talvez, seu lugar na psicologia descritiva, mas certamente não no tratamento psicanalítico do neurótico; nem mesmo nas investigações analíticas sobre produções da literatura ou da psicologia dos povos, domínio em que ela conduziria infalivelmente a uma monotonia não justificada, em absoluto, pela diversidade do assunto, monotonia apenas atenuada pela predileção concedida ora a tal complexo, ora a tal outro.

Se uma apresentação científica tão irrelevante parecia às vezes inevitável, isso não significava que se tivesse de introduzir essas ideias tacanhas na técnica. A análise dos complexos levava facilmente o paciente a ser agradável ao seu analista, servindo-lhe à vontade "material complexual" mas evitando revelar-lhe seus verdadeiros segredos inconscientes. Assim se chegava a relatos clínicos em que os pacientes contavam lembranças, inventando sem cerimônias, como jamais ocorre nas análises sem pressupostos, e é difícil não ver aí o fruto dessa "cultura do complexo". Resultados desse gênero iam naturalmente ser utilizados ora subjetivamente para justificar a sua própria técnica de interpretação, ora para servir a conclusões e demonstrações teóricas[8].

Ocorria muitas vezes que as associações do paciente estivessem orientadas ou centradas de forma imprópria no *sexual*, quando ele chegava à análise, caso frequente, com a ideia de que devia constante e unicamente falar de sua vida sexual, atual ou infantil. Além de a análise não ter por objeto a sexualidade tão exclusivamente quanto nossos adversários o supõem, oferece-se muitas vezes ao paciente, deixando-o entregar-se a essas efusões sexuais, a possibilidade de neutralizar os efeitos terapêuticos da frustração que lhe é imposta no tratamento.

Ao introduzir-se a teoria dos complexos na dinâmica da análise, não se favoreceu particularmente a compreensão desses conteúdos psíquicos importantes e polimorfos que se escondem sob o termo genérico *complexo de castração*. Pelo contrário, o agrupamento teórico prematuro dos fatos sob o conceito complexo serviu sobretudo, creio eu, para impedir que se penetrasse no sentido de cama-

---

8. Um exemplo extremo do caráter subjetivo dessa predileção pelo complexo: Stekel, que atribui o *mesmo* sintoma neurótico primeiro à sexualidade, depois à criminalidade e, por fim, à religiosidade. Não admira que um certo número de suas alegações sejam válidas, visto que cobrem todas as possibilidades.

das psíquicas mais profundas. Pensamos também que ainda não se definiu verdadeiramente o que o analista tem o hábito de fixar na prática com a sua etiqueta de "complexo de castração", e seria melhor, por conseguinte, não considerar levianamente essa explicação provisória a *ultima ratio* de estados e de processos psíquicos tão diversos e numerosos. Do ponto de vista dinâmico, só justificado na prática, é muitas vezes difícil ver outra coisa nos modos de expressão do complexo de castração, tal como se manifestam no decorrer de uma análise, a não ser uma das formas de resistência que o paciente utiliza contra moções libidinais mais profundas. No começo de certas análises, constata-se que a *angústia de castração* serve de meio de expressão da angústia transferida para o analista com a intenção de proteger-se de uma análise mais profunda.

Como já indicamos, as dificuldades técnicas surgiram de um *saber excessivo* do analista. Assim, a importância da teoria do desenvolvimento sexual elaborada por Freud levou um bom número de analistas a utilizar certos *autoerotismos e sistemas de organização da sexualidade*, que nos permitiam no começo entender o desenvolvimento sexual normal, de maneira errônea e demasiado dogmática no tratamento das neuroses. A verdadeira tarefa analítica foi, portanto, negligenciada em certos casos, em proveito da investigação dos elementos constitutivos da teoria sexual. Essas análises eram, de certa maneira, "análises psicoquímicas elementares". Uma vez mais se constatou que o interesse teórico nem sempre coincidia com o interesse prático na análise. A técnica não tem que destacar escolarmente todas as fases – por assim dizer prescritas – do desenvolvimento libidinal, e ainda menos tem que fazer da descoberta de todos os detalhes e hierarquias constatados teoricamente um princípio do tratamento das neuroses. É igualmente supérfluo na prática descobrir todos os elementos fundamentais de uma "estrutura" sumamente complexa, em princípio conhecidos de antemão, ao passo que não se tem nenhuma ideia do vínculo psíquico que une um pequeno número de elementos fundamentais a fenômenos sempre novos e diferentes. O mesmo vale para os erotismos (por exemplo, uretral, anal, etc.), para os estágios de organização da sexualidade (oral, sádico-anal e outras fases pré-genitais) e para os complexos: nenhum desenvolvimento humano se faz sem eles, mas, quando se trata da análise, não se pode atribuir-lhes a importância na evolução da doença que a resistência parece atribuir-lhes sob a pressão da situação analítica.

Tudo bem considerado, podia-se constatar a existência de uma certa relação interna entre as "análises elementares" e as "análises de complexo"; estas últimas escoravam-se, com efeito, no granito dos "complexos", esforçando-se por apreender as profundezas psíquicas, e seu trabalho ia se alongando em vez de aprofundar-se. De um modo geral, tentavam remediar a falta de profundidade da dinâmica libidinal por meio de um salto para a teoria sexual, e ligavam os indícios complexuais fixos a elementos fundamentais da teoria sexual, que tratavam, aliás, de um modo igualmente esquemático; mas ignoravam o jogo de forças intermediário das tendências libidinais.

Essa atitude iria conduzir a uma supervalorização teórica do fator *quantitativo*, que consistia em atribuir a responsabilidade de todos os elementos patogênicos a um erotismo de órgão particularmente potente, etc., concepção que, recorrendo a *slogans* como "hereditariedade", "degenerescência" ou "predisposição", à maneira das escolas neurológicas pré-analíticas, barrava o caminho a uma compreensão do jogo de forças das causas patogênicas.

Depois que a teoria das pulsões e, com ela, os conhecimentos *biológicos* e fisiológicos passaram a contribuir para uma explicação provisória dos processos psíquicos, sobretudo depois que a psicanálise se interessou pelas "patoneuroses", pelas neuroses de órgão e mesmo pelas enfermidades orgânicas, intensificaram-se os conflitos de fronteira entre a psicanálise e a fisiologia. Não se podia admitir a tradução estereotipada dos processos fisiológicos em linguagem psicanalítica. Na medida em que se tenta um enfoque psicanalítico dos processos orgânicos, trata-se também, neste caso, de respeitar estritamente as regras da psicanálise. Deve-se fazer um esforço no sentido de esquecer, por assim dizer, todo o saber médico, fisiológico e orgânico, e considerar unicamente a personalidade psíquica e suas reações.

Por outro lado, era desconcertante ver simples fatos clínicos prontamente ligados a *especulações* sobre o devir, o ser e o nada; e estas introduzidas na prática analítica a título de regras bem estabelecidas, quando o próprio Freud não se cansou de sublinhar seu caráter hipotético nos seus últimos trabalhos de síntese. Esse pendor para a especulação parece ter sido, com frequência, apenas um meio para esquivar-se a dificuldades técnicas incômodas. Conhecemos as consequências deploráveis, do ponto de vista técnico, que um desejo de tudo reagrupar sob um princípio especulativo (teoria de Jung)[9] pode acarretar.

Era igualmente incorreto menosprezar o fator individual e, para explicar os sintomas, recorrer imediatamente a analogias filogenéticas e culturais, por mais instrutivas que fossem. Por outro lado, a sobrevalorização do fator atual acarretou uma interpretação prospectiva anagógica que se mostrou estéril em face das fixações patológicas. Os "anagogos" e um bom número de "geneticistas" negligenciaram o *presente* do paciente, além de seu passado e de seu futuro; e, no entanto, todo o passado e tudo aquilo a que o sujeito aspira inconscientemente, na medida em que não está diretamente consciente ou não se lembra disso (o contrário é extremamente raro), exprime-se nas reações atuais à relação com o médico ou em relação à análise, em outras palavras, na *transferência* para a situação analítica.

A catarse, segundo Breuer e Freud, tinha por pretensão teórica remeter diretamente as quantidades de afetos deslocados para manifestações sintomáticas a traços mnêmicos patogênicos, e propiciar assim sua descarga e uma nova ancoragem. Verificou-se ser isso irrealizável, salvo no que se refere ao material mnêmico mal recalcado, geralmente pré-consciente, assim como certos produtos do inconsciente propriamente dito. Esse mesmo inconsciente, cuja descoberta constitui a tarefa principal da psicanálise, não pode – uma vez que nunca foi "sentido" – ser "rememorado", e certos sinais obrigam a deixá-lo reproduzir-se. A simples comunicação, por exemplo uma "reconstrução", não é capaz por si só de produzir reações afetivas; ela permanece inicialmente sem nenhum efeito sobre os pacientes. É preciso esperar que eles vivam atualmente algo análogo na situação analítica, ou seja, no *presente*, para que cheguem a convencer-se da realidade do inconsciente, e mesmo assim será necessário que ocorram várias experiências desse gênero. Nossa recente compreensão da tópica do psiquismo e das funções das diver-

---

9. Como se sabe, Jung chegou a negligenciar a importância mnêmica das vivências infantis reveladas na análise e dos personagens que desempenham um papel ativo nesses eventos, em proveito de uma análise do "grau subjetivo". Adivinha-se uma fuga da realidade pouco comum nessa vontade de atribuir realidade e eficácia somente aos produtos das lembranças originárias de coisas e de pessoas, aliás idealizados ou mesmo obscurecidos por noções impessoais.

sas camadas permite explicar essa atitude. O recalcado, ou o inconsciente, não tem acesso à motilidade, nem a essas inervações motoras cuja soma compõe a descarga de afetos; o *passado* e o *recalcado* são, portanto, coagidos a encontrar um representante no *presente* e no *consciente* (pré-consciente), logo, na situação psíquica *atual*, a fim de que possam ser afetivamente experimentados. Ao contrário das reações catárticas violentas, pode-se definir a descarga de afetos que se produz progressivamente na situação analítica como uma catarse fracionada.

Pensamos, de resto, que para se tornarem eficientes os afetos devem, em primeiro lugar, ser reavivados, ou seja, atualizados. Com efeito, tudo o que não nos afeta diretamente no presente, portanto, realmente, permanecerá sem efeito psíquico.

Ao psicanalista cumpre ter sempre em conta a *pluritemporalidade* que afeta na prática todas as manifestações do paciente, mas dirigirá essencialmente a sua atenção para a reação presente. Sob esse ângulo, ele pode ser bem sucedido na descoberta das raízes da reação atual no passado do paciente, o que equivale a transformar a tendência para a repetição em rememoração. O futuro não o preocupa em excesso. Pode-se muito bem deixar esse cuidado para quem foi suficientemente esclarecido sobre suas tendências psíquicas presentes e passadas. Quanto às analogias extraídas da filogênese e da história da civilização, praticamente nunca se falará disso na análise. *Desse* passado longínquo, o paciente jamais se ocupa e o médico só muito raramente.

Devemos considerar agora certos mal-entendidos a respeito das *explicações* a dar ao analisando. Numa certa etapa do desenvolvimento da psicanálise, pensava-se que o tratamento analítico tinha por objetivo preencher pelo saber certas lacunas nas lembranças do paciente. Percebeu-se depois que a ignorância neurótica provinha da resistência, ou seja, da vontade de não saber, e era essa resistência que cumpria incansavelmente desmascarar e neutralizar. Procedendo assim, as amnésias atuais na cadeia mnêmica do paciente preenchem-se em grande parte de maneira automática e sem que haja necessidade de fornecer muitas interpretações e explicações. O paciente, portanto, só aprende aquilo de que tem necessidade para liquidar seus principais distúrbios e nada mais do que isso. Era um lamentável erro acreditar que não se podia ser perfeitamente analisado sem estar iniciado *no plano teórico* em todos os detalhes e particularidades de sua anomalia. A bem dizer, não é fácil determinar até que ponto se deve levar a instrução do paciente. As interrupções do curso normal da análise por séries de explicações formais podem satisfazer tanto o médico quanto o paciente, mas sem alterar nada na atitude libidinal deste último. Esse procedimento tinha por resultado levar insensivelmente o paciente a escapar ao trabalho analítico propriamente dito, graças à identificação com o analista. Sabe-se muito bem, e conviria levá-lo muito mais em conta, que o desejo de ensinar e o de aprender criam uma atitude psíquica pouco favorável à análise[10].

Ouvia-se com frequência os analistas queixarem-se de que determinada análise tinha fracassado por causa de "resistências extremamente fortes" ou de uma "transferência intensa demais". Cumpre admitir por princípio a possibilidade desses casos extremos; por vezes defrontamo-nos efetivamente com fatores quantitativos que não temos, em absoluto, o direito de subestimar no plano prático, porquanto eles desempenham um papel decisivo tanto na conclusão da análise quanto nas causas que a motivaram. Mas o fator quantitativo, tão importante em si, pode servir de cobertura a uma compreensão insuficiente do jogo das motivações, que é o que decide, em última instância, sobre a distribuição e o modo de utilização dessas quantidades. Não é porque Freud disse um dia: "Tudo o que perturba o trabalho analítico é uma resistência" que se pode afirmar, desde que se encontre um obstáculo na análise: "É uma resistência." Essa concepção criava, sobretudo com os pacientes portadores de um sentimento de culpa muito virulento, uma atmosfera analítica em que o paciente temia cometer o erro de uma "resistência", ao passo que o analista ficava sem recursos diante dessa situação. Esquecia-se manifestamente uma outra afirmação de Freud, a saber, que se deve esperar encontrar sob forma de "resistências" as mesmas forças que a seu tempo produziram o recalcamento, e precisamente a partir do momento em que tentamos anular esses recalcamentos.

Uma outra situação analítica que também temos o hábito de classificar inadequadamente sob a etiqueta de "resistência" é a *trans-*

---

10. Isto é igualmente válido para aqueles que empreendem uma análise com o único propósito de aprender (o que se designa por análise didática). É facílimo para as resistências deslocarem-se para a esfera intelectual (ciência) e ficar assim sem nenhuma explicação.

ferência negativa. Ora, esta última só pode manifestar sua natureza sob a forma de uma "resistência" e sua análise é a tarefa principal da ação terapêutica. Não há por que temer as reações negativas do paciente, elas pertencem ao fundo de reserva de toda análise. Aliás, a transferência positiva violenta, sobretudo no início de uma análise, é com frequência apenas um sintoma de resistência que pede para ser desmascarado. Em outros casos, sobretudo nos estágios mais tardios da análise, serve de fato como veículo para a manifestação de tendências ainda inconscientes.

Deve-se ainda mencionar a esse respeito uma regra importante da técnica psicanalítica: a regra que se refere às relações pessoais entre médico e paciente. Ao exigir-se, por princípio, a abstenção de todo o contato pessoal *fora* da análise, foi-se levado, em geral, a uma exclusão bastante artificial de todo caráter humano no próprio contexto da análise e, por conseguinte, a teorizar uma vez mais sobre o sentimento analítico.

Em consequência dessa atitude, um bom número de médicos mostrou-se bastante propenso a não conferir a uma *mudança da pessoa do analista* a importância que lhe cabe segundo a concepção da análise, processo psíquico cuja unidade é condicionada pela pessoa do analista. Há muitos casos excepcionais em que não pode ser evitada uma mudança de analista, por razões exteriores, mas acreditamos que não basta escolher um analista do outro sexo (por exemplo, no caso dos homossexuais) para evitar as dificuldades técnicas. Em toda análise normal, o analista desempenha, com efeito, todos os papéis possíveis, sem exceção, para o inconsciente do paciente; cabe-lhe reconhecer esse papel a cada vez no momento oportuno e servir-se dele conscientemente, segundo as circunstâncias. Em particular, quando se trata do papel das duas imagos parentais (pai e mãe), o analista passa constantemente de uma para a outra (transferência e resistência).

Não é um mero acaso se os erros técnicos produziram-se precisamente a propósito das manifestações da transferência e da resistência. Deixaram-se facilmente surpreender por esses sentimentos elementares na análise e, coisa notável, esqueceram-se, justamente neste caso, da teoria que tinham colocado, sem razão, no primeiro plano. É possível que a causa disso seja um fator subjetivo do médico. O *narcisismo do analista* parece apropriado para criar uma fonte de erros muito abundante, na medida em que suscita, por vezes, uma espécie de *contratransferência* narcísica que leva os analisandos a realçar as coisas que lisonjeiam o médico e, outras vezes, a reprimir os comentários e as associações pouco favoráveis que lhe dizem respeito. Essas duas atitudes são tecnicamente errôneas; a primeira, porque pode produzir no paciente melhoras cujo único objetivo é seduzir o analista e obter, em troca, a sua simpatia libidinal, e a segunda, porque desvia o analista de uma tarefa técnica, aquela que consiste em descobrir os sinais de crítica, já fracos e em geral tímidos, e porque o impede também de levar o paciente a exprimir-se ou a ab-reagir abertamente. A angústia e o sentimento de culpa do paciente jamais podem ser superados sem essa autocrítica do analista – o que exige, aliás, um certo esforço – e, no entanto, esses dois fatores afetivos são essenciais para o surgimento e a manutenção do recalque.

Quanto a uma outra fórmula que servia para dissimular a insuficiência técnica, certos analistas encontraram-na numa declaração de Freud segundo a qual o *narcisismo do paciente* constituía, sem dúvida, um limite à influência do analista. Quando a análise não caminhava bem, o consolo era dizer que o paciente era "narcisista demais". E como o narcisismo faz parte de mais ou menos todo processo psíquico enquanto ele entre as aspirações do ego e as da libido, não é muito difícil descortinar nos atos e gestos do paciente provas de seu "narcisismo". Entretanto, o "complexo de castração" ou o "complexo de virilidade", condicionados pelo narcisismo, não podem ser tratados como se marcassem o limite da análise, como se fossem indecomponíveis[11].

Quando a análise tropeçava na resistência do paciente, nem sempre se percebia que, na maioria das vezes, tratava-se apenas de tendências *pseudonarcísicas*. Em particular, é possível convencer-se, considerando as análises de indivíduos que chegam à análise já dotados de uma certa formação teórica, de que uma boa parte do que a teoria nos incita a imputar ao narcisismo é, de fato, secundário, pseudonarcísico, e, à medida que a análise progride, deixa-se inteiramente decompor na relação com os pais. Isso requer, sem dúvida, uma incursão analítica no desenvolvimento do ego do paciente, do mesmo modo, aliás, que toda análise das resistências exige a análi-

---

11. Sabe-se que Adler, manifestamente incapaz de levar mais longe a análise da libido, deteve-se aí.

se do ego, menosprezada demais até agora e sobre a qual Freud nos forneceu ultimamente preciosas indicações.

A novidade de uma concepção técnica, recentemente introduzida sob o nome de "atividade" (Ferenczi), levou alguns, propensos a furtar-se às dificuldades técnicas, a molestar o paciente com injunções e interdições brutais, o que se poderia qualificar como "atividade selvagem". Sem dúvida, deve-se ver aí uma reação ao outro extremo, que consistia em ater-se estritamente a uma "passividade" na técnica, muito mais rígida. Sem dúvida, essa atitude é mais ou menos justificada pela posição teórica do analista, que deve ser ao mesmo tempo um investigador. Mas, na prática, isso leva facilmente a querer poupar ao paciente a dor de intervenções necessárias e a abandonar-lhe em excesso a direção de suas associações e a interpretação de suas ideias[12].

A *atividade* moderada mas, se necessário, enérgica que é exigida pela análise reside no fato de que o médico aceita, numa certa medida, desempenhar verdadeiramente o papel que lhe é prescrito pelo inconsciente do paciente e suas tendências para a fuga. Favorece-se desse modo a *tendência para repetir* as experiências traumáticas precoces, em geral ligeiramente inibida, tendo por finalidade essencial, bem entendido, vencer em definitivo essa tendência para a repetição ao desvendar seu conteúdo. Quando essa repetição surge espontaneamente, é supérfluo provocá-la e o médico só tem de proceder de forma que a repetição se transforme em rememoração (ou em reconstrução plausível).

Estes últimos comentários puramente técnicos devolvem-nos ao tema, já muitas vezes aludido, da interação entre a teoria e a prática, tema ao qual podemos agora dedicar algumas observações metodológicas gerais.

---

12. Certos pacientes de tendência fortemente "masoquista" exploram de bom grado essa "técnica passiva" para fazerem eles mesmos interpretações em "nível subjetivo", graças ao que podem, ao mesmo tempo, satisfazer suas tendências para se torturarem e opor uma incrível resistência à interpretação profunda. Do mesmo modo, pode-se obter à vontade interpretações "anagógicas" de sonhos deixando que o paciente um pouco instruído sobre a análise interprete ele próprio elementos do sonho sem descobrir a dinâmica da resistência supercompensada pela moral.

III

Resultados

Os primórdios da psicanálise tinham um caráter puramente prático. Mas viu-se nascer rapidamente produtos secundários da ação terapêutica sobre os neuróticos, *concepções científicas* referentes à estrutura e à função do aparelho psíquico, sua ontogênese e sua filogênese e, por fim, seus fundamentos biológicos (*Teoria das pulsões*). Esses conhecimentos repercutiram vantajosamente sobre a *prática analítica* e a consequência principal foi a descoberta do *complexo de Édipo* como *complexo nuclear* das neuroses e da importância da *repetição* da relação edipiana na *situação analítica* (transferência).

Entretanto, o essencial da intervenção analítica propriamente dita não consiste nem na constatação de um "complexo de Édipo" nem na simples repetição da relação edipiana na relação com o analista, mas, muito mais, na dissolução ou no *ligamento da libido infantil* de sua fixação nos objetos primordiais.

Assim, a terapia psicanalítica tal como hoje a concebemos tornou-se um método que tem por objetivo fazer *viver plenamente* a relação edipiana na relação do paciente com o médico, a fim de que o conhecimento adquirido lhe permita chegar a uma nova e melhor solução.

Essa relação estabelece-se por si mesma nas condições da análise; cabe à análise a tarefa de a descobrir nada mais do que por leves indícios e de levar o paciente a *reproduzi-la plenamente na vivência analítica*; por vezes, impõem-se medidas apropriadas para levar esses indícios ou vestígios a afirmar-se (*atividade*).

Quanto aos *conhecimentos* sobre o desenvolvimento psíquico normal (teoria dos sonhos, da sexualidade, etc.), importantes no plano *teórico* e indispensáveis em si, deve-se servir deles na prática somente na medida em que possam permitir ou facilitar a reprodução da relação edipiana que se pretende atingir na situação analítica. Perder-se nos detalhes da história individual sem refazer constantemente o ponto no que diz respeito a essa relação é errôneo e estéril na prática; e, quanto ao plano teórico, essa técnica está longe de dar tantos resultados sólidos quanto os obtidos na prática, tal como acabamos de expô-la.

A importância científica de um correto manejo da técnica foi desprezada até agora e é tempo de avaliá-la em seu justo valor. Os resultados teóricos não devem repercutir na técnica de um modo tão mecânico quanto tem sido feito até agora; e ainda mais, é necessária uma *correção constante da teoria* pelos novos conhecimentos fornecidos pela *prática*.

Tendo partido essencialmente da prática, a psicanálise chegou, sob a influência das primeiras e surpreendentes descobertas, a *uma fase de conhecimento*. O conhecimento de todos os mecanismos psíquicos aumentou rapidamente e os resultados terapêuticos, tão impressionantes no começo, tornaram-se insatisfatórios; dever-se-ia, portanto, pensar novamente em harmonizar o saber recém-adquirido e o poder terapêutico, tendo o primeiro superado de longe o segundo.

As nossas próprias exposições esboçam, nesse sentido, o começo de uma fase a que gostaríamos de chamar, por contraste com a precedente, a *fase do experimentado*. Enquanto antes o esforço era no intuito de obter um efeito terapêutico da reação do paciente às explicações dadas, queremos agora colocar o saber adquirido pela psicanálise totalmente a serviço do tratamento, *provocando* diretamente, em função do nosso saber, as *experiências vividas* (*Erlebnisse*) adequadas e limitando-nos a explicar ao paciente somente essa experiência que, bem entendido, também lhe é diretamente perceptível.

Esse saber que nos coloca em condições de situar e de dosar corretamente as nossas intervenções reside essencialmente na convicção da importância universal de certas *experiências precoces fundamentais* (por exemplo, o complexo de Édipo), cujo efeito traumático é reanimado na análise (à maneira dos tratamentos "reativantes" em medicina) e, sob a influência da experiência pela primeira vez conscientemente vivenciada na situação analítica, é levado a descarregar-se de maneira mais apropriada.

Essa terapêutica avizinha-se, em certos aspectos, de uma *técnica pedagógica,* dado que a própria educação – que mais não seja pela relação afetiva com o educador – apoia-se muito mais no experimentado do que na explicação. Uma vez mais, tal como em medicina, vê-se repetir o imenso progresso que representa a passagem de uma intervenção puramente intuitiva e, portanto, muitas vezes desastrada, para a introdução deliberada da vivência analítica, porque sustentada pela *compreensão*.

XXXIX

As fantasias provocadas

(Atividade na técnica da associação)

No Congresso de Haia, numa comunicação sobre a técnica "ativa" em psicanálise[1], mostrei como se era às vezes obrigado a formular ao paciente injunções e interdições a respeito de alguns de seus procedimentos, a fim de perturbar o modo habitual (patológico) de descarga das excitações no inconsciente e conseguir assim que a nova distribuição da tensão psíquica resultante dessa intervenção permita a ativação no inconsciente do material ainda enterrado e torne este manifesto no material associativo. Eu notava desde essa época a possibilidade de ampliar essa atividade a fim de agir sobre o próprio material associativo. Por exemplo, quando o paciente parece querer fazer "mau uso da liberdade de associação"[2] e se lhe faz ver isso, ou quando se interrompe bruscamente o fluxo verbal do analisando para voltar a algo dito anteriormente e a que ele procurava esquivar-se por sua logorreia do tipo "desconversar", faltamos aparentemente à "regra fundamental" da psicanálise mas obedecemos a uma outra de suas regras, ainda mais importante, aquela que quer que uma das principais tarefas do analista seja desmascarar as resistências do paciente; e não se pode abrir uma exceção para o caso particular em que a resistência pretende recorrer à nossa regra fundamental de associação para se contrapor aos objetivos do tratamento.

---

1. "Prolongamentos da 'técnica ativa' em psicanálise", neste volume.
2. "A técnica psicanalítica", em *Psicanálise II*.

Em alguns casos ainda mais raros, vi-me obrigado, como já dizia em Haia, a estender essas interdições de associação à atividade de fantasia do paciente. Aconteceu-me com frequência brecar doentes cujos sintomas consistiam em repetidos devaneios diurnos, interromper brutalmente essas fantasias e incitar vivamente os pacientes a investigar a impressão psíquica de que fugiam de um modo fóbico e que os fazia extraviarem-se pelos caminhos da fantasia patológica. Pensava eu na época, e continuo ainda convencido disso, que a nossa intervenção não podia ser acusada de combinar a associação livre e os procedimentos atinentes à sugestão. Com efeito, nossa ação limitava-se, no caso, a inibir, a barrar certas vias associativas, e o material que o analisando produzia então apresentava-se sem que tivéssemos despertado nele representações de expectativa.

Depois, percebi que seria, ao mesmo tempo, excessivo e pedante manter essa reserva em todas as circunstâncias e que se devia até admitir que essa condição restritiva jamais fora respeitada ao pé da letra. Quando interpretamos as associações livres do paciente, o que fazemos inúmeras vezes durante uma sessão, desviamos o curso de suas associações, suscitamos nele representações de expectativa e abrimos assim caminho para seus encadeamentos de ideias, mesmo ao nível do conteúdo; somos, portanto, extremamente ativos, pois isso equivale a formular interdições de associar. Mas existe uma diferença entre esse procedimento e a sugestão ordinária. Não consideramos irrefutáveis as interpretações que propomos ao paciente; é o material subsequente, rememoração ou repetição, que deve demonstrar sua validade. Nessas condições, e Freud mostrou-o há muito tempo, a "sugestionabilidade" do analisando, ou seja, a aceitação sem crítica das nossas sugestões, não é realmente muito importante. Pelo contrário, a primeira reação do paciente à interpretação é, em geral, a resistência, uma recusa mais ou menos categórica, e só muito mais tarde é que nos será fornecido o material comprovante. Há ainda uma outra diferença entre o analista e o sugestionador todo-poderoso: nós conservamos uma certa dose de ceticismo a respeito de nossas próprias interpretações e devemos estar sempre dispostos a modificá-las, até a retirá-las, mesmo que o paciente já tenha começado a aceitar a nossa interpretação errônea ou incompleta.

Estas considerações anulam a principal objeção contra a utilização um pouco mais ampla dessas interdições de associar na análise, bem entendido, somente no caso em que essa medida impeça o trabalho analítico de estagnar ou de se arrastar exageradamente no tempo.

Evocarei, em primeiro lugar, um tipo de indivíduo que dá a impressão, tanto em análise quanto na vida, de com certeza ter uma atividade fantasística mas particularmente pobre, aqueles indivíduos sobre os quais as experiências mais marcantes não parecem deixar nenhum vestígio. Esses sujeitos são levados a evocar situações que despertariam em todo ser humano afetos intensos de angústia, vingança, excitação erótica, assim como as ações, os impulsos, as fantasias ou, pelo menos, os movimentos expressivos internos ou externos exigidos pela descarga desses afetos; ora, eles não experimentam nem manifestam o menor sinal de tais reações. Nesse caso, apoiado no pressuposto que atribui tal comportamento a um recalque do material psíquico e a uma repressão dos afetos, não hesito em pedir aos pacientes que busquem as reações adequadas e, se se obstinam em dizer que nada lhes acode ao espírito, ordeno-lhes abertamente que as imaginem. Diante da objeção que me é geralmente feita pelo paciente, ou seja, que essas fantasias seriam "artificiais", "pouco naturais", estranhas à sua verdadeira natureza, inventadas, etc., argumento que lhe permite declinar qualquer responsabilidade, respondo em geral que ele não tem que dizer a verdade (a realidade efetiva) mas todas as ideias que lhe acodem ao espírito sem levar em conta a sua realidade objetiva, e que nada o obriga a considerar essas fantasias como se fossem produções espontâneas. Assim desarmada a sua resistência intelectual, o paciente tenta em seguida, de maneira muito prudente em geral, descrever a situação em questão, interrompendo-se ou ameaçando deter-se a todo instante (o que exige uma pressão contínua da parte do analista). Mas, pouco a pouco, ele vai se animando, suas sensações fantasísticas "fabricadas" tornam-se mais variadas, mais vivas e mais ricas. E, finalmente, deixa de poder considerá-las com um olhar frio e objetivo, sua imaginação ganha "embalo", e aconteceu-me até, por diversas vezes, ver esse gênero de fantasia "inventada" desembocar numa vivência de intensidade quase alucinatória, acompanhada de todos os sinais manifestos de angústia, de cólera ou de excitação erótica, segundo o conteúdo da fantasia. Não se poderia negar o valor analítico dessas "fantasias provocadas", como gostaria de chamá-las. Por um lado, fornecem a prova de que o paciente, ao invés do que supunha, é inteiramente capaz dessas produções psíquicas; além disso, fornecem-nos os meios de explorar em maior profundidade o recalcado inconsciente.

Em certos casos, se o paciente, apesar de uma forte pressão de minha parte, nada quer produzir, não receio expor-lhe diretamente o que ele teria mais ou menos sentido, pensado ou imaginado na situação em questão; e, se ele aceita finalmente acompanhar-me, dou menos importância, como é natural, à trama fornecida por mim do que aos detalhes acrescentados pelo paciente.

Essa espécie de ataque de surpresa, apesar da intensidade da experiência da "fantasia provocada" produzida durante a sessão, tende a mobilizar tudo até a sessão seguinte, a fim de destruir o poder de convicção que dela decorre, e o paciente precisa viver diversas vezes a mesma fantasia ou uma outra análoga antes de conservar dela um traço de convicção. Em outros casos, vemos produzir-se ou reproduzir-se cenas que são totalmente inesperadas e não foram previstas pelo médico nem pelo paciente; elas deixam uma impressão indelével no espírito do paciente e fazem o trabalho analítico dar um salto adiante. Mas, se nos afastarmos do caminho certo e o paciente responder às nossas estimulações com ideias e fantasias incompatíveis com as que provocamos, cumpre-nos reconhecer francamente o nosso erro, embora não se exclua a possibilidade de ver o material analítico dar-nos razão mais tarde.

As fantasias em que me vi coagido a provocar dessa maneira são, *grosso modo*, de três espécies: 1. Fantasias de transferência negativas e positivas; 2. Fantasias relativas a lembranças infantis; 3. Fantasias masturbatórias.

Gostaria de citar exemplos extraídos do meu material analítico destas últimas semanas. Lembrei de forma um tanto brutal (perto do final de sua análise) a inanidade de sua atitude a um homem cuja vida fantasística nada tinha de pobre mas que era muito inibido na expressão de seus sentimentos devido a ideias preconcebidas (ideais) e que transferia para mim muita amizade e afeição; ao mesmo tempo, fixei um prazo para o tratamento, no término do qual, curado ou não, ele teria que se despedir. Em vez da reação de cólera ou de vingança que eu esperava e queria provocar à guisa de repetição de processos psíquicos infantis profundamente recalcados, houve diversas sessões enfadonhas, caracterizadas pela ausência de trabalho e de tônus, mas também pela falta de afetos e de fantasias de coloração afetiva. Observei-lhe que ele certamente me odiava pelo que se passara e que seria pouco natural não sentir nada desse gênero. Inabalável, repetiu que me era somente reconhecido, que não sentia por mim outra coisa senão amizade, e assim por diante. Incitei-o, porém, a imaginar algo de agressivo a meu respeito. Finalmente, após as tentativas habituais de defesa e de recusa, apresentaram-se fantasias de agressão, primeiro tímidas, depois cada vez mais violentas, estas últimas acompanhadas de sinais de angústia manifesta (suores frios). No final, fantasiou com acuidade alucinatória que me agredia e depois me arrancava os olhos, fantasia que se transformou bruscamente numa cena sexual onde eu desempenhava o papel de mulher. Durante essa atividade fantasística, o paciente tinha ereções manifestas. Sua análise prosseguiu sob o signo dessas fantasias provocadas que lhe permitiram viver em relação à pessoa do analista quase todas as situações do "complexo de Édipo completo"; e o analista esteve em condições de reconstruir, a partir dessas fantasias, toda a gênese da libido infantil do paciente.

Uma paciente pretendia ignorar os termos obscenos mais correntes que se utilizam para designar os órgãos e os processos genitais. Eu não tinha razão nenhuma para duvidar da sinceridade dela mas, de toda maneira, comentei-lhe que ela tinha certamente conhecido essas palavras na sua infância, que as recalcara em seguida e, mais tarde, em virtude do recalcamento, não lhes prestara mais atenção; era como se tivesse ficado surda para elas. Depois pedi-lhe que me dissesse as palavras e os sons que lhe vinham ao espírito quando pensava nos órgãos genitais femininos. Uma dezena de palavras apareceram inicialmente, todas com a primeira letra correta, depois uma palavra que continha a primeira sílaba da palavra procurada, seguida de uma outra que comportava a segunda sílaba. Foi da mesma maneira que a paciente me disse as letras e as sílabas que compunham a palavra obscena que designava o membro masculino e o "comércio sexual". Esses neologismos provocados fizeram, portanto, surgir o material mnêmico verbal que estava recalcado, do mesmo modo que o método de ataque de surpresa, na tentativa de associação forçada, revelara os conhecimentos dissimulados conscientemente.

Aliás, isso me faz pensar num outro caso em que a paciente me contava uma experiência de sedução (efetiva, segundo toda a probabilidade) com inúmeras variantes, tanto para me desorientar e desorientar-se ela própria quanto para confundir e toldar a realidade. Fui frequentemente obrigado a convidá-la a "inventar" uma dessas cenas, o que permitia, a cada vez, estabelecer algum novo detalhe com certeza. Mas a tarefa consistiu em seguida em relacionar os pontos assim estabelecidos com todo o seu comportamento imediatamente posterior ao evento em questão (quando ela tinha 19 anos), período em que começou a sofrer da obsessão de ter de casar com um homem de religião diferente da sua; também com a sua conduta precisamente antes do seu casamento, quando ostentava um excesso de ingenuidade; e, enfim, com os eventos de sua noite de núpcias, no decorrer da qual o marido ficou surpreendido com a ausência de dificuldade em iniciá-la. Em primeiro lugar, as fantasias de que acabamos de falar permitiram progressivamente estabelecer a realidade do evento, e a paciente foi obrigada a admiti-lo em face do acúmulo de provas. Ela apelou, em último recurso, para a incerteza da memória (ou seja, para uma espécie de ceticismo), depois para a questão filosófica referente à evidência da experiência sensível (ruminações maníacas). "Nem mesmo se pode afirmar com certeza", dizia ela, "que a cadeira que ali se encontra seja realmente uma cadeira." Respondi que por essa associação ela admitia, de fato, ter levado a certeza dessa lembrança para o nível de uma experiência diretamente sensível e que podíamos contentar-nos, ela e eu, com esse grau de certeza.

Uma outra paciente sofria de intoleráveis "sensações de tensão" ao nível dos órgãos genitais; isso durava com frequência várias horas, durante as quais ela era incapaz de trabalhar e de pensar; era obrigada a deitar-se e permanecer imóvel até que a sensação passasse ou, caso frequente, até que adormecesse. Afirmava-me formalmente não pensar em nada durante esses estados, os quais, aliás, nunca terminavam em sensações orgásticas. Quando a análise acumulou material suficiente a respeito de seus objetos de fixação infantil, e tendo havido repetição manifesta desses objetos na transferência para o médico, fui levado a participar-lhe o que eu supunha, não sem fundamento, ou seja, que ela devia, nesses estados, fantasiar inconscientemente um ato sexual, provavelmente agressivo, com seu pai ou com o representante atual deste, o médico. Como a paciente não reagisse, decidi convidá-la a dirigir sua atenção, quando do seu próximo "estado de tensão", para a fantasia deliberadamente esboçada por mim. Após ter superado uma forte resistência, confessou-me então ter tido a fantasia de uma relação sexual, não agressiva é certo, e ter sentido no final um impulso irresistível para fazer alguns movimentos masturbatórios com o baixo ventre, após o que a tensão cessara bruscamente e ela experimentara a sensação de um alívio orgástico. O fenômeno repetiu-se depois por várias vezes. A análise mostrou que, ao contar essas fantasias, a paciente esperava ver o médico realizá-las. Naturalmente, o médico contentou-se em colocar esse desejo em evidência e em buscar suas raízes no passado da paciente. Por conseguinte, as fantasias mudaram: a paciente tornou-se um homem dotado de um órgão manifestamente viril; quanto a mim, passava a ser mulher. Como pude então explicar-lhe, ao proceder assim ela apenas repetia a maneira como tinha reagido em sua infância ao desdém manifestado pelo pai, isto é, por uma identificação com ele (atitude masculina) a fim de se tornar independente dos seus favores. Essa atitude de desafio diante dos homens caracterizava desde então toda a sua vida afetiva. Houve outras variantes: fantasia de ser molestada por um homem (com um conteúdo nitidamente impregnado de erotismo uretral), depois fantasias de relações sexuais com seu irmão mais velho (que ela pretendia amar menos do que o irmão caçula, por causa de sua petulância). Finalmente, produziu fantasias masturbatórias femininas normais, eivadas de devoção e ligadas muito provavelmente à atitude amorosa que tivera no começo a respeito de seu pai.

Ela só relatou espontaneamente uma parte muito reduzida de suas fantasias. Foi a partir dos seus sonhos e de suas associações durante a sessão que pude mostrar-lhe a direção na qual devia solicitar suas experiências inconscientes. Mas toda análise completa deve fazer seguir esse "período de injunções" de um "período de interdições"; é preciso conduzir o paciente até o ponto em que se torne capaz de suportar as próprias fantasias sem descarga masturbatória e de adquirir consciência dos sentimentos e dos afetos de desprazer a elas vinculados (desejo violento, cólera, vingança, etc.) sem ser obrigado a convertê-los em "sentimentos de tensão" histéricos.

Creio que estes exemplos ilustram suficientemente a maneira como pude servir-me das "fantasias provocadas". Devo agora dizer algumas palavras sobre as indicações desse procedimento técnico e sobre suas possíveis contraindicações. Como toda intervenção "ativa" em geral, essa produção fantasística imposta ao paciente só se justifica praticamente no período de desligamento, portanto, no período final do tratamento. Acrescente-se, porém, que esse desligamento jamais ocorre sem "renúncias" dolorosas, ou seja, sem atividade por parte do médico. O mesmo pode ser dito do momento em que convém recorrer a essa técnica. É impossível afirmar, de um modo geral, para que fantasias o analista deve empurrar o paciente; é o próprio material analítico que, em seu conjunto, decide isso. Freud disse que os progressos da técnica analítica decorrerão do crescimento do nosso saber analítico; essa fórmula conserva aqui todo o seu valor. É indispensável, portanto, possuir uma grande experiência de análises "não ativas" e de fantasias não provocadas antes que o analista se permita uma intervenção desse gênero – sempre arriscada – sobre a espontaneidade das associações do paciente. Sugestões de fantasias mal orientadas (o que pode ocorrer até ao mais experimentado dentre nós) são suscetíveis de alongar inutilmente o tratamento quando o seu propósito era precisamente abreviá-lo.

Essas investigações sobre a vida fantasística inconsciente dos pacientes permitiram-me compreender o modo de formação de certas fantasias e, além disso, como uma espécie de benefício secundário, forneceram-me algumas informações sobre os fatores que determinam a vivacidade ou a pobreza da vida de fantasia em geral. Descobri, entre outras coisas, que a vivacidade da imaginação estava ligada com frequência, de maneira direta, a esses acontecimentos vividos na infância a que chamamos traumas sexuais infantis. Os pacientes, em quem fui levado a despertar e a solicitar artificialmente, por assim dizer, a atividade de fantasia pelo método acima exposto, pertenciam em boa parte a classes sociais ou a famílias em que os atos e os gestos das crianças são controlados desde a mais tenra infância com uma severidade excessiva, em que os chamados maus hábitos são reprimidos e suprimidos antes mesmo de verdadeiramente o serem, em que as crianças não têm nenhuma oportunidade de observar em seu meio e ainda menos de viver seja o que for de ordem sexual. São, de certo modo, crianças excessivamente bem-educadas, cujas moções pulsionais sexuais não têm, em geral, ocasião de radicar-se na realidade. Tal enraizamento, ou seja, uma experiência em parte vivida, parece constituir, entretanto, a condição de toda liberdade futura de fantasiar e da potência psíquica que a ela se vincula. As fantasias da criança bem-educada demais encontram-se, por sua parte, sob o efeito imediato do "recalcamento primário" (*Urverdrängung*), mesmo antes de se tornarem conscientes. Em outras palavras, poderíamos dizer que uma certa quantidade de experiências sexuais infantis, portanto, de "traumas sexuais", longe de prejudicar mais tarde a normalidade, sobretudo a capacidade normal de imaginação, antes a favoreceriam. Esse fato (que, aliás, responde perfeitamente à comparação feita por Freud a propósito das consequências da educação: "No térreo e no primeiro andar"[3]) leva-nos a conceder menos importância ao trauma infantil. No início, acreditava-se que este último estava na origem da histeria, mas depois o próprio Freud reduziu-lhe consideravelmente a importância ao descobrir que o fator patogênico residia nas fantasias inconscientes e não em experiências infantis reais. Ora, nós constatamos agora que uma certa quantidade de experiências infantis realmente vividas oferece uma espécie de proteção contra os caminhos anormais que o desenvolvimento é suscetível de adotar. Contudo, não é aconselhável que a "vivência" exceda um certo ótimo. Uma experiência excessiva, precoce demais ou intensa demais, pode igualmente acarretar o recalcamento e, conjuntamente, a pobreza da vida de fantasia.

Do ponto de vista do desenvolvimento do ego, podemos explicar a pobreza das fantasias sexuais na criança excessivamente bem-educada (e sua tendência ulterior para a impotência psíquica) pelo fato de que as crianças sem experiência dessa ordem no real são completamente esmagadas pelos ideais educativos, sempre antissexuais. As outras, pelo contrário, não se deixaram domar pela educação a ponto de não poder, quando cessa a pressão desta última (na puberdade), reencontrar o caminho dos objetos e das metas da sexualidade infantil outrora abandonados e preencher assim a condição básica de toda normalidade psicossexual.

---

3. Na sua *Introduction à la Psychanalyse*.

XL

Ciência que adormece, ciência que desperta

(Carta a Frédéric Karinthy)[1]

Meu caro Karinthy,

Não se surpreenda por ser assim, de súbito, publicamente apostrofado por mim do fundo do meu retiro. Se bem que, na verdade, eu mesmo esteja um pouco surpreso. Adquiri há mais de 20 anos o hábito de deixar sem resposta o grande número de ataques aberrantes e contraditórios que toda espécie de indivíduos não iniciados (supostos especialistas) lança incansavelmente contra a psicanálise, a única área profissional que conheço um pouco. Mas é-me impossível permanecer silencioso quando também você se junta aos atacantes. Pois mesmo sem me deter na ironia (manifesta, apesar do seu caráter inegavelmente espiritual), sinto como uma dolorosa agressão o seu artigo publicado no número de 23 de dezembro de *Vilàg*, no qual classificou o ensino de Freud entre "essas profecias macbethianas" que, embora falsas, transformam-se – na condição de ser frequentemente repetidas – em realidade. Mas, uma vez mais, não tenho a intenção de discutir; compreendi há muito tempo que a discussão jamais faz as coisas avançarem, porque os adversários não buscam a verdade mas, antes, seus respectivos pontos fracos, e sei muito bem que pouco ou nada se pode convencer, somente convencer-se. Por isso, não tenho a intenção de contradizê-lo, mas apenas de lhe recordar o nosso primeiro encontro, já lá vão

---

1. Célebre homem de letras e humorista húngaro. (NTF)

muitos anos, e sublinhar tudo o que separa suas palavras de então das de hoje.

Eu mesmo ainda era jovem e acabara de publicar os meus primeiros e entusiásticos escritos a respeito da descoberta do sábio vienense, quando um jovem de cabeleira desgrenhada – você, meu caro Karinthy – veio ver-me e declarou que sentira a necessidade de manifestar sua simpatia pelos nossos esforços. Disse ele conhecer duas espécies de cientistas e duas espécies de ciências. A primeira busca a verdade e esforça-se para despertar a humanidade sonolenta; a outra evita, tanto quanto possível, perturbar a quietude do mundo amodorrado e tende mesmo a adormecê-lo o mais profundamente possível. A psicanálise, disse você então, possui uma faculdade muito particular de despertar as pessoas e pretende dar ao psiquismo humano, por intermédio do saber, não só o domínio de si mesmo mas também o das forças orgânicas e físicas.

Ora, você escreve agora que é preciso deixar de analisar-se para escutar, de preferência, aqueles que falam de paz, de harmonia, de felicidade, e que, com a ajuda de hábeis sugestões, até mesmo no decorrer de um sono hipnótico, introduzem sub-repticiamente no psiquismo humano sensações, ideias, intenções razoáveis, inteligentes, reconfortantes e felizes.

Quanto a mim, tinha considerado outrora um tanto audaciosas as suas palavras a respeito do poder do cientista mas pude depois convencer-me da sua exatidão. Reconheci de imediato a faculdade de "despertar" que a psicanálise continha e não mudei de opinião, pois sei que na falta de uma ciência autêntica e corajosa todo esforço é inútil e só pode, no máximo, suscitar uma ilusão passageira. Mas você, pelo contrário, parece ter perdido a paciência (talvez sob o efeito das misérias da época atual) e já não se preocupa com a verdade, já não se preocupa com a ciência, aspira tão somente a obter para o nosso pobre e atormentado mundo um pouco de felicidade, não importa a que preço, incluindo a letargia.

Em suma, eu queria simplesmente constatar aqui que, de nós dois, não fui eu quem abandonou as fileiras daqueles que despertam.

Como eu disse, não quero alongar-me sobre as suas declarações mas há um argumento que não posso, no entanto, deixar sem resposta. Você diz que o material da psicanálise não é fornecido pela realidade objetiva mas que é o produto do cérebro de seu autor, Freud. Poder-se-ia dizer o mesmo de tudo, inclusive do artigo intitulado "Profecias macbethianas", e apresentá-lo como sendo ele próprio uma simples profecia macbethiana: o produto do cérebro de Frédéric Karinthy. Por isso, será muito melhor eliminar do arsenal dialético essa referência à subjetividade dos autores: é uma arma inutilizável porquanto exclui de antemão toda e qualquer discussão.

No tocante ao projeto de levar a felicidade a todos os homens, reconheço de bom grado ser esse o objetivo final de toda ciência e de toda investigação. Acrescento apenas que aquele que se conhece será sempre melhor conselheiro a esse respeito do que aquele que não sabe sequer quem é, o que é e o que poderia fazê-lo verdadeiramente feliz. A "autoanálise" é, portanto, preferível em definitivo à meditação estéril no vazio. Já imaginou as consequências se uma ciência qualquer – psíquica, física ou natural – legitimasse o princípio da ação sem exame preliminar (ou seja, sem análise)? Por que razão o psiquismo humano seria uma coisa sacrossanta, indesmontável, que só se tem o direito de abordar em sua totalidade e jamais ao nível das partes que o compõem? E por que o hipnotizador que afasta toda pesquisa psíquica seria melhor conselheiro do que o psicanalista que conhece os mecanismos psíquicos em seus ínfimos detalhes?

Adeus, meu caro Karinthy, deixo-o mas, para ser franco, não creio que este adeus seja definitivo; algo em meu íntimo prefere dizer-lhe: Até breve!

S. Ferenczi

XLI

Ignotus, o compreensivo[1]

Confesso ter sentido um prazer perverso ao saber que doravante também você, meu caro Hugo, ocupa um lugar entre aqueles que se homenageiam consagrando-lhes números especiais. Eu mesmo já passei por isso há cerca de um ano e conheço bem os sentimentos moderados que essas ocasiões fazem nascer, sobretudo naqueles que, como você e eu, não acreditamos muito (pelo menos, em sua convicção mais profunda e mais subjetiva) no caráter efêmero das coisas. Entretanto, de tudo o que formou a moldura de nossa antiga amizade, muitas coisas já desapareceram. Onde está o verdejante gramado onde, deitado a seu lado, escutava suas opiniões e suas predições, a propósito de tudo e de todos, sempre rapidamente formuladas, sempre profundas, ao passo que eu não podia oferecer em troca mais do que o escasso benefício da minha curiosidade científica impregnada de juvenil entusiasmo. Onde estão esses tempos de outrora, tempos felizes de antes da guerra sob Francisco José, época sem história, em que acontecia que um poema, uma frase justa, uma ideia científica, atuava sobre a vida de homens maduros com a força de impacto de um verdadeiro choque emocional.

Mas não quero prosseguir nesse tom; o que quero é celebrá-lo e, em vez de levar mais longe a comparação, tentarei antes destacar o que a minha evolução lhe deve de essencial. A minha impressão resume-se numa só palavra: o que você me ofereceu foi *compreen-*

---

1. Hugo Ignotus (1869-1949), escritor, poeta, crítico e jornalista húngaro.

são. Não é algo desprezível se imagino que eu era o único deste país a preconizar uma nova orientação da psicologia, em face de uma multidão decadente e desdenhosa, afeita à ironia ruidosa, por vezes até com um insulto pronto na boca. Nesse caso, é deveras apreciável encontrar um homem que, num relâmpago de seu gênio, compreendeu instantaneamente a que profundidades a nova direção permite ter acesso, um homem que "é apenas um poeta" e um escritor húngaro mas que, guiado pela intuição infalível de seu espírito disciplinado, seguiu-me sem hesitar em meu caminho, que era também o seu, pois que ambos procurávamos a verdade. Além disso, precisou de uma boa dose de coragem moral para quebrar lanças, em todas as oportunidades e até mesmo em público, a favor de um combatente solitário.

Foi para mim uma fonte de ajuda e de coragem moral; mas devo-lhe mais do que isso: você tornou-se para mim esse fórum cuja opinião eu podia ter quase cegamente por decisiva, esse reagente sensível que me permitia testar a validade das minhas ideias, uma vez convencido de que uma ideia que lhe agradasse não podia ser inteiramente falsa, ao passo que uma que o fizesse torcer o nariz devia necessariamente comportar algum erro. Foi assim que você e o nosso jovem amigo Robert Berény adquiriram para mim a importância de uma verdadeira instituição, permitindo-me suportar com facilidade a minha exclusão da Universidade, da Academia e de outras sociedades científicas.

O que você ignora, porém, é que um dia ofendeu cruelmente a minha vaidade ao criticar com severidade os meus escritos no plano do estilo. Admito ter sentido desânimo e, desde esse momento, sob o efeito dessa crítica, comecei a escrever sem nenhum esforço estilístico, num modo sobremaneira seco e objetivo, o que os meus leitores, por seu turno, me censuraram por mais de uma vez. Mas, em definitivo, é mais uma coisa pela qual lhe estou grato, já que pude assim aproximar-me um pouco desse estado isento de vaidade sem o qual, estou persuadido disso, não existe trabalho científico possível.

Muitos anos passaram desde a nossa última discussão; ambos ficamos grisalhos e, no entanto, pelo menos no que me diz respeito, continuo sem acreditar inteiramente no caráter efêmero das coisas e tenho fé na volta de uma era sem tumulto na qual possamos de novo, estendidos no gramado, entregar-nos à elaboração de ideias novas.

XLII

Thalassa: ensaio sobre a teoria da genitalidade

INTRODUÇÃO

No outono de 1914, o serviço militar obrigou o autor deste estudo a abandonar sua atividade de psicanalista e a exilar-se numa pequena cidade de guarnição, onde sua tarefa de médico-chefe de um esquadrão de hussardos estava longe de satisfazer sua sede de trabalho, convertida num verdadeiro hábito. Assim foi que se dedicou, em suas horas livres, a traduzir para o húngaro os *Três ensaios sobre a teoria da sexualidade*, o que o levou, quase inevitavelmente, a elaborar melhor certas ideias surgidas no decorrer desse trabalho e, depois, a passá-las para o papel de forma sucinta. Todas essas ideias giravam em torno de uma explicação mais detalhada da função do coito, que, em *Três ensaios*, Freud apresenta como sendo a fase terminal de toda a evolução sexual, mas sem que o próprio processo evolutivo seja estudado detalhadamente. Essas ideias cristalizaram-se pouco a pouco numa teoria ontogenética e filogenética que tive ocasião de expor pessoalmente ao prof. Freud em 1915, quando este veio visitar-me em meu quartel (em Papa). Mais tarde, em 1919, repeti essa exposição na presença dele e de alguns amigos, e nas duas vezes fui vivamente estimulado a publicar este trabalho. Se levei tanto tempo a me decidir, foi por um certo número de razões objetivas, além da resistência interna suscitada pela própria natureza do assunto. Os meus conhecimentos de ciências naturais não iam muito além daqueles de um médico que, embora outrora tivesse estudado a biologia com predileção e aplicação, havia quase vinte anos não voltara a ocupar-se seriamente do assunto. Entretanto, minha teoria colocava em discussão fatos biológicos essenciais e muito controvertidos. Eu tinha à minha disposição apenas a notável obra de zoologia de Hesse e Dolflein, bem como alguns livros de Lamarck, Darwin, Haeckel, Bölsche, Lloyd Morgan, Godlewsky, H. Hertwig, Piéron e Trömner, na verdade, uma única obra de cada um desses autores; ao passo que me era inacessível a maior parte das pesquisas biológicas modernas, sobretudo as que tratam dos mecanismos da evolução[1].

No decorrer de minhas especulações sobre a teoria da genitalidade, optei decididamente por aplicar aos animais, órgãos, partes de órgãos e elementos teciduais certos processos de que pude tomar conhecimento através da psicanálise. Essa transposição permitiu-me ver as coisas sob um novo ângulo mas tornou-me culpado do crime de *psicomorfismo*, abuso metodológico que incomodava minha consciência científica. Por outro lado, esse enfoque levou-me a fazer uso de observações realizadas com animais, de dados embriológicos, etc., com o intuito de chegar a uma explicação de certos fatos psíquicos que acompanham o coito, tais como o sono, etc. Segundo minhas convicções de então, esse procedimento tampouco era admissível; eu tinha aprendido, desde os bancos de escola, a considerar como princípio fundamental de todo trabalho científico a separação rigorosa entre os pontos de vista próprios às ciências naturais e os pertencentes às ciências do espírito. A inobservância dessas regras, no decorrer das minhas especulações, era uma das razões que me impediam de publicar minha teoria da genitalidade.

Enquanto estava mergulhado no estudo dos *Três ensaios* de Freud, um fato me impressionou vivamente: Freud conseguia tirar partido de experiências acumuladas durante o tratamento de pacientes psiconeuróticos, portanto, experiências oriundas do domínio psíquico, a fim de construir com bases inteiramente novas um capítulo importante da biologia, qual seja, a teoria do desenvolvimento sexual. No meu prefácio à edição húngara já rendi homenagem a esse método, que considero um importante avanço no domí-

---

[1]. Por razões análogas, tive de limitar o meu estudo das funções sexuais aos vertebrados, afastando o exame, aliás apaixonante, da copulação entre insetos. Foi-me igualmente impossível incluir neste meu trabalho a sexualidade das plantas.

nio da metodologia científica: é um retorno ao animismo, mas um animismo que não mais seria antropomorfo².

Acabei por me convencer, com o passar do tempo, de que a introdução na psicologia de noções colhidas no domínio da biologia e, por outro lado, de noções da psicologia na esfera das ciências naturais é inevitável e pode ser extremamente fecunda. Na medida em que nos ativermos a descrições, poderemos nos contentar com a reconstituição exata das diferentes fases de um processo e será muito fácil para cada um, portanto, manter-se dentro dos limites de seu domínio científico particular. Porém, quando já não se trata simplesmente de descrever, mas de evidenciar a *significação* de um processo, buscamos involuntariamente analogias em domínios científicos estranhos. O físico, para nos fazer compreender os fenômenos próprios de sua ciência, é obrigado a compará-los a "forças", "atrações", "pulsões", "resistências", "inércia", etc., tudo coisas de que só temos conhecimento pelo lado psíquico. Entretanto, Freud também se viu na obrigação de colocar o funcionamento psíquico na dependência de processos tópicos, dinâmicos, econômicos, por conseguinte, de processos puramente físicos, sem o que não teria estado em condições de explicá-lo inteiramente. Admiti, por fim, não haver nenhum motivo de vergonha nessas analogias recíprocas, e que podíamos deliberadamente iniciar uma aplicação intensiva desse método, considerando-o uma postura inevitável e sumamente benéfica. Por isso, em meus trabalhos ulteriores, nunca mais hesitei em preconizar esse modo de trabalho, que qualifiquei de "utraquista"; e exprimi a esperança de que esse meio permitiria à ciência fornecer respostas para certas questões que até agora a deixavam impotente.

Contudo, uma vez admitido o direito de usar essas analogias tão desprezadas até agora, é evidente que convirá procurá-las em domínios o mais afastados possível. Analogias colhidas em domínios vizinhos soariam como simples tautologias e, como tais, não teriam nenhum poder de convicção. Nos enunciados científicos, que se propõem ser verdades mais sintéticas do que analíticas, o sujeito não deve repetir-se no predicado; é essa a lei fundamental e bem conhecida de toda definição. Em outras palavras, a título de comparação, geralmente as substâncias são medidas com substâncias de

---

2. *Psychanalyse II*, Payot, p. 177.

natureza diferente. Assim somos involuntariamente levados a medir a matéria através do imaterial e vice-versa.

A formulação mais concisa do que acabamos de estabelecer consistiria em dizer que todo fenômeno físico e fisiológico requer também, em última instância, uma explicação *metafísica* (ou psicológica) e que todo fenômeno psicológico pede uma explicação metapsicológica (logo, física).

O conhecimento desses fatos deu-me coragem e, como os resultados obtidos graças a esse método encontraram confirmação inesperada nos trabalhos que outros pesquisadores[3] efetuaram em direções muito diversas, decidi levá-los ao conhecimento do público.

Klobenstein am Ritten, agosto de 1923

O que precede constituía o prefácio da edição alemã, publicada em 1924, volume XV da *Internationale Psychoanalytische Bibliothek*. Devo a tradução húngara deste texto à minha excelente aluna Vilma Kovács. Minha gratidão também se dirige a um outro aluno meu, Michaël Balint, que reviu este livro com a óptica de um biólogo moderno e chamou minha atenção para alguns erros que se tinham insinuado no texto original.

Budapeste, 1928[4]

A.

PARTE ONTOGENÉTICA

I

A anfimixia dos erotismos no processo de ejaculação[5]

Foi à psicanálise que coube a tarefa de exumar os problemas da sexualidade que mofavam há muitos séculos no armário de vene-

---

3. Na edição alemã, Ferenczi menciona nominalmente Otto Rank. (NTF)
4. Esta nota figura na tradução húngara, revista e corrigida pelo autor, e que pode, portanto, ser considerada a versão definitiva deste trabalho. Por conseguinte, é a versão húngara que está sendo traduzida aqui. (NTF)
5. Um extrato dos dois primeiros capítulos foi objeto de uma comunicação no VII Congresso Internacional de Psicanálise de Berlim, em setembro de 1922.

nos da ciência. A própria ordem em que os problemas foram selecionados parece responder a uma certa necessidade. Até mesmo as pessoas que professam a maior liberdade de pensamento, quando dão explicações a uma criança, tropeçam na questão: como é que o feto chega ao interior da mãe? Também as preocupações analíticas dirigiram-se mais – e mais profundamente –, por um lado, para a gravidez e o parto, por outro, para os atos preparatórios do coito e para as perversões, ficando em segundo plano a explicação e a significação dos processos do próprio coito. Devo confessar aqui que as ideias que me disponho a publicar jazem, pelo menos em suas linhas gerais, no fundo de uma gaveta há mais de nove anos. Suspeito de que as minhas hesitações em divulgá-las (ou, se preferem, em dá-las à luz) não provêm apenas de razões exteriores objetivas, mas também de minhas próprias resistências.

Foram as observações feitas durante a análise de casos de impotência masculina que serviram de base para as minhas reflexões. O fato em si parecia ser, de imediato, promissor; sabemos o quanto é frequente uma deformação patológica presente em estado latente no processo fisiológico ou psicológico normal permitir-nos compreender esse processo normal. Karl Abraham, esse explorador diligente das chamadas organizações "pré-genitais", relacionou a ejaculação precoce com um vínculo demasiado estreito entre a genitalidade e o erotismo uretral. Os indivíduos atingidos por essa afecção encaram seu esperma com tanta leviandade e irreflexão como se se tratasse de urina, isto é, um excremento do organismo desprovido de valor. Posso completar essas observações com outros casos em que, pelo contrário, os pacientes se mostravam exageradamente econômicos com seu esperma e apenas sofriam, por conseguinte, de uma espécie de impotência ejaculatória. Em outras palavras, só a expulsão do esperma lhes era impossível, pois conservavam intata a capacidade de ereção e de penetração. Nas fantasias inconscientes e, por vezes, até mesmo conscientes desses pacientes, a identificação do processo do coito com a defecação desempenha um papel primordial (identificação da vagina com o vaso sanitário, do esperma com o conteúdo intestinal, etc.). Muitas vezes, esses pacientes deslocaram para o ato sexual a obstinação e a resistência que tinham manifestado em sua infância contra certas regras de asseio impostas pela civilização à atividade excretória deles; são impotentes quando é a mulher que deseja o coito; a ereção só se produz nos casos em que o ato, por uma razão qualquer, é proibido ou incômodo (por exemplo, durante o período menstrual). Se, no decorrer do coito, a mulher os perturba por qualquer coisa, mesmo que insignificante, esses pacientes entregam-se a explosões de cólera e de ódio, ou então cessam bruscamente de sentir prazer. Assim, pode-se facilmente supor que a organização anal desses pacientes apresenta com o ato sexual a mesma relação estreita que com a uretralidade, segundo Abraham, nos indivíduos que padecem de ejaculação precoce. Em outras palavras, fomos levados a supor que a impotência masculina apresentava igualmente uma *técnica anal particular*.

Eu já assinalara que era raro constatar-se a existência de distúrbios menores do ato sexual associados desse mesmo modo ao funcionamento anal. Muitos homens sentem necessidade de defecar antes do coito; graves distúrbios digestivos de origem nervosa podem desaparecer quando as inibições psíquicas da sexualidade são eliminadas pela análise. Também é muito conhecida a constipação pertinaz que resulta, com frequência, de uma excessiva masturbação com desperdício de esperma. Entre as "regressões caracteriais" que já descrevi em outro escrito, deve-se mencionar neste ponto o caso daqueles homens que, de modo geral generosos, mostram-se mesquinhos e mesmo verdadeiramente sovinas quando se trata de dar dinheiro à esposa.

Para evitar mal-entendidos, devo assinalar que o tratamento psicanalítico das impotências, tanto do tipo anal quanto do tipo uretral, não tornou necessário avançar tanto as pesquisas no domínio biológico para encontrar as causas psíquicas da doença, mas, como em todas as neuroses de transferência, era conveniente procurá-las no complexo de Édipo e no complexo de castração a ele ligado. A distinção das impotências em tipo anal e em tipo uretral só apareceu como subproduto da especulação para nos mostrar os caminhos pelos quais um móbil psíquico subjacente obriga o sintoma a se manifestar de um modo regressivo. Assinale-se ainda que os dois modos de impotência jamais se observam, na prática, isoladamente. O que se constata com mais frequência na prática é que o indivíduo que sofre de ejaculação precoce – ou seja, de impotência de caráter uretral – adquire durante a análise a faculdade de ereção e de penetração, mas, ao mesmo tempo, perde provisoriamente sua capacidade de ejaculação, tornando-se assim aspermo. Nesses pacientes, a uretralidade do início transforma-se em analidade durante o tratamento. Disso resulta um aparente aumento da potência, mas do qual apenas a mulher se beneficia. Para equilibrar, de certa maneira, esses dois tipos opostos de inervação e propiciar o restabelecimento total da potência, convém dar prosseguimento à análise até seu término.

Essas observações me levam a considerar a hipótese de que a *cooperação eficaz das inervações anal e uretral é indispensável à instauração de um processo de ejaculação normal. Se é impossível, via de regra, isolar esses dois tipos de inervação, é porque eles se encobrem ou se mascaram mutuamente, ao passo que na ejaculação precoce só se manifesta o componente uretral, e na ejaculação retardada só o componente anal.*

Uma simples reflexão sobre o desenvolvimento do ato sexual desde a introdução do pênis até a ejaculação parece corroborar essa hipótese. A fase final do coito, a ejaculação do esperma, é indiscutivelmente um processo uretral; não só o canal de escoamento é comum ao da urina como em ambos os casos é uma forte pressão que provoca a expulsão do líquido. Em contrapartida, durante a fricção, parece que se manifestam influências inibitórias, muito provavelmente de origem esfincteriana, e seu crescimento excessivo e indesejável pode acarretar a total ausência de ejaculação. Mas tudo leva a pensar que a tendência uretral (ou ejaculatória) está presente desde o começo, durante o período de fricção, e que existe, portanto, uma luta permanente entre a tendência à evacuação e a tendência à retenção, luta essa em que a tendência uretral acaba vencendo. Essa dupla direção da inervação talvez se manifeste igualmente no movimento de vaivém da fricção, quando a penetração corresponderia à tendência ejaculatória e a retirada à inibição repetida a cada vez. Naturalmente, é preciso considerar também o recrudescimento da excitação durante a fricção prolongada e supor que seja a transposição de um certo limiar de excitação que permite chegar, finalmente, ao espasmo esfincteriano.

Essa hipótese pressupõe a existência de elaboração complexa e sutilmente harmonizada; sua perturbação poderia estar na origem dos distúrbios atáxicos e dispráxicos que designamos pelos termos ejaculação precoce e ejaculação retardada. Existe uma semelhança flagrante entre as anomalias da ejaculação que acabamos de descrever e o distúrbio da fala denominado *gagueira*. O fluxo verbal normal é assegurado pela coordenação adequada das inervações necessárias à articulação de vogais e consoantes. Quando uma repetição incoercível de vogais ou o surgimento de um espasmo no instante de pronunciar uma consoante vem perturbar momentaneamente a fala, produz-se o tipo de gagueira a que os especialistas em distúrbios da fala chamam, conforme o caso, de gagueira clônica ou gagueira tônica. Percebe-se facilmente que tenho a intenção de comparar a inervação necessária à produção de vogais com a uretralidade, e as cisões entre vogais e consoantes (lembrando, sob muitos aspectos, a ação esfincteriana) com a inibição anal. Talvez não se trate de uma simples comparação, mas de uma analogia mais fundamental e mais profunda entre esses dois estados patológicos, como atesta o fato notável de que as desordens de inervação que caracterizam a gagueira puderam ser efetivamente relacionadas, por meio da psicanálise, com uma fonte erótico-anal ou erótico-uretral. Em suma, penso que poderíamos conceber o mecanismo fisiopatológico dos distúrbios da ejaculação como uma espécie de *gagueira genital*.

Lembremos, a propósito, um dado fornecido pela embriologia, a saber: o pênis, instrumento da fase terminal do coito, a ejaculação, está perfeitamente apto, por sua origem, a reunir tendências anais e uretrais, pois não se deve esquecer que o pênis – aquisição relativamente tardia na história do desenvolvimento individual – desenvolve-se a partir do intestino e, nos mamíferos inferiores, a partir da cloaca urogenital.

Após esta digressão fisiológica, voltemos aos nossos conhecimentos psicanalíticos solidamente fundados e esforcemo-nos para estabelecer a relação entre a situação que acabamos de expor e a teoria da sexualidade proposta por Freud.

Segundo os *Três ensaios sobre a teoria da sexualidade*, de Freud, o desenvolvimento sexual do indivíduo atinge o apogeu no momento em que *o primado da zona genital* substitui os autoerotismos anteriores (excitações nas chamadas zonas erógenas) e as organizações provisórias da sexualidade. Os erotismos e os estágios de organização superados persistem na organização genital definitiva como mecanismos de "prazer preliminar". Contudo, podemos indagar neste ponto: a decomposição analítica do processo de ejaculação que tentamos realizar nos parágrafos precedentes não nos fornecerá os meios de elucidar, pelo menos em parte, os processos mais delicados que participam no estabelecimento do primado genital?

Pois o que chamei, em termos de fisiologia, de colaboração das inervações anal e uretral poderia traduzir-se em termos da teoria da sexualidade pela síntese ou fusão dos erotismos anal e uretral num erotismo genital. Gostaria de designar esse novo conceito por um termo específico; chamemos, pois, de *anfimixia* dos erotismos ou das pulsões parciais a fusão de dois ou vários erotismos numa unidade superior.

Desde estes primeiros passos para a formulação de uma teoria psicanalítica da genitalidade deparamos com duas objeções capazes de pô-las em xeque. A primeira decorre do fato de que a fisiologia não permite imaginar como poderia aparecer tal anfimixia. Trata-se de modos de inervação tomados de um ou até mesmo de dois órgãos por um terceiro que deles se serve? Ou tratar-se-á, antes, de processos químicos semelhantes à acumulação de produtos endócrinos que se estimulam ou se inibem mutuamente? Sobre esses pontos devemos reconhecer a nossa perfeita ignorância. Mas essa dificuldade particular não deveria desviar-nos de nossa tentativa de explicação. Com efeito, a interpretação de um dado processo pode ser exata e perfeitamente clara do ponto de vista analítico, sem que o aspecto fisiológico do processo tenha sido inteiramente elucidado. Toda a teoria da sexualidade de Freud é uma teoria puramente psicanalítica, para a qual os biólogos terão de fornecer ulteriormente a confirmação fisiológica.

A segunda objeção à teoria da anfimixia – de ordem metapsicológica – parece muito mais séria, uma vez que emana do próprio domínio da psicanálise. Até agora, a metapsicologia tem trabalhado com a hipótese de *mecanismos carregados de energia ou privados de energia*. As diferenças entre os modos de descarga eram atribuídas às diferenças de mecanismos, enquanto só a quantidade de energia era levada em conta, com exclusão da qualidade ou das características dessa energia. Até o presente, consideramos sempre o psiquismo como um conjunto de mecanismos variados que funciona com uma única espécie de energia, que pode ser deslocada de um sistema para outro; mas nunca esteve em questão um *deslocamento de qualidades*, e muito menos se tratou de diferenças qualitativas das próprias energias, tal como a teoria da anfimixia exigiria.

Mas um exame mais atento permite constatar que tal concepção estava tacitamente contida em certas proposições psicanalíticas. Penso, em especial, na concepção psicanalítica dos fenômenos de conversão e de materialização histéricas[6]. Fomos levados a considerá-los uma *"função genital heterotópica"*, uma genitalização regressiva de antigos autoerotismos; em outras palavras, processos em que erotismos tipicamente genitais – eretilidade, tendência para a fricção e a ejaculação –, portanto, uma síndrome qualitativamente bem conhecida, são deslocados da zona genital para outras partes, mais anódinas, do corpo. Ora, esse deslocamento "de baixo para cima" nada mais é, provavelmente, do que a inversão da descida anfimíctica dos erotismos para os órgãos genitais, a qual, segundo a teoria que expomos aqui, estabelece o primado da zona genital. Não nos deixemos desanimar, portanto, pela objeção metapsicológica à teoria da anfimixia. Convém até indagarmos se a hipótese, certamente sedutora por sua simplicidade, de uma única espécie de energia e de uma multiplicidade de mecanismos não deveria ser substituída pela de uma multiplicidade das formas de energia. Aliás, já aventamos involuntariamente essa suposição quando imaginamos os mecanismos psíquicos investidos ora pelas tendências do ego, ora pelas tendências sexuais.

Não podem, portanto, acusar-nos de inconsequência por adotarmos a hipótese de erotismos que podem deslocar-se e associar-se sem perder seu caráter próprio.

A questão que se apresenta agora consiste em saber se a anfimixia uretroanal que acabamos de descrever poderá ser corroborada por misturas diferentes de erotismos; se outras características do coito não deixarão supor misturas análogas; enfim, se todos esses fatos são suscetíveis de harmonizar-se com a teoria da sexualidade.

Parece haver uma certa reciprocidade entre os autoerotismos uretral e anal antes mesmo da instauração do primado genital. A criança tende a utilizar a evacuação da bexiga ou a retenção das matérias como um meio de obter uma certa dose de prazer. Depois renuncia a uma parte desse prazer a fim de se assegurar do amor das pessoas que cuidam dela. Mas onde vai buscar a força necessária para obedecer às ordens da mãe ou da babá e para vencer sua tendência ao desperdício de urina e à retenção das matérias fecais? Acho que a esfera anal exerce aí uma influência decisiva sobre os órgãos que participam na função uretral, e a esfera uretral sobre

---

6. S. Ferenczi, "Phénomènes de matérialisation hystérique" (1919), em *Psychanalyse 3*, vol. III, 1919-1926, de *Oeuvres Completes*, Payot.

os órgãos a serviço da função anal; o reto ensina à bexiga uma certa capacidade de retenção e a bexiga inculca uma certa generosidade ao reto; em termos científicos, o erotismo uretral tinge-se de analidade e o erotismo anal de uretralidade, mediante uma anfimixia dos dois erotismos. Sendo assim, temos de atribuir uma importância capital às proporções da mistura e à distribuição mais ou menos apurada ou massiva dos elementos constituintes que entram nessa mistura dos erotismos; e isso não só no que diz respeito ao estabelecimento de uma genitalidade normal ou patológica, mas também no que se refere à formação do caráter, que Freud nos ensinou a considerar como sendo, em grande parte, a superestrutura e o remanejamento psíquicos desses erotismos.

Mesmo abstraindo todas essas considerações, essa *anfimixia pré-genital* permite aceitar muito mais facilmente a ideia de uma anfimixia uretroanal no ato do coito. Assim, o órgão genital já não seria a varinha de condão única e incomparável para a qual afluem os erotismos inerentes às diversas partes do corpo, e a anfimixia genital seria apenas um caso particular entre as numerosas combinações possíveis. Mas, do ponto de vista da adaptação individual, esse caso particular é muito significativo. Mostra-nos os métodos pelos quais a pressão exercida pela educação leva o indivíduo a renunciar a um prazer e a aceitar uma atividade causadora de desprazer: ao que tudo indica, isso resulta apenas de uma hábil combinação de mecanismos de prazer. A bexiga só renuncia a deixar fluir livremente a urina se pode recorrer a uma outra fonte de prazer, a retenção; e o intestino só renuncia ao prazer da constipação na condição de poder participar do prazer uretral de evacuação. Talvez conseguíssemos, por uma análise suficientemente profunda, decompor a sublimação mais bem-sucedida, ou mesmo uma renúncia aparentemente total, nesses elementos latentes de satisfação hedonista, sem os quais, segundo parece, nenhum ser vivo está disposto a modificar em nada seus modos de funcionamento[7].

Quanto à questão de saber se existem ainda outras combinações e deslocamentos dos erotismos, podemos responder categori-

---

7. É essa interdependência da tendência uretral ao desperdício e da tendência anal à retenção que se repete, em minha opinião, na luta contra a masturbação. Temos motivos para considerar o desperdício de esperma no onanismo como uma repetição da fase enurética, ao passo que as fantasias hipocondríacas angustiantes que incitam a pôr fim ao onanismo denunciam características anais evidentes.

camente pela afirmativa[8]. A observação de crianças, por si só, já fornece numerosas confirmações. Com efeito, as crianças condensam de bom grado num único ato as mais diversas atividades voluptuosas; sentem um prazer especial na fruição simultânea da ingestão de alimento e da evacuação intestinal. Segundo Lindner, que foi o primeiro a observar esses fenômenos, mesmo o bebê já associa de bom grado a sucção do polegar e a fricção ou o repuxão de diversas partes da pele: lóbulos das orelhas, dedos ou até os órgãos genitais. Nesses casos, é lícito falar de uma mistura de erotismos oral e anal, ou oral e cutâneo. Também os pervertidos se esforçam para *acumular* os erotismos. Especialmente notável é o caso daqueles *voyeurs* que, para obter satisfação, precisam olhar a defecação e, ao mesmo tempo, cheirar e até provar as matérias fecais. O exemplo mais característico dessa atividade anfimíctica me foi fornecido pelo jogo de um garotinho de dois anos e meio que, sentado no vaso, soltava alternadamente algumas gotas de urina e depois um pouco de fezes ou de gases, sem parar de exclamar: "Um pchurr, um pluf... um pchurr... um pluf!"

Alguns pacientes permitiram-me, inclusive, apreender certas motivações psíquicas dessas fusões de erotismos. Assim, por exemplo, um paciente vítima de impotência de tipo anal ficava deprimido após cada defecação, entregue a fantasias de empobrecimento e de inferioridade; em contrapartida, a ingestão de alimento lançava-o num delírio megalomaníaco extraordinário. Esse caso mostra como a coprofagia, combinação manifesta de erotismo oral e de erotismo anal, esforça-se para compensar a perda anal mediante o prazer de incorporação oral.

Para ilustrar o deslocamento de qualidades eróticas, citarei ainda o deslocamento do erotismo clitórico da mulher para a vagina, descrito por Freud; o deslocamento da tendência erétil para os mamilos e as narinas, assim como a tendência para ruborizar (ereção de toda a cabeça) na virgem que recalca a excitação genital.

---

8. Em certas circunstâncias, bexiga e reto comportam-se como se tivessem trocado seus papéis, e isso pode explicar-se por *uma influência demasiado forte da tendência oposta*: na diarreia nervosa a uretralidade invade o intestino, ao passo que na retenção urinária nervosa é a bexiga que exagera a avareza ensinada pelo intestino. Todos os casos que me permitiram esclarecer as razões desse comportamento apresentavam manifestações de oposição camuflada. A criança, tal como o adulto neurótico, consegue levar às raias do absurdo as posturas educativas, exagerando-as.

Poderíamos também citar, com base nas observações psicanalíticas de Pfister e de Hugh-Helmuth, em abono da existência das misturas pulsionais eróticas, os casos de sinestesia, em que a excitação de um órgão sensorial provoca a excitação alucinatória de um outro órgão receptor: audição colorida, visão acústica, audição aromática[9], etc.

Todas essas observações, aqui apresentadas sem ordem precisa, reforçaram a minha convicção inicial de que o ato ejaculatório é o resultado de uma anfimixia uretroanal. Gostaria de tentar agora reconsiderar sob esse ângulo todo o desenvolvimento do coito, incluindo as fases da atividade preparatória e do prazer preliminar.

II

O coito como processo de anfimixia

Aprendemos nos *Três ensaios sobre a teoria da sexualidade* que as atividades eróticas infantis reaparecem no ato sexual do adulto sob a forma de atividades do prazer preliminar mas que, no adulto, a descarga efetiva da excitação só se produz no momento da ejaculação. Portanto, ao passo que, na criança, chupar o polegar, bater e apanhar, olhar e ser olhado, pode levar a uma satisfação completa, para o adulto, olhar, beijar, abraçar, servem apenas para desencadear o mecanismo genital propriamente dito. Tudo se passa como se nenhuma dessas excitações pudesse alcançar seu objetivo final e, tendo chegado a um certo limiar de intensidade, se visse transposta para um outro erotismo. Quando a excitação gerada pela contemplação, audição, olfação eróticas atinge uma intensidade suficiente, ela incita aos abraços e às trocas de beijos; e é somente quando essas carícias, por sua vez, alcançam uma certa intensidade que se manifestará o desejo de ereção, de penetração e de fricção, culminando no processo anfimíctico de ejaculação já descrito. Quase poderíamos dizer que cada ato sexual repete sucintamente toda a evolução sexual. É como se as diferentes zonas erógenas fossem outros

---

9. Os exemplos de sinestesias são apresentados em francês no texto original – *audition colorée, vision acoustique, audition odorée* – e como tal foram mantidos, obviamente, na edição francesa. Optamos pela sua tradução para o nosso idioma. (N. do T.)

tantos focos de incêndio ligados entre si por um rastilho que deflagra finalmente a explosão das energias pulsionais acumuladas no aparelho genital.

Mas a hipótese mais verossímil é que esse deslocamento anfimíctico das pulsões para baixo não ocorre somente durante o coito mas também no decorrer da vida inteira. Essa hipótese heurística tem o mérito de nos fazer entender melhor a maneira como se estabelece o primado genital, seu sentido e sua razão de ser biológica. Sabemos que as principais fases no desenvolvimento da libido são aquelas que levam do autoerotismo ao amor de objeto genital, passando pelo narcisismo. No estágio autoerótico dessa evolução, a sexualidade de cada órgão, ou pulsão parcial, satisfaz-se de uma forma anárquica, sem consideração pelo bem-estar do resto do organismo. Do ponto de vista da capacidade e da eficácia funcionais de cada órgão, pode-se considerar um nítido progresso a capacidade de derivar as excitações sexuais para fora e de acumulá-las numa espécie de reservatório especial donde são periodicamente evacuadas. Se as atividades voluptuosas não estivessem assim isoladas, o olho se esgotaria na contemplação erótica, a boca se comportaria exclusivamente como órgão erótico oral, em vez de se pôr a serviço da conservação do indivíduo; a própria pele não seria este invólucro protetor cuja sensibilidade nos adverte do perigo, mas apenas um lugar de sensações eróticas; a musculatura não seria o instrumento aperfeiçoado da atividade voluntária mas serviria unicamente para canalizar descargas sádicas e outras descargas motoras voluptuosas, e assim por diante. O fato de que o organismo se desembaraçou das tendências sexuais para a descarga concentrando-as no aparelho genital aumentou consideravelmente o seu nível de eficácia e permitiu-lhe adaptar-se mais facilmente a situações difíceis e até às catastróficas. Deve-se conceber a constituição do centro genital em termos pangenéticos, na acepção de Darwin; isso significa que todas as partes do organismo estão, de um modo ou de outro, representadas no aparelho genital, o qual administra, à maneira de um gerente, o empreendimento de descarga erótica para o organismo todo.

A passagem do autoerotismo ao narcisismo seria então o resultado, visível até do exterior, do deslocamento anfimíctico dos erotismos para baixo. Se queremos levar a sério a hipótese de uma pangênese da função genital, devemos considerar o membro viril como um duplo em miniatura do ego inteiro, a encarnação do ego-

-prazer, e nesse desdobramento do ego vemos a condição fundamental do amor narcísico pelo ego. Para esse pequeno ego reduzido que nos sonhos e nas fantasias simboliza tantas vezes a pessoa inteira, é necessário criar, no momento do coito, condições que lhe assegurem uma satisfação simples e infalível. Vamos agora falar, em poucas palavras, dessas condições.

A experiência psicanalítica estabeleceu que os atos preparatórios do coito – carícias, abraços – têm por função, entre outras coisas, favorecer a *identificação mútua dos parceiros sexuais*. Abraçar, acariciar, morder, beijar, servem para apagar o limite entre os egos dos dois parceiros; assim, por exemplo, o homem, durante o coito, após ter de algum modo introjetado no plano psíquico os órgãos da mulher, não está mais obrigado a alimentar o sentimento de ter confiado o mais precioso de seus órgãos, o representante do seu ego-prazer, a um meio estranho, logo perigoso; de sorte que pode, sem receio, permitir-se a ereção, o órgão bem protegido não corre o risco de ser perdido, porquanto se encontra confiado a um ser com o qual o seu ego se identificou. Assim, no ato sexual, o desejo de dar e o desejo de conservar, as tendências egoístas e as tendências libidinais, conseguem se equilibrar. É um fenômeno com que já deparamos na dupla orientação própria a todo sintoma de conversão histérica. Aliás, essa analogia nada tem de fortuita, visto que o sintoma histérico – como o demonstram inúmeras observações psicanalíticas – reproduz sempre de um modo ou de outro a função genital.

Quando a união mais íntima de todas entre dois seres de sexo diferente se realizou pela *formação da tríplice ponte do beijo, do amplexo e da penetração do pênis*, produziu-se então o combate final, decisivo, entre o desejo de dar e o de conservar a própria secreção genital, combate que procuramos descrever no início destas nossas reflexões como um duelo entre as tendências anal e uretral. Portanto, em definitivo, todo o combate genital se desencadeia em torno de um produto de secreção; quando da ejaculação que põe fim ao combate, a secreção separa-se do corpo do homem libertando-o assim da tensão sexual, mas de tal maneira que essa secreção fica protegida num lugar seguro e apropriado, no interior do corpo da mulher. Entretanto, essa solicitude incita-nos a supor também a existência de *um processo de identificação entre a secreção e o ego*; assim, o coito implicaria desde já um tríplice processo de identificação: identificação do organismo total com o órgão genital, identificação com o parceiro sexual e identificação com a secreção genital[10].

Se considerarmos agora toda a evolução da sexualidade, desde a sucção do polegar no bebê até o coito heterossexual, passando pelo narcisismo da masturbação genital, e se tivermos em mente os processos complexos de identificação do ego com o pênis e com a secreção genital, chegaremos à conclusão de que toda essa evolução, incluindo, por conseguinte, o próprio coito, só pode ter por objeto final uma tentativa do ego, no começo hesitante e canhestra, depois cada vez mais decidida e, por fim, parcialmente alcançada, *de regressar ao corpo materno*, situação em que a ruptura tão dolorosa entre o ego e o meio ambiente não existia ainda. O coito realiza essa regressão temporária de três maneiras: no que tange ao organismo inteiro, somente num *modo alucinatório*, como no sono; quanto ao pênis, com o qual o organismo inteiro se identifica, já o conseguiu em parte sob uma forma *simbólica*; só o esperma tem o privilégio, enquanto representante do ego e do seu *alter ego* narcísico, o órgão genital, de chegar *realmente* ao interior do corpo materno.

Adotando a terminologia das ciências naturais, poderíamos dizer, em resumo, que o ato sexual visa realizar e realiza a satisfação simultânea do soma e do germe. Para o soma, a ejaculação equivale a desvencilhar-se de produtos de secreção que constituem um estorvo; para as células germinais, consiste em penetrar no meio que lhes é mais favorável. Entretanto, a concepção psicanalítica nos ensina que o soma, em consequência de sua identificação com o esperma, não satisfaz somente as tendências egoístas que visam aliviar as tensões, mas, ao mesmo tempo, participa na satisfação real obtida pelas células germinais sob a forma de um regresso alucinatório e simbólico (parcial) ao seio materno, abandonado muito a contragosto no momento do nascimento, e é o que chamamos, do ponto de vista do indivíduo, a parte libidinal do coito.

Se considerarmos o processo genital sob esse ângulo que eu qualificaria de "bioanalítico", estaremos em condições de compreen-

---

10. Para responder a uma objeção que se apresenta imediatamente ao espírito, quero sublinhar que estas reflexões se referem de modo exclusivo ao desenrolar mais simples dos acontecimentos que se observam no parceiro masculino. Tentarei mostrar mais adiante que essa concepção pode aplicar-se igualmente aos processos muito mais complexos que se verificam na mulher.

der, enfim, por que o *desejo edipiano*, o desejo de coito com a mãe, é reencontrado com essa regularidade quase enfadonha por sua monotonia como tendência nuclear na análise dos homens neuróticos. O desejo edipiano é a expressão psíquica de uma tendência biológica muito mais geral que impele os seres vivos ao retorno ao estado de repouso que desfrutavam antes do nascimento.

Uma das mais belas tarefas da fisiologia seria explorar os processos orgânicos que permitem a fusão dos erotismos isolados em erotismo genital. De acordo com a hipótese acima desenvolvida, toda vez que um organismo renuncia a abandonar-se diretamente às suas tendências eróticas em benefício do organismo inteiro, verifica-se ora a produção de uma secreção ao nível desse órgão, ora o deslocamento de quantidades ou de qualidades de inervação para outros órgãos e, finalmente, para o órgão genital; é a este último que incumbirá, em seguida, a tarefa de nivelar as tensões eróticas que flutuam livremente, oriundas de todos os órgãos, no coito.

Segue-se, para a biologia, uma outra tarefa não menos árdua: descobrir de que maneira as tendências para a satisfação do germe, por uma parte, e do soma, por outra, independentes na origem, se combinam ou se influenciam mutuamente no ato sexual. Deveria também destacar as causas ontogenéticas e filogenéticas que incitam tantos seres vivos a buscar a satisfação suprema precisamente no ato de acasalamento, o qual, de acordo com as considerações precedentes, é em realidade a expressão do desejo de retorno ao seio materno.

III

O desenvolvimento do sentido de realidade erótica e seus estágios

Em trabalho anterior sobre estágios do desenvolvimento do sentido de realidade durante o crescimento da criança[11], fui levado a formular a hipótese segundo a qual, desde o nascimento, o homem é dominado por uma tendência regressiva permanente que visa o restabelecimento da situação intrauterina, e a ela se apega obstina-

---

11. "Le développement du sens de réalité et sés stades" (1913), *Psychanalyse II*, Payot, p. 51.

damente, de um modo mágico-alucinatório, com a ajuda de alucinações positivas e negativas. De acordo com essa concepção, para que o sentido de realidade possa atingir seu pleno desenvolvimento, é preciso que o homem tenha renunciado, de uma vez por todas, a essa regressão e lhe encontre um substituto no mundo da realidade. Mas só uma parte da nossa personalidade participa nessa evolução; o sono e os sonhos, a nossa vida sexual e as nossas fantasias permanecem ligados à tendência para realizar esse desejo primitivo.

No que se segue vou tentar, a título de complemento dessas ideias, descrever as fases de desenvolvimento da sexualidade tal como as conhecemos pelos trabalhos de Freud, ou seja, como uma série de tentativas, no início hesitantes e rudimentares, depois cada vez mais explícitas, para retornar ao seio materno, enquanto a fase terminal de toda essa evolução, o desenvolvimento da função genital, representa o paralelo erótico da "função de realidade", ou seja, o acesso ao "sentido de realidade erótica". Porquanto, conforme assinalei no capítulo precedente, o ato sexual permite o retorno *real*, se bem que parcial, ao útero materno.

No primeiro estágio da organização sexual infantil, a fase erótica oral, incumbe ainda às pessoas que cuidam da criança manterem para ela a ilusão da situação intrauterina; encarregam-se de manter as condições de calor, de obscuridade e de calma de que a criança precisa para conservar tal ilusão. Durante um certo tempo, nenhum controle se exerce sobre as funções de eliminação e a única atividade propriamente dita do bebê consiste em mamar. Contudo, mesmo esse primeiro objeto de amor é originalmente imposto à criança por sua mãe, de sorte que podemos dizer que o amor primário da criança é um "amor objetal passivo". Seja como for, o ritmo da sucção fica sendo para sempre um elemento essencial de toda a atividade erótica ulterior e integrar-se-á, segundo a nossa concepção, em termos de anfimixia, ao ato masturbatório e ao coito. A sucção do polegar ou *Wonnesaugen* (Lindner) constitui a atividade puramente libidinal própria desse período e, ao mesmo tempo, o primeiro problema de ordem erótica que se nos apresenta. O que é que incita a criança a prolongar a mamada, mesmo depois de estar saciada? Que prazer ela sente nessa atividade? Mas resistamos à tentação de querer resolver desde agora esse enigma e, através dele, a questão fundamental da psicologia do erotismo; esperemos até ter estudado em detalhe os outros erotismos.

A criança de peito é, em suma, um ectoparasito da mãe, assim como tinha sido seu endoparasito durante o período fetal. E na mesma medida em que se instalara à vontade no corpo materno, sem a menor consideração e acabando por obrigar a mãe, sua hospedeira nutriz, a expulsar seu impudente pensionista, este comportar-se-á também com agressividade crescente em relação à mãe que o amamenta. A plácida fase oral-erótica da amamentação desemboca numa fase canibalesca. A criança desenvolveu instrumentos de mastigação e tudo se passa como se, com a ajuda deles, quisesse propriamente devorar a mãe bem-amada que, por fim, se encontra na obrigação de a desmamar. Penso que esse canibalismo não serve apenas ao instinto de autoconservação e que os *dentes* são, ao mesmo tempo, armas a serviço de uma tendência libidinal, *instrumentos com a ajuda dos quais a criança procura penetrar no corpo da mãe.*

O único argumento a favor dessa hipótese temerária, mas que é de grande peso aos olhos de um psicanalista, é a constância e a regularidade com a qual, nos sonhos e nos sintomas neuróticos, se reencontra a identidade simbólica entre o pênis e os dentes. De acordo com a nossa concepção, o dente é, em última análise, um pênis arcaico (*Urpenis*), a cujo papel libidinal a criança deve renunciar no momento do desmame[12]. Por conseguinte, não é o dente que é o símbolo do pênis mas é o pênis, mais tardiamente desenvolvido, que é o símbolo do instrumento de penetração mais antigo, o dente. O caráter paradoxal dessa hipótese talvez fique atenuado se considerarmos que toda relação simbólica é precedida de uma fase de equação em que duas coisas podem substituir-se mutuamente.

O "canibalismo" já contém, em parte, todos os elementos agressivos que se manifestam com tanta nitidez na organização sádico--anal seguinte. A relação extraordinariamente estreita que existe entre a libido anal e as manifestações de sadismo corresponderia, segundo a concepção desenvolvida mais acima, ao deslocamento da agressividade, primitivamente "canibalesca", para a função in-

---

12. Uma criança de dois anos, assistindo à mamada de seu irmãozinho, declara: "Dany está comendo carne." A rigorosa proibição para os judeus de comer simultaneamente pratos que contenham carne e pratos que contenham leite apenas serve, talvez, para assegurar o desmame.

testinal. O motivo desse deslocamento é a reação de desagrado suscitada na criança quando os pais ou seus substitutos exigem dela o respeito a certas regras de asseio. Mesmo nesse estágio, ela não renuncia à "regressão materna" oral-erótica anteriormente tentada; esta reaparece agora sob a forma de identificação das fezes com a criança, ou seja, com o próprio indivíduo. Tudo ocorre como se a criança, após essa recusa deveras perturbadora da agressão libidinal oral-erótica por parte da mãe, recanalizasse sua libido para si mesma. Sendo ela própria, ao mesmo tempo, a mãe e a criança (conteúdo intestinal), pode tornar-se independente, no plano libidinal, da pessoa que cuida dela (a mãe). Talvez seja essa a razão fundamental desses traços antagônicos que são, de um modo geral, os produtos de transformação da libido sadicoanal.

O período da masturbação deve ser considerado um estágio à parte do desenvolvimento da libido: a primeira fase que inicia o primado da zona genital[13]. Todas as nossas análises mostram que a masturbação está associada a grandes quantidades de libido sádico-anal, de modo que podemos hoje acompanhar o deslocamento dos componentes agressivos desde a fase oral até a fase genital, passando pela fase anal. Contudo, na masturbação, a equação simbólica "criança = fezes" é substituída pelo símbolo "criança = pênis"; para o menino é, portanto, a concha formada pela palma de sua própria mão que simboliza o órgão genital feminino. É impressionante constatar que, nas duas últimas fases, a criança desempenha subjetivamente um papel duplo, o que está relacionado, sem dúvida, com a bissexualidade infantil. Em todo o caso, para entender as manifestações da libido genital plenamente madura é de extrema importância saber que todo ser humano, homem ou mulher, pode desempenhar com o seu próprio corpo o papel duplo da mãe e da criança.

No final do desenvolvimento da libido infantil, a criança, após as fases do amor objetal passivo, de agressão canibalesca e de introjeção, retorna ao objeto primitivo, a mãe, mas desta vez munida de uma arma ofensiva mais adequada. O pênis erétil seria perfeitamente capaz de encontrar o caminho da vagina materna e de atingir esse objetivo se as interdições educativas e também já, talvez,

---

13. Recentemente, Freud descreveu uma fase distinta de organização fálica. *Inst. Ztschr. f. Psa.*, IX, 1923.

um mecanismo de defesa específico ou a angústia não pusessem rapidamente um ponto final nesse precoce *amor edipiano*.

Renunciamos a descrever os períodos sexuais seguintes – período de latência e puberdade – visto que o nosso propósito era apenas demonstrar que a ontogênese da sexualidade continua sendo invariavelmente dominada pela tendência para o retorno ao seio materno e que a organização genital, a qual realiza, de certo modo, essa tendência, corresponde ao máximo de desenvolvimento do sentido de realidade erótica. Após o fracasso da primeira tentativa oral de regresso ao corpo da mãe, seguem-se os períodos anal e masturbatório, períodos que poderiam ser classificados de *autoplásticos*, em que o indivíduo procura em seu próprio corpo um substituto fantasístico para o objeto perdido; mas só o instrumento constituído pelo órgão masculino de copulação permite uma primeira tentativa séria de realização dessa tendência num modo novamente *aloplástico*, primeiro na própria mãe, depois nas outras mulheres de seu meio.

Poderemos apenas esboçar em suas grandes linhas a representação do ato sexual final enquanto soma anfimíctica dos erotismos mais precoces. Os impulsos agressivos traduzem-se no ato sexual pela violência manifestada quando da conquista do objeto e da penetração. Tentaremos agora explicar como os erotismos anal e uretral são utilizados na formação do *erotismo parental* (ou erotismo de parturição), estreitamente associado à genitalidade, estudando o desenvolvimento da sexualidade feminina, problema que é impossível continuar deixando para mais tarde.

O desenvolvimento da sexualidade genital, que acabamos de expor esquematicamente como se processa no homem, sofre na mulher uma interrupção bastante súbita. Essa interrupção caracteriza-se essencialmente pelo deslocamento da erogenidade do clitóris (o pênis feminino) para a cavidade vaginal. Entretanto, a experiência analítica nos leva a supor que não só a vagina mas também outras partes do corpo da mulher podem genitalizar-se – como é igualmente testemunhado pela histeria –, sobretudo os mamilos e a região que os cerca. É provável que o aleitamento constitua, numa certa medida, uma compensação para o prazer perdido da penetração e ejaculação; de fato, o mamilo manifesta claramente sua aptidão erétil. Parece, entretanto, que uma quantidade apreciável de erotismo anal e oral encontra-se também deslocada para a vagina, cuja musculatura lisa parece imitar, tanto por suas contrações como por seu peristaltismo, o *prazer* oral de ingestão e o prazer anal de retenção. No que se refere à principal zona genital, ela está, no homem, essencialmènte impregnada de uretralidade, ao passo que na mulher produz-se uma regressão, sobretudo no sentido da analidade, na medida em que, nela, a ênfase no coito recai sobre a conservação do pênis, do esperma e do feto que se desenvolve a partir do esperma (*erotismo parental*). Contudo, o desejo viril, parcialmente abandonado, de retorno ao seio materno também se manifesta na mulher, mas somente no nível da fantasia: por exemplo, sob a forma de uma identificação imaginária durante o coito com o homem, detentor do pênis, sob a forma de uma sensação vaginal sugerindo a posse de um pênis ("pênis oco") ou de uma identificação com a criança que traz dentro de seu corpo. A agressividade masculina transforma-se na mulher em prazer passivo de se submeter ao ato sexual (o masoquismo), o que pode explicar-se, por uma parte, pela presença de pulsões muito arcaicas (a pulsão de morte, de Freud) e, por outra, por um mecanismo de identificação com o homem vitorioso. Todos esses reinvestimentos secundários de mecanismos de prazer distanciados no espaço e geneticamente superados parecem mais ou menos servir à mulher de consolo pela perda de um pênis.

De um modo geral, eis como podemos conceber na mulher a passagem de uma atividade de tipo viril para a passividade: a genitalidade do pênis feminino (clitóris) reflui regressivamente para o conjunto do corpo e para o conjunto do ego, de onde ela veio – como acreditamos – por anfimixia, de modo que a mulher volta a cair sob o domínio do narcisismo secundário; no plano erótico, torna-se semelhante a uma criança, a um ser que ainda se apega de bom grado à fantasia de *ainda estar inteira nas entranhas da mãe*. Assim, pode facilmente identificar-se com o feto que vive nela (ou com o pênis que lhe serve de símbolo), e passar do transitivo para o intransitivo, da penetração ativa para a passividade. A genitalização secundária do corpo feminino explica também a tendência maior das mulheres para a histeria de conversão[14].

A observação atenta do desenvolvimento genital da mulher faz pensar que, no momento do primeiro coito, a genitalidade fe-

---

14. "Phénomènes de matérialisation hystérique", *Psychanalyse III*, Payot.

minina ainda está, com frequência, totalmente imatura. As primeiras tentativas de coito não passam, a bem dizer, de violações sangrentas. Somente mais tarde é que a mulher aprende a sofrer o ato sexual de maneira passiva, e ainda mais tarde a encontrar nele prazer e até a participar nele ativamente. Na verdade, em cada ato sexual repete-se a oposição primária sob a forma de uma resistência muscular oposta pela vagina contraída; só depois se produz uma lubrificação da vagina que a torna facilmente penetrável e, finalmente, sobrevêm as contrações que parecem ter por objetivo a aspiração do esperma e a incorporação do pênis (a tendência castradora também aí desempenha um papel, provavelmente). Essas observações, somadas a certas considerações filogenéticas que examinaremos mais adiante em detalhe, fazem pensar que o coito é igualmente uma repetição, ao nível individual, da luta entre os sexos. A parte perdedora é a mulher: ela entrega ao homem o privilégio de penetrar efetivamente no corpo da mãe, contentando-se por sua parte com compensações fantasísticas e, sobretudo, acolhendo a criança de cuja felicidade compartilha[15]. Em contrapartida, a crer nas observações psicanalíticas de Groddeck, existem, dissimulados pelos sofrimentos do parto, prazeres de que o sexo masculino está privado.

Estas reflexões projetam uma nova luz sobre os modos de satisfação dos perversos e os sintomas dos psiconeuróticos. Sua fixação numa etapa anterior do desenvolvimento sexual representa, portanto, uma realização muito imperfeita da finalidade da função de realidade erótica, a saber, a reprodução genital da situação intrauterina. E mesmo os arquétipos das neuroses atuais – a neurastenia que se associa à ejaculação precoce e a neurose de angústia que se faz acompanhar de uma tendência excessiva para a retenção – podem agora explicar-se por uma genitalidade em que há superabundância ou de elementos anais ou de elementos uretrais; a impotência que daí resulta pode ser relacionada, pela análise, com a angústia da situação intrauterina. Gostaria de recorrer aqui aos trabalhos de Otto Rank, que, aliás, vão demasiado longe em certos aspectos (*O trauma do nascimento*, 1924), para dar uma extensão maior à presente teoria da genitalidade.

---

15. Isto constitui, sucintamente, a construção que tentei elaborar e à qual Freud se refere em seu artigo "Le tabou de la virginité", em *La vie sexuelle*, PUF, p. 66.

Estou convencido de que a observação da vida sexual dos animais virá confirmar essa concepção, e só posso lamentar a insuficiência dos meus conhecimentos nesse domínio da ciência. O pouco que sei parece corroborar a minha concepção relativa à universalidade da *pulsão de regressão materna* e de sua realização pelo coito. Refiro-me, por exemplo, ao fato de que certos animais prolongam o ato sexual quase que indefinidamente[16].

IV

Interpretação dos diversos processos do ato sexual

Após essas considerações, parece-nos interessante submeter a uma análise, à maneira dos sintomas neuróticos, os diversos processos do ato sexual, dos quais, até agora, só estudamos realmente a ejaculação.

Em primeiro lugar, temos a *ereção*, que, segundo a nossa teoria da genitalidade e o desejo do retorno à situação intrauterina que ela implica, pede uma interpretação à primeira vista surpreendente. Suponhamos que o *envolvimento permanente* da glande numa membrana mucosa (prepúcio) constitui, de fato, uma réplica em tamanho reduzido da situação intrauterina. Quando, no momento da ereção, o recrudescimento da tensão acumulada no órgão genital projeta a glande, ou seja, a parte mais sensível do pênis (e, segundo a nossa concepção, o representante narcísico do ego inteiro), para fora de sua posição de repouso bem protegida, pode-se dizer que, de uma certa forma, ele dá à luz: a intensificação súbita da sensação de desagrado permite compreender o desejo, também súbito, de restabelecer a situação perdida pelo pênis penetrando num outro invólucro, em outras palavras, de buscar no mundo externo real, desta vez efetivamente no interior do corpo da mulher, a calma de que desfrutava antes de um modo autoerótico.

---

16. O coito da aranha pode durar sete horas, o da rã até quatro semanas. Conhece-se há muito tempo o acasalamento permanente de certos parasitas; chega mesmo a acontecer que o macho passe sua vida inteira no útero ou na laringe da fêmea. Um desenvolvimento superior do sentido de realidade erótica é também o fato de esses parasitas, que transferem quase toda a preocupação com sua manutenção para o seu hospedeiro, terem sua organização quase inteiramente a serviço da função sexual.

No ato sexual humano, a ejaculação é precedida de uma *fricção* prolongada. Para compreender esse fato, precisamos voltar um pouco atrás.

Os zoologistas observaram a existência em certos animais de um singular modo de reação, a *autotomia*, que consiste no seguinte: o animal desprende de seu corpo, ou seja, "deixa cair"[17] literalmente, por meio de movimentos musculares específicos, aqueles de seus órgãos que estiverem submetidos a uma irritação excessivamente intensa ou que, de algum modo, o façam sofrer. Certos vermes, por exemplo, colocados nessa situação, são capazes de rejeitar a totalidade do intestino; outros fragmentam-se em pequenos segmentos. Todo o mundo sabe com que facilidade o lagarto perseguido abandona sua cauda em mãos do adversário, para em seguida regenerá-la rapidamente. Essa reação corresponde, por certo, a um traço fundamental de todo o ser vivo, e podemos supor que representa o *modelo biológico de recalcamento*, ou seja, essencialmente, a fuga psíquica diante dos sentimentos demasiado intensos de desprazer.

Já dissemos que todas as quantidades e qualidades de excitação que o organismo, no interesse do bom funcionamento de seus órgãos, deslocou sem satisfazer acumulam-se no aparelho genital a fim de serem descarregadas por seu intermédio. Essa descarga, no sentido da tendência para a autotomia, só pode corresponder à tendência para rejeitar o órgão em estado de tensão. Do ponto de vista do ego, descrevemos a ejaculação como uma rejeição análoga de secreções que produzem uma sensação de desagrado; podemos reconhecer a manifestação de uma tendência semelhante na ereção e na fricção. A própria ereção talvez seja apenas o resultado incompleto de uma *tendência para separar* do corpo o órgão genital repleto de qualidades de desprazer. Tal como no ato de ejaculação, podemos considerar que se trata, aqui, de uma luta entre a tendência a rejeitar e a de conservar; luta que, neste caso, não termina pela vitória da tendência à separação[18]. Poderíamos ainda supor que, em primeiro lugar, o ato sexual tende a separar inteiramente o órgão se-

---

17. *Laisser tomber* – expressão que também é usada metaforicamente no sentido de deixar escapar algo, abandonar um projeto, "deixar para lá". (N. da R. T.)

18. A tendência à autotomia fornece a explicação final sobre o símbolo da extração dentária empregado no lugar das representações de espermatorreia e de nascimento.

xual do corpo – uma espécie de *autocastração* –, mas se contenta em seguida em desvencilhar-se apenas da secreção. Os múltiplos comportamentos sexuais dos animais permitem-nos observar, em exemplos extremos, os diferentes desfechos dessa luta. O tatu verdadeiro (*dasypus*), mamífero dotado de uma cinta de placas móveis, enterra no órgão da fêmea um pênis gigantesco se o compararmos com o tamanho do animal; em contrapartida, o pênis da girafa, quando da penetração, adelgaça-se à maneira de um telescópio para terminar num apêndice filiforme, e o esperma ejaculado escoa diretamente no útero através de uma espécie de filamento.

O desejo de fricção genital permite supor que o desagrado proveniente do organismo todo acumula-se no órgão genital sob a forma de prurido; este é em seguida aliviado por uma forma de coçadura. Mas podemos supor que o próprio reflexo de coçar é um resíduo arcaico da tendência para a autotomia, uma tentativa de arrancar simplesmente com as unhas a parte irritada do corpo. Com efeito, esse prurido só cessa, em geral, quando a parte irritada é coçada até fazer sangue, portanto, quando um pedaço de pele foi efetivamente arrancado. É muito provável que fricção, ereção e ejaculação constituam um processo autotômico, intensivo no começo, atenuando-se depois, o qual se inicia com a intenção de "deixar cair" o órgão inteiro, contenta-se em seguida com a coçadura (esfrega) e limita-se finalmente à emissão espermática. Naturalmente, tudo isso caracteriza um aspecto do processo (o ego, o soma); no tocante ao tecido germinal, ou seja, a libido, trata-se de uma tendência de intensidade decrescente para retornar ao corpo materno.

Voltarei a me referir, mais adiante, aos motivos mais profundos da tendência genital para a autocastração; por agora, contentar-me-ei em assinalar que o reino animal fornece inúmeros exemplos de autocastração efetiva em que se observa, no decorrer do ato, não só a expulsão da secreção mas a extirpação verdadeira do pênis. Talvez possamos lembrar neste ponto, como uma espécie de autocastração abortada, a turgescência em forma de anel do pênis dos *canídeos* que faz com que o macho permaneça "pendurado" na fêmea, despertando no observador a ideia de um possível arrancamento.

No homem, o *trabalho de conquista* que precede o coito foi-se apagando no decorrer da evolução cultural até ficar irreconhecível; para reencontrar sua significação primitiva, devemos voltar, uma vez mais, à observação de animais. Já assinalamos que a tendência nuclear a retornar ao útero materno é igualmente compartilhada pelos dois sexos. Portanto, o trabalho de conquista só pode ter por finalidade permitir ao homem induzir a mulher a submeter-se ao ato sexual, quer seja renunciando à sua própria tendência de satisfação real, quer seja limitando esta última. Em abono dessa afirmação posso citar duas observações de Darwin, uma inegável autoridade no assunto: "Esses fenômenos levam-nos a pensar", diz ele num dado momento, "que a fêmea não escolhe o macho mais atraente para ela, mas aquele que menos a repugna." Essa concepção expressa bem o que nos parece ser a situação privilegiada do macho no ato sexual. Aliás, Darwin constata que a diferenciação sexual, no sentido do "dimorfismo sexual", principia sempre no macho, mesmo quando, mais tarde, a fêmea talvez possa iniciá-la também, ainda que só em parte. Tudo isso concorda perfeitamente com a observação de Freud segundo a qual toda a libido é, de fato, viril, mesmo quando visa a uma satisfação passiva (como na mulher, por exemplo). Segundo a nossa hipótese, os *caracteres sexuais secundários*, que são, portanto, na origem, privilégios do macho, constituem as armas de um combate em que se trata de decidir qual dos dois adversários conseguirá – em compensação pela perda do útero materno – forçar o acesso ao corpo do outro. Se examinarmos essas armas do ponto de vista de sua eficácia, constataremos que todas visam reduzir a fêmea à obediência pela *violência direta* ou paralisá-la *por fascinação hipnótica*. À primeira categoria dessas armas de combate pertencem, por exemplo, as calosidades que aparecem no polegar da rã macho em período de acasalamento e que lhe servem para sujeitar fortemente a fêmea pela cavidade das axilas; a maior força física do macho possui o mesmo significado; ou ainda o comportamento do macho em certos répteis que, durante o acasalamento, tamborilam na cabeça da fêmea com os membros inferiores para levá-la a ceder. A intimidação da fêmea é um procedimento empregado com frequência ainda muito maior: trata-se de o macho atemorizar a fêmea inchando o corpo ou algumas partes dele (sapo, camaleão), expondo enormes pedaços de pele ou de pregas carnudas, aumentando desmesuradamente o papo (aves), alongando e empinando bruscamente o focinho (observações feitas por Darwin sobre o elefante-marinho). Uma espécie de foca (*christophora cristata*) desenvolve em período de acasalamento uma protuberância tipo boné cuja dimensão é superior à da própria cabeça do animal.

Métodos muito conhecidos para domesticar a fêmea (gatos) consistem em soltar bramidos e longos miados. Procedimento análogo é empregado por uma espécie de lagarto da Malásia, em que o macho, no período de acasalamento, aborda a fêmea com o peito levantado ao mesmo tempo que no pescoço, acentuadamente inchado, lhe aparece uma mancha negra sobre fundo amarelo-avermelhado. Além da intimidação, esse modo de conquista parece comportar igualmente elementos de fascinação, na medida em que estimula o sentido estético; entre os mais impressionantes, citemos a riqueza das cores, o emprego de todos os tipos de órgãos sonoros, a emissão de luz (pirilampos), a dança, a exibição da cauda em leque e, em muitos pássaros, o canto, o voo, o arrulho sedutor.

A primeira analogia que se apresenta ao espírito quando se observam esses fenômenos é a semelhança com a hipnose. As minhas observações psicanalíticas levaram-me a distinguir duas maneiras diferentes de induzir a obediência hipnótica: a *hipnose materna* e a *hipnose paterna*[19]. A primeira atua paralisando a vítima por intimidação; a segunda, por insinuação sedutora. Nos dois casos, o hipnotizado regressa ao estágio de criança impotente. O comportamento específico, de aparência cataléptica, dos hipnotizados incita a supor que essa regressão vai ainda mais longe: ela reproduz a situação intrauterina (Bjerre). A presença tão frequente, entre os caracteres sexuais secundários do macho, da beleza – que, na minha opinião, é um atributo de feminilidade – e o fato de que o macho assume muitas vezes a função feminina de embalar e adormecer não têm por que surpreender ninguém, se levarmos em conta a bissexualidade geral dos indivíduos que se reproduzem por via sexuada. Supomos, pois, que é a regressão hipnótica para a situação intrauterina o que aturde a fêmea no momento da conquista, e que a reprodução fantasística dessa situação de bem-aventurança fornece-lhe uma compensação para ter de suportar o ato sexual que, em si, é penoso. Se, de acordo com os zoologistas, classificamos entre os caracteres sexuais secundários todas as partes do corpo que apresentam um caráter sexual mas não participam na função de secreção das glândulas genitais, devemos, em todo o caso, classificar entre estes os órgãos de acasalamento, ou seja, o pênis e a vagina. Com efeito, parece-nos que a exibição dos órgãos sexuais, pênis em

---

19. "Transfert et introjection", *Psychanalyse I*, Payot.

ereção ou vagina aberta, produzem por si mesmos um efeito de fascinação, despertam no parceiro espectador a fantasia da situação intrauterina.

Entre as armas da sedução, alguns *odores* apresentam especial importância. Conhecemos o papel que desempenha o cheiro de valeriana no momento do acasalamento dos gatos; conhecemos o cheiro do bode e do almiscareiro; ou a força atrativa da borboleta fêmea que lhe permite atrair até a cidade os machos que se encontram a vários quilômetros de distância nos campos. Mas é indiscutível que mesmo nos animais superiores o odor específico do órgão sexual feminino produz um efeito excitante, talvez porque desperte a aspiração à situação intrauterina. O coelho doméstico, por exemplo, torna-se impotente se lhe forem secionados os nervos olfativos. Não podemos desprezar o fato de que as primeiras impressões sensíveis e que são, por esse motivo, importantes para toda a vida, chegam à criança no decorrer do nascimento, portanto, nas vias genitais e suas circunvizinhanças (Groddeck).

Até agora, tem-se observado muito pouco o comportamento psíquico dos parceiros no transcorrer das emoções vivenciadas durante o ato sexual. Como se o homem detivesse os seus maiores segredos nesses afetos: um sentimento de vergonha quase inexpugnável impede-o de comunicar seja o que for a esse respeito. Mesmo nas explorações psicanalíticas em que o paciente é convidado a exprimir todos os seus sentimentos, é somente no final que ele aprende a descrever também o processo subjetivo de excitação vivenciado no ato sexual, quando já se habituara havia muito tempo a falar sem reticências do processo objetivo. O que pude ocasionalmente aprender a esse respeito é que, de um extremo a outro, o indivíduo é dominado por uma espécie de atração incoercível que o lança para o parceiro sexual; ele se esforça por diminuir por todos os meios a distância entre seu parceiro e ele próprio (ver a tendência, sublinhada no início, "a lançar uma ponte" através do beijo, do abraço). Somos levados a afirmar que essa atração mútua apenas expressa a fantasia de soldar-se verdadeiramente ao corpo do parceiro sexual, ou talvez de penetrar nele por inteiro (enquanto substituto do útero materno); a união sexual é tão somente uma realização parcial dessa intenção. A tensão sentida pelos parceiros sexuais enquanto dura o ato é, em si, penosa e só a esperança do desfecho próximo acaba por torná-la voluptuosa. Essa tensão penosa assemelha-se, sob muitos aspectos, à *angústia*; sabemos, aliás, desde Freud, que a angústia repete sempre a sensação de desprazer experimentada quando do choque do nascimento.

Parece que vamos ter de nos habituar à ideia da *sobredeterminação* de um mesmo e único processo, como a psicanálise nos ensina no que se refere aos processos psíquicos. À medida que aprofundamos o estudo do desenrolar do coito, torna-se evidente que não se trata apenas de um processo impregnado de prazer (a representação da bem-aventurada situação intrauterina), mas também da repetição de experiências desagradáveis (provavelmente a primeira *experiência de angústia*, a do nascimento). É mais provável ainda que esses afetos e emoções não se manifestem desordenadamente mas, pelo contrário, segundo uma sucessão historicamente determinada. Segue-se que o recrudescimento da tensão penosa e seu ponto culminante na satisfação orgástica representam simultaneamente duas tendências de sentido oposto: a repetição da experiência penosa do nascimento e de seu feliz desenlace, e o restabelecimento da situação intrauterina ainda perfeitamente tranquila ao penetrar de novo no seio materno.

Os fenômenos físicos mais impressionantes entre aqueles que acompanham essas emoções envolvem a respiração e a circulação sanguínea dos dois parceiros sexuais. Existe uma dispneia manifesta e o pulso está acelerado; somente após o orgasmo se estabelece uma respiração mais profunda, satisfatória, e a atividade cardíaca se acalma. Essas perturbações parecem representar o equivalente da notável performance de adaptação exigida pela passagem do modo de oxigenação fetal para a respiração extrauterina. É possível levar a comparação entre o coito e o processo de nascimento até o ponto de se ver no ritmo do acasalamento a repetição resumida da periodicidade das dores do parto? De momento, não saberia responder de maneira inequívoca[20].

Assinale-se ainda que o coito faz-se acompanhar também de manifestos impulsos agressivos. Esse componente, cujo desenrolar até a genitalidade acompanhamos no capítulo consagrado ao desen-

---

20. O estreito parentesco entre *angústia* e *libido* constitui uma das teses fundamentais de Freud. Desde suas primeiras comunicações psicanalíticas, Freud sempre sublinha que os sintomas da neurose da angústia e as emoções do coito são da mesma natureza.

volvimento do sentido de realidade erótica, exprime-se no decorrer do ato sexual por manifestações musculares de intensidade crescente que não têm apenas por objetivo reter o objeto de amor mas possuem também alguns traços sádicos evidentes (morder, arranhar). As primeiras manifestações vitais do recém-nascido evidenciam igualmente que o choque traumático sofrido no decorrer do nascimento e, em especial, a compressão sofrida no canal obstétrico despertam não só angústia mas também cólera, e esta se repete no coito[21].

O estado dos parceiros sexuais é caracterizado, durante e após o orgasmo, por um estreitamento considerável e mesmo uma abolição completa da consciência (normalmente, mesmo no período que precede o orgasmo, a atividade psíquica consciente limitava-se à vontade de atingir o objetivo sexual). Os exemplos tomados no reino animal evidenciam com uma nitidez ainda maior essa concentração total na sensação de satisfação; aí, com efeito, a sensibilidade dolorosa chega até a ser inteiramente abolida. Certas espécies de lagartos preferem deixar-se despedaçar a interromper o ato sexual; existem salamandras cuja mutilação não perturba o acasalamento. O coelho doméstico, durante o orgasmo, cai num estado vizinho da catalepsia, depois, inconsciente, ele desaba e, mantendo o pênis na vagina da fêmea, permanece estendido durante um largo tempo, imóvel, junto dela. Somos apenas consequentes ao considerar esse estado, assim como o sentimento de satisfação perfeita e a ausência total de desejos que o acompanham, o objetivo final do coito, o que, para o indivíduo como um todo, significa que ele realizou a existência intrauterina inconscientemente, de modo alucinatório; mas, ao mesmo tempo, para o órgão genital e para as células germinais, isso significa a realização simultaneamente simbólica e real desse objetivo. Provavelmente a feliz vitória sobre o trauma do nascimento exprime-se também na mesma ocasião. Iremos falar em breve, com mais detalhes, sobre as variações de investimento que se supõe serem produzidas no decorrer do orgasmo, mas contentemo-nos por agora com essa descrição.

Para terminar, gostaria ainda de assinalar a relação estreita que existe entre o acasalamento e o *sono*, tanto no homem quanto em

---

21. É possível que o sentimento de raiva impotente seja parte integrante da angústia. (Coteje-se esta concepção do sadismo com o capítulo relativo à satisfação sexual no livro de Rank, *Le traumatisme de la naissance*, Petite Bibliothèque Payot.)

numerosas espécies animais. Isso está em perfeita concordância com as nossas previsões teóricas, uma vez que consideramos tanto o sono quanto o ato sexual como regressões à vida intrauterina. Retomaremos detalhadamente essas analogias e as diferenças que existem entre os dois fenômenos; apenas constatemos agora que muitos animais, mas igualmente o homem, sucumbem com facilidade ao sono após o coito. Nossas experiências psicanalíticas nos ensinam que a maioria dos casos de insônia de origem psíquica pode ser atribuída a desordens da função genital e só se curam se essas perturbações puderem ser suprimidas.

V

A função genital individual

É lícito perguntar agora se este estudo do desenvolvimento e da evolução ontogenética do coito também permite abordar o *sentido* desse processo que se repete com uma uniformidade tão notável em grande parte do mundo animal.

Do ponto de vista puramente biológico, consideramos o coito um ato de descarga periódica cujo objetivo consiste em reduzir a tensão libidinal que se acumula ao longo da vida do indivíduo, tensão libidinal que acompanha toda a atividade não erótica dos órgãos e se desloca por "anfimixia" dos diversos órgãos para o aparelho genital. Todos os órgãos intervêm, portanto, nos processos de acasalamento, mas, mais particularmente, todas as quantidades e todas as formas da libido insatisfeita das zonas erógenas e estágios de organização superados na idade adulta. Sem nos pronunciarmos sobre a natureza do processo fisiológico em questão, lembremos a semelhança entre o resultado final das funções de acasalamento e de secreção, e suponhamos que se encontram condensadas nos processos de ereção e de ejaculação (esboçados igualmente no ato genital feminino) todas as tendências para a autotomia, cuja realização foi abandonada em proveito da "função de utilidade". Um ser vivo que disponha de uma função genital evoluída é capaz de melhor adaptação às tarefas da existência, mesmo em suas atividades não eróticas; pode protelar suas satisfações eróticas pelo tempo necessário e suficiente para que elas não perturbem a função de conservação. Podemos dizer, portanto, que o aparelho genital é, ao mesmo tempo, um órgão "útil" que favorece as intenções e os objetivos da função de realidade.

Dispomos apenas de ideias muito imprecisas quanto às modificações de investimento que sucedem à satisfação genital, e só podemos emitir uma opinião algo mais concreta no tocante ao aspecto psicológico do processo orgástico. Tudo se passa como se, nas condições do coito, uma tensão que atingiu um grau elevadíssimo de intensidade se acalmasse *de súbito e com extrema facilidade*, de forma que a mobilização intensa de energias de investimento torna-se *bruscamente* inútil. É essa a origem desse poderoso sentimento de felicidade, o qual pode, portanto, assim como o prazer proporcionado pelo chiste, ser relacionado com a economia da energia de investimento (Freud)[22]. Paralelamente a esse sentimento, pode-se imaginar um refluxo "genitófugo" da libido para os diversos órgãos, diametralmente oposto ao fluxo "genitópeto" que, na fase de tensão, canalizou as excitações dos diversos órgãos para o aparelho genital. É no momento em que a libido se desvia do órgão genital para o organismo psicofísico como um todo que nasce a "sensação de felicidade" que recompensa os órgãos por seu bom funcionamento e os incita, ao mesmo tempo, para novos desempenhos[23].

A satisfação orgástica corresponde, de certo modo, à *genitalização explosiva do organismo todo*, à identificação *total* do organismo com o órgão de execução sob o efeito da fricção.

Por mais sedutora que seja essa concepção do processo de acasalamento do ponto de vista da economia psicofísica, ela nem sempre é suficiente para explicar por que a acumulação e a descarga da energia sexual adotaram *justamente essa forma* numa tão grande parte do mundo animal. Enquanto essa indagação permanecer sem resposta, será impossível ter a sensação de que dispomos de uma explicação suficiente. A psicanálise nos ensinou que podemos atenuar essa insuficiência, pelo menos no que se refere aos processos psíquicos, se complementarmos o aspecto puramente ontológico

---

22. O prazer que é proporcionado pelas cócegas resulta dessa mesma economia. Aliás, podemos supor que a maioria das zonas coceguentas estão "genitalizadas", sobretudo a cavidade das axilas.

23. Essa ideia de um fluxo genitópeto da libido e a inversão dele durante o orgasmo em refluxo genitófugo já foi mencionada pelo autor na "Discussão sobre o onanismo" em Viena, em 1912.

(descritivo-econômico) com o aspecto histórico-genético. Assim, tentamos – como já o fizemos antes para os diversos modos de manifestação do sentido de realidade – atribuir as manifestações pulsionais da sexualidade à tendência para restabelecer a situação pré-natal, espécie de compromisso entre essa tendência, em aparência completamente abandonada na vida real mas, de fato, apenas posta de lado, e os obstáculos com que se defronta na realidade. Assim, as fases do desenvolvimento sexual, tal como Freud as descreveu, apresentam-se como tentativas constantemente repetidas para atingir esse objetivo, enquanto a própria organização genital corresponde a uma realização final, embora parcial, da exigência pulsional. Ora, parece que essa satisfação pulsional não pode alcançar diretamente seu objetivo mas é constantemente chamada a reproduzir a história do seu próprio desenvolvimento, incluindo a luta adaptativa, em si mesma penosa, que é imposta aos indivíduos pela perturbação de uma situação anterior agradável. A primeira e a mais intensa luta adaptativa na vida de um indivíduo é constituída pela experiência traumática do nascimento e pelo trabalho de adaptação imposto pela nova situação. Supomos, portanto, que o coito representa não só um retorno – meio fantasiado, meio real – ao seio materno, mas traduz também, por seus sintomas, a angústia do nascimento e a vitória alcançada contra ela, ou seja, o feliz desfecho do nascimento. É verdade que, no decorrer do coito, dispositivos apropriados cuidam de que a angústia não ultrapasse um determinado grau; e uma solicitude ainda maior se emprega para que a realização súbita e quase completa do objetivo da satisfação (atingir o útero da mulher) converta essa angústia em intenso prazer.

Podemos aproximar essa hipótese dos exemplos que Freud utiliza para ilustrar a *compulsão à repetição* em sua obra *Além do princípio de prazer* (1921). Essa analogia talvez assuma ainda mais valor se atentarmos para o fato de que chega a um resultado idêntico a partir de hipóteses inteiramente diferentes.

Freud explica certos sintomas da *neurose traumática* e também algumas particularidades do *jogo da criança* pela compulsão a descarregar progressivamente, em pequenas doses multiplicadas, as quantidades de excitação não liquidadas e que sua intensidade não permite liquidar "em bloco". Nós também consideramos que o coito representa a descarga parcial do "efeito de choque" do trauma de nascimento que ainda não foi liquidado; mas, ao mesmo tempo, também vemos aí um jogo ou, mais exatamente, uma festa comemorativa, celebrando o feliz desfecho de uma situação difícil, e finalmente a negação do trauma por uma alucinação negativa.

Somos incapazes de dar uma resposta coerente à questão ventilada por Freud, a saber, se essa repetição constitui uma compulsão ou um prazer, se ela se situa aquém ou além do princípio de prazer, pelo menos no que se refere à pulsão de acasalamento. Pensamos que, na medida em que ela corresponde à liquidação progressiva do efeito de choque, é uma compulsão, ou seja, uma reação de adaptação imposta por uma perturbação exógena. Mas, na medida em que representa a negação alucinatória da perturbação em causa, ou uma festa comemorativa dessa vitória, estamos diante de puros mecanismos de prazer.

Numerosos indícios levam a crer que as forças pulsionais estão repartidas de forma desigual entre o soma e o germe, como se a maior parte das pulsões não resolvidas estivesse acumulada no germe; a compulsão à repetição traumática derivaria, portanto, essencialmente do germe, livrando o indivíduo, a cada repetição (ou a cada coito) de uma fração de desprazer. Estamos fortemente tentados a relacionar a tendência autocastradora que se manifesta no ato genital com a tentativa de expulsar do corpo, na totalidade ou por frações, a secreção genital que é a causa da sensação de desprazer. Mas, ao mesmo tempo, o coito encarrega-se também da satisfação individual do soma, ou seja, da liquidação dos traumas menores sofridos no decorrer da existência, superando-os com jovial desenvoltura.

É nesse caráter lúdico que vemos o elemento de pura fruição da satisfação genital; isso nos permite formular, finalmente, uma opinião de alcance um pouco mais geral quanto à *psicologia do erotismo*.

Sabe-se que a maior parte das atividades pulsionais é deflagrada por perturbações que atingem o organismo de fora para dentro ou então que nascem de modificações internas, igualmente perturbadoras. Em contrapartida, no que se refere às pulsões lúdicas, entre as quais podemos também classificar, num certo sentido, as pulsões eróticas, é a própria pulsão que suscita um desprazer, com o único propósito de desfrutar em seguida de sua interrupção. O que caracteriza, portanto, a tendência lúdica e o erotismo é que, ao invés dos outros casos em que a situação de desprazer sobrevém inopinadamente, em primeiro lugar o desprazer só é autorizado de acordo com uma dosagem conhecida e medida; em segundo lugar, as modalidades defensivas são previstas de antemão e, com frequência, até em grau excessivo. Nesse sentido, eu estaria tentado a considerar a fome, por exemplo, um instinto simples que se destina a fazer cessar a sensação de desprazer provocada pela privação física, e o apetite como seu paralelo erótico; pois que, no caso do apetite, essa pequena privação somada à garantia de uma satisfação correspondente deve, antes, ser levada à conta de um prazer preliminar. Supomos, portanto, que as organizações sexuais, em especial as funções de acasalamento, também se constituíram de forma tão engenhosa que se pode contar, indubitavelmente, com a satisfação. Logo, a sexualidade também não faz mais do que *brincar* com o perigo. Segundo a nossa descrição, na sexualidade genital toda a tensão sexual do organismo é convertida em *sensação de prurido dos órgãos genitais*[24], do qual é muito fácil desembaraçar-se; mas, ao mesmo tempo, a tendência do organismo todo para regredir em direção ao útero materno é igualmente deslocada para uma parte do corpo, o órgão genital, por intermédio do qual ela pode realizar-se sem a menor dificuldade.

O coito recorda, portanto, aqueles melodramas em que as nuvens ameaçadoras se acumulam como numa verdadeira tragédia mas em que se tem sempre a impressão de que, "no final, tudo acabará bem"[25].

O único motivo que pode justificar, em nosso entender, essa repetição lúdica é a lembrança de felizmente ter sido libertado de um desprazer, que Freud evoca igualmente como sendo um dos motivos do jogo infantil. O fato de um ser humano ter conseguido sobreviver ao perigo envolvido pelo nascimento e a alegria de ter descoberto a possibilidade de existir mesmo fora do corpo da mãe permanecem na lembrança para sempre. É isso o que o incita a reproduzir periodicamente situações perigosas semelhantes mas ate-

---

24. O processo inverso seria a conversão histérica, o deslocamento da excitação genital causada pela inervação aferente para outras partes do corpo.

25. Tive o prazer de encontrar essa mesma concepção do erotismo na bela obra de Ossipow, *Tolstoi's Kinderheitserinnerugen* [Recordações de infância de Tolstoi] (1923). Ele também compara a angústia do prazer sexual ao apetite, em oposição às verdadeiras privações, como, por exemplo, a fome.

nuadas, só pelo prazer de afastá-las de novo. É possível que o retorno temporário ao seio materno que é vivido durante o coito e, ao mesmo tempo, a repetição e o controle lúdicos de todos os perigos inerentes ao nascimento na luta de adaptação à vida tenham um efeito revigorante, no mesmo sentido da regressão cotidiana do sono. O reinado periodicamente autorizado do princípio de prazer traz consolo ao ser vivo empenhado numa luta difícil e dá-lhe forças para prosseguir em seu esforço.

É a uma experiência psicanalítica que devo essencialmente, reconheço-o, a minha obstinação em manter a regressão ao útero materno no centro da teoria, apesar de todas as dificuldades de conceituação que ela implica. É impressionante verificar com que constância as formações psíquicas mais diversas (sonho, neurose, mito, folclore, etc.) representam por um mesmo símbolo o coito e o nascimento: *ser salvo de um perigo*, sobretudo da água (líquido amniótico); do mesmo modo, com que regularidade elas exprimem as sensações experimentadas durante o coito e na existência intrauterina através das sensações de *nadar, flutuar, voar*; e, enfim, a identidade simbólica que aí se encontra entre o *órgão genital* e a *criança*[26].

Pensamos ter fornecido assim o sentido completo do ato genital cujo ponto final é constituído pelo orgasmo. Quando a tensão libidinal, geralmente limitada apenas ao órgão genital, irradia bruscamente para todo o organismo, este, por um instante, não só compartilha do prazer dos órgãos sexuais mas também desfruta de novo a felicidade intrauterina.

Portanto, segundo a nossa concepção, o acasalamento resume num único ato toda uma série de sequências impregnadas de prazer e de angústia. Por uma parte, o prazer de ficar livre de excitações pulsionais desagradáveis, o prazer de voltar ao ventre materno, o prazer de um feliz desenlace do nascimento; por outra parte, a angústia que se sentiu no decorrer do nascimento e aquela que terá de ser revivida durante o retorno (em fantasia). Como o retorno se limita, na *realidade*, ao órgão genital e ao esperma, enquanto o resto

---

26. Se um dia a nossa hipótese se confirmar, ela também fornecerá uma elucidação sobre a gênese dos símbolos. Um verdadeiro símbolo teria valor de *monumento histórico*, seria *um precursor histórico* dos modos de agir pertencentes a uma época superada, portanto, *restos mnésicos* aos quais somos propensos a retornar, tanto no plano psíquico quanto no físico.

do corpo pode preservar sua integridade (e só participa da regressão de modo "alucinatório"), torna-se possível eliminar do orgasmo todo o elemento de angústia e concluir o coito com um sentimento de plena satisfação.

O ponto obscuro da nossa argumentação continua sendo, indubitavelmente, a curiosa combinação entre o prazer da satisfação e a função de conservação da espécie que está presente no ato de acasalamento. Cumpre admitir que a ontogênese do indivíduo não fornece uma explicação satisfatória. Vejamos agora se o paralelo filogenético, prudentemente evitado até este momento, poderia fazer-nos avançar um pouco mais.

B

PARTE FILOGENÉTICA

VI

O paralelo filogenético

Antes de mais nada, peço que me desculpem a audácia desta intromissão num domínio científico que me é estranho, e sublinharei de imediato que não são os fatos de ordem biológica os que me levaram a formular a ideia de uma catástrofe individual do nascimento e de sua repetição no coito mas, repito uma vez mais, unicamente a experiência psicanalítica e, de um modo particular, aquela que se relaciona com o domínio do simbolismo. Se aceitarmos o pressuposto, confirmado por inúmeras observações, de que fragmentos inteiros de história perdida ou inacessível por outros meios são conservados, à maneira dos hieróglifos, nas formas de expressão simbólicas ou indiretas do psiquismo e do corpo, poder-se-á compreender e perdoar que ousemos aplicar aos grandes mistérios da gênese da espécie esse método de decifração da história individual. Nosso mestre Freud, quando se entregava a tentativas dessa natureza, tinha o hábito de repetir que não sentia o menor resquício de vergonha em se perder quando realizava tais excursões por terreno desconhecido. Na pior das hipóteses, ergueremos em seguida sinais indicadores ao longo dos caminhos percorridos, a fim de poupar a outros exploradores erros idênticos.

Diga-se desde já que o ponto de partida de todas as especulações que se seguirão foi a frequência extraordinária com a qual, nas manifestações de organizações psíquicas normais e patológicas o mais variadas, nas produções do psiquismo individual ou coletivo, o símbolo do peixe, ou, mais exatamente, a imagem de um peixe flutuando ou nadando na água, exprime simultaneamente o ato sexual e a situação intrauterina. A propósito de uma observação desse gênero particularmente impressionante, uma ideia fantástica germinou em meu espírito: seria possível que, além da semelhança puramente exterior entre as situações do pênis na vagina, da criança no ventre materno e do peixe na água, esse simbolismo exprimisse também uma parte de conhecimento filogenético inconsciente, pelo fato de descendermos de vertebrados aquáticos? Pois, segundo o que nos ensinaram na universidade, o homem descende efetivamente do peixe e rende-se homenagem ao famoso *"amphioxus lanceolatus"* como o ancestral de todos os vertebrados, logo, também do homem.

A partir do momento em que essa ideia ganhou corpo, nunca mais pararam de afluir argumentos – por certo, ainda extremamente inseguros – de todas as partes. O que diríamos *se toda a existência intrauterina dos mamíferos superiores fosse apenas uma repetição da forma de existência aquática de outrora, e se o próprio nascimento representasse simplesmente a recapitulação individual da grande catástrofe que, quando da secagem dos oceanos, obrigou tantas espécies animais e certamente os nossos próprios ancestrais a se adaptarem à vida terrestre e, em primeiro lugar, a renunciarem à respiração branquial para desenvolver órgãos próprios para a respiração de ar?* E, se o grande mestre Ernest Haeckel teve a coragem de formular a lei biogenética fundamental segundo a qual o desenvolvimento embrionário ("palingenesia") reproduz em síntese toda a evolução da espécie, por que não dar mais um passo e supor que *o desenvolvimento dos anexos protetores do embrião (que sempre se considerou ser o exemplo clássico da "cenogênese") encobre igualmente uma parte da história da espécie: a história das modificações desses meios onde viveram os ancestrais descritos pela embriogênese?* Quando me dediquei em seguida a consultar várias obras sobre a história da evolução, constatei que ideias semelhantes já tinham sido expressas por Oken, filósofo naturalista contemporâneo de Goethe, mas que seus sucessores mais esclarecidos, mormente o próprio Haeckel, as tinham energicamente rejeitado. Segundo Haeckel, somente as fases evolutivas do próprio embrião possuem valor de documentos históricos, não ocorrendo o mesmo com aqueles dispositivos de proteção embrionária cujas modificações traduzem uma evolução contínua. A nossa concepção é oposta a essa tese; consideramos que o dispositivo de proteção embrionária não constitui uma formação inteiramente nova, "cenogenética", mas que também nesse caso se trata de uma repetição: a recapitulação de todas as mudanças que se produziram no meio ambiente no decorrer da evolução da espécie. Pensamos, portanto, que existe um paralelo entre a filogênese e não apenas a ontogênese mas também a evolução da proteção embrionária ou "perigênese". (*Paralelo onto-, filo- e perigenético*.)

Ideias semelhantes às que acabamos de expressar podem ser encontradas – sob a forma de comparações e de imagens poéticas – nos escritos repletos de imaginação e de espírito de Bölsche, autor popular muito conhecido que, no entanto, ainda não é apreciado em seu justo valor como pensador original. Contudo, num pequeno ensaio psicanalítico publicado há alguns anos, sustentamos que esse tipo de comparação promana das profundezas do conhecimento inconsciente[27]. Por isso somos levados a supor que Bölsche, aliás discípulo e divulgador fiel de Haeckel, não compartilha das ideias de seu mestre nesse domínio. Falando sobre o órgão genital masculino, escreve ele: "Também existe passado nesse órgão. É um órgão-Melusina[28]. Por meio desse órgão, o ser humano ainda mantém seu parentesco com o peixe, seu longínquo ancestral na aurora dos tempos." Ele não se alonga muito, aliás, nessa comparação e considera que a origem desse acessório é uma questão secundária (*Anhängselsache*), opinião com que não concordamos. Mas, por outro lado, ao mencionar a salamandra, um dos primeiros animais que passam seu período embrionário no corpo materno, diz ele: "O corpo materno tornou-se o charco da salamandra; é no corpo da mãe que ela vive toda a sua fase branquial." Mas, de fato, isso equivale a admitir a concepção que formulamos como sendo o *complemento perigenético da lei biogenética*, ou seja, a considerar as organizações

---

27. "Analyse des comparaisons", *Psychanalyse II*, Payot.
28. Melusina, filha de uma fada e dotada de poderes que a metamorfoseavam em serpente a seu bel-prazer, é personagem fabulosa dos romances e lendas medievais franceses. (N. do T.)

protetoras intrauterinas do embrião como o equivalente do modo de vida aquático do peixe. Certos detalhes do simbolismo dos sonhos e das neuroses sugerem a existência de uma analogia simbólica profunda entre o corpo materno e o oceano, por um lado, a mãe-terra "nutriente", por outro. É possível que esse simbolismo exprima, em primeiro lugar, o fato de que o homem, enquanto indivíduo, é antes de seu nascimento um endoparasito aquático e após o nascimento, durante um bom momento, um ectoparasito aéreo da mãe; mas também que, na evolução das espécies, a terra e o oceano desempenhavam realmente o papel de precursores da maternidade e ocupavam eles próprios o lugar de organizações protetoras, involucrando e alimentando esses ancestrais animais. Nesse sentido, o simbolismo marinho da mãe possui um caráter mais arcaico, mais primitivo, ao passo que o simbolismo da terra reproduz aquele período mais tardio em que o peixe, lançado à terra em consequência da secagem dos mares, tinha de se contentar com a água que se filtrava desde as profundezas do subsolo (o qual, ao mesmo tempo, o alimentava). Nesse meio favorável, ele pôde vegetar, por assim dizer, como parasita, durante todo o tempo necessário para realizar sua metamorfose em animal anfíbio. Trata-se aqui de uma "mudança de significação" do simbolismo, a qual oculta, à semelhança das *mudanças de significação verbal* em linguística, uma parte de história e, neste caso, um importante capítulo da história da espécie. O simbolismo da charrua, por exemplo, em que a psicanálise vê o depósito de experiências antigas pertencentes à história da civilização, ou o simbolismo dos ramos que são quebrados ou dos frutos que são arrancados (como no Gênese, por exemplo) encobrem parcialmente uma identificação entre a terra lavrada e fecunda e a mãe. Muitos mitos primitivos sobre a criação do mundo, que representam a terra surgindo dos oceanos, contêm elementos que permitem interpretar essa cosmogonia como uma figuração simbólica do nascimento. Mas o material psicanalítico cotidiano também fornece exemplos convincentes do simbolismo materno da terra e da água. Na biografia de muitas crianças assinala-se a transferência para a terra do amor pela mãe, proibido em decorrência do complexo de Édipo; a criança efetua tentativas de coito em buracos cavados na terra ou procura chegar a uma regressão completa escondendo-se em buracos. Jamais esquecerei o caso de um jovem homossexual indissoluvelmente fiel à mãe que, até a adolescência, ficava durante horas e horas deitado no fundo de uma banheira cheia de água e que, para manter-se nessa situação reminiscente da existência aquática arcaica, respirava por um tubo que saía da água e que ele segurava pela boca.

Num capítulo precedente já interpretamos o fato de ser salvo da água ou de flutuar na água como uma representação do nascimento ou do coito – interpretação aliás corrente em psicanálise; mas uma interpretação filogenética parece-nos ser igualmente necessária. Cair na água é, voltamos a repetir, o símbolo mais arcaico, o do retorno ao útero materno; enquanto ser salvo ou resgatado das águas enfatiza o episódio do nascimento, ou seja, da saída para a terra. Sentimo-nos muitas vezes tentados a interpretar as *lendas do dilúvio* como uma inversão do que ocorreu na realidade, um fenômeno frequentemente observado em psicanálise. A primeira grande ameaça que se abateu sobre os animais, todos aquáticos na origem, não foi o dilúvio mas a ameaça de seca. Portanto, o emergir das águas do Monte Ararat, ao invés do que se conta na Bíblia, não seria apenas a salvação mas também a catástrofe original; só mais tarde, sem dúvida, é que o modo de pensar dos terráqueos deformou esse fato. Naturalmente, o psicanalista não tem a menor dificuldade em reconhecer no Ararat, a terra, uma réplica da Arca de Noé segundo uma camada mais profunda de simbolismo, constituindo ambos uma representação do corpo materno de que todo animal superior é originário. Acrescente-se apenas que esse próprio material mítico requer uma interpretação suplementar de um ponto de vista filogenético[29].

Tal interpretação suplementar parece impor-se agora, no que se refere às explicações propostas nos capítulos precedentes. Com efeito, estas últimas apresentam os diversos processos do coito como ações simbólicas por meio das quais o indivíduo revive o prazer da existência intrauterina, a angústia do nascimento e, enfim, a alegria renovada de escapar são e salvo desse perigo. Ao identificar-se com o membro viril que penetra na vagina e com os espermatozoides que se derramam no corpo da mulher, o indivíduo reproduz também, simbolicamente, o perigo mortal que seus ancestrais animais superaram com pleno êxito, graças a um meio ambiente favorável, quando da catástrofe geológica da seca dos oceanos.

---

29. Evocamos também neste ponto o salvamento dos judeus que atravessaram o mar Vermelho sem molhar os pés.

De momento, essa hipótese apoia-se numa simples dedução de símbolos. Se admitimos que o peixe na água representa, como nos ritos mágicos de fecundação, a criança no seio materno, e se nos sonhos somos tantas vezes levados a interpretar a criança como um símbolo peniano, então o significado do peixe como representação alegórica do pênis, mas também o do pênis representando o peixe, torna-se mais fácil de compreender, ou seja, a ideia de que, no coito, o pênis não representa apenas o modo de existência *natal* e *pré-natal* do homem, mas também as *lutas do ancestral animal* que viveu a *grande catástrofe da seca*.

A embriologia e a zoologia comparada fornecem dois sólidos argumentos à favor dessa hipótese que, à primeira vista, parecia muito audaciosa. A embriologia nos ensina que *somente os animais terrestres desenvolvem membranas amnióticas que encerram o líquido amniótico a fim de proteger o embrião*; quanto à zoologia comparada, ela permite constatar que *as espécies animais cujos embriões se desenvolvem sem membranas amnióticas* (anamnia) não apresentam um *acasalamento propriamente dito*, fazendo-se a fecundação e o desenvolvimento do ovo fecundado fora do corpo materno, na maioria dos casos livremente, na água. Assim, nos peixes, encontramos apenas algumas tentativas esporádicas de fecundação interna; a evolução contínua e ininterrupta do órgão de acasalamento só começa com os anfíbios e não atinge a eretilidade característica dos mamíferos, salvo em alguns répteis. A posse de verdadeiros órgãos genitais, o desenvolvimento no interior do corpo materno e a sobrevivência à grande catástrofe da seca dos oceanos constituem, portanto, uma entidade biológica inseparável; poder-se-ia ver nisso a causa fundamental da identidade simbólica que existe entre o ventre materno, o oceano e a terra, por uma parte, entre o membro viril, a criança e o peixe, por outra.

Os darwinianos objetarão, sem dúvida, que a sobrevivência das únicas espécies que souberam adaptar-se organicamente à vida terrestre é de uma evidência a toda prova, e que o aparecimento da proteção embrionária pode ser atribuída à sobrevivência da melhor variedade, segundo o princípio da seleção natural; responder-lhes--emos que o psicanalista sente-se mais atraído pelo modo de pensar de Lamarck, mais centrado na psicologia na medida em que reconhece igualmente um papel para as tendências e os movimentos pulsionais na filogenia, ao passo que o grande naturalista britânico coloca tudo na dependência da mutação, logo, em última análise, do acaso. A concepção darwiniana tampouco explica essa repetição das formas e dos modos de funcionamento antigos nos novos produtos da evolução, repetição que se reencontra por toda a parte na natureza. Com toda a probabilidade, essa concepção rejeitaria a noção de regressão, que não pode ser dispensada pela psicanálise. Agora, portanto, sem nos deixarmos perturbar por essa concepção, nossa hipótese, ou seja, que na genitalidade se exprimem não só as lembranças da catástrofe ontogenética mas também as de catástrofes filogenéticas, as quais, talvez, até mesmo culminem assim numa ab-reação *a posteriori*.

VII

Dados relativos à "regressão talássica"

Não nos facilitemos demais a tarefa: enumeremos, ainda que numa ordem pouco rigorosa, os argumentos que nos parecem falar a favor do atrativo da *regressão talássica*, ou seja, a noção de um desejo de retornar ao oceano abandonado dos tempos primitivos; e, sobretudo, os argumentos que parecem reforçar a tese segundo a qual essa força pulsional ou, mais exatamente, essa atração[30] ressurge e tem continuidade na genitalidade.

Adotemos por ponto de partida o paralelo existente entre o modo de acasalamento e o desenvolvimento dos órgãos genitais, por um lado, e a vida no mar e depois na terra e no ar, por outro. Lemos no belo livro de Hesse e Doflein: "Os animais inferiores que despejam simplesmente na água seu esperma e seus óvulos, onde se produzirá a fecundação, não apresentam, até onde chegam os nossos conhecimentos, nenhum comportamento específico antes dessa descarga." Mas, quanto mais elevado for o nível de evolução, ou ainda, segundo a nossa concepção, quanto mais complexo for o passado histórico da espécie, mais eficazes serão as medidas tomadas para assegurar a sobrevivência das células germinais por um

---

30. A palavra "pulsão" acentua o aspecto adaptativo, o caráter de adequação do funcionamento orgânico, ao passo que o termo "atração" sublinha antes o caráter de regressão. Naturalmente, compartilho da opinião de Freud de que mesmo as pulsões dirigidas para "diante" vão buscar sua energia na força de atração do passado.

meio favorável. O fato é que a evolução dos órgãos genitais externos começa de uma forma muito brusca, ao mesmo tempo que se produz a catástrofe na evolução dos anfíbios. É certo que nem mesmo estes apresentam ainda um verdadeiro órgão de acasalamento, o qual por enquanto só aparece nos répteis (lagarto, serpente, crocodilo, tartaruga); mas já se observa nas rãs uma espécie de coito *per cloacam*: a cloaca do macho aplica-se contra a da fêmea ou introduz-se na desta. Esses animais, em conformidade com o seu modo duplo de existência aquática e terrestre, ainda dispõem de escolha entre fecundação interna e fecundação externa, o que significa que a fecundação dos óvulos pode ocorrer seja na água, seja no interior do corpo da fêmea. Também é nesses animais que surgem pela primeira vez caracteres sexuais secundários mais evidentes, como essas calosidades nos membros anteriores da rã macho que lhe permitem sujeitar e manter a fêmea apertada contra ele. É no lagarto que observamos o primeiro prolongamento peniano, ainda desprovido de canal, instrumento perfurador que emerge da cloaca, e no crocodilo, como já dissemos, os primeiros indícios de eretilidade.

No tritão macho já se cria uma relação interna entre a eliminação uretral e a ejaculação; e é num vertebrado primitivo, o canguru, que essa relação atinge seu nível superior pela primeira vez: a cloaca divide-se, finalmente, em reto e uretra, com o canal de evacuação comum ao esperma e à urina atravessando, como no homem, um prolongamento peniano erétil.

Essa série evolutiva apresenta uma certa analogia com as fases de desenvolvimento do sentido de realidade erótica no indivíduo, segundo a descrição que fizemos dela no início. As tentativas, no começo inábeis, de introdução pelo macho de uma parte do seu corpo, assim como de sua secreção genital, nas vias genitais da fêmea recordam as tentativas da criança, inicialmente desajeitadas, depois cada vez mais determinadas, para obter à força, com a ajuda de sua organização pulsional erótica, o retorno ao ventre materno e reviver, pelo menos de um modo parcial e simbólico, o nascimento e, ao mesmo tempo, "anulá-lo", de certo modo. Este ponto de vista concorda igualmente com o de Freud; com efeito, considera ele que os diversos modos de acasalamento que se pode observar no reino animal são como que os modelos biológicos das diversas formas de expressão da sexualidade infantil e das práticas perversas.

Tendo chegado a este ponto, cumpre-nos dar de novo livre curso à nossa imaginação se quisermos uma resposta, ainda que provisória, para o problema ainda sem solução do que possa ter incitado os anfíbios e os répteis a criar um pênis. (Pois, segundo a nossa concepção lamarckiana, não existe evolução sem motivação interior, nenhuma mudança que não corresponda a uma adaptação a uma perturbação exterior.) Essa motivação poderia muito bem residir numa tendência *para restabelecer* o modo de vida perdido num meio úmido que contém igualmente substâncias nutritivas, em outras palavras, *restabelecer a existência aquática no útero materno úmido e rico em alimento*. A mãe, segundo o "simbolismo invertido", cuja utilidade já se nos impôs por diversas vezes, *é na realidade, portanto, um símbolo e um substituto parcial do oceano e não o inverso*. Conforme já mencionamos, eis como as coisas se nos apresentam: à semelhança das células germinais dos animais superiores que pereceriam sem proteção fetal, à semelhança dos descendentes já postos no mundo que pereceriam sem os cuidados maternos, também todas as espécies animais teriam perecido no momento da catástrofe da seca dos oceanos se a sobrevivência delas não tivesse sido assegurada pela adaptação à vida terrestre, graças a circunstâncias favoráveis fortuitas e às tentativas de regressão à vida ecto e endoparasitária. Enfim, os vertebrados superiores lograram organizar a fecundação interna e o desenvolvimento intrauterino, assim combinando com êxito a forma de existência parasitária e o desejo de regressão talássica.

Encontramos uma outra analogia entre o feto no útero e o animal em meio aquático, no modo de abastecimento de oxigênio e de alimento. Para suprir suas necessidades em oxigênio o feto possui vilosidades coriais que flutuam livremente nos lagos sanguíneos da placenta materna e efetua suas trocas gasosas por osmose. *São essas vilosidades do córion (e não as brânquias embrionárias, que jamais são funcionais) que se pode assimilar aos órgãos branquiais dos animais aquáticos,* para os quais o oxigênio provém, igualmente por osmose, de um meio líquido e não do ar como nas espécies terrestres. A placenta embrionária constitui, portanto, um órgão de aspiração de natureza parasitária, imitando a respiração branquial, e encarregado de prover o embrião de oxigênio (e de alimento) enquanto os órgãos dele não lhe permitirem levar uma vida terrestre autônoma, fora do corpo materno. Se quisermos considerar seriamente a tese do "paralelo perigenético", deveremos supor a existência, durante o período de transição entre a vida oceânica e a vida terrestre, de ancestrais animais que conservaram sua faculdade de respirar com as guelras enquanto não se desenvolviam neles pulmões aptos a funcionar com eficácia. Tais espécies subsistiram até os nossos dias. Escreve Haeckel: "Entre os peixes verdadeiros e os anfíbios insere-se a estranha classe dos peixes pulmonados (*Dipnoi, Protopteri*). Restam muito poucos em nossos dias: o peixe pulmonado da América na Amazônia (*Lepidosiren paradoxo*) e o peixe pulmonado da África (*Propterus annectens*), que se encontra em diversas regiões desse continente. No verão, durante a estação seca, esses estranhos animais escondem-se no lodo, enfiados num ninho de folhas, e respiram então com pulmões, como os anfíbios. Durante a estação úmida de inverno, vivem nos riachos e nos charcos, e respiram com as brânquias como os peixes." Haeckel também nos informa que os zoólogos continuam discutindo interminavelmente para saber se os peixes pulmonados são, na realidade, peixes ou anfíbios. Ele próprio é da opinião de que eles constituem uma classe à parte, formando uma transição entre aquelas duas.

Conhece-se bem a evolução que vai ser seguida pelo modo de adaptação dos anfíbios à vida terrestre. As jovens rãs respiram com a ajuda de brânquias e, no estado de girinos, nadam na água como peixes; mas o indivíduo adulto já é um habitante da terra e respira com pulmões.

Basta supor que, *nos mamíferos superiores, a respiração branquial placentária está limitada ao período embrionário*, e assim temos uma sequência evolutiva contínua que vai do peixe até o homem, passando pelo anfíbio, em que a tendência para voltar à existência aquática nunca foi completamente abandonada, mesmo que, no caso do homem, isso se limite à fase de desenvolvimento intrauterino. Acrescente-se ainda que a tendência regressiva talássica permanece ativa mesmo depois do nascimento e exprime-se através das manifestações do erotismo (em especial o acasalamento), assim como no sono, mencionado a título complementar e estudado mais a fundo na sequência deste trabalho.

É impossível considerarmos uma mutação acidental o fato de que o desenvolvimento da bolsa amniótica, cheia de líquido, a fim de funcionar como órgão protetor do frágil embrião, ocorra unicamente nas espécies que nunca, na vida intrauterina, respiraram com o auxílio de brânquias (répteis, aves e mamíferos). A psicanálise, empenhada em apurar a determinação e a motivação de todo o processo biológico e psíquico, combina melhor com a hipótese segundo a qual *o líquido amniótico representa o oceano "introjetado" no corpo materno*, ou, como diz o embriologista H. Hertwig, "o débil e frágil embrião nada, agita-se e desloca-se como o peixe na água"[31].

Posso completar essas ideias com alguns fatos concretos que são dignos de atenção, embora deixando a critério do leitor decidir se devemos ver neles apenas singularidades insignificantes ou, pelo contrário, qualificá-los entre os argumentos favoráveis à nossa concepção. Falando sobre o desenvolvimento da bolsa amniótica da galinha, diz Hertwig: "No início do desenvolvimento, o saco amniótico é pequeno mas, pouco a pouco, ele cresce, mantendo-se seu crescimento proporcional ao do embrião, e contém uma grande quantidade de líquido. Ao mesmo tempo, sua parede torna-se contrátil. Certas células de sua membrana cutânea transformam-se em fibras contráteis que, a partir do quinto dia de incubação, provocam movimentos rítmicos. Podemos observar esses movimentos mesmo através da casca intata, colocando-se o ovo diante de foco luminoso intenso no ooscópio de Preyer. Podemos constatar que o âmnio efetua perto de dez contrações por minuto: estas iniciam-se num dos polos e progridem em direção ao outro polo por movimentos vermiculares. Assim, o líquido amniótico vê-se agitado e embala regularmente o embrião de um polo ao outro." Acrescente-se ainda que esses movimentos intensificam-se até o oitavo dia da incubação e depois diminuem, assim como a quantidade de líquido amniótico que, em todos os amniotas, aumenta rapidamente no começo para depois decrescer lentamente. Ficaria surpreso se nenhum naturalista tivesse até hoje tentado uma comparação poética com o mar ondulante; contudo, talvez exista aí mais do que uma simples comparação[32].

---

31. Lembremos que durante o coito a descarga emocional passa por variações muito manifestas da respiração, fato esse que relacionamos com a dispneia que se produz no momento do nascimento; poderíamos agora estender igualmente tudo isso à luta primitiva pelo oxigênio.

32. Citemos ainda um fato notável: nos mamíferos superiores, logo também no homem, a secreção vaginal da fêmea, cujo efeito erótico excitante atribuímos a reminiscências infantis, possui, segundo a descrição de todos os fisiologistas, um cheiro muito nítido de peixe (*Heringslacke*). Esse cheiro provém da mesma substância (trimetilamina) produzida pelo peixe ao apodrecer.

Mesmo correndo o risco de sobrecarregar de hipóteses este breve ensaio, não posso deixar de mencionar a concepção que elaborei, a título de paralelo filogenético do desenvolvimento das características e dos órgãos sexuais do macho em suas relações recíprocas. Na parte ontogenética falamos dessa tendência geral que incita tanto o macho quanto a fêmea a penetrar no corpo do parceiro sexual. Trata-se, portanto, de uma luta dos sexos que termina com a vitória do macho e com a criação de sistemas de compensação para a fêmea.

Acrescente-se agora que essa luta também tem, provavelmente, um modelo na filogênese. Sabemos que nos anfíbios o macho, embora só disponha por enquanto de órgãos de acasalamento muito rudimentares, já possui, no entanto, órgãos de preensão. Nos machos dos vertebrados superiores, os instrumentos destinados a seduzir e a subjugar, com o intuito de levar a fêmea a se render, desenvolvem-se com diversidade crescente. Se considerarmos o desenvolvimento cada vez mais aperfeiçoado do instrumento de penetração do macho nos animais superiores (enquanto tais órgãos são inteiramente excepcionais nos ancestrais aquáticos), seremos levados a formular a seguinte suposição: foi após a catástrofe da secagem oceânica, quando pela primeira vez o animal teve de buscar uma alternativa que substituísse a vida aquática perdida, que se manifestou também pela primeira vez a tendência à penetração no corpo de um outro animal, ou seja, a se acasalar com ele. Primitivamente, talvez se tratasse da "luta de todos contra todos": mas, por fim, o macho, mais forte (predisposto para esse papel, como tentarei explicar mais adiante), conseguiu penetrar na cloaca do adversá-

---

Aqueles que atribuem a periodicidade menstrual de 28 dias à influência da mudança de lua (portanto, indiretamente, à influência exercida sobre os ancestrais aquáticos pelas marés alta e baixa) poderiam, afinal, estar cheios de razão.

Lembremos ainda o estranho comportamento, durante o coito, daqueles mamíferos que, após terem realizado sua adaptação à vida terrestre, tornaram-se de novo animais aquáticos (focas, elefantes-marinhos, baleias). Sabemos que esses animais (à exceção das baleias) vão para terra firme durante o período de reprodução; ou seja, são dominados por um desejo de regressão "geotrópica" que os incita a restabelecer uma situação já superada por seus descendentes. Aliás, conhece-se também o comportamento de certos peixes de mar que, em período de reprodução, voltam a *subir* à custa de enormes dificuldades os leitos rochosos dos torrenciais rios de montanha onde nasceram.

rio e até cavar um canal para a copulação; em seguida, a fêmea adaptou o seu próprio organismo a essa situação.

Esse reforço particular do bimorfismo sexual precisamente nas espécies terrestres, ou seja, após a catástrofe da secagem dos oceanos, talvez indique que a luta no decorrer das primeiras tentativas de coito era, de fato, uma luta pela umidade que substituía o oceano, e que as manifestações sádicas do coito constituem a repetição dessa fase de luta pelo descendente longínquo dos animais arquiprimitivos, o homem, ainda que seja apenas de um modo simbólico e lúdico. É provavelmente esse período de luta que está na origem do caráter aterrador e perigoso do falo paterno, que representava simplesmente, nos tempos primevos, a criança no útero materno[33].

VIII

Acasalamento e fecundação

De acordo com a nossa hipótese, o coito é essencialmente a descarga de uma tensão penosa e, ao mesmo tempo, a satisfação da pulsão de retorno ao corpo materno e ao oceano, ancestral de todas as mães. Entretanto, nada nos permite, de momento, compreender como e por que a genitalidade dos animais superiores realiza a fusão, numa única entidade, dessa tendência à satisfação com o instinto de conservação da espécie e de fecundação, da qual era, ao que tudo indica, totalmente independente na origem. A única explicação que pudemos propor até este momento consiste na identificação do indivíduo como um todo com a secreção genital. Por conseguinte, o cuidado que o indivíduo tem com seu esperma não mereceria mais atenção do que as outras medidas de proteção to-

---

33. O coito *per cloacam* imposto pelo macho seria, portanto, a causa original do fato de o erotismo feminino, igualmente fálico em sua origem, ter sido substituído pelo erotismo da cavidade cloacal (Jekels, Federn), passando o papel do pênis a ser representado pela criança e o conteúdo intestinal. A impossibilidade de evacuar os excrementos quando o pênis enche a cloaca, depois a liberação assim que o coito se consuma, portanto, uma espécie de "tensão anal" e a brusca resolução desta, deviam provocar sensações voluptuosas apropriadas para oferecer à mulher consolo e compensação.

madas por numerosos animais a respeito de suas diversas excreções. O indivíduo considera essas secreções uma parte integrante de si mesmo; logo, sua evacuação faz-se acompanhar de um sentimento de perda. Parece que a perda de substâncias mais densas (matérias fecais) é mais dolorosamente sentida do que a de líquidos. Entretanto, essa explicação parece, de imediato, pobre e insatisfatória, sobretudo se considerarmos que, no ato sexual, não se trata apenas de depositar a secreção num lugar seguro mas também da instauração de uma estreita relação entre esse ato e a fecundação, ou seja, a união dos gametas dos dois sexos, seguida imediatamente da deflagração da embriogênese. É preciso admitir que o ato de fecundação apresenta problemas de uma natureza muito diferente daqueles com que nos defrontamos a propósito do acasalamento. Com efeito, a fecundação é um processo muito mais arcaico do que a união temporária do macho e da fêmea no ato sexual. Vimos que o desenvolvimento da genitalidade e de seus órgãos de execução só aparecia com os anfíbios, ao passo que os unicelulares, os mais inferiores dos seres vivos, já se reproduzem por fecundação. Isso nos sugere a ideia de inverter o raciocínio seguido até aqui e ver se a verdade não estará do lado daqueles zoólogos que afirmam não ser o ato de acasalamento outra coisa senão uma coerção induzida pelos gametas que incita os indivíduos a reunir esses gametas num lugar o mais protegido possível. As múltiplas medidas de precaução que foram instituídas com essa finalidade no reino animal, desde antes do surgimento da função de acasalamento, são decididamente favoráveis a essa concepção, e pode-se perguntar se esse fato não será suscetível de provocar o desmoronamento de toda a nossa hipótese quanto ao desejo de regressão ao corpo materno e ao oceano.

Uma única saída se nos oferece: continuar a elaborar sistematicamente a ideia do "paralelo perigenético". Se é verdade que as condições de existência são realmente para os seres vivos, no transcurso da ontogenia, a repetição de formas de existência arcaicas, o que supusemos ser o caso para o embrião vivo no líquido amniótico materno, *então é necessário que na filogenia alguma coisa corresponda ao processo de fecundação, e mesmo à maturação dos gametas (espermatogênese e oogênese)*. Esse "algo" só pode ser a forma de existência unicelular dos tempos primitivos e sua perturbação por uma catástrofe primitiva que obrigou esses seres unicelulares a fundirem-se numa unidade. Foi essa mesma hipótese que Freud desenvolveu em *Além do princípio de prazer*, baseando-se na fantasia poética de *O banquete* de Platão. Segundo Freud, uma grande catástrofe cindiu a matéria em duas partes, suscitando em cada um dos fragmentos o desejo de reunificação, o que poderia representar o começo da vida orgânica. Não há muito o que mudar nessa concepção se admitirmos que, na cronologia da gametogenia e da fecundação, é o desenrolar da história primitiva que se repete; por conseguinte, que os seres vivos se desenvolveram, no início, isoladamente, a partir da matéria inorgânica e só foram obrigados a se unir por causa de uma nova catástrofe. No grupo dos unicelulares também existem formas intermédias que se situam, como os anfíbios, entre as espécies aquáticas e terrestres, entre os seres copuladores e não copuladores. As ciências naturais nos ensinam que em alguns desses seres primitivos o aparecimento de condições desfavoráveis, *uma ameaça de seca*, por exemplo, provoca uma epidemia de copulações e esses animálculos passam a unir-se sexualmente[34]. Quanto a Bölsche, cheio de imaginação, diz ele que essa união é apenas, de fato, uma forma refinada de se devorarem. É possível, portanto, que a primeira copulação celular tenha a mesma origem da que atribuímos ao primeiro acasalamento. Após a seca, as primeiras tentativas de acasalamento entre peixes tinham por objetivo reencontrar num corpo animal o antigo meio ambiente familiar, úmido e rico em alimento, o mar. Uma catástrofe semelhante, mais antiga ainda, pôde incitar os unicelulares a se entredevorarem, mas nenhum dos adversários logrou aniquilar o outro. Assim, foi possível realizar-se uma união baseada num compromisso, *uma espécie de simbiose* que, após um período de coexistência, retorna sempre à forma arcaica, em que a célula fecundada produz e libera de novo "células primitivas" (as primeiras células germinais). Era o começo da alternância eterna da união dos gametas (fecundação) e de sua secreção (espermatogênese e oogênese). A única diferença que separa esse ponto de vista da hipótese preferida de Freud é a distância no tempo que existe, segundo a nossa concepção, entre o aparecimento da vida a partir da matéria inorgânica e o surgimento do processo de fecundação, ao passo que Freud considera que as duas coisas ocorreram ao mesmo tempo, em consequência dessa mesma catástrofe primitiva.

---

34. Sabe-se que essas epidemias de copulação também são, por vezes, provocadas pela *superalimentação*.

Admitindo-se que a fecundação também constitui a repetição de uma catástrofe primitiva semelhante à que se encontra na origem da função de acasalamento no mundo animal, talvez não tivéssemos de abandonar a nossa teoria da genitalidade e pudéssemos tentar harmonizá-la com os dados indiscutíveis da biologia "pré-genital". Para tanto, basta-nos supor que o ato do coito e o ato da fecundação, estreitamente vinculado ao primeiro, representem a fusão *numa unidade não só da catástrofe individual (nascimento) e da última catástrofe sofrida pela espécie (a secagem dos oceanos)*, mas também *de todas as catástrofes que sobrevieram após o surgimento da vida*; portanto, o orgasmo não é apenas a expressão da *quietude intrauterina* e de uma existência aprazível num meio mais acolhedor, mas também *daquela tranquilidade que precedia o aparecimento da vida, a quietude morta da existência inorgânica*. A fecundação, isto é, a solução adotada por ocasião de uma catástrofe precedente, talvez tenha servido de modelo para a fusão numa única entidade dos instintos de fecundação e de acasalamento, independentes em sua origem. *O valor exemplar da fecundação para a maneira como o indivíduo reage às perturbações atuais* não exclui a hipótese segundo a qual os resíduos das tensões produzidas pelas catástrofes tanto atuais quanto ontogenéticas e filogenéticas são apenas, para o indivíduo, produções penosas e desagradáveis, e como tais, em conformidade com as leis da autotomia, devem ser eliminadas[35].

Dissipou-se assim, portanto, o mistério da coincidência da função geradora e da função de copulação *num único ato*, uma vez que concebemos o aparecimento da função de copulação nos anfíbios como *uma regressão ao mesmo modo de solução* (união com um outro organismo vivo) *que se mostrou vantajoso numa catástrofe anterior*. Considerando *a tendência para a unificação* que reina, de um modo geral, no psiquismo e também, manifestamente, no mundo orgânico, tendência a reunir num só ato os processos dotados de idêntico significado, nada tem de surpreendente que se opere, por fim (após algumas tentativas imperfeitas dos vertebrados inferiores), a união

---

35. Freud, sem se alongar muito sobre a relação genética que tentamos estabelecer aqui, exprime essa mesma ideia em seu recente estudo *O ego e o id* (1923) nos seguintes termos: "A expulsão dos produtos sexuais corresponde aproximadamente à separação entre o soma e o germe; é por isso que a plena satisfação sexual se assemelha à morte, é por isso que nos animais inferiores o ato gerador coincide com a morte."

entre a eliminação de produtos realmente nocivos (urina, fezes), a da tensão erótica acumulada nos órgãos genitais e também a *desse produto secular gerador de desprazer* que supomos armazenado no tecido germinal.

Naturalmente, esta última substância é tratada com muito mais atenção do que todos os demais produtos de excreção. Mas também é possível que os dispositivos organizados para a proteção fetal não sejam apenas um efeito da solicitude do organismo materno, sendo igualmente, pelo menos em parte, produtos da vitalidade das próprias células germinais, tal como ocorre quando certos parasitas, uma vez instalados no corpo do seu hospedeiro, utilizam determinadas reações deste último, puramente defensivas na origem (isolamento inflamatório acompanhado de exsudação serosa), a fim de construir em interesse próprio um abrigo seguro, na maioria dos casos um cisto cheio de líquido. Por outro lado, não podemos negar a existência de uma outra eventualidade: uma solicitude toda especial manifestada efetivamente pelo indivíduo a respeito dos seus produtos, mas solicitude esta que não resulta necessariamente de um sentimento de amor. Se as nossas suposições são corretas, o tecido germinal encerraria as energias instintivas mais perigosas, numa concentração máxima. Enquanto elas permanecem no próprio organismo, estão provavelmente isoladas do resto do organismo, ou seja, do soma, mediante dispositivos adequados, enquistadas de algum modo para impedir que as energias perigosas ataquem o corpo do hospedeiro. Portanto, o cuidado com o qual se faz a proteção talvez seja, mais do que qualquer outra coisa, uma *solicitude resultante do medo*. Não se consideraria surpreendente que uma pessoa que acaba de transportar com múltiplas precauções um perigoso explosivo em seu bolso continue manipulando-o com prudência mesmo quando se trata de depositá-lo em algum lugar; do mesmo modo, o seu medo das perturbações que o plasma germinal pode ocasionar talvez intervenha para obrigá-lo a preocupar-se com os produtos germinais, mesmo depois de sua evacuação do organismo. Naturalmente, tampouco se deve afastar a única explicação que recebeu atenção até o presente, qual seja, aquela que justifica a proteção embrionária pelo amor, logo, por um mecanismo de identificação; não ignoramos, por certo, o valor dessa tese. É doloroso separar-se de um produto, seja ele qual for, cuja perda compromete a unidade do corpo, e o exemplo fornecido pelo ato de ejaculação nos permitiu mostrar que a tensão desagradável deve atingir um nível considerável para que o organismo decida abandonar um de seus produtos. Se tivermos em mente a maneira como macho e fêmea se acasalam e como o espermatozoide fecunda ao mesmo tempo (ou após um breve intervalo sem importância) o óvulo, a impressão é de que tudo se passa como se *o soma dos copulantes imitasse, até nos mínimos detalhes, o funcionamento das células germinais*. O espermatozoide penetra na micrópila do óvulo como o pênis na vagina; estaríamos tentados a chamar, pelo menos durante o instante da copulação, o corpo do macho de *megaesperma*, e o da fêmea de *megabon*[36]. Por outro lado, isso também nos permite compreender a concepção tão menosprezada dos "animalculistas", que consideravam os espermatozoides e os óvulos como seres separados, animálculos. Nós também acreditamos que, num certo sentido, eles o são – são os espíritos que voltam das células primitivas em copulação.

Parece, portanto, que o soma, cuja tarefa exclusiva consistia em proteger as células germinais, após ter cumprido essa primeira tarefa e satisfeito assim as exigências do princípio de realidade, passou a reivindicar sua parcela do prazer produzido pela união das células germinais e com esse intuito desenvolveu órgãos. No Apêndice biológico do presente ensaio indicaremos que esse caminho é, de qualquer modo, o seguido por *toda evolução: em primeiro lugar, adaptação a uma tarefa atual, depois restabelecimento tão completo quanto possível da situação inicial, abandonada compulsoriamente.*

Talvez seja preciso familiarizar-se com a ideia de que os traços mnêmicos de todas as catástrofes filogenéticas se acumulam no plasma germinal, assim como as experiências traumáticas não liquidadas que perturbam a vida individual estão acumuladas no órgão genital e aí se descarregam. É daí que elas agem da mesma maneira que, segundo Freud, as excitações perturbadoras não liquidadas, geradoras das neuroses traumáticas: elas forçam a repetição incessante da situação de desprazer, mas com prudência e sob uma forma quantitativa e qualitativamente muito atenuada, cada repeti-

---

36. A ruptura do folículo de Graaf poderia ser comparada ao processo do nascimento; no que se refere ao plasma germinal, ela poderia constituir o protótipo do nascimento. Sabe-se, por outro lado, que entre o corpo-lúteo e o útero uma estreita relação (hormonal?) pode ser evidenciada ao longo da vida.

ção proporcionando a liquidação de uma pequena fração da tensão penosa. Aquilo a que chamamos *hereditariedade* talvez seja apenas a *transferência para a descendência da maior parte da tarefa dolorosa de liquidar os traumas*; em contrapartida, o plasma germinal, enquanto herança, representa a soma das impressões traumáticas legadas pelos nossos ancestrais e retransmitidas pelos indivíduos; seria esse, portanto, o sentido dos "engramas", cuja hipótese foi postulada pelos biólogos. Se retivermos a ideia desenvolvida por Freud de uma tendência dominante em todo o ser vivo no sentido de se esforçar pela realização de um estado totalmente livre de excitações e, em última instância, da quietude inorgânica (instinto de morte), poderemos acrescentar que, ao longo dessa transmissão de uma geração a outra do material traumático de excitações penosas, cada existência individual ab-reage uma parte dessas excitações pelo próprio fato de vivê-las. Na ausência de novas perturbações ou de catástrofes, esse material traumático esgota-se pouco a pouco, o que equivaleria à extinção da espécie em questão[37].

Como dissemos, a causa fundamental da unificação do órgão genital e dos órgãos de excreção é constituída, em nosso entender, pelo caráter penoso dessa tensão que se descarrega no momento da fecundação; recorde-se igualmente o fato de que a tendência universal à castração, que se manifesta com especial violência nos psicóticos, por exemplo, baseia-se em última análise no caráter intolerável desse desprazer. No plano filogenético, essa concepção é confirmada pela descida testicular e pela descida ovariana que se observa nos mamíferos superiores. As glândulas genitais estão dissimuladas nas profundezas dos tecidos retroperitoneais durante a vida inteira nos animais inferiores, e até o fim do período fetal nos animais superiores; nestes últimos, somente mais tarde elas descem, empur-

---

37. Fui levado a comunicar (1919) estas reflexões ao prof. Steinach, de Viena, de quem conhecia os experimentos de modificação sexual em animais, e remeti-lhe um breve relato onde indicava as razões que poderiam incitar os investigadores a empreender experimentos de rejuvenescimento. Aí sugeria que, se a destruição do plasma germinal acelera, como penso, a morte do soma, a implantação de glândula fresca poderia estimular as forças vitais do soma e, portanto, prolongar a vida. O prof. Steinach informou-me então que tinha posto em prática a ideia de rejuvenescimento por implantação de tecido testicular e ovariano, e mostrou-me fotografias de ratos rejuvenescidos. Mas, pela leitura de comunicações ulteriores do prof. Steinach, pareceu-me nitidamente não ser nas próprias células germinais mas no tecido intersticial que ele procura a substância apropriada para estimular a vida.

rando o peritônio à sua frente até a região da bacia e, no que se refere aos testículos, até a superfície, sob a pele escrotal. Em algumas espécies (como os talpídeos), essa descida só se produz no momento da reprodução mas é logo seguida de involução; segundo parece, também existem espécies cujas glândulas genitais só descem durante a cópula. Além da progressão no espaço em direção aos órgãos de excreção, essa descida também exprime uma outra tendência: como se o organismo se esforçasse primeiro por desembaraçar-se das glândulas germinais "em bloco" mas acabasse por se contentar com a eliminação da secreção glandular; do mesmo modo, ao analisarmos o coito, interpretamos a ereção como o vestígio da tendência para eliminar totalmente o órgão mas que se limita finalmente à ejaculação.

Entre os motivos que incitam ao acasalamento, só retivemos, por analogia com as motivações da fecundação, aqueles que eram igualmente acessíveis do ponto de vista psicológico; por isso ignoramos quase totalmente se, ao lado dos episódios desagradáveis que levam à fecundação, intervêm igualmente tendências "voluptuosas" à repetição, como aquelas que isolamos sob o nome de pulsões eróticas, quer dizer, pulsões que acumulam tensões a fim de gozar com sua descarga. Não há razão nenhuma para desprezar essa possibilidade. Uma vez admitida a hipótese audaciosa de que o processo biológico do acasalamento representa um compromisso entre a coerção traumática e a tendência erótica, e até mesmo aquela que supõe a existência de uma tendência à fusão (motivada pelo "desprazer") no plasma germinal e em seus elementos celulares, também é admissível imaginar que motivos de busca hedonista intervenham nessa união, tal como intervém no processo de acasalamento, que, segundo a concepção aqui exposta, não só contribui para compensar os traumas não liquidados, mas, ao mesmo tempo, celebra também a feliz libertação do grande perigo.

Já falamos da influência recíproca entre o soma e o germe, mas ainda não expusemos o modo como imaginamos *que se poderia exercer a influência do soma sobre o plasma germinal*. Ninguém espera que abordemos aqui a tão debatida questão da transmissão dos caracteres adquiridos. O que a psicanálise pode dizer sobre isso Freud já o comunicou em sua síntese biológica. Aos argumentos que ele opõe a Weismann (que sustenta não terem as experiências dos ancestrais a menor influência sobre os descendentes), acrescentemos esta observação psicanalítica destacada precisamente da teoria freudiana da sexualidade, a saber, que tudo o que se passa no organismo é acompanhado de ressonância sexual. Portanto, se essa excitação sexual também agisse, a cada vez, sobre o plasma germinal, e se considerássemos este capaz de conservar seus traços, então isso nos permitiria figurar a maneira como tal influência pode – e pôde – se constituir. Contrariamente ao que nos ensinou Darwin a respeito da origem *pangenética* da substância germinal, inclino-me a pensar que as células germinais não se resumam a simples cópias do soma que seriam constituídas de fragmentos arrancados deste último, mas que sua árvore genealógica se origina em tempos muito mais recuados do que o próprio soma. Entretanto, as vicissitudes ulteriores do soma exercem uma influência decisiva sobre as células germinais, e isso de um modo realmente pangenético ou, para empregar a nova expressão, anfimíctico; inversamente, não só as excitações do mundo exterior e as próprias tendências do soma, como também as tendências das células germinais, fornecem ao soma excitações pulsionais. Lembremos que todas essas noções complexas sobre as relações mútuas entre o soma e o germe só nos foram necessárias para tornar mais compreensível a analogia (ou mesmo a homologia) entre os processos ou os órgãos da fecundação e da copulação. Talvez eu tenha conseguido alcançar, numa certa medida, esse objetivo.

Para facilitar uma panorâmica geral de tudo o que foi dito, resumiremos num quadro sinóptico (p. 335) os paralelos onto, filo e perigenéticos cuja hipótese formulamos.

Duas rubricas deste quadro requerem explicações. Ao introduzir uma separação entre o aparecimento da vida orgânica e o aparecimento de organismos unicelulares individualizados, desdobramos de um certo modo a catástrofe cósmica que Freud supõe estar na origem da animação da matéria. A consequência da primeira seria o aparecimento da matéria orgânica, ou seja, uma *matéria organizada segundo um plano determinado*; a segunda culminaria no desenvolvimento, a partir dessa matéria, de *indivíduos* isolados, dotados de autonomia e de autarcia. De acordo com a dupla significação da palavra *matéria*, a qual, em seu sentido próprio, quer dizer substância materna, podemos considerar esse segundo processo como o primeiro dos nascimentos, o protótipo de todos os nascimentos ulteriores. Nesse sentido, deveríamos, portanto, voltar à concepção de Freud que vê a origem da vida (ou, pelo menos, da vida indivi-

	Filogenia	Onto e perigenia
I. Catástrofe	Aparecimento da vida orgânica	Maturação das células sexuais
II. Catástrofe	Aparecimento dos organismos unicelulares individuais	"Nascimento" das células germinais maduras nas gônadas
III. Catástrofe	Início da reprodução sexuada	Fecundação
	Desenvolvimento da vida marinha	Desenvolvimento do embrião no útero materno
IV. Catástrofe	Secagem do oceano, adaptação à vida terrestre	Nascimento
	Aparecimento de espécies animais dotadas de órgãos genitais	Desenvolvimento do primado da zona genital
V. Catástrofe	Era glacial, hominização progressiva	Período de latência

dual) numa clivagem da matéria. Talvez esteja aí o primeiro exemplo de autotomia; mudanças exteriores puderam tornar insuportável aos elementos de matéria a combinação em grande unidade e obrigá-los a formar unidades menores. Forças semelhantes agiram, sem dúvida, quando se constituiu o primeiro indivíduo cristalino na matéria cristalina ou na "solução mãe", e neste caso, uma vez mais, em consequência de uma seca[38].

A outra rubrica que requer uma explicação é a hipótese que apresenta a era glacial como a última das grandes catástrofes que se abateram sobre os nossos ancestrais humanos. No meu artigo sobre o desenvolvimento do sentido de realidade e suas fases (1910)[39], interpretei o desenvolvimento da civilização como uma reação a essa

---

38. O modo de pensar ingenuamente animista dessa concepção será justificado mais adiante.
39. "Le développement du sens de réalité et ses stades", publicado em 1913 e reeditado em *Psychanalyse II*, Payot, p. 51.

catástrofe. Acrescentemos agora que a era glacial limitou posteriormente até o grau de evolução genital do sentido de realidade *erótica* que já fora atingido, vindo as pulsões genitais inutilizadas a contribuir para o recrudescimento das realizações intelectuais e morais "de ordem superior".

Já demonstramos por diversas vezes que a formação do próprio aparelho genital, assim como sua capacidade para livrar o organismo das pulsões sexuais, representa um progresso essencial no plano da divisão do trabalho e um poderoso fator de desenvolvimento do sentido de realidade. Acrescente-se ainda que, em apoio a essa tese, também existem paralelos filogenéticos. Os amniotas vertebrados, que foram os primeiros, como sabemos, a desenvolver órgãos de copulação, também foram os primeiros em que o cérebro, até então reto, começou a abaular. Escreveu-se igualmente que foi nos animais placentários que se observou pela primeira vez o aparecimento do corpo caloso, que representa uma ligação entre os dois hemisférios cerebrais, e um importante progresso do ponto de vista da capacidade intelectual. A evolução da civilização humana durante o período de latência seria apenas, portanto, uma das manifestações – consideravelmente modificada, na verdade – da relação primitiva e íntima entre pulsão genital e intelectualidade.

Mas, já que estamos falando de desenvolvimento cerebral, podemos mencionar aqui uma outra ideia capaz de elucidar um pouco as relações que existem entre genitalidade e intelectualidade e, ao mesmo tempo, de nos explicar algo sobre *o protótipo orgânico do modo de funcionamento do órgão de ideação*. Já mencionamos o papel importante que o *olfato* desempenha na sexualidade. Por outro lado, sabemos que, à medida que o cérebro se desenvolve, a importância do lóbulo olfativo e, conjuntamente, o papel do olfato na sexualidade, passa cada vez mais para segundo plano, enquanto o desenvolvimento anatômico e funcional dos hemisférios cerebrais sobe ao primeiro plano. Enfim, nos seres que se deslocam verticalmente, o elemento dominante deixará de ser o nariz para ser o olho, inclusive no sentido erótico; segundo o zoólogo Th. Zell, o símio antropoide e o homem são "animais oculares". Achamos que existe uma analogia tão profunda entre o funcionamento olfativo e a ideação que se pode verdadeiramente considerar *a olfação como o protótipo biológico da ideação*. O animal que fareja "prova" detalhes ínfimos do alimento antes de se decidir a ingeri-lo; do mesmo modo, o cão cheira o órgão sexual da fêmea antes de lhe confiar seu pênis. E qual é, portanto, segundo Freud, a função do órgão de ideação? Uma tentativa de ação com um dispêndio mínimo da energia. E a atenção? Uma exploração voluntária e periódica do mundo exterior por meio dos órgãos sensoriais, em que o órgão da percepção só transmite à consciência pequenas amostras da excitação externa. Órgão de ideação e sentido olfativo, ambos estão a serviço da função de realidade, quer se trate da função egoísta ou da função erótica.

Afastamo-nos um pouco do nosso tema, as relações entre acasalamento e fecundação; mas, ao estudar o problema biológico central da conservação da espécie, não é fácil resistir à tentação de abordar, aqui e ali, as perspectivas que se nos abrem no decorrer deste estudo. Não pretendemos ter estabelecido uma teoria completa do acasalamento mas, em todo o caso, aquela que propomos poderá servir enquanto se aguarda a descoberta de outra melhor. Disse Goethe que uma teoria inexata valia mais do que teoria nenhuma. E podemos também citar Haeckel, que, em sua *Natürliche Schöpfungsgeschichte*[40], disse: "Para explicar os fenômenos, devemos aceitar e reter toda e qualquer teoria compatível com os fatos reais, mesmo que fragilmente exposta, na expectativa de poder substituí-la por uma melhor."

C

APÊNDICE

IX

Coito e sono

> Schlaf ist Schale, wirf sie fort.[41]
> GOETHE, *Fausto*

Insistimos muito na profunda analogia entre as tendências que se exprimem no coito e pelo sono para que agora nos furtemos à tarefa de examinar um pouco mais de perto as semelhanças e dife-

---

40. História natural da criação.
41. "O sono é uma casca, retire-a." Goethe, *Fausto*, vol. II.

renças entre esses dois fenômenos biologicamente tão importantes. Em "O desenvolvimento do sentido de realidade e suas fases" descrevi o primeiro sono do recém-nascido como uma reprodução da existência intrauterina, favorecida ainda pelo isolamento, o envoltório, o calor com que o rodeiam carinhosamente as pessoas que cuidam dele. A criança que grita angustiada, transtornada pelo trauma do nascimento, acalma-se rapidamente nessa situação que lhe propicia o sentimento meio real, meio alucinatório, isto é, fantasístico, de que esse grande trauma nunca ocorreu. Aliás, Freud escreveu[42] que o homem, na realidade, jamais nasce completamente mas passa metade de sua vida no seio materno quando se entrega ao repouso noturno.

Mas, uma vez que fomos levados a comparar de um lado o sono e, do outro, o acasalamento com a situação intrauterina, a lógica exige que os consideremos também como fundamentalmente idênticos entre si. Com efeito, pensamos que os dois processos realizam o mesmo objetivo regressivo, embora por meios muito diferentes e em graus diversos. O indivíduo que dorme nega em bloco, de modo negativo alucinatório, o mundo exterior e perturbador, e concentra todo o seu interesse e toda a sua atenção psíquica e fisiológica no repouso: o objetivo regressivo é, portanto, alcançado de maneira quase exclusivamente irreal e fantasística. Em contrapartida, sustentamos que, se esse objetivo é realizado pelo acasalamento de um modo em parte puramente fantasístico, ele também o é em parte na realidade: o órgão sexual e o esperma penetram efetivamente no meio ambiente feminino (materno). O sono e o coito são, pois, como o início e o fim da evolução já efetuada na direção da realidade erótica. O indivíduo adormecido pode ser qualificado de autoerótico. Converte-se *inteiramente* numa criança, desfrutando a paz que reina no interior do corpo materno, indiferente em seu isolamento narcísico a todas as solicitações do mundo externo. Aquele que quer fazer amor tem de se entregar a uma série de preparativos muito mais complexos; em primeiro lugar, deve apossar-se de um *objeto* apropriado, portanto dar provas de um grau de desenvolvimento muito mais elevado do sentido de realidade, antes de poder abandonar--se, no orgasmo, à ilusão de uma bem-aventurança semelhante à do sono; por conseguinte, defronta-se com condições muito mais

---

42. *Introduction à la psychanalyse*, "Petite Bibliothèque Payot".

difíceis mas que são estritamente necessárias para que a representação do desejo possa acarretar "a identidade de percepção" (Freud). Poderíamos dizer que o sono utiliza meios autoplásticos e o coito meios aloplásticos; o sono trabalha com mecanismos projetivos, o coito com mecanismos introjetivos. Entretanto, mesmo no coito são tomadas todas as precauções para que a regressão erótica não exceda o limite que poria em perigo a integridade do indivíduo, somente uma parte do corpo (o órgão sexual) é chamada a servir à satisfação real, enquanto as outras partes do corpo só participam como órgãos auxiliares, sem que por isso interrompam completamente suas outras atividades necessárias à adaptação (respiração, etc.)

Os dois processos caracterizam-se pela exclusão das excitações externas, pelo abandono da "vida de relação", segundo Liébault: redução da sensibilidade às excitações, renúncia a todo e qualquer ato voluntário, com exceção daqueles que servem à plena satisfação do desejo. Nesse ponto, portanto, os dois processos imitam bem e com grande precisão a forma de existência intrauterina. Como já expusemos detalhadamente esses fatos a propósito do coito, limitar-nos--emos agora a dar as características do estado de sono, segundo a descrição que dele fez Piéron. Entre as "características do sono" ele enumera: "inatividade, imobilidade, relaxamento do tônus muscular, posição compatível com o relaxamento, ausência geral de reatividade, persistência de reações reflexas, ausência de reações voluntárias" e, de um modo geral, "desaparecimento da maioria das relações sensório-motoras com o meio".

O sono, tal como o coito, mas sobretudo o primeiro, caracteriza-se por uma posição que mesmo os observadores desprevenidos descrevem como uma "posição fetal". Os membros inferiores estão apertados contra o corpo, de modo que o corpo adota a forma de bola, como as condições espaciais no útero impõem. Podemos igualmente constatar uma analogia profunda entre o estado de sono e o estado embrionário, no que se refere à função de nutrição. De dia, os animais ocupam-se em obter alimento e em digeri-lo; mas a verdadeira absorção do alimento, ou seja, sua assimilação pelos tecidos, faz-se, a acreditar nos fisiologistas, mais durante a noite. Há um velho aforismo francês que diz *"Qui dort, dîne"* [Quem dorme janta]. Assim, o sono daria a ilusão de uma absorção de alimento sem esforço, o que se assemelha ao modo de nutrição intrauterino. Diz-se muitas vezes que o crescimento e a regeneração ocorrem sobretudo durante o sono; o crescimento é, por assim dizer, a única atividade do feto no corpo materno.

A respiração, cujas modificações durante o coito já foram por nós mencionadas, torna-se muito mais profunda durante o sono. É possível que, em decorrência das pausas respiratórias mais prolongadas, o abastecimento de oxigênio do indivíduo adormecido se avizinhe do estado apneico do feto. Os mamíferos aquáticos, as focas, por exemplo, enchem ao máximo seus pulmões durante o sono e permanecem imersas na água; só voltam a respirar à superfície ao cabo de um intervalo bastante longo. Sabe-se que o camaleão também dilata enormemente seus pulmões durante o sono.

Diz-se que o reflexo plantar do indivíduo adormecido apresenta o chamado sinal de Babinski; aqueles que examinaram recém-nascidos imediatamente após o nascimento afirmam tê-lo igualmente constatado neles. Esse sinal é um sintoma de imaturidade das instâncias inibidoras cerebrais e, em particular, da inibição insuficiente dos reflexos medulares. Mas, segundo um fisiologista célebre, também o indivíduo adormecido possui apenas um "psiquismo medular". Essa fórmula concorda em gênero, número e grau com o que dissemos sobre regressão filogenética: no estado de sono também podemos supor a participação de uma tendência regressiva arcaica. (Só existe analogia entre essa fase muito profunda da regressão e o coito na etapa final deste, o orgasmo.)

A inervação dos músculos oculares merece ser assinalada: durante o sono, os globos oculares dirigem-se para o exterior e para cima; os fisiologistas garantem que se trata de uma regressão a uma posição ocular característica dos animais sem visão binocular (peixes, por exemplo). As pálpebras estão fechadas durante o sono: não é uma ptose mas uma contração voluntária da musculatura palpebral.

Mencionemos ainda as variações da regulação térmica que se pode observar no indivíduo adormecido. Sabemos a que ponto a nossa sensibilidade ao frio aumenta facilmente durante o sono e que é com redobrada atenção que se deve cuidar de proteger contra o frio quem está dormindo. Também aí se trata de um retorno ao estado embrionário em que o cuidado de manter a temperatura cabia ao meio materno. Mas neste caso talvez se verifique uma regressão ainda mais profunda à poiquilotermia dos peixes e anfíbios.

Para acentuar a analogia com o coito, podemos ainda citar os hábitos de "sono coletivo": dois (ou vários) animais apertam-se uns contra os outros no momento de adormecer para administrar mutuamente seu calor. Dolflein descreve esse modo de adormecer nos esquilos voadores e nas perdizes, formando estas últimas um círculo, as cabeças voltadas para fora. Certas espécies de aves, na hora de dormir, aglomeram-se em massas compactas, empoleiradas umas nas outras; certas espécies de macacos da América do Sul organizam "assembleias de sono".

Verifica-se também uma certa reciprocidade entre a genitalidade e o sono num outro sentido: o tempo consagrado ao sono diminui no decorrer do desenvolvimento, ao passo que o dedicado à atividade sexual aumenta. "É pelo sono que a nossa existência começa; o feto dorme quase continuamente", disse Buffon. O recém-nascido dorme mais de 20 horas por dia e, em contrapartida, seu erotismo é primitivo, "autístico". Sabemos que o sono dos adultos é muito perturbado pelo desejo sexual insatisfeito; a insônia resulta, na grande maioria dos casos, de uma vida sexual insuficiente, diz a psicanálise. Na velhice, o sono, tal como a pulsão genital, desaparecem progressivamente, talvez para ceder lugar a pulsões de destruição mais profundas.

Como argumento em favor da relação genética entre o sono e a genitalidade, pode-se citar o frequente aparecimento de atos de masturbação e de polução autoeróticas durante o sono; também é, provavelmente, uma das causas da incontinência urinária noturna. Em contrapartida, certas tribos do norte, como os samoiedos, passam os sombrios meses de inverno ártico numa espécie de estado de hibernação, durante o qual a menstruação é interrompida nas mulheres.

São conhecidas as estreitas relações entre o sono e a hipnose; por outro lado, a psicanálise demonstrou a identidade entre a relação sexual e a relação hipnótica[43]. Os psicoterapeutas aproveitam-se frequentemente de um estado de sonolência espontânea de seus pacientes a fim de sensibilizá-los para o tratamento; aliás, a ordem dada pelos pais, "Vai dormir!", exerce manifestamente uma influência hipnótica sobre a criança. Muitas seitas religiosas quebram a vontade individual dos novos adeptos perturbando-lhes deliberada e

---

43. S. Ferenczi, "Transfert et introjection", em *Psychanalyse I*, Payot, p. 93.

sistematicamente o sono; também o caçador reduz à obediência o falcão que quer converter em seu escravo dócil, impedindo-o de dormir. Manifestamente, o desejo de dormir, de escapar de modo alucinatório da cansativa realidade, refugiando-se no corpo materno ou numa quietude ainda mais arcaica, é tão intenso que o *atrativo* dessa situação pode decuplicar todas as forças psíquicas e físicas (ver o exemplo das façanhas supranormais realizadas em estado hipnótico). Entretanto, isso em nada difere da submissão hipnótica em geral que tivemos igualmente de relacionar com os sentimentos de amor e de medo para com os pais (hipnose paterna e materna). Vimos, por outro lado, que fatores semelhantes, de aparência hipnótica, também desempenham um papel na genitalidade, quando se trata de apossar-se dos objetos de amor (caracteres sexuais secundários). A rigidez cataléptica do hipnotizado, que Bjerre foi o primeiro a assinalar, recorda vivamente a posição fetal[44]. A questão frequentemente levantada sobre se o amor é hipnose, e a nossa tese segundo a qual a hipnose é, em última análise, amor encontram hoje uma solução coerente na medida em que tanto o amor quanto a hipnose podem relacionar-se com a ligação mãe-filho; e podemos ainda ampliar a nossa concepção se nos referirmos a antecedentes filogeneticamente muito mais antigos (morte simulada pelos animais, mimetismo).

O estado psíquico no sono, que assimilamos ao do orgasmo, corresponde, portanto, a um sentimento de satisfação perfeito e desprovido de desejos, que um organismo superior só pode reproduzir mediante o restabelecimento da quietude intrauterina. Mas, se estímulos perturbadores (resíduos do estado vígil) impedem essa quietude, uma reinterpretação alucinatória (trabalho do sonho) transforma-os em realização de desejos, em sonhos; o sentido mais profundo dos sonhos sexuais, segundo as regras da teoria freudiana do sonho, é, por um lado, a relação sexual (no sentido da fantasia edipiana) e, por outro, a existência no corpo materno ou o retorno a esse estado. Portanto, as observações tanto dos naturalistas quanto dos psicanalistas nos obrigam a considerar o caráter de realização de desejos dos sonhos como simples correspondente psíquico da

---

44. Não posso subscrever a outra afirmação de Bjerre, segundo a qual a sugestão é também um retorno ao período pré-natal; fui levado a vincular esse modo de reação psíquica à influência dos pais durante a existência extrauterina.

tendência geral para a regressão materna que se manifesta em tantos seres vivos[45].

A analogia entre o sono e o coito é ainda reforçada pela periodicidade que caracteriza ambos. A acumulação de desperdícios produzidos pela fadiga que antecede a vontade de dormir lembra-nos vivamente a maneira como imaginamos a acumulação anfimíctica da tensão sexual e sua descarga. (Ver também a teoria biológica do sono segundo Claparède: *"Dormimos para não ficarmos cansados."*) Da mesma forma, o efeito revigorador do sono é, sob muitos aspectos, assimilável a essa capacidade de realização aumentada que se manifesta após uma satisfação sexual normal. Mas, também nesse caso, a relação com a forma de existência intrauterina constitui o terceiro termo de comparação: o indivíduo deve o revigoramento passageiro[46] que extrai tanto da sexualidade como do sono a esse mergulho numa existência paradisíaca onde não havia ainda lutas, somente crescimento e desenvolvimento, sem a necessidade de nenhum esforço. Diz-se que nos estados mórbidos a cura ocorre essencialmente durante o sono; consideramos ser também possível falar, a justo título, dos milagrosos efeitos curativos do amor; parece que nos dois casos a natureza recorre a forças geradoras arcaicas para colocá-las a serviço da regeneração.

Neste ponto, poderíamos também citar aforismos criados pela sabedoria popular e as opiniões de alguns espíritos intuitivos que parecem confirmar a nossa concepção. Após uma boa noite de sono, tem-se a impressão de um "renascer". Segundo Shakespeare, dormir é:

> *The death of each day's life, sore labour's bath,*
> *Balm of hurt minds, great nature's second source,*
> *Chie nourisher in life's feast.*[47]

---

45. A regressão do indivíduo adormecido a um modo de existência arcaico pode ser comparada à alucinação no sono e constituir um exemplo do que chamaríamos uma *alucinação orgânica*.

46. C. G. Jung, *Wandlungen und Symbole der Libido* [Metamorfoses e símbolos da libido], publicado originalmente no *Jahrbuch für Psychanalyse*, IV, 1912.

47. "O sono, morte da vida de cada dia, banho do trabalho penoso,/Bálsamo dos espíritos feridos, segunda fonte da grande natureza,/Alimento supremo no festim da vida." (*Macbeth*, II, 2.)

Trömner, excelente conhecedor da fisiologia do sono, utiliza em seu pequeno livro sobre o assunto comparações que consideramos com mais seriedade do que o próprio autor. A propósito do despertar, diz ele: "... So entsteht Licht und Leben aus dem *Schosse* von Nacht und Nichts. Aber die Nacht entlässt ihre Geschöpfe nicht dauernd, sie zwingt sie *periodisch zurück in ihren schweigenden Schoss...* Wir müssen täglich zurück zum *Schosse der allernährenden Nacht*. In seinem Dunkel wohnen die wahren *Mütter* des Daseins."[48]

Também podemos citar Hufeland (a exemplo de Trömner):

> *Schlaf ist des Menschen Pflanzenheit,*
> *Wo Nahrung, Wachstum bass gedeiht,*
> *Wo selbst die Seel', vom Tag verwirrt*
> *Hier gleichsam neu geboren wird.*[49]

O estado de sono, tal como o estado psíquico no coito e na existência intrauterina, é uma repetição de formas de existência superadas há muito tempo e talvez até uma repetição da existência de antes do surgimento da vida. O sono, diz um velho provérbio latino, é o irmão da morte. As forças traumáticas que intervêm no despertar, esse renascimento cotidiano, são as mesmas que outrora "despertaram" a matéria primitiva para a vida. Toda etapa evolutiva imposta pela necessidade é um despertar de um estado de paz relativa. "O vegetal é um animal que dorme", disse Buffon. A própria embriogênese é uma espécie de sono somente perturbado pela repetição palingenética da filogenia, à maneira de algum sonho biográfico.

Entretanto, a principal diferença entre o sono e o coito poderia residir no fato de que o sono contenta-se em repetir a bem-aventurada existência intrauterina, ao passo que o coito reproduz também as lutas que se produziram quando da "expulsão do paraíso". (Catástrofes cósmicas, nascimento, lutas do desmame e da aprendizagem de hábitos de asseio.)

---

48. "Assim é que a luz e a vida nascem do *regaço* da noite e do nada. Mas a noite não solta suas criaturas para sempre, *ela as força periodicamente a voltarem ao seu regaço silencioso*. A cada dia que passa temos de voltar, de bom ou de mau grado, *ao regaço da noite alimentadora*. Em sua obscuridade vivem as verdadeiras *Mães* da existência." (O sublinhado é de Ferenczi.)

49. "O sono é a época vegetal do homem,/Onde o alimento e o crescimento prosperam/Onde a própria alma, perturbada pelo dia/Como que renasce de novo."

X
Conclusões bioanalíticas

Chegados ao fim do nosso trabalho teórico, cuja finalidade era fornecer-nos alguns esclarecimentos, mesmo provisórios, acerca do sentido e das formas de manifestação do processo genital, consideremos agora o caminho percorrido e tentemos justificar o método empregado na ardorosa elaboração desta hipótese. Partimos de uma análise do processo de ejaculação que ainda podemos mais ou menos qualificar de fisiológica. Mas, quando tentamos elucidar esse processo em maior profundidade, fomos levados a recorrer, sem hesitação de nenhuma espécie, a conhecimentos extraídos de um domínio científico inteiramente distinto: a psicologia. Não pretendemos reexaminar aqui se tal procedimento é cientificamente justificável ou não. Contentamo-nos em observar apenas um fato: esse amálgama de conhecimentos psicológicos e biológicos mostrou seu valor heurístico no estudo de um grande número de problemas difíceis encontrados no domínio da genitalidade e da conservação da espécie, e forneceu-nos certas visões gerais das coisas que a ciência ortodoxa não nos deixara sequer pressentir.

Mas temos de retificar o que dissemos a propósito dos conhecimentos psicológicos que podem servir para a resolução de problemas biológicos. Não são os conhecimentos psicológicos correntes, mas exclusivamente os nossos conhecimentos *psicanalíticos*, aqueles que nos ajudam a resolver esses problemas, conforme demonstraremos mais adiante com exemplos. De momento, sublinhemos, de um modo geral, que a possibilidade de aplicar noções e métodos da psicanálise a outros domínios da ciência constitui para nós uma nova prova de que os ensinamentos de Freud nos propiciaram o acesso a uma parte considerável de realidades até aqui desconhecidas.

Desde o começo, ao estudarmos a mistura anfimíctica de qualidades pulsionais anais e uretrais no processo de ejaculação, utilizamos as noções de *deslocamento* e de *condensação* que nos vêm da psicanálise. Outras noções, como o desprendimento de energias quantitativa e qualitativamente determinadas de seu objeto e sua transferência para outros objetos, ou a acumulação de diferentes espécies e diferentes quantidades de energia num único objeto, só eram utilizadas até agora pela psicanálise. Falávamos do deslocamento do investimento de energia de uma representação para uma outra e de condensação de energias heterogêneas numa representação determinada; até agora, a biologia ignorava todos esses mecanismos de deslocamento. Foi a teoria psicanalítica da histeria que serviu de transição para estabelecermos a nossa hipótese relativa *ao deslocamento e à condensação orgânicos*: deslocamento da energia de representações para a atividade orgânica (conversão) e sua retransposição para a esfera psíquica (tratamento psicanalítico). Basta um passo a mais para se admitir que tal troca de energia é também corrente numa economia puramente orgânica, ou seja, na ação recíproca dos próprios órgãos e, por conseguinte, acessível à análise. Assim, colocamos a primeira pedra para a fundação de uma nova ciência *bioanalítica*, a qual transfere sistematicamente os conhecimentos e métodos da psicanálise para as ciências naturais. Vão seguir-se agora mais algumas "pedras fundamentais".

A cooperação dos órgãos e das partes de órgãos, segundo a "teoria da genitalidade", não é somente a soma automática de forças ativas úteis com vistas a um desempenho comum. Cada órgão possui uma certa "personalidade"; repete-se em cada um o conflito entre os interesses do ego e os interesses libidinais que somente a análise da *personalidade psíquica* permitia revelar até agora. Aliás, a fisiologia ainda não concedeu suficiente importância ao papel das energias libidinais no funcionamento orgânico tanto normal quanto patológico; por conseguinte, seria indispensável, se as nossas hipóteses relativas à teoria da genitalidade recebessem uma confirmação, mesmo parcial, completar com uma *biologia do prazer a fisiologia e a patologia atuais, exclusivamente baseadas no princípio de utilidade*. Podemos desde já esboçar as grandes linhas dessa nova disciplina. Quando, num capítulo precedente, tracei um paralelo entre a *tendência para a autotomia* e o *recalcamento*, foi ainda na psicanálise que me inspirei. A retirada do investimento das representações marcadas pelo desprazer, ou seja, o próprio princípio do processo de recalcamento, possui manifestamente modelos orgânicos; penso que a nossa compreensão dos fenômenos naturais ver-se-ia singularmente aprofundada se a aplicação do modo de pensar psicanalítico permitisse isolar melhor as diferentes motivações de todos esses fenômenos vitais extraordinários que se baseiam num *recalcamento orgânico* deste tipo.

Esta investigação parece levar a um outro resultado, importante para a compreensão da vida orgânica em geral, ao distinguir no plano conceptual as *pulsões eróticas* a serviço exclusivo do prazer e as outras, meramente *utilitárias*. Mas ainda o mais importante (como Freud já constatou em sua "teoria das pulsões") seria o estabelecimento da existência de uma *tendência regressiva* que rege tanto a vida psíquica quanto a vida orgânica. Tudo se passa como se por detrás da fachada facilmente acessível às descrições biológicas sobrevivessem nos seres vivos uma espécie de *inconsciente biológico*, modos de funcionamento e uma organização pertencentes a fases há muito tempo superadas da ontogenia e da filogenia. Estas não atuam somente como dirigentes ocultos da atividade orgânica manifesta: em certos estados particulares (sono, genitalidade, doença orgânica), suas tendências arcaicas suplantam as atividades vitais superficiais, à maneira dos arcaísmos psicológicos que invadem a consciência normal na neurose e na psicose. Basta retomar aqui o exemplo do sono e do coito; nesses dois estados, toda a vida psíquica e também, em parte, a física regridem para um modo de existência pré-natal e até, provavelmente, mais antiga também no plano filogenético. Mas o mesmo raciocínio nos levaria a conceber também os fenômenos de inflamação, febre, congestão, inclusive as reações patológicas mais banais, como um retorno a modos de funcionamento embrionários ou até mais antigos.

Se assim é realmente, se o *sentido* dos fenômenos manifestos da vida normal orgânica está dissimulado em profundezas nem mesmo suspeitadas, então a analogia com as hipóteses formuladas pela psicanálise torna-se ainda mais impressionante e somos ainda mais fortemente instigados a completar o nosso conhecimento superficial das ciências da vida por uma *biologia das profundezas*. Tudo isso se relaciona com um ponto que mencionamos antes. Esse caráter superficial das concepções fez com que as ciências naturais se contentassem, de um modo geral, com uma descrição unívoca dos fenômenos biológicos. A própria psicanálise ainda sustentava, não faz muito tempo, que só a psique possuía o privilégio de ser composta de elementos tais que um só e único elemento podia inscrever-se *simultaneamente* em várias séries causais diferentes, do ponto de vista genético. A análise definiu esse fato mediante a noção de *sobredeterminação* de todo ato psíquico, uma consequência direta do caráter pluridimensional do psiquismo. Do mesmo modo que a definição de um ponto no espaço requer, no mínimo, três eixos de coordenadas, a explicação de um fato psíquico, e, presume-se, de acordo com o que precede, também de um fato científico natural, não é suficientemente determinada pela integração numa *cadeia* linear ou numa *rede* plana se as suas relações com uma *terceira dimensão* não forem definidas com absoluta exatidão. Existe um fato curioso, que até hoje só foi observado no âmbito da atividade psíquica: é a possibilidade, para um mesmo elemento, de ser inserido e localizado analiticamente numa *série atual* e, ao mesmo tempo, numa *série de lembranças*, o que subentende a "intemporalidade" dos vestígios mnêmicos inconscientes. Transpusemos para a biologia essas constatações extraídas da vida psíquica e foi assim que pudemos descrever o coito e o sono como uma descarga de estímulos traumáticos atuais e, simultaneamente, uma expressão da tendência para reproduzir a existência intrauterina e a existência aquática primitiva, situações aparentemente superadas desde muito longa data; pressentimos, inclusive, que o coito e o sono representavam o ressurgimento de uma tendência para o repouso muito mais arcaica e primitiva ainda (desejo pulsional da paz inorgânica, pulsão de morte). Desse mesmo modo, a investigação bioanalítica do conjunto dos fenômenos biológicos deveria revelar, sob a superfície manifesta, o *inconsciente biológico*. Descobrir-se-ia que todas essas questões ociosas sobre o sentido e o objetivo da evolução se transformariam por si mesmas numa busca dos *móbeis* que têm todos suas raízes no passado.

Permitam-me assinalar alguns processos a que essas constatações podem ser aplicadas desde agora com proveito. Vejamos, por exemplo, a *alimentação* do bebê: em aparência, pode-se caracterizá-la perfeitamente descrevendo a mamada, os processos digestivos, a distribuição dos produtos nutritivos pelos tecidos, sua introdução na economia físico-química do organismo (cálculo de calorias). Mas, a par de tudo isso, o bioanalista ressaltará o fato de que a primeira substância nutritiva do bebê é, na verdade, o corpo da mãe (ou, mais exatamente, seus elementos teciduais transformados em leite). À semelhança do parasitismo genital e embrionário, o bioanalista vai pensar que o homem, ao se nutrir do leite materno e de outros produtos animais, é de fato, durante toda a sua vida, um parasita que incorpora os corpos de seus ancestrais humanos e animais, mas entrega aos seus hospedeiros (mãe, animal) a tarefa de produzir o alimento. Mantendo essa postura, o bioanalista chegará à conclusão de que esse processo, a que poderíamos chamar o *devo-*

ramento dos ancestrais (*filofagia*), encontra-se por toda a parte no mundo vivo. O onívoro ou o carnívoro devora os herbívoros e deixa a estes últimos o cuidado de produzir, partindo da alimentação vegetal, as substâncias orgânicas que lhe são necessárias. O herbívoro, por seu lado, alimenta-se de plantas e confia-lhes a tarefa de elaborar, a partir dos minerais, as substâncias vegetais necessárias. De acordo com a concepção bioanalítica, a alimentação pelo leite materno dissimula e ao mesmo tempo representa sob uma forma quase irreconhecível toda a filogenia da alimentação[50]. Uma vez atraída a nossa atenção para esse fato, chegaremos certamente a reconhecer em certas anomalias da nutrição, como nos casos patológicos, por exemplo, uma reativação mais nítida de tendências regressivas geralmente dissimuladas. Assim, por trás do sintoma do *vômito* perceberíamos não só as causas manifestas mas também as tendências regressivas para uma época primitiva embrionária e filogenética em que um único e mesmo canal digestivo (a boca primitiva) efetuava o peristaltismo e o antiperistaltismo.

Já Cohnheim e Stricker consideraram os *processos inflamatórios* não só como reações atuais a excitações mas também como uma espécie de regressão tecidual à forma embrionária. Penso que muitas alterações patológicas tornar-se-iam mais compreensíveis para nós se chegássemos a reconhecer e a acompanhar a ação das tendências regressivas tanto nos processos de decomposição quanto nos de cura.

O estudo bioanalítico dos *processos mórbidos orgânicos* mostrará, a nosso ver, que a maioria dos sintomas pode ser relacionada com uma redistribuição da "libido de órgão". Os órgãos só desempenham sua função de utilidade na medida em que o organismo inteiro se preocupa também em satisfazer as exigências libidinais deles (ver as subvenções libidinais fornecidas pelo órgão genital em proveito do corpo todo). Se esse serviço deixa de estar assegurado, a tendência para a autossatisfação, em detrimento da satisfação coletiva, corre o risco de ressurgir nos órgãos, à semelhança da criança maltratada que se consola pela autossatisfação (cf. em Freud o abandono da função utilitária na cegueira histérica). Mas as lesões locais

---

50. Partindo de moléculas de proteínas animais poder-se-ia, portanto, reconstituir todo o passado vegetal e animal. A analogia entre análise psíquica e análise química seria assim consideravelmente aprofundada.

também podem acarretar a suspensão da atividade altruísta e o despertar de processos "autoeróticos" nos tecidos. Quando causas psíquicas produzem uma doença orgânica (Groddeck, Deutsch), trata-se de transferência de quantidades de libido para um sistema libidinal orgânico preexistente. As desordens vasomotoras e tróficas situam-se no limite das doenças neuróticas e orgânicas, uma distinção puramente artificial. Uma síncope, por exemplo, consiste à primeira vista na consequência de uma irrigação cerebral insuficiente; mas a concepção bioanalítica acrescentaria que a regulação da tensão arterial regride para um período anterior a andar em posição vertical, quando a irrigação sanguínea do cérebro não exigia ainda uma ação esplâncnica tão elevada. Nas síncopes de origem psicogênica, essa regressão coloca-se a serviço do recalcamento neurótico.

Quanto aos protótipos dos mecanismos bioanalíticos, sempre os encontraremos, penso eu, na estrutura das neuroses e das psicoses que nos são mais familiares. No fim de contas, um espírito audaciosamente animista poderia descrever os processos tanto fisiológicos quanto patológicos em termos de *psicologia e de psiquiatria da vida orgânica*, tendo em mente as palavras de Goethe:

> *Alle Glieder bilden sich aus nach ewigen Gesetzen,*
> *Und die seltsamste Forme bewahrt im Geheimen des Urbild.*[51]

Permitimo-nos introduzir neste trabalho uma outra inovação metabiológica não menos importante, ainda que possa parecer, sem dúvida, um pouco estranha à primeira vista: trata-se da utilização do *simbolismo como fonte de conhecimentos no domínio das ciências exatas e naturais*. Constatamos que os "símbolos" descobertos pela análise no psiquismo não são somente a expressão de jogos fortuitos da imaginação mas indicações historicamente importantes de fatos biológicos "recalcados"; assim foi que pudemos formular algumas hipóteses fundamentalmente novas e talvez não inteiramente incorretas a respeito do sentido da genitalidade em geral e de vários de seus aspectos parciais. Ainda é impossível predizer quais são os

---

51. "Todos os corpos se formam segundo leis eternas,/E a mais estranha forma é conservada no segredo do modelo primitivo." Ortvay assinalou que o estudo psicanalítico do recalcamento podia fornecer uma explicação dos fenômenos de dominância e de recessividade das unidades hereditárias de Mendel.

novos desenvolvimentos contidos em germe nessa concepção, nem quanto saber inconsciente se esconde nas lendas ingênuas do folclore, dos contos e dos mitos, e sobretudo no simbolismo luxuriante dos sonhos.

Se por um lado o ponto de vista parcial do utilitarismo que domina atualmente o conjunto das ciências exatas e naturais pôde trazer vantagens para certas disciplinas (a técnica), por outro fechou o caminho para toda e qualquer concepção biológica mais profunda, cujo acesso só é possível se considerarmos, a par dos mecanismos utilitários, diversos mecanismos de prazer que se exprimiriam, entre outros processos de representação, justamente pelo simbolismo.

Ao analisarmos os processos genitais, tivemos de nos ocupar copiosamente das questões da *evolução* e *involução orgânicas*; cometemos até a audácia de introduzir sub-repticiamente uma teoria da evolução de um novo gênero, na qual simplesmente aplicamos à biologia as observações e hipóteses psicanalíticas sobre os processos de evolução da vida psíquica[52]. Esbocemos essa tentativa, que mais não seja em suas linhas gerais.

De acordo com as nossas conclusões extraídas de um estudo do "sentido de realidade" e com os estudos aprofundados de Freud sobre a vida pulsional, partimos, a fim de examinar a evolução da genitalidade, do fato de que só uma excitação exterior, privação ou catástrofe, pode ter forçado o ser vivo a mudar seus modos de funcionamento e sua organização. Nossa investigação mais minuciosa incidiu sobre esse trabalho de adaptação dos seres vivos que lhes foi imposto por uma das últimas catástrofes, a secagem dos oceanos. Sustentamos que esses seres se adaptaram, por certo, à nova situação, mas com a intenção secreta de restabelecer a antiga situação de quietude nesse novo meio o mais rápida e repetidamente possível.

O sono, o coito, mas também o desenvolvimento de uma bolsa amniótica cheia de líquido e, de um modo geral, a fecundação interna e o desenvolvimento intrauterino são, segundo a nossa hipótese, outras tantas organizações tendentes a restabelecer essa fase de evo-

---

[52]. Ver a obra de Brun, biólogo suíço, *Selektionstheorie und Lustprinzip* [Teoria da seleção e princípio de prazer], *Zeitschrlft f. Psa.*, IX, que, com a ajuda de um exemplo fornecido por uma espécie de formiga, demonstra admiravelmente a ação do "princípio de prazer" sobre a evolução.

lução aparentemente ultrapassada[53]. O analista impressiona-se com a semelhança entre esse processo, por um lado, o *recalcamento* e o *retorno do recalcado*, por outro, tal como os observamos no psiquismo. A semelhança é tão grande que devemos reconhecer ter aplicado, é verdade que inconscientemente, a dinâmica aprendida no domínio das neuroses à interpretação dos processos evolutivos. Mas, em vez de pedirmos desculpas por isso, propomos que se admita esse método como legítimo e justificado no plano científico, convencidos que estamos de que a aplicação sistemática desse método só pode enriquecer a teoria da evolução. Acreditamos, pois, que o *desejo* de restabelecer uma posição de equilíbrio abandonada por necessidade nunca se extingue por completo, mas tem apenas de diminuir sua atividade por momentos, porque a *censura biológica* instituída pelos interesses atuais do ego opõe-se à sua realização[54]. Assim, também na biologia encontramos essa modificação do princípio de prazer que, também nesse caso, pode chamar-se princípio de realidade, e podemos fazer a mesma constatação de quando nos referimos à vida psíquica: essa mesma força que incita à regressão, se uma instância de censura a impede de se exprimir diretamente, torna-se progressiva, ou seja, avança no sentido da adaptação e de uma complexidade maior.

O primeiro efeito de todo choque exógeno será despertar a tendência à autotomia que dormita no organismo (pulsão de morte); os elementos orgânicos não vão perder a ocasião que lhes é oferecida de morrer. Mas, se a perturbação é violenta demais, portanto traumática, e não acompanha o ritmo progressivo segundo o qual o organismo foi outrora estruturado, produz-se uma "desintrincação" (Freud) imperfeita das pulsões do organismo, e os elementos desse começo de decomposição passam a ser os materiais da evolução ulterior. Assim, nas experiências de J. Loeb, os óvulos de ouriço-

---

53. O fato de que existem, excepcionalmente, amniotas que se acasalam é, sem dúvida, uma imperfeição estética de toda a "teoria da genitalidade". É verdade que o acasalamento desses amniotas só envolve órgãos de copulação "acessórios" (logo, não autênticos).

54. Um belo exemplo de "censura orgânica" é fornecido pelo comportamento de certos animais hibernantes. Seus corpos esfriam à medida que a temperatura exterior baixa. Mas, se a temperatura cai abaixo de um certo grau, a produção de calor recomeça imediatamente, a regressão à poiquilotermia interrompe-se e o animal acorda: assim, o animal medular volta a ser animal cerebral.

-do-mar artificialmente fecundados pela água do mar hipotônica morrem em sua periferia por citólise; mais tarde, os fragmentos das células mortas formam uma membrana que impede o prosseguimento da decomposição, enquanto, sob o efeito da impulsão sofrida, o interior da célula começa a se desenvolver[55]. Se os filósofos se perguntam como concebemos essa regeneração e essa retomada da evolução, poderemos esclarecê-los sem nenhum recurso a ideias místicas. Pode ser que o "altruísmo" que aí se exprime não seja mais do que uma hábil combinação de egoísmos elementares; entretanto, também se pode imaginar que o grau de complexidade já alcançado atue num sentido regressivo sobre os produtos de decomposição ou, pelo menos, contribua para que os organismos tenham menos pressa em morrer e se reconstruam a partir de seus próprios restos, utilizando até mesmo a força inversa produzida pela destruição parcial a fim de dar prosseguimento ao seu desenvolvimento.

Seja como for, a concepção bioanalítica dos processos da evolução vê em toda parte *desejos* que agem no sentido de *restabelecer estados de vida ou de morte anteriores*. O estudo psicanalítico da histeria mostrou-nos que mesmo no organismo a potência psíquica do desejo é tão ativa que um desejo pode "materializar-se" no corpo, transformar o corpo segundo a sua imaginação. Não temos nenhuma razão para limitar a ação desses movimentos do desejo à vida psíquica, excluindo-os de uma possível ação em outra área, portanto, no *inconsciente biológico*; e estamos até tentados a supor, de acordo com Freud, que somente o recurso ao desejo concebido como fator de evolução pode permitir que se compreenda a teoria da adaptação segundo Lamarck.

Para voltarmos à nossa tese fundamental: na estratificação biológica dos organismos, todas as fases anteriores subsistem de um modo ou de outro, separadas por resistências forjadas pela censura, de modo que um exame analítico deveria permitir a reconstrução do passado mais recuado do organismo a partir do comportamento e do modo de funcionamento atuais.

Em todo o caso, tivemos de renunciar a nos deter nos processos excessivamente complexos como explicações fundamentais da evolução. Por exemplo, quando Lamarck incrimina a utilização ou a

---

55. A ação do esperma sobre o óvulo também começa provavelmente por uma destruição, mas cujo sentido regressivo torna-se em seguida progressivo.

não utilização de órgãos para explicar sua evolução ou sua involução, ele não se dá conta de que, na verdade, esquivou-se do verdadeiro problema, que consiste em saber por que o órgão vivo adquire vigor crescente quando é utilizado, em vez de se desgastar como uma máquina inorgânica. Somente as minhas observações coletadas no domínio da histeria e das patoneuroses[56] puderam demonstrar como se constitui um contrainvestimento demasiado possante do órgão perturbado sob a influência do desejo de restabelecer o equilíbrio desfeito e graças à retirada dos outros investimentos; esse contrainvestimento serve, por um lado, para proteger os outros órgãos contra os efeitos perniciosos; e constitui, por outro, uma fonte de energia em proveito da cura e da regeneração. Isso é também o que provavelmente ocorre no caso de distúrbios crônicos que afetam o funcionamento de um órgão; assim, o modo de reação histeropatoneurótica seria apenas um exemplo desses deslocamentos de energia que intervêm em todo o trabalho de adaptação ou de evolução.

Assinale-se, a título de observação, que a verdadeira explicação da alternância *diferenciação-integração* proposta por Spencer como sendo a regra que governa a evolução poderia ser o retorno do prazer recalcado, cuja existência supusemos nos episódios de desprazer aceitos por necessidade e inclusive introjetados sob a forma de energias pulsionais. A necessidade obriga os organismos à mudança, o desejo recalcado impele-os a voltar incessantemente à situação abandonada e, de certa forma, à sua "reintegração".

Quando da adaptação à nova situação imposta pela necessidade, a pulsão regressiva apossa-se provavelmente em primeiro lugar dos órgãos e das funções que, no decorrer da evolução, ficaram "sem emprego". É impressionante, por exemplo, que nos animais dotados de cauda (cães, gatos) a parte caudal da coluna vertebral, outrora pilar de sustentação de segmentos corporais atrofiados ulteriormente, passou a ser o órgão dos movimentos de expressão a cujo respeito sabemos, depois de Darwin e Freud, que devem ser considerados como regressões a comportamentos arcaicos. É nesses refluxos ou em outros análogos que se esconde, sem dúvida, a tendência regressiva nos momentos em que a adaptação é demasiado

---

56. *Histérie et pathonévrose*. Coletânea de artigos de Ferenczi, cuja maior parte foi reproduzida como capítulo de *Psychanalyse III*. (NTF)

difícil, para reatar seu papel de fator estruturante assim que tiver sido superado o maior perigo. Por outro lado, está cuidadosamente previsto que se interrompa até a mais rigorosa atividade de adaptação, por períodos de repouso durante os quais o organismo inteiro cai temporariamente na regressão, e toda a sua produção se resume a movimentos de expressão (sono, coito)[57].

A bioanálise ou ciência analítica da vida não pode deixar de assumir uma posição sobre o problema do começo e do fim da vida. Já na teoria da genitalidade, quando procuramos as causas essenciais da atração sexual, fomos levados a transpor os limites da vida animada; também Freud vê nos fenômenos da atração química e física uma analogia com esse mesmo Eros platônico que mantém a coe-

---

57. Mencionemos sucintamente alguns outros pontos de vista "bioanalíticos" referentes à evolução orgânica. A adaptação pode ser autoplástica ou aloplástica; no primeiro caso, é a própria organização do corpo que se adapta às novas circunstâncias, no segundo, o organismo esforça-se por modificar o mundo externo de modo a tornar inútil a adaptação corporal. O modo de evolução aloplástica é o mais "inteligente", especificamente "humano", mas também está muito espalhado no mundo animal (construção de ninhos!). Transformar o mundo externo é muito mais rápido do que transformar o próprio organismo; podemos supor que os animais que chegaram a esse grau de evolução já possuem um certo "senso temporal". A autoplastia pode ser puramente regressiva (redução das necessidades, regresso a estágios mais primitivos) ou também progressiva (desenvolvimento de novos órgãos). O desenvolvimento da motilidade (busca de um meio ambiente mais favorável) acarreta a economia da adaptação autoplástica. (Princípio de Döderlein: paralelismo entre "sessilidade" [enraizamento] e aumento de variabilidade, por um lado, mobilidade e diminuição de variabilidade, por outro.)

A adaptação implica renúncia aos seus objetos de satisfação a fim de habituar-se a novos objetos, ou seja, transformar uma perturbação (sempre dolorosa no começo) em satisfação. Isso ocorre por identificação com o estímulo perturbador e, depois, introjeção deste; assim, o episódio perturbador torna-se uma parte do ego (uma pulsão) e o mundo interno (microcosmo) passa a ser assim o reflexo do meio ambiente e de suas catástrofes.

Os órgãos, ou as funções orgânicas recém-criadas, superpõem-se simplesmente aos antigos sem os destruir; mesmo quando o antigo material é reempregado, a organização ou função aparentemente abandonada subsiste virtualmente sob a forma de "inconsciente biológico", e certas condições podem provocar sua reativação. Podemos comparar essas superposições a mecanismos de inibição; por exemplo, sobre a "excitabilidade" geral primitiva construiu-se a excitação reflexa já orientada, e sobre esta última a reação seletiva psíquica; nos estados patológicos ou em outros estados de natureza excepcional (hipnose profunda, faquirismo), o psiquismo suspende sua atividade e o organismo retorna ao estágio da excitabilidade reflexa, ou até mesmo da excitabilidade primitiva.

são de toda a vida. Com efeito, os físicos dizem-nos que se pode observar uma agitação muito intensa na matéria aparentemente "morta"; portanto, mesmo que essa "vida" seja de um caráter menos instável, trata-se sempre de vida. A verdadeira morte, o repouso absoluto, só é mencionado pelos físicos de um modo perfeitamente teórico quando afirmam que toda energia, de acordo com o segundo princípio fundamental da termodinâmica, está condenada à morte por dissipação. Mas desde já alguns naturalistas[58] afirmam que essas energias dissipadas se reagrupam periodicamente, mesmo que os intervalos entre esses períodos sejam de longa duração. Podemos confrontar essa concepção com o princípio de seleção natural segundo Darwin, a saber, que toda a mudança constitui apenas fruto do acaso, não podendo as tendências imanentes ser levadas em conta[59]. Mas para nós, que nos inclinamos mais, como já dissemos, para as ideias mais psicológicas de Lamarck no tocante à evolução, parece mais plausível admitir que, de um modo geral, não existe desintrincação total entre pulsão de morte e pulsão de vida, que mesmo a matéria tida como "morta", logo, inorgânica, contém um "germe de vida" e, por conseguinte, tendências regressivas rumo ao complexo de ordem superior cuja decomposição lhes deu origem. As ciências naturais já afirmavam há muitíssimo tempo que não existe vida absoluta sem participação de tendências de morte; e recentemente Freud enfatizou a ação das pulsões de morte em tudo o que está vivo. "O objetivo de toda a vida é a morte, pois o inanimado aí estava antes do vivo."

Mas talvez a morte "absoluta" nem exista; talvez o inorgânico dissimule germes de vida e tendências regressivas; ou talvez até Nietzsche tivesse razão quando disse: "Toda a matéria inorgânica provém da orgânica, é matéria orgânica morta. Cadáver e homem."

---

58. W. H. Nernst, *Das Weltgebäude im Lichte der neueren Forschung* [O universo à luz das pesquisas recentes], 1921.

59. Uma vez admitida a hipótese de que já nas entidades inorgânicas se encontra essa "excitabilidade" que reconhecemos como propriedade da matéria viva, podemos também conceber as motivações possíveis da atração mútua desses elementos. Em todo o caso, a fusão de dois elementos poderia apresentar a vantagem de que as partes em questão oferecem ao mundo externo hostil uma superfície mais reduzida do que no estado isolado. Segue-se uma "economia de energia" e o primeiro "prazer". Algo desse gênero exprime-se também no coito ("o animal de duas costas"). Bölsche, por seu lado, compara a atração entre a Terra e o Sol à atração sexual.

Nesse caso, deveríamos abandonar definitivamente o problema do começo e do fim da vida e imaginar todo o universo orgânico e inorgânico como uma oscilação perpétua entre pulsões de vida e pulsões de morte, em que tanto a vida quanto a morte jamais conseguiriam estabelecer sua hegemonia.

A nós, médicos, a "agonia" – aliás, seu nome o indica – jamais parece plácida. Mesmo um organismo quase incapaz de viver luta contra a morte. Uma morte "natural", suave, manifestação tranquila da pulsão de morte, talvez só exista em nossas representações de desejo dominadas pela pulsão de morte; na realidade, a vida termina sempre de maneira catastrófica, tal como se iniciou também por uma catástrofe, o nascimento. Parece que se pode descortinar caracteres regressivos nos sintomas da agonia, os quais se esforçariam por modelar a morte à imagem e semelhança do nascimento, a fim de a tornar assim menos cruel. É somente nos instantes que precedem os derradeiros movimentos respiratórios (às vezes um pouco mais cedo) que se pode observar uma reconciliação total com a morte e, por vezes, até expressões de satisfação que assinalam o acesso a um estado de repouso perfeito, como por exemplo no orgasmo após o duelo sexual. A morte, como o sono e o coito, apresenta traços que a aproximam da regressão intrauterina. Não é sem razão que muitos primitivos enterram seus mortos em posição agachada, fetal, e a identidade do simbolismo da morte e do nascimento nos sonhos e nos mitos não pode ser um efeito do acaso.

Assim voltamos ao nosso ponto de partida: a importância central da regressão ao ventre materno na teoria da genitalidade e, podemos acrescentar agora, na biologia em geral.

XLIII

Psicanálise dos hábitos sexuais

(Com uma contribuição para a técnica terapêutica)

Em alguns dos meus recentes artigos, tentei completar a nossa técnica psicanalítica através de certas medidas "ativas". Em conjunto, esses trabalhos permaneciam num nível muito geral; não forneciam nenhuma precisão sobre a maneira de utilizar esse expediente psicoterapêutico e, por conseguinte, deixavam uma margem muito importante para concepções errôneas. Sinto-me obrigado, portanto, a explicar um pouco mais essas experiências técnicas. A bem dizer, a diversidade e as múltiplas ramificações do meu material ainda não me permitem fazer atualmente uma apresentação sistemática dele. Espero, contudo, chegar a mostrar através de certos exemplos característicos extraídos da minha prática como é possível utilizar com êxito o que se designa por atividade, como esses resultados podem encontrar uma explicação no plano teórico e, enfim, como esses pontos específicos se integram no restante do nosso saber psicanalítico. Como toda investigação sistemática, esta encontra-se necessariamente eivada de uma certa parcialidade. Ao defender-se uma tese contra todas as objeções possíveis, é fácil gerar a impressão de que se preconiza a novidade do que se propõe em detrimento de tudo o que era até então considerado correto; esse esforço de justificação degenera facilmente em defesa tendenciosa. Para evitar que se produza essa impressão certamente falsa, o autor vê-se obrigado a repetir que a dita atividade não pretende, em absoluto, substituir a análise atual, mas completá-la em alguns pontos e em certas circunstâncias precisas. Toda tentativa de substituição da técnica psicanalítica atual por uma série de medidas e de ab-reações ativas só poderia vir a ter consequências perniciosas. O *objetivo* da terapia psicanalítica é e continua sendo a ligação psíquica do recalcado no pré-consciente por meio da rememoração e da reconstrução que acabam por impor-se. A atividade é apenas um meio auxiliar que, utilizado pelo analista experiente, pode fazer progredir o trabalho analítico. A ideia de reagrupar os fenômenos de que pretendo falar sob o ângulo de uma "psicanálise dos hábitos sexuais" só me acudiu no decorrer da redação quando as associações científicas suscitadas pelo nosso tema, no início de ordem puramente técnica, foram se reagrupando por si mesmas em torno do assunto indicado no título.

I

A análise dos hábitos uretrossexuais

Uma das regras principais a respeito da atitude geral a adotar em face do analisando encontra-se, sem dúvida, na fórmula de Freud, segundo a qual a análise deve-se desenrolar num estado psíquico de *privação* (frustração). Até agora, o único sentido que demos a essa regra foi o de deixar insatisfeitos os desejos e as exigências emitidos pelo paciente na transferência, mormente o seu imenso desejo de afeição e a sua tendência para instalar-se na análise, de certo modo, por toda a vida. Gostaria de acrescentar agora que também é possível impor com proveito outras privações, de ordem diversa, e darei de imediato, a título de exemplo, a mais importante das minhas observações.

Num dos meus trabalhos precedentes, citei, entre os exemplos destinados a ilustrar a tarefa ativa durante a análise, o caso dos pacientes que apresentam, durante a sessão, o "sintoma passageiro" constituído por uma forte *vontade de urinar* e a quem impedi de ceder a essa necessidade, esperando que o aumento da tensão, que afetaria o psiquismo em consequência da interdição de evacuação, faria surgir mais facilmente o material que tentava dissimular-se por trás desse sintoma. Mais tarde, fui levado a dar igualmente, em certos casos, diretivas a respeito da defecação, sobretudo aos pacientes especialmente angustiados pela obrigação de observar uma certa demora. Uma vez mais, ao perturbar esses hábitos, tudo o que eu esperava, no início, era obter um certo progresso da análise. Ora, os resultados superaram a minha expectativa. Os pacientes que apresentavam esse sintoma, a necessidade de urinar, revelaram ser pessoas que, em geral, urinavam com excessiva frequência, em outras palavras, pacientes com uma forma leve de polaciúria que dissimulava o temor inconsciente de controlar mal os esfíncteres urinários, reflexo e resíduo das dificuldades da criança em adaptar-se à disciplina excretória. Pode-se constatar o mesmo fenômeno nos indivíduos com defecação assídua. Eles compensam por sua prontidão e pontualidade a tendência infantil erótico-anal para reter as fezes pelo máximo de tempo possível; mas também aí intervém o medo inconsciente de que uma retenção prolongada acarrete a acumulação de uma excessiva quantidade de excrementos cuja expulsão provocaria uma dor particularmente intensa. É muitas vezes o mesmo paciente quem me obriga a recorrer a medidas tanto uretrais quanto anais; tratava-se, em geral, de homens impotentes e de mulheres frígidas.

A primeira reação que eu suscitava ao perturbar esses velhos hábitos era, em geral, a seguinte: à interdição uretral o paciente respondia com uma atitude cheia de suficiência, protestando que era capaz de reter sua urina durante um dia inteiro, que era hiperpotente a esse respeito, etc. Quando eu entrava no seu jogo e lhe pedia que retivesse sua urina o máximo de tempo possível, ele chegava a realizar, por vezes, surpreendentes performances, abstendo-se de urinar de oito a dez horas a fio e até, uma vez, nada menos de 28 horas. Por via de regra, isso acontecia somente na primeira vez ou durante um certo tempo. Na grande maioria dos casos, o paciente acedia com dificuldade à instrução para prosseguir com a experiência e, por vezes, bastava a ocorrência de um ou dois incidentes, revelando a fraqueza que essa "superpotência" dissimulava, para desmascarar uma tendência para a enurese, até então totalmente desconhecida do paciente e cuja descoberta permitia elucidar fragmentos importantes de sua mais recuada infância. Tudo se passava como se as persistentes falhas dos esfíncteres internos da bexiga tivessem sido compensadas pelo aumento da inervação dos esfíncteres auxiliares para só se manifestarem após o esgotamento destes últimos.

Também instruía os propensos à exoneração assídua para que esperassem que a vontade chegasse por si mesma. A resistência assumia então a forma (o que era, aliás, também o caso, por vezes, na experiência urinária) de temores hipocondríacos: o intestino corria o risco de explodir ou a retenção podia provocar hemorroidas e os excrementos não eliminados iam prejudicar o organismo ou até envená-lo; alguns se queixavam também de dores de cabeça, de perda de apetite, de incapacidade de pensar; citavam casos em que uma longa constipação tinha acarretado vômitos, e era muito difícil impedi-los de recorrer ao velho hábito de fazer enemas ou tomar laxantes. Todos esses temores eram, de fato, simples construções fóbicas que barravam o acesso ao erotismo anal e à angústia anal, ambos recalcados. Caso nos recusássemos a ficar impressionados, conseguíamos com frequência entrever com bastante profundidade a vida pulsional recalcada por trás desses traços de caráter. Também aqui havia obstinados que, para me reduzir ao absurdo, retinham suas fezes quatro, cinco, oito dias e até onze dias num caso devidamente certificado. Finalmente, sem dúvida, quando se davam conta de que eu não cederia, esses pacientes produziam um coprólito extremamente duro, seguido de uma evacuação enorme, tudo isso acompanhado de dores intensas, semelhantes as de um parto.

Tal como nos casos uretrais, uma única tentativa bastava geralmente, mas nem sempre, para quebrar a obstinação do paciente. Se déssemos de novo ao paciente a ordem de reter o máximo de tempo possível, isso estava longe de lhe ser tão fácil quanto da primeira vez e acontecia até que essa injunção fizesse desaparecer uma constipação que já durava uma eternidade. Também nesse caso, no momento da evacuação, as proezas dos esfíncteres externos podem, segundo parece, dissimular as fraquezas dos esfíncteres internos[1].

Evidentemente, eu jamais teria prestado tanta atenção a essas duas funções se não tivesse feito a extraordinária observação, com a qual eu fui o primeiro a ficar surpreendido, de que elas permitem descobrir com maior rapidez certas relações, inacessíveis de outro modo, por um lado entre as particularidades de caráter e os sintomas neuróticos, por outro entre suas fontes pulsionais e a pré-história infantil. Aquilo a que se chama "análises de caráter" poderia

---

1. Os que conhecem as minhas observações acerca dos "fenômenos de materialização histérica" (ver o ensaio V deste volume), por vezes bastante surpreendentes, não rejeitarão *a priori* como absurda a ideia de que o inconsciente possa encontrar uma expressão direta na forma e estrutura dos excrementos, possibilidade que Groddeck já tinha indicado mais ou menos seriamente em seu *O explorador de almas*.

mormente exigir essa redução aos interesses eróticos orais, uretrais e anais com a ajuda de procedimentos ativos; como se, neste caso, se tratasse de voltar às fontes pulsionais para comprometer e utilizar de modo diferente a energia pulsional que delas deriva.

Essas experiências relativas à retenção dos excrementos mostraram-se fecundas, além disso, numa direção inesperada, o que veio corroborar a "teoria da anfimixia" da genitalidade, tal como a expus no meu ensaio sobre a teoria da genitalidade[2]. Em alguns casos, impressionou-me a influência incontestável que uma interdição uretral exerce manifestamente sobre a função anal, como se a tendência para a evacuação se tivesse, de algum modo, deslocado da frente para trás; os pacientes evacuavam com maior frequência, quase sempre com flatulências e gases intestinais abundantes. Mas também era possível observar deslocamentos de uma outra ordem, por exemplo, uma influência manifesta sobre o apetite e, sem dúvida, o mais extraordinário e o mais importante, o surgimento de ereções mesmo nos impotentes que não as tinham havia muito tempo. Era imprescindível relacionar esses fenômenos com certas concepções teóricas expostas na minha "teoria da genitalidade" quanto à gênese da genitalidade, e era até impossível não ver aí uma confirmação experimental da concepção apresentada no referido ensaio, a saber, que as funções de retenção e de evacuação da bexiga e do intestino podem apresentar inervações anais e uretrais sob a forma de uma mistura anfimíctica, e que essas tendências encontram-se secundariamente deslocadas para o órgão genital, onde controlam o ato de ejaculação e sua inibição. Além da importância teórica dessa descoberta, pareceu-me deveras importante num plano prático ver-se abrir, graças a essas medidas ativas, a perspectiva de uma reconstrução mais fácil da estrutura pré-genital nos casos de impotência. Aliás, compartilho inteiramente da opinião de Wilhelm Reich[3], segundo o qual todos os casos de neurose, e não apenas os casos de impotência manifesta, são acompanhados de distúrbios mais ou menos importantes da genitalidade, e estou em condições de demonstrar a oportunidade da atividade uretroanal nas mais diversas estruturas neuróticas.

---

2. S. Ferenczi, *Thalassa: ensaio sobre a teoria da genitalidade*, Martins Fontes, 1990.
3. Relatório para o Congresso de Salzburgo, 1924, "A significação terapêutica da libido genital".

À objeção evidente de que na retenção trata-se apenas de uma excitação mecânica dos órgãos genitais muito próximos, posso responder que as ereções não se apresentam somente sob a forma de "rigidez aquosa", ou seja, quando a bexiga está cheia, mas também após a evacuação. Além disso, argumento muito mais convincente, a atitude psíquica do analisando fala a favor da relação que acabamos de descrever. Aqueles cuja "hiperpotência" dissimulava as fraquezas infantis latentes tornavam-se sensivelmente mais modestos, ao passo que os indivíduos que logravam superar uma certa ansiedade no decorrer das tentativas de retenção davam provas de muito maior segurança no plano sexual. Entre outras, tinham a coragem de exprimir associações e lembranças profundamente enterradas e de, na situação de transferência, progredir para um nível que jamais teriam podido atingir antes. De resto, não estou tão certo de que se possa dar uma explicação puramente mecânica do que se designa por "rigidez aquosa" sem recorrer à concepção do deslocamento anfimíctico da inervação.

Estas observações forneceram-me a oportunidade de assistir às condições que regem a educação pré-genital das crianças e de estudá-las em detalhe na "pós-educação" analítica. Descobri que é o receio da *dor* o que constituía, em última instância, a causa tanto da tendência para a evacuação uretral quanto da tendência para a retenção anal; no caso da evacuação da bexiga, é o temor da tensão provocada pela bexiga cheia e, na evacuação fecal, o temor de sofrer durante a passagem das fezes, que dilatam e distendem o reto. *A evacuação implica prazer para a bexiga e desprazer para o reto*[4]. A utilização *erótica* dessas funções exige que se suporte um recrudescimento relativamente importante das tensões em questão. A evacuação da bexiga só proporciona um prazer verdadeiro se a tensão da parede vesical ultrapassa um certo limite. Do mesmo modo, o prazer erótico na defecação, que Freud foi o primeiro a assinalar, só é obtido se o desprazer ou a tensão sentidos antes da defecação atingiram um grau apreciável; aí está um fenômeno geral, visto que, no meu entender, o caráter específico do erotismo consiste num triunfo voluptuoso obtido sobre uma dificuldade orgânica que criamos para nós mesmos[5]. Verifica-se que um bom número de neuró-

---

4. Cf. as observações de D. Forsyth sobre este ponto.
5. Ver *Thalassa: ensaio sobre a teoria da genitalidade*.

ticos são hiperansiosos que se proíbem o prazer do erotismo anal e uretral com medo da dor inevitável a ele associada, e parece que a coragem de enfrentar o erotismo pré-genital seria um fator necessário sem o qual não poderia haver erotismo genital sólido. Na análise, a luta contra os hábitos anais e uretrais repete-se e culmina, desta vez, numa melhor conclusão; esta pressupõe naturalmente a supressão de certas capacidades e hábitos que criavam a ilusão de uma integração bem-sucedida dessa fase educativa.

Entretanto, as consequências fisiológicas dessas experiências de retenção não são os únicos fenômenos importantes, sendo necessário adicionar-lhe o material associativo fornecido nessa ocasião. A identificação da criança com seus pais passa, como se sabe, por uma primeira fase pré-genital. Antes de ousar comparar-se com os pais no plano genital, a criança tenta rivalizar com eles no plano das proezas anais e uretrais, domínio em que, em perfeita concordância com a minha "teoria da genitalidade", os excrementos equivalem a crianças e em que os próprios órgãos de excreção podem desempenhar o papel, ainda indiferenciado no plano sexual, de procriador.

A nossa intervenção ativa, sobretudo no que se refere às fezes, também poderia ser descrita, portanto, da seguinte maneira: fazemos crescer certas tensões até que a dor provocada pela retenção leve a melhor sobre o medo da evacuação; no caso das injunções uretrais, trata-se sobretudo de habituar-se, de certo modo, às tensões da parede vesical, de aprender a suportá-las. A par desses fatores fisiológicos, não se deve desprezar o papel da transferência parental para o médico. As injunções e interdições formuladas pelo médico repetem, de alguma forma, as ordens autoritárias dadas pelos personagens importantes da infância, porém com uma diferença não desprezível: na infância, tudo concorria para privar a criança do prazer, enquanto na análise essa primeira educação excessivamente bem-sucedida é substituída por uma outra que deixa ao erotismo a margem que lhe cabe de direito[6].

---

6. As expressões "injunção" e "interdição" são bastante ambíguas e não dão uma ideia muito exata da maneira como, em meu entender, essas medidas devem ser utilizadas. Eu teria preferido falar de *conselhos* negativos e positivos para mostrar que se trata menos de instruções formais e imperativas, como é habitual na educação das crianças, do que de modos de comportamento que são suportados pelo paciente, de certa forma a título experimental, de acordo com o médico, ou pelo menos

Em relação com a regulação das funções anal e uretral, produz-se geralmente na análise uma reavaliação de certos *traços de caráter* que, como Freud mostrou, são simples produtos de substituição, de fermentação e de sublimação desses dispositivos pulsionais orgânicos. A reativação analítica do erotismo anal faz-se à custa do caráter anal. Os pacientes que eram até então criaturas angustiadas e avaras tornam-se progressivamente mais generosos, e não se trata apenas de suas matérias fecais; o caráter uretral facilmente inflamável, incapaz de suportar uma tensão, mesmo psíquica, sem descarga imediata, adquire maior moderação. De um modo geral, pode-se dizer que essas medidas convencem o paciente de que é capaz de suportar mais desprazer, inclusive de utilizar esse mesmo desprazer a fim de obter um ganho de prazer erótico superior, e essa convicção confere-lhe um certo sentimento de liberdade e de autoconfiança, de que o neurótico está particularmente desprovido; e é necessário esse sentimento de superioridade para que surjam aspirações sexuais mais elevadas, de natureza genital, e finalmente a coragem necessária para reativar o conflito edipiano e superar a angústia de castração.

No término de uma análise bem-sucedida, verifica-se que os sintomas neuróticos relativos à micção e à defecação não se resumem totalmente às tendências para repetir os conflitos de adaptação entre as pulsões ligadas à evacuação e às primeiras exigências sociais. A força traumática verdadeiramente em jogo aqui, como nas neuroses em geral, mostra ser sobretudo a tendência para fugir ao conflito edipiano e, por conseguinte, à genitalidade; as expressões manifestas e latentes dos erotismos oral, uretral, anal e outros que se encontram na neurose são, pois, em geral, secundárias; são formações substitutivas *regressivas* dos fatores propriamente neurógenos, em particular, da angústia de castração.

A identificação anal e uretral com os pais, que assinalamos antes, parece constituir uma espécie de *precursor fisiológico do ideal do ego ou do superego* no psiquismo da criança. Não só a criança estabe-

---

com a firme esperança de que sua utilidade venha a ser finalmente comprovada. Nada está mais distante das intenções do psicanalista do que desempenhar o papel do ditador onipotente ou dar livre curso a uma severidade sádica. Agindo assim, ele recairia na antiga psicoterapia autoritária. É raríssimo fazer o prosseguimento do tratamento depender da aceitação dos nossos conselhos.

lece constantemente comparações entre seus desempenhos nesse domínio e os dos adultos mas forma-se nele uma *moral dos esfíncteres* muito severa, que não se poderia transgredir sem remorsos e escrúpulos intensos. Não se exclui que essa *moral ainda meio fisiológica* seja uma das molas mestras essenciais da moral posterior puramente psíquica; do mesmo modo que a olfação (antes de comer), ato puramente fisiológico, seria – de acordo com a minha hipótese – o protótipo ou o precursor de todas as realizações intelectuais superiores, em que se trata sempre de adiar, de retardar, as satisfações pulsionais (pensar).

É muito possível que tenhamos subestimado consideravelmente, até hoje, a significação biológica e psicológica dos esfíncteres. Sua estrutura anatômica e seu modo de funcionamento parecem torná-los especialmente aptos à produção, acumulação e descarga de tensões; atuam à maneira de eclusas situadas nos pontos de entrada e de saída dos orifícios do corpo e seu grau variável de inervação permite uma variação infinita das sensações de tensão e de distensão na medida em que facilitam ou inibem o afluxo e o refluxo dos conteúdos corporais. Até agora, esses fenômenos têm sido considerados apenas sob o ângulo utilitário, desprezando-se por completo a importância do jogo dos esfíncteres no acesso ao prazer e ao desprazer, sem falar de sua importância propriamente erótica. Pode-se constatar com facilidade o deslocamento de quantidades de inervação de um esfíncter para outro ou vários outros. Um estado de angústia, por exemplo, é frequentemente acompanhado de uma contração acentuada da abertura anal e, conjuntamente, de uma tendência para esvaziar a bexiga. Na histeria, essa contração pode ser deslocada para outros órgãos e constituir o globo da musculatura da garganta, o espasmo da laringe (afonia histérica), a contração do piloro, a formação de esfíncteres atípicos em diversos pontos privilegiados do tubo digestivo. Na histeria, constata-se que a fonte de todos esses espasmos é o medo de uma inervação correspondente dos esfíncteres genitais, o qual pode manifestar-se no homem por distúrbios da potência e na mulher por dores menstruais (contrações uterinas). Essas observações sobre os esfíncteres permitem, por associação de ideias, explicar um grande número de sintomas neurológicos pela angústia de castração ou pela angústia do nascimento (Rank) e pela *angústia do parto*, esta última ainda mal compreendida e subestimada. Para medir a intensidade das flutuações das emoções e sobretudo da angústia, poder-se-ia sugerir à psicologia experimental a *manometria da tensão esfincteriana anal*; a observação da atividade esfincteriana ao nível da boca e da garganta permitiu-nos compreender muito melhor a fisiologia e a patologia da respiração, da fala e do canto, em especial nas suas relações com as emoções (cf. Pfeifer, Forsyth)[7].

Em alguns casos em que os exercícios de retenção foram levados muito além de um certo ponto, os pacientes apresentavam, em geral por ocasião de associações que reativavam vivências infantis, uma intensa angústia e, por vezes, uma incontinência passageira. Pode-se conceber este último sintoma ligado à angústia como uma espécie de *pânico* em que desaparece toda consideração pela "moral dos esfíncteres" e os órgãos retornam ao estágio de autossatisfação infantil primitiva[8].

Já indiquei como o recrudescimento da tensão transbordava dos orifícios genital, uretral e anal para todo o tônus psicofisiológico. Os sonhos de um paciente, durante um período de atividade desse gênero, mostravam com total clareza que espreguiçar-se representava para ele uma espécie de ereção do corpo todo, o que lhe permitia fantasiar inconscientemente um coito com a mãe, assumindo o corpo o lugar de seu pênis insuficientemente erétil.

Essa identificação neurótica do corpo inteiro com os órgãos genitais poderia revestir-se, na minha opinião, de grande importância, tanto no que se refere à patologia das neuroses quanto à das doenças orgânicas. Quando submeti este material de observação à apreciação do dr. Freud, este resumiu em poucas palavras o meu ponto de vista dizendo que os impotentes que carecem de coragem para as relações sexuais realizam o coito com todo o seu corpo em suas fantasias (inconscientes); talvez esteja aí a fonte de toda "fantasia intrauterina".

Gostaria de dar ainda alguns exemplos impressionantes da maneira como a análise pode progredir graças à influência exercida sobre os processos de excreção. Num caso de prurido anal neurótico quase insuportável e seguido de incoercível onanismo anal e re-

---

7. Cf. também os nossos comentários sobre a gagueira (ver *Thalassa: ensaio sobre a teoria da genitalidade*).
8. Cf. o desaparecimento súbito desse controle esfincteriano nos estágios de angústia ou de medo excessivos, no enforcamento, etc.

tal, o sintoma persistia apesar de uma investigação interminável do material associativo. Foi preciso que uma retenção fecal voluntária bastante prolongada e a sensação de tensão que a acompanha suprimissem o caráter de órgão de prazer inconsciente do intestino para que se manifestasse a tendência para deslocar o erotismo para os órgãos genitais. Um outro paciente, incapaz de consumar o ato sexual sem ter antes esvaziado por completo a bexiga (mesmo assim só o conseguia parcialmente), chegou a suportar ereções mais acentuadas e mais prolongadas em consequência de tentativas bem-sucedidas de retenção urinária e, ao mesmo tempo, a registrar consideráveis progressos na compreensão psicanalítica do seu estado. Numerosos pacientes (incluindo homens) apresentam no que se refere às suas fezes um comportamento que expõe de forma interessante o processo de defecação concebido como parto. Num caso em que a defecação, geralmente forçada, propiciava, à custa da genitalidade, sensações voluptuosas acompanhadas de ejaculação, o paciente renunciou a esse sintoma após uma retenção forçada seguida de evacuação dolorosa.

É difícil dizer quando e em que casos essa tentativa pode e deve ser feita. Seja como for, é imprescindível poder fundamentar solidamente a hipótese de uma regressão (ou de uma decomposição) do erotismo genital às suas etapas biológicas anteriores, ou seja, de um deslocamento da ameaça da temida castração, que no início refere-se aos órgãos genitais, para as funções mais anódinas da excreção anal e uretral. As medidas que acabamos de expor têm por objetivo favorecer o deslocamento para os órgãos genitais.

O caso seguinte vai mostrar-nos como quantidades importantes de libido podem estar inconscientemente vinculadas às funções intestinais. Uma paciente tinha crises estranhas que estavam associadas a "sentimentos de eternidade" e no decorrer das quais ela devia manter-se, por algum tempo, livre de toda e qualquer excitação, num estado completo de introversão. Essa "eternidade" representava, de fato, a espera indefinida da evacuação intestinal, a qual foi substituída, após a experiência dolorosa de retenção forçada, por um impulso irresistível a pôr fim a essa "eternidade". Só depois de ter-se permitido esse *orgasmo no estágio anal* é que a paciente pôde ter acesso ao orgasmo genital que lhe tinha sido até então recusado. Um paciente que sofria de uma angústia de castração extraordinariamente intensa tinha o hábito de evacuar um único excremento sólido, por causa do temor de ver suas fezes fragmentadas pelos esfíncteres. Tinha, além disso, a espantosa capacidade de realizar, sem ajuda exterior, de um modo que me é totalmente incompreensível no plano anatômico, uma retração passageira do pênis, cerca de um centímetro atrás da glande; e esse encolhimento produzia-se, em geral, durante a defecação. Quando todo o seu erotismo foi deslocado de novo para o órgão genital, a sua impotência crônica atenuou-se progressivamente e uma duradoura melhora produziu-se a partir do instante em que pôde elucidar o seu complexo de Édipo e superar sua angústia sexual em relação aos pais. Neste caso, como em tantos outros do mesmo gênero, a substância fecal plástica também significava uma criança. Minha aluna V. Kovács, de Budapeste, pôde explicar um tique dos músculos faciais, que datava da infância, pela tendência latente para o onanismo e seu deslocamento para os intestinos; ela conseguiu uma cura duradoura com a ajuda da psicanálise e de certas injunções relativas à defecação.

Todas essas observações tendem a justificar a ideia de que a análise "bioanalítica" da função genital é não só importante no plano teórico mas apropriada para aumentar o nosso poder terapêutico.

Completarei o que acaba de ser dito acrescentando que a atividade pode, em certos casos, envolver tanto as funções de nutrição quanto as de excreção; pode-se descobrir o pano de fundo pulsional dos traços de caráter orais pela renúncia a certos prazeres relativos ao comer e ao beber, tanto de um ponto de vista quantitativo quanto qualitativo, bem como em consequência do consentimento deliberado em modos de fruição e de nutrição evitados antes por idiossincrasia.

II

A análise de certos hábitos sexuais

Em seu relatório para o Congresso de Budapeste[9], Freud declarou expressamente que não se devia interpretar a regra segundo a qual a análise tinha que se desenrolar num estado de frustração, no

---

9. "Wege des psychoanalytischen Therapie", 1918 (*Ges. Schr.*, vol. VI).

sentido de uma abstinência sexual permanente ao longo do tratamento. Gostaria, no entanto, de demonstrar neste capítulo que existem diversas vantagens em não recuar, mesmo diante dessa última consequência. Extrairei o argumento mais convincente a esse respeito de um dos mais recentes trabalhos de Freud[10]; ele mostra-nos aí que só as pulsões sexuais *inibidas quanto à meta* favorecem o vínculo duradouro entre um grupo e uma autoridade, ao passo que a satisfação enfraquece constantemente a força desse vínculo. E penso que o mesmo ocorre no caso do "vínculo coletivo a dois" que se estabelece na situação analítica entre o médico e seu paciente. É ainda Freud quem afirma há muito tempo que uma satisfação sexual regular tornaria a criança ineducável, provavelmente porque, ao permiti-lo, o narcisismo da criança aumentaria de forma desmesurada, o que a tornaria então inacessível a qualquer influência externa. E isso é igualmente válido no que se refere a essa pós-educação que tentamos realizar com a ajuda da psicanálise. O trabalho da educação, assim como o da análise, deve repetir por assim dizer o período de latência (que cheguei até a considerar como que uma réplica das privações que datam dos tempos primitivos, talvez da era glacial) e conduzir a uma solução diferente e melhor. Esse trabalho obriga o médico a assumir o papel do pai ou do pai primitivo[11] e o paciente a mostrar que é suscetível de ser influenciado, ou seja, de regredir, de certo modo, à psique coletiva (Freud). Se, durante a análise, deixa-se a tensão sexual descarregar-se constantemente pela satisfação, ficará impossível realizar as condições que criam a situação psicológica necessária à transferência. Consideradas sob esse ângulo, as injunções e interdições que contrariam o princípio de prazer parecem favorecer mais do que prejudicar a transferência. O analista age sobre os seus pacientes à maneira do déspota que não ama ninguém e a quem todo mundo ama; tal como este, assegura-se do apego do analisando ao interdizer-lhe certos modos de satisfação correntes, e a influência assim adquirida vai servir-lhe para elucidar o material recalcado e, finalmente, para dissolver esse mesmo apego[12].

---

10. *Psicologia de grupo e análise do ego*.
11. É óbvio que o médico também deve, por vezes, desempenhar o papel de mãe.
12. Este último fator faz toda a diferença entre a situação psíquica do analisando e a do adepto de uma seita religiosa, etc., em que a obediência é assegurada através de privações (fome, dor, ascese sexual, supressão do sono).

A necessidade de combinar a análise e ascese sexual não é de ordem puramente especulativa, é a consequência que extraí de experiências decepcionantes em que não recorri a essa ordem de abstinência, ou ainda o caso em que a tentação de transgredir essa prescrição era grande demais. Uma jovem com melancolia aguda a quem eu não ousava, considerando-se o perigo de suicídio, interditar toda relação sexual com o homem a quem estava ligada por uma relação ilegítima, submeteu-se à minha influência enquanto o seu estado psíquico foi suportável, mas não tardou em subtrair-se a ela a fim de voltar para o seu amante, com a análise por terminar. Uma outra jovem veio consultar-me porque amava desesperadamente um médico que praticava com ela certos jogos sexuais mas não respondia à sua ternura. A transferência estabeleceu-se sem dificuldade, mas ela abandonou por várias vezes a análise, em que nenhuma satisfação lhe era oferecida, para ir procurar esse colega pouco escrupuloso. Depois, arrependida, reatava o tratamento, mas toda vez que a resistência aumentava ela recorria a essa escapatória. Por fim, ficou ausente por muito tempo (sem dúvida, sentia vergonha de sua fraqueza) e só voltei a ouvir falar dela no dia em que os jornais noticiaram o seu suicídio. Perdi um caso muito interessante de neurose obsessiva, apesar de uma transferência normal e de progressos regulares, porque não lhe interditara com suficiente energia ceder a um cavalheiro que – detalhe significativo – tinha o mesmo nome que eu. Fiz uma experiência semelhante com uma outra paciente neurótica que se aproveitava das férias de verão para cometer esse gênero de "infidelidade".

Duas conclusões se destacam desta série de observações: em primeiro lugar, a análise tem poucas chances de libertar alguém de uma paixão infeliz enquanto existirem ainda possibilidades de satisfação real da parte do objeto de amor; em segundo lugar, não é bom, de um modo geral, que o paciente possa desfrutar de prazeres sexuais reais durante a análise. Naturalmente, o estado de abstinência sexual é mais fácil de realizar no caso dos celibatários do que no das pessoas casadas: para estas, a única solução é, com frequência, o afastamento provisório da família.

De resto, é precisamente para os neuróticos casados que a regulação das relações sexuais conjugais mostra-se com frequência imperativa. Homens com metade ou três quartos do que seria uma potência normal esforçam-se frequentemente por realizar no casamento proezas sexuais que vão muito além do seu próprio desejo, vingando-se em seguida da esposa com um comportamento mal-humorado ou apresentando e acentuando sintomas neuróticos. De fato, percebe-se repetidamente que os desempenhos desses supostos hiperpotentes apenas compensam um sentimento de fraqueza, mais ou menos à maneira dos hiperpotentes uretrais de quem falei há pouco. Tal disposição de espírito é pouco favorável ao surgimento da transferência e dissimula, ademais, o verdadeiro estado de coisas; por conseguinte, cumpre modificá-la, caso se queira fazer progredir a análise. Tomemos para exemplo o seguinte caso, particularmente típico: um paciente, neurótico desde a infância, foi "curado" de sua impotência antes do casamento graças a tratamentos urológicos. Essa cura consistiu em torná-lo obsessivo e a observância de um interminável número de cerimoniais permitiu-lhe realizar o coito com um membro meio ereto e até fazer dois filhos. A primeira instrução que lhe foi dada durante a análise foi a de abstinência total, o que visivelmente o aliviou; por outro lado, como o seu cerimonial comportava um ato que desempenhava um papel primordial, no caso esvaziar a bexiga antes da penetração, impus-lhe que retivesse a urina; nesse meio-tempo, prosseguia a análise das compulsões e obsessões, não tardando muito em constatar-se a existência de uma relação entre os sintomas obsessivos e as atividades sexuais compulsivas, inconscientemente temidas. A obsessão era aí, uma vez mais, como sempre é segundo Freud, o atenuante da dúvida cuja origem era a habitual angústia de castração. Mais tarde, no decorrer do tratamento, o paciente teve ereções espontâneas mas recebeu a ordem de resistir igualmente a esse impulso, tanto com a esposa quanto com outras mulheres. De fato, tratava-se apenas da extensão ao domínio genital dos exercícios precedentes de retenção uretroanal. De novo a tensão devia superar os limites outrora impostos pela angústia, tendo por consequência um recrudescimento do prazer de agredir, no sentido fisiológico, mas também da coragem psíquica de enfrentar e atacar energicamente as fantasias inconscientes. Assim, essa análise, como tantas outras, poderia ser comparada a uma espécie de *anagogia sexual*.

Tal anagogia não parece, aliás, ser apanágio dos neuróticos; mais de um mau casamento pode ser melhorado dessa maneira, pois nada é mais pernicioso, mais nocivo para um casal, do que simular mais ternura e, sobretudo, mais sentimentos eróticos do que na realidade se alimenta, sem falar da repressão do ódio e de outros sentimentos penosos. Uma explosão de cólera, de tempos em tempos, uma abstinência provisória, podem fazer prodígios quando chega o momento da reconciliação. No domínio sexual, o marido adota muitas vezes uma atitude falsa desde a noite de núpcias, durante a qual sente-se obrigado a demonstrar uma força viril bem superior à realidade a uma jovem totalmente despreparada para tais assédios. Segue-se em geral um arrefecimento erótico após a lua de mel, humor melancólico de um lado e, como um eco, desespero do outro. Esse mal-estar pode, aliás, tornar-se crônico na vida conjugal. O marido começa a sentir o "dever conjugal" como uma coação formal contra a qual sua libido se rebela igualmente por tendências compulsivas para a poligamia. A regra de abstinência pode prestar bons serviços nesse caso. Com efeito, a relação sexual não poderia ser, por sua natureza, um ato de pura vontade ou de rotina mas, antes de tudo, uma espécie de festa no decorrer da qual as energias até então represadas têm a possibilidade de se manifestar sob uma forma arcaica[13]. Por outro lado, a investigação psicanalítica revela a existência, por trás do escasso gosto pelas relações sexuais conjugais, da angústia da relação edipiana cuja fonte é a comparação da esposa com a mãe. Paradoxalmente, portanto, a fidelidade conjugal exige mais potência sexual do que a poligamia mais aventurosa. O desfecho infeliz de tantos casamentos de amor pode-se explicar por uma diminuição da ternura após a satisfação excessiva; os dois esposos veem seus sonhos frustrados e os homens têm até a impressão de que foram pegos na rede do casamento, condenados daí em diante à escravidão sexual.

A hiperatividade sexual-genital acarreta distúrbios físicos e psíquicos, sobretudo os estados depressivos com que a síndrome da *neurastenia* nos familiarizou. A observação e a cura desse sintoma na análise (recorrendo-se, entre outras medidas, à regra de abstinência sexual) permitiram-me, creio eu, aprender muito mais sobre a patologia desse estado, até agora bastante negligenciado pelos psicanalistas. A "descarga inadequada", que Freud considerava ser a causa da neurastenia em seus primeiros trabalhos consagrados ao assunto, demonstra ser, num exame mais amplo, um protesto angustiado por parte do ego corporal e psíquico contra a exploração

---

13. Ver *Thalassa: ensaio sobre a teoria da genitalidade*.

libidinal; considerada sob esse ângulo, a neurastenia assentaria numa *angústia hipocondríaca do ego*; totalmente ao contrário da neurose de angústia, em que a *angústia* provém de uma *libido objetal represada*. Os neurastênicos são, de certo modo, atormentados por "remorsos físicos" no decorrer da masturbação e de outras atividades genitais, incluindo o coito normal; têm a impressão de que obtiveram o orgasmo à custa das funções do ego, *arrancando-lhes* por assim dizer um fruto ainda não maduro, isto é, satisfazendo a tensão sexual antes que ela tenha atingido o seu ponto culminante. Talvez esteja aí uma das fontes do simbolismo da "arrancada" que se associa ao onanismo[14]. O tratamento da neurastenia pode constituir, evidentemente, um puro paliativo (abandono dos modos de satisfação patogênicos). Não obstante, sustenta-se essencialmente na descoberta analítica dos motivos responsáveis pela angústia masturbatória e no triunfo obtido sobre essa angústia no decorrer do tratamento.

W. Reich[15] tem toda a razão em afirmar que é inútil impedir uma satisfação masturbatória até então evitada por angústia. Poderíamos ainda acrescentar que o paciente, após ter aprendido a suportar o onanismo, tem uma segunda etapa a transpor no tratamento: ele deve aprender a suportar as tensões sexuais ainda mais vivas mesmo sem onanismo, ou seja, tolerar um período de abstinência absoluta. É somente nesse estágio que o paciente pode superar totalmente o autoerotismo e encontrar o caminho para os objetos sexuais normais. Na terminologia da nossa ciência, diremos que se deixa crescer a tensão libidinal narcísica a um tal ponto que a descarga deixa de ser sentida como um sacrifício mas representa, pelo contrário, um alívio e uma satisfação.

Outro fato importante que me apareceu por ocasião desse estudo sobre a neurastenia e que praticamente toda neurose e mesmo toda psicose permitem constatar, é que as *poluções* noturnas correspondem, em última instância, a atos e fantasias masturbatórias que são desejados mas prescritos da vida onírica, em virtude de sua incompatibilidade com a consciência, e que se escoram com muita frequência em certas posturas do corpo. O paciente aceita a explica-

---

14. Em alemão, o termo familiar que designa a masturbação significa, no sentido próprio: arrancar de si, desprender de si. (NTF)

15. *Op. cit.*

ção do seu desejo inconsciente de um tal modo de satisfação após uma resistência mais ou menos longa e sob a pressão do material; acaba mesmo por assumir também a responsabilidade por esse modo de autossatisfação, o que acarreta a redução ou o abandono completo deste. Os sonhos de poluição são todos, sem exceção, sonhos de incesto disfarçados, e essa origem incestuosa explica justamente que não possam ser vivenciados como fantasias masturbatórias do estado vígil. Portanto, pode-se considerar um progresso a substituição das poluições por atividades masturbatórias, de fato menos patológicas, e deve-se tolerar sua existência por um certo tempo, antes de impor a abstinência completa.

A *neurose de angústia*, na raiz de toda histeria de angústia, assim como na da maioria das histerias de conversão, também pode ser tratada quer com a ajuda de paliativos, quer de uma forma radical, pois também depende, na realidade, de dois fatores: por um lado, da quantidade de libido acumulada, por outro, da sensibilidade a essas estases libidinais. Como no caso dos dispêndios libidinais excessivos da masturbação, representações e afetos de angústia de natureza hipocondríaca também estão ligados à abstinência. Os neurastênicos consideram seu sêmen a mais preciosa das seivas, cuja perda acarreta toda espécie de doenças gravíssimas, ao passo que os indivíduos com neurose de angústia temem ser envenenados pela libido acumulada ou sucumbir à apoplexia. O tratamento radical consiste, nesse caso, em *adotar e, inclusive, reforçar a regra de abstinência apesar da angústia*, sem deixar de dar prosseguimento, paralelamente, à investigação analítica, bem como ao progressivo domínio da própria angústia e seus reflexos psíquicos.

Quanto aos distúrbios da ejaculação (ejaculação precoce na neurastenia, ejaculação retardada na neurose de angústia), também se trata certamente de distúrbios funcionais dos testículos e de seus esfíncteres no sentido anal e uretral; daí a necessidade, por vezes, de combinar a abstinência genital e a abstinência pré-genital. Um muçulmano versado em erotismo hindu contava-me que podia, assim como os seus congêneres, prosseguir um coito sem ejaculação *ad infinitum* se a mulher exercesse durante o ato sexual uma pressão contínua com os dedos na região do períneo, eliminando-lhe assim a preocupação de ter que controlar os esfíncteres testiculares.

Essas diversas regras de abstinência, como já assinalamos, não tiveram somente por efeito deslocar a inervação reprimida para outras regiões corporais mas fazem-me acompanhar, além disso, de reações psíquicas que permitem desenterrar importante material inconsciente que se mantivera até então escondido. Já falamos da reação de angústia, mas, fenômeno não menos importante, surgem frequentemente impulsos de cólera e de vingança que, dirigidos no início contra o médico, têm suas origens localizadas com facilidade na infância do paciente. E é precisamente essa liberdade de reação que distingue as injunções e proibições utilizadas na pós-educação analítica daquelas que foram administradas na infância e que subsequentemente acarretaram a neurose. Teremos que nos ocupar um pouco mais em detalhe dessa agressividade. Tampouco se deve ignorar o aumento da capacidade de realização psíquica sob a influência da abstinência e, em particular, do abandono das "performances" sexuais, como se a libido economizada fizesse crescer não só o tônus muscular[16] mas, além disso, o do órgão do pensamento, hipótese já sustentada por Schopenhauer. Entretanto, no que tange ao neurótico, a capacidade de realização e de gozo não pode restabelecer-se sem análise; o recrudescimento do tônus só serve, no caso, para revelar o material psíquico recalcado, cujo exame minucioso é a única coisa que pode favorecer a capacidade de realização. Sabemos, desde os trabalhos de Freud, que a ascese e a abstinência absoluta são, tanto uma quanto a outra, impotentes para curar uma neurose na ausência de uma resolução analítica dos conflitos internos[17].

III

Fantasias inconscientes de crime sádico

Nos casos que comportam uma hiperatividade genitossexual em que se recorreu a medidas de frustração uretral, anal e genital, a psicanálise chegou com uma regularidade espantosa à descoberta de poderosos movimentos agressivos, principalmente sob a forma de crime sádico. Esses impulsos manifestavam-se muitas vezes em fantasias sádicas de estrangulamento, de esfaqueamento ou outra

---

16. Os camponeses avisados avaliam a potência dos touros (reprodutores) pela existência ou ausência da tendência para "espreguiçar".
17. S. Freud, *Introduction à la Psychanalyse*.

forma de posse violenta da mulher, atos por vezes impregnados de um matiz jocoso ou lúdico. As associações dos pacientes permitiram-me constatar que essa intenção de matar a mulher, fantasia em geral puramente inconsciente, é sobredeterminada. Em primeiro lugar, é um ato de vingança contra a mulher, a suposta "ladra de sêmen"; por outro, é também uma expressão da angústia de castração, castração que a autoridade paterna ameaça consumar em razão do comércio sexual. Esse componente do crime sádico é, de fato, transferido do homem (o pai) para a mulher (a mãe). Mas nesse caso preciso podemos também interpretar a angústia (no sentido de Rank) como uma angústia inspirada pela vagina materna (*Vagina dentata* = angústia de nascimento). De momento, é impossível dizer se, e em que medida, esta última angústia deve ser concebida como um fator traumático, uma repetição do trauma do nascimento, ou como um meio de exprimir o medo da castração ou do parto; é provável que os dois fatores de angústia desempenhem um papel mais ou menos importante segundo os casos.

Seja como for, após a comunicação muito sutil de S. Pfeifer numa sessão da Sociedade de Psicanálise de Budapeste, na qual ele explicava um sonho necrófilo pela angústia em relação ao coito, fui levado a generalizar e a afirmar que a angústia do coito é, com frequência, o fator que se encontra na base dos impulsos sádicos dos neuróticos. Numerosos neuróticos consideram inconscientemente o coito um ato que, de modo direto ou por suas consequências, coloca em perigo a vida ou o corpo deles, e em particular o órgão genital; portanto, um ato em que o gozo e uma grande angústia encontram-se estreitamente associados. A intenção homicida tem por finalidade, pelo menos em parte, evitar a angústia, tornando de antemão o objeto de amor inofensivo, e isso a fim de poder em seguida gozar com tranquilidade, sem ser perturbado pela angústia de castração. Nessas fantasias de agressão, a mulher é atacada, no começo, com armas externas (faca, punhal, ou certas partes do corpo menos reservadas, sobretudo as mãos no estrangulamento), e só depois o coito é praticado; isso quer dizer que o pênis só serve de arma uma vez que o objeto tenha se tornado inofensivo. A fusão íntima que existe no coito normal entre os movimentos agressivos e libidinais parece desdobrar-se, neste caso, em dois atos distintos. No coito normal dos indivíduos não neuróticos, a tensão interna que incita à descarga prevalece, finalmente, sobre a angústia, embora também neste caso, conforme supus na minha "teoria das catástrofes" onto e filogenéticas do coito[18], seja sempre possível detectar vestígios dessa angústia.

Ao impor a abstinência, obriga-se o neurótico a suportar fortes tensões que acabam vencendo a angústia do coito. Num caso, os sonhos do paciente permitiram-me acompanhar com grande nitidez a transformação progressiva da fantasia de homicídio sádico em coito. Após uma série de sonhos em que a mulher (mãe) era morta, surgiram outros sonhos que figuravam combates violentos com um homem (médico, pai) e culminavam numa poluição. A estes últimos sucederam os sonhos de homossexualidade ativa, ou seja, a castração de homens, e só depois de ter vencido o pai e suprimido assim a fonte do perigo é que o paciente relatou sonhos manifestos de coito com figuras femininas[19].

Aproximarei agora essas observações da minha experiência, a bem dizer bastante escassa, das perversões *masoquistas* manifestas. Ouvi de um jovem muito inteligente, vítima dessa perversão, que o masoquista só encontra prazer num certo grau, variável segundo os indivíduos, de humilhação ou de sofrimento físico, com o qual cada parceiro, homem ou mulher, deve conformar-se expressamente; se a humilhação ou o sofrimento ultrapassa a medida certa, ele arrefece e liberta-se de sua paixão, pelo menos no que se refere a essa pessoa. Dir-se-ia que a necessidade de punição ou, mais geralmente, a *necessidade de sofrer* do masoquista, cujas fontes profundas foram postas em evidência por Freud num de seus últimos trabalhos[20], também deve servir para certos fins práticos, pouco diferentes a esse respeito das minhas próprias experiências que *visam aumentar a capacidade de suportar a dor para além do limiar da angústia*, a fim de estimular a coragem necessária para a consumação do coito. De fato, os masoquistas jamais alcançam esse objetivo: o orgasmo está vinculado, no que lhes diz respeito, ao próprio sofrimento e eles são totalmente incapazes de praticar um coito normal, ou então só depois das sensações dolorosas. As partes do corpo reservadas à experiência dolorosa são quase sempre extragenitais, como se

---

18. Ver *Thalassa: ensaio sobre a teoria da genitalidade*, caps. 5 e 6.
19. Pesquisas sobre esse problema poderiam ajudar a compreender as tendências criminosas para o homicídio sádico e os impulsos homicidas em geral.
20. S. Freud, *Le problème économique du masochisme*.

uma vez mais se tratasse de deslocar a dor e a angústia para outras partes do corpo, a fim de assegurar aos órgãos genitais uma satisfação isenta de dor e de angústia, liberta – de certo modo – da castração. O caso de uma paciente masoquista, cujas fantasias voluptuosas tinham por tema ser agredida nas nádegas, ilustra muito bem esse estado de coisas. Desde sua infância, ela tinha substituído a masturbação genital pelo erotismo anal, e gostava de receber golpes nas nádegas imediatamente após ter defecado. Creio que poderia ter ido mais longe neste caso se tivesse recorrido aos exercícios de retenção anal para favorecer o retorno do erotismo aos órgãos genitais e levar assim a paciente a suportar as fantasias de castração, de nascimento e de parto.

Deste ponto de vista, o homicídio sádico e o prazer masoquista de sofrer teriam por motivo comum a sensibilidade, tanto física quanto psíquica, a dor na região genital e, por conseguinte, a angústia diante da atividade sexual normal. Investigações ulteriores terão que determinar qual é o papel da identificação inconsciente do ego, como um todo, com os órgãos genitais nesse processo[21].

IV

Hábito e sintoma

Tudo o que descrevemos até agora como hábitos uretrais, anais ou sexuais pode igualmente definir-se como sintomas por trás dos quais a análise vai descobrir outros desejos e moções recalcados. Portanto, vou considerar agora uma outra série, aliás muito incompleta, de "hábitos sintomáticos" que não estão diretamente ligados aos órgãos genitais.

O comportamento motor do paciente durante a sessão de análise, a cujo respeito já falei, merece ser observado em mais detalhe. Numerosos pacientes apresentam uma rigidez excessiva de todos os membros que, no momento de se despedirem, pode assumir um aspecto catatônico, sem evocar necessariamente uma esquizofrenia. Com os progressos da análise, a resolução das tensões psíquicas pode ser acompanhada do desaparecimento da tensão física; mas

---

21. Cf. *Thalassa: ensaio sobre a teoria da genitalidade.*

isso nem sempre é suficiente e, por vezes, vemo-nos obrigados a chamar a atenção do paciente para o seu comportamento e desse modo "mobilizá-lo" mais ou menos. Disso resulta geralmente a verbalização de um importante material até então escondido ou inconsciente, com destaque para as tendências hostis e afetuosas que estavam inibidas pela tensão, assim como para as dificuldades relativas à descarga sexual e à ereção. O aperto de mão do paciente torna-se mais franco, suas posturas um pouco mais móveis, e uma atitude psíquica correspondente pode aparecer paralelamente[22]. A nossa atenção já foi atraída há muito tempo, a par desses sintomas relativamente constantes, para certos sintomas "passageiros"[23]. A própria irrupção súbita de um movimento rítmico habitual pode ser interpretada na análise como o sinal de uma operação mental reprimida e como tal ser apresentada ao paciente[24].

Um gesto inabitual durante a sessão também se apresenta, às vezes, como sinal de uma emoção reprimida. Mas os gestos mais significativos do ponto de vista analítico continuam sendo os chamados "maus hábitos" ou as "inconveniências": roer as unhas, esgaravatar o nariz, coçar-se, puxar os pelos do bigode, e assim por diante. Já observei em outros dois ensaios[25] a possibilidade de aí descobrir equivalentes do onanismo. Em todo o caso, seria um erro menosprezá-los e, sempre que a ocasião se apresente, seria bom aconselhar o paciente a abandoná-los, menos para lhe fazer perder um hábito do que na esperança de mobilizar o material inconsciente pelo recrudescimento da tensão interna que daí resulta e de tornar esse material lucrativo no plano analítico. O mais tenaz de todos os sintomas passageiros, o tique convulsivo, escapa à nossa compreensão, bem como à nossa influência, sem o recurso a essa medida.

Conheci o caso particularmente típico de um homem com grave neurose narcísica que, por uma parte, estava obcecado pela ideia

---

22. "A técnica psicanalítica", no vol. II das *Obras completas*.
23. Cf. S. Ferenczi, "Sintomas transitórios no decorrer de uma psicanálise", *Obras completas*, vol. I, p. 213.
24. Parece existir uma certa relação entre a capacidade de relaxamento muscular em geral e a capacidade de praticar a associação livre. Aconteceu-me exigir tal relaxamento a um paciente. Cf. "Pensamento e inervação muscular", *Psicanálise II*, p. 397.
25. Cf. "Reflexões psicanalíticas sobre os tiques" e "Dificuldades técnicas de uma análise de histeria", neste volume.

(imaginária) de que o seu nariz era disforme e, por outra, não parava de fazer, sobretudo quando comovido, caretas e contorções violentas dos músculos faciais. Além disso, tinha um vasto repertório de atitudes e gestos afetados que, em certas ocasiões, era obrigado a respeitar à maneira de um cerimonial obsessivo. A análise desse estado fez um considerável progresso quando lhe proibi formalmente o menor esboço nem sequer do seu tique durante a sessão de análise, depois fora das sessões; o que, a bem dizer, tornou o trabalho analítico extremamente fatigante tanto para o médico quanto para o paciente. Entretanto, tinha sido apontado às tensões internas o caminho que levava à descarga psíquica consciente em vez da descarga reflexa e, poderíamos dizer, simbólica, de sorte que o objetivo e a motivação respectiva de cada movimento tornaram-se compreensíveis. Assim, os esgares representavam uma espécie de técnica estética inconsciente dos músculos do nariz, destinada a devolver ao seu nariz, graças às contrações e aos empuxões, a forma ideal que possuía antes; esse desejo dissimulava-se, portanto, por trás do efeito repulsivo produzido por suas caretas. Os outros maneirismos também faziam parte, inconscientemente, dos cuidados de beleza[26]. A investigação das associações forneceu em seguida recordações da infância, das quais se concluiu que todos os movimentos e atitudes tinham sido outrora consciente e deliberadamente praticados e cultivados, enquanto mais tarde o paciente só com muita dificuldade conseguia atribuir-lhes algum sentido.

Ora, esta última observação está longe de constituir uma exceção; e, para precisar a minha impressão quanto à gênese dos sintomas corporais do histérico e do neurótico em geral, direi que nenhum desses sintomas pode surgir sem que a mesma manifestação sintomática tenha existido antes sob a forma de um "hábito" infantil. Não é por nada que as pessoas que se ocupam da criança combatem esses maus hábitos ameaçando-a, por exemplo, quando ela faz caretas, de que "o seu rosto vai ficar desse jeito". É claro que não vai ficar "desse jeito" na grande maioria das vezes, mas, no caso de conflitos neurógenos, os hábitos infantis reprimidos podem colocar-

---

26. Este exemplo, um entre muitos outros, parece confirmar a minha hipótese quanto à existência de uma relação muito estreita entre o tique e a neurose narcísica. Aqui, como ocorre amiúde, o narcisismo era secundário, um deslocamento regressivo do temido erotismo genital para o corpo inteiro, inclusive para todo o ego psicofísico do paciente.

-se a serviço do recalcado, a título de material sintomático. Quando certos sintomas histéricos se nos impõem como proezas (por exemplo, a inervação isolada – de costume, exclusivamente simétrica – dos músculos do olho ou da laringe, do platisma, movimento da gálea, modificação dos processos da circulação, da respiração ou do peristaltismo intestinal, processos habitualmente involuntários), não devemos esquecer que o organismo da criança dispõe ainda de modos de excitação nos jogos autoeróticos e organoeróticos que se tornaram impossíveis para os adultos. A "educação" não consiste apenas em adquirir novas capacidades mas, tanto quanto isso, em perder essas aptidões "supranormais". A aptidão esquecida (ou recalcada) pode, entretanto, retornar na neurose sob a forma de sintoma[27]. De resto, todos os cerimoniais obsessivos têm pelo menos uma de suas raízes nas atividades e nos jogos infantis. A curiosa afirmação de muitos neuróticos, no final do tratamento, de que teriam simplesmente "simulado" a doença que tanto os fizera sofrer e os tornara incapazes, na prática, de fazer qualquer coisa, tal afirmação seria, portanto, parcialmente exata, no sentido de que produziram sob a forma de sintomas na vida adulta o que outrora, na infância, desejaram e praticaram por brincadeira.

A psicanálise também pode ser considerada um combate permanente contra os *hábitos de pensar*. A associação livre, por exemplo, exige uma atenção constante, tanto da parte do médico quanto do paciente, a fim de impedir que este último recaia no hábito do pensamento orientado. Quando, em contrapartida, se observa que a associação livre serve para evitar associações significativas de natureza penosa, deve-se incitar o paciente a exprimi-las[28]. No polo oposto situam-se os pacientes que, em vez de associar livremente, preenchem a sessão com um caudal monótono de queixumes e de ideias hipocondríacas. Depois de deixá-los proceder assim durante algum tempo, acabei por pedir a esses pacientes que se limitassem, em lugar de repetir seus relatos enfadonhos, a indicar-me com um

---

27. Um neurótico vítima de distúrbios intestinais lembrava-se de ter produzido por brincadeira, quando era criança, setenta traques seguidos, perfeitamente audíveis. Um outro que sofria de distúrbios respiratórios tinha o hábito, entre os três e quatro anos, de pressionar o ventre contra uma esquina da mesa até a emissão de um espasmo expiratório.
28. "Abuso da associação livre", em *A técnica psicanalítica*, em *Obras completas*, vol. II.

gesto combinado se estavam de novo preocupados com a ideia que já nos era familiar. Nessas condições, o caminho confortável da descarga era-lhes barrado e o estado psíquico subjacente tornava-se mais rapidamente acessível. Ao interditar-lhes também, de modo sistemático, "desconversar" (sintoma de Ganser), pode-se tentar levar os pacientes até o fim de pensamentos dolorosos, o que não ocorre sem resistência por parte deles.

V

Metapsicologia dos hábitos em geral

"O hábito é uma segunda natureza", este provérbio forjado pela sabedoria popular resume quase tudo o que sabemos até hoje sobre a psicologia dos hábitos. A teoria segundo a qual é a repetição que abre o caminho da descarga da excitação nada nos diz a mais do que está expresso no provérbio, limitando-se apenas a dizer a mesma coisa numa terminologia fisiológica. A teoria das pulsões, segundo Freud, permite-nos pela primeira vez entrever a motivação psíquica da tendência a repetir por hábito as primeiras experiências vividas; sua "compulsão à repetição" é uma derivação das pulsões de vida e de morte que se esforçam por repor tudo o que existe num estado anterior de equilíbrio. Em todo o caso, a repetição está ligada a uma "economia da despesa psíquica" e, em comparação, a busca de novas vias de descarga representaria um novo modo de adaptação, ou seja, alguma coisa relativamente mais desagradável. Entretanto, a mais recente obra de Freud, *Das Ich und das Es* {*O ego e o id*, 1923], dá uma certa ideia da topografia psíquica dos processos que estão implicados na formação e no desaparecimento dos hábitos; quanto aos aspectos dinâmicos e econômicos desses processos, Freud já os indicava na teoria das pulsões. Em minha opinião, a sua divisão do ego – concebido até então como uma entidade – em ego propriamente dito, superego e id permite definir com maior precisão o lugar do sistema psíquico afetado pela transformação das ações voluntárias em automatismos (formação de hábitos) e, por outro lado, entrever a instância que permite aos automatismos adotarem uma nova orientação ou até mesmo mudarem (perdas de hábitos). O lugar do aparelho psíquico onde podemos supor a acumulação das tendências para o hábito é, sem dúvida, o grande reservatório das pulsões e da libido, o id, ao passo que o ego só intervém no momento em que se faz necessário ocupar-se de um novo estímulo perturbador, ou seja, precisamente quando se trata de um ato de adaptação. Sob esse ângulo, o ego age aqui como um "aparelho de circunstância", na acepção de Bleuler. Toda nova adaptação exige atenção, um trabalho por parte da consciência e das superfícies perceptivas, ao passo que os hábitos são depositados no inconsciente do indivíduo. Adquirir um hábito significa, portanto, entregar ao id um antigo ato (de adaptação) do ego, enquanto, inversamente, eliminar um hábito implica que o ego consciente se apoderou de um modo de descarga antes automático (no id) em vista de um novo uso[29]. É evidente que essa concepção coloca no mesmo plano hábitos e instintos; o que é justificado pelo fato de que os próprios instintos tendem sempre a restabelecer um antigo estado e, nesse sentido, são apenas "hábitos", quer conduzam diretamente à paz da morte, quer cheguem a esse mesmo fim pelo desvio do "suave hábito de ser". De fato, talvez seja preferível não identificar totalmente hábitos e instintos, e conceber antes o hábito como uma espécie de intermediário entre as ações voluntárias e os instintos propriamente ditos, reservando-se o termo instinto apenas para aqueles hábitos muito antigos que não são adquiridos pelo indivíduo mas herdados de ancestrais. Os hábitos seriam, de certo modo, a camada de mutação em que se formam os instintos, o lugar onde ainda hoje se produz a transformação de ações voluntárias num fazer instintivo e cuja investigação é possível. As fontes de uma ação voluntária são atos de percepção, estímulos que encontram a superfície perceptiva do indivíduo, a única que, segundo Freud, controla o acesso à motilidade. Na formação dos hábitos, os *estímulos externos* são, por assim dizer, *introjetados* e agem de dentro para fora, seja espontaneamente, seja com base em ínfimos sinais provenientes do mundo exterior.

Nesse sentido, portanto, a psicanálise, como já dissemos, é um verdadeiro combate contra os hábitos e visa substituir esses métodos habituais e inadequados para resolver conflitos a que chamamos sintomas por uma nova e real adaptação: ela torna-se "o ins-

---

29. O sentimento de uma livre decisão da vontade, de livre-arbítrio, prende-se somente às ações que têm o caráter de realizações do ego e não às reações instintivas e "habituais" de id.

trumento que vai permitir ao ego a conquista progressiva do *id*" (Freud).

O terceiro componente do ego, o superego, tem igualmente funções importantes a preencher nos processos de aquisição e perda de hábitos. É certo que não se conseguiria tão facilmente adquirir ou perder hábitos se não existisse uma identificação prévia com as potências educativas cujo exemplo se erige interiormente em norma de conduta. É inútil voltar a falar aqui sobre as tendências libidinais e os vínculos sociais que estão envolvidos nesse processo. Entretanto, podemos considerar essa maneira de interiorizar a influência externa das autoridades educativas como o modelo da formação de um novo hábito ou de um novo instinto. Sobre este ponto, o problema da formação do instinto tem estreitas relações com o da formação de impressões mnêmicas duradouras no psiquismo e na matéria orgânica em geral; talvez haja vantagem em explicar a formação da lembrança com a ajuda da teoria dos instintos, em vez de exprimir esta última nos termos irredutíveis de *Mnemen*[30].

A psicanálise propõe-se colocar sob o domínio do ego certos componentes do id que se tornaram inconscientes e automáticos, e o ego, em virtude de suas estreitas relações com todas as forças do real, pode abrir caminho a uma nova orientação, em maior conformidade com o princípio de realidade. A ligação entre a consciência e o id inconsciente faz-se na análise "por intermédio de elos intermediários pré-conscientes" (Freud). Entretanto, isso só é possível no que se refere ao material inconsciente de *representações*; os *impulsos internos inconscientes* que "se comportam como o recalcado", ou seja, que não chegam à consciência sob a forma de emoções nem sob a de sentimentos, esses impulsos não podem, por sua parte, chegar à consciência por meio desses elos intermediários pré-

---

30. Tocamos aqui o problema da herança orgânica. "As experiências feitas pelo ego", diz Freud em *Le Moi et le Ça* (p. 208), "parecem inicialmente perdidas do ponto de vista da transmissão hereditária, mas, quando são suficientemente intensas e se repetem de modo suficientemente frequente num grande número de indivíduos pertencentes a gerações sucessivas, elas transformam-se por assim dizer em experiências do id, cujos traços mnêmicos são conservados e mantidos a favor da hereditariedade." As considerações sobre a aquisição de hábitos no decorrer da vida individual mostram-nos, creio eu, um pouco mais claramente o caminho seguido por essa incorporação; a herança de uma qualidade adquirida pelo indivíduo pode em seguida, por indução paralela ou algum outro método, influenciar o plasma germinal e, através dele, as gerações futuras. (Cf., a este respeito, *Thalassa*.)

-conscientes. Por exemplo, as sensações internas e inconscientes de desprazer podem "desenvolver forças motoras sem que o ego se aperceba da coerção que sofreu. Só a resistência a essa coerção, um obstáculo à reação de descarga podem permitir o acesso desse 'algo' à consciência sob a forma de desprazer"[31]. Considerada sob esse prisma, a nossa "atividade" na técnica analítica, a qual justamente, ao criar um obstáculo às reações de descarga (abstinência, privação, interdição de atividades agradáveis, imposição de atividades desagradáveis), aumenta as tensões ligadas às necessidades internas e traz para a consciência o desprazer até então inconsciente, a nossa atividade apresenta-se, portanto, como um complemento necessário da técnica puramente passiva das associações, que parte de uma dada superfície psíquica e busca o investimento pré-consciente do material de representações inconscientes. Poderíamos chamar a esta última "análise pelo alto" para distingui-la da primeira, que gostaria de denominar "análise por baixo". A luta contra os "hábitos", em particular contra os modos larvados e inconscientes de descarga libidinal que, de um modo geral, passam despercebidos, constitui um dos meios mais eficazes de aumentar as tensões internas.

VI

Algumas observações técnicas

O que acabamos de expor permite retomar as nossas tentativas precedentes de estimulação "ativa" da técnica, cujos pressupostos teóricos ainda estavam ausentes, e completá-las aqui e ali ou eventualmente corrigi-las.

Se nossa concepção da dupla direção da análise está correta, surgem logo algumas indagações: Qual é a relação entre os dois métodos? Quando é que a "análise por baixo" deve intervir e por quanto tempo deve prosseguir? Não podemos responder de maneira precisa a essas questões e, por conseguinte, a análise pelo alto, tanto no que se refere à clareza científica quanto à precisão das regras técnicas, merece sempre ser qualificada de clássica. Entretanto, creio ter pelo menos mostrado, sobretudo com os meus exemplos de in-

---

31. S. Freud, "Le Moi et le Ça", em *Essais de Psychanalyse*, Payot, p. 190.

fluência uretroanal e genital exercida sobre os analisandos, a maneira como a técnica ativa pode secundar a técnica não ativa, e a nossa breve discussão teórica contribuiu um pouco, penso eu, para tornar compreensível essa ação. Gostaria de completar agora a minha exposição com alguns comentários que se me impuseram no decorrer da minha prática analítica.

Enquanto as tensões internas existentes forem suficientes para produzir o material necessário ao prosseguimento da análise, não há por que se preocupar em aumentar artificialmente a tensão, e toda a nossa atenção pode concentrar-se no exame analítico do material fornecido de maneira espontânea. As grandes linhas desse trabalho foram expostas nas obras técnicas de Freud. Entretanto, quando o paciente se instala confortavelmente, por assim dizer, numa certa etapa do processo analítico, não se pode prescindir de uma certa "atividade", e esta tem chances de acarretar a retomada da livre produção de associações espontâneas. Inúmeras análises são notavelmente estimuladas por essa alternância de períodos emocionais e intelectuais; cumpre recorrer, uma vez mais, à comparação da perfuração de um túnel, com a diferença de que, no nosso caso, somos muitas vezes obrigados a trabalhar alternativamente numa extremidade ou na outra. Segundo a regra fundamental da atividade (a frustração), não se deve aceitar sem mais nem menos as ideias emitidas pelo próprio paciente. Pondo de lado o fato de que a nossa primeira resposta será, bem entendido, perguntar-lhe (indagação clássica) como é que a ideia em questão lhe acudiu ao espírito, será conveniente aconselhar o paciente a abster-se de realizar de imediato o seu projeto, até mesmo a fazer o contrário. Agindo assim, há maiores probabilidades de descobrir a motivação psíquica do que se deixarmos o paciente seguir por rotina o caminho mais cômodo para ele. Isso é sobremaneira evidente quando, por exemplo, o paciente gostaria de provocar um conflito na situação analítica, tal como conseguiu muitas vezes fazer em sua vida cotidiana, e em vez disso vê-se tratado pelo médico com total indulgência. Nesse caso, a frustração consiste em dificultar para o paciente, em virtude da indulgência que encontra, a descarga de certos afetos. Ao contrário, certas naturezas sensíveis que foram muito mimadas e procuram por todos os meios atrair a benevolência do médico precisam ser tratadas com uma certa severidade ou, pelo menos, com fria objetividade. É necessário, bem entendido, que o paciente esteja solidamente ligado à análise para se poder praticar esse tratamento "a contrapelo".

Regra geral, seria conveniente, no início da análise e durante um certo tempo, manter uma posição de observador e estudar o comportamento do paciente em seu ambiente habitual, nas diversas situações de sua vida cotidiana. Depois, progressivamente, começar-se-á a dar interpretações e explicações analíticas ao paciente, e só mais tarde poder-se-á ser levado a prescrever, por vezes, certas regras de conduta, com o propósito de estimular o trabalho analítico. Trata-se, em primeiro lugar, de exercer uma influência sobre a relação do paciente com os seus familiares, seus amigos, seus colegas e superiores; depois, dar-lhe certos conselhos quanto aos seus diversos hábitos pessoais e ao seu modo de vida, domínio em que se deverá chamar-lhe a atenção para os menores detalhes de seus hábitos no tocante à maneira de alimentar-se, de dormir, de se vestir e despir, e sobretudo seus modos de satisfação física. Por vezes, é necessário suspender provisoriamente as leituras apaixonadas ou os prazeres artísticos de certos pacientes. Em outros casos, deve-se tomar a resolução de afastar o paciente de seu meio habitual por um tempo mais ou menos longo, ainda que seja preferível terminar a análise no meio habitual, onde a capacidade de adaptação adquirida pelo tratamento acabará por prevalecer. Do mesmo modo, pode ser útil enviar pessoas que iniciaram a análise a uma certa distância do seu local de residência a passar uma temporada em casa; nesse caso, para ver como reagem ao seu antigo meio ambiente com a psique que têm agora.

O mais difícil em todos os casos continua sendo o domínio técnico da transferência, em torno do qual se joga, como se sabe, o combate decisivo entre o médico e o paciente ou, melhor dizendo, entre a saúde e a doença. O médico deve, a esse respeito, opor uma paciência infinita à crescente impaciência do paciente; nesse caso, a paciência passiva tem o valor de uma intervenção ativa deveras eficaz[32]. Por exemplo, no caso de uma violenta transferência amorosa, quando o paciente responde com uma frieza glacial à reserva objetiva do médico, são necessárias às vezes semanas, quando não um mês ou dois, de dura "perlaboração" antes de se conseguir mostrar ao paciente a persistência dos sentimentos positivos em seu in-

---

32. S. Ferenczi, "A técnica analítica", O.C., vol. II.

consciente, apesar da ausência de resposta por parte do médico. O reconhecimento dessa situação representa frequentemente um substancial progresso da análise, ao mesmo tempo que uma evolução do caráter do paciente que, num certo momento de sua infância, tinha adotado uma atitude de raiva e birra; essa experiência vivida na análise pode facilitar a emergência e a reconstrução das lembranças de infância correspondentes[33].

Que atitude adotar em face da ternura impulsiva do paciente? Uma vez mais, a regra da frustração pode ajudar-nos a superar essa dificuldade, não das menores. Enquanto o paciente se mantiver num estado de resistência, devemos, como acaba de ser dito, chamar sua atenção para as moções inconscientes de ternura; com efeito, estes requerem um certo tempo antes de se afirmarem plenamente. Não é aconselhável, como ocorre tantas vezes nos métodos de tratamento baseados na simples sugestão ou na hipnose, responder simplesmente aos desejos de ternura e de adulação manifestados pelos pacientes; o amor de transferência só pode ser unilateral. A partir do instante em que as moções afetivas recalcadas até então assumiram a forma de desejos ou mesmo de compulsões, é imprescindível fazer a frustração intervir de novo.

Tudo o que designei sob o termo de "atividade" refere-se aos atos e ao comportamento do paciente; só ele, por conseguinte, pode ser "ativo", não o médico. Entretanto, há sem dúvida alguns casos excepcionais em que se deve recorrer aos meios educativos tradicionais: a severidade e a benevolência. De um modo bastante curioso, isto se dá mais frequentemente com os psicopatas e os psicóticos autênticos do que no caso de neuroses verdadeiras; também mais frequentemente com aqueles que não estão em tratamento por causa de sintomas neuróticos ou psicóticos mas por distúrbios de caráter, e o mesmo ocorre ainda na análise das chamadas pessoas normais. As análises de caráter podem ser quase tão difíceis quanto as análises de psicoses, pois os traços de caráter com os quais o ego sente-se de acordo são, de fato, como sintomas cujo caráter patológico o paciente não apreende e cujo tratamento sempre põe em questão o narcisismo do paciente. *Os traços de caráter são, de certa maneira, "psicoses privadas"* e é por isso, tão paradoxalmente, que as

---

33. Cf. Ferenczi e Rank, "Perspectivas da psicanálise" (neste volume), "A repetição do amor edipiano insatisfeito na situação analítica".

pessoas normais são mais difíceis de "curar" pela psicanálise do que os indivíduos vítimas, por exemplo, de uma neurose de transferência. No caso de um psicopata narcísico que sofria de uma tendência para a rigidez catatônica e para o mutismo, a tensão cessou quando lhe permiti que me desse um tapa. Penso ter assim prevenido a ocorrência de um ato impulsivo, talvez perigoso. Um paciente psicopata, que lutava contra pavorosas crises de angústia, teve por fim que se resolver a deixar-me examinar clinicamente os seus órgãos genitais, os quais tinham permanecido infantis, o que dissipou sua angústia.

Podemos igualmente descrever o curso da análise na terminologia da análise do ego: por vias associativas ou por recrudescimento da tensão, ora moções recalcadas do id desenvolvem-se por completo apesar das resistências do ego, ora aspirações demasiado intensas e intempestivas do id (com frequência são justamente as moções que aparecem primeiro) jamais conseguem descarregar-se em consequência da mobilização das poderosas forças do ego. Espera-se o desenvolvimento de *uma personalidade de pulsões fortes mas que possua também o poder de controlá-las*. O caso ideal de um indivíduo bem-educado ou bem-analisado seria o de uma pessoa que não recalcaria suas paixões sem que por isso se visse obrigado a ser delas escravo. Quanto a saber em que formas de neurose é indicado o método de recrudescimento da tensão ou de luta contra os hábitos, não estou em condições de fornecer uma regra geral. Na histeria, esse gênero de emoções e de sintomas de excitação física surge tão espontaneamente que não há a necessidade de provocá-las de modo artificial; mas também aí certas medidas apropriadas podem apressar o deslocamento da excitação para os órgãos genitais. Na neurose obsessiva, o paciente esforça-se, como é seu hábito, para deslocar a análise inteira para um plano intelectual, e abusa da associação colocando-a a serviço de ruminações compulsivas. Nenhum tratamento de obsessivo pode terminar enquanto não se tiver conseguido (em geral com a ajuda de medidas ativas) deslocar o conflito para o terreno afetivo, ou seja, tornar o obsessivo provisoriamente histérico. Num caso próximo da esquizofrenia com alucinações visuais, a análise produziu inicialmente uma modificação do quadro clínico, de tal modo que uma mania da dúvida veio substituir os sintomas parafrênicos. Juntamente com os progressos do tratamento surgiram sucessivamente sintomas de conversão histérica, depois de histeria de angústia (fobias típicas), e nesse momento, pela primeira vez, as bases libidinais da doença tornaram-se acessíveis à análise. Tudo se passava como se a doença recuasse passo a passo diante da reorganização analítica mas não sem se deter em cada ponto de fixação e opor à terapia uma resistência nova no lugar recém-conquistado. Essas observações e muitas outras do mesmo gênero convenceram-me de que a "análise por baixo" não é somente um auxiliar da técnica analítica; a nossa teoria também pode tirar proveito dela. Com frequência, ela torna transparente a estrutura da neurose e dá uma ideia do que eu de bom grado chamaria de *flutuações na escolha da neurose*.

VII

A desabituação da análise

Ensinou-nos Freud que, no decurso do tratamento, a própria psicanálise converte-se num hábito, até mesmo o sintoma de um estado ou de uma espécie de neurose que decorre de um tratamento. Quanto à natureza desse tratamento, falou-se muito pouco até o presente momento. Abandonada a si mesma, essa "doença" parece curar-se muito lentamente. Quando as condições externas não o incitam fortemente, o paciente não tem nenhuma razão para pôr fim à situação de analisando, que lhe convém sob muitos aspectos. Com efeito, como já vimos, apesar da circunstância desse tratamento consistir numa série de renúncias, frustrações, injunções e interdições, ele oferece ao paciente, não obstante, com a situação transferencial, uma reedição de sua infância feliz, na verdade, uma reedição ainda mais vantajosa. A análise penetra na vida afetiva e psíquica do paciente com muito mais delicadeza, benevolência e, sobretudo, compreensão, algo que não era possível durante a primeira educação. Talvez seja essa a razão pela qual Freud, num caso que comunicou em detalhe[34], fixou um *prazo* ao paciente para o término da análise. Essa medida ativa muito enérgica provocou uma reação de extrema violência e contribuiu largamente para a solução da história infantil do paciente, a qual era de extrema complexidade. Na opi-

---

34. "História de uma neurose infantil: o homem dos lobos".

nião de Rank, da qual compartilho, esse "período de desabituação" é um dos mais importantes e dos mais significativos de todo o tratamento[35]. Posso repetir aqui, uma vez mais, que os resultados a creditar a esse expediente terapêutico, se for utilizado de forma adequada, são extraordinários. Para caracterizar a diferença que existe entre esse modo de desabituação e a minha antiga prática, recorri à comparação que Freud efetuou entre a análise e o jogo de xadrez. Antes, eu esperava que o paciente abandonasse o jogo por considerá-lo perdido. Ataques e réplicas repetiam-se até que um evento exterior qualquer permitia ao paciente enfrentar com mais facilidade o mundo externo. Em contrapartida, a fixação de um prazo concebe-se como uma ruptura definitiva, uma espécie de xeque-mate do qual o paciente não tem escapatória depois que a análise lhe barrou todos os caminhos de retirada, exceto o da saúde.

Tudo isso seria muito satisfatório se não surgisse logo uma série de questões difíceis, às quais é preciso responder antes que se possa fazer da fixação de um prazo um método válido para todos os casos. Existem sinais seguros de que o paciente está maduro para a separação e, na afirmativa, quais são eles? O que se deve fazer quando o analista se equivoca e o paciente, em vez de recuperar a saúde no momento da separação, envereda por um caminho de retirada que passara despercebido e que leva à neurose? A fixação de um prazo é uma regra efetivamente válida em todos os casos sem exceção?

Já a resposta à primeira destas perguntas está longe de ser satisfatória. Apenas se pode dizer que o médico deve evidentemente ter apreendido, em primeiro lugar, a estrutura do caso e organizado os sintomas numa entidade inteligível. Quanto ao paciente, também já deve ter elaborado essas relações no plano intelectual e podido convencer-se, sem ser ainda molestado pelas resistências da transferência. Entre os sinais sutis de cura, podemos citar as declarações (já mencionadas) do paciente, que afirma jamais ter estado realmente doente, ter simulado sempre, e assim por diante. Se tomamos ao pé da letra essas afirmações e lhe dizemos amigavelmente que a análise já está por poucas semanas mais, o paciente ficará naturalmente amedrontado e dirá que tudo o que disse não passou de um gracejo. Apresentará até, na medida do possível, uma leve recidiva de seus sintomas. Se não nos deixarmos desconcertar e man-

---

35. Ferenczi e Rank, "Perspectivas da psicanálise", neste volume.

tivermos o prazo fixado, acontece com frequência, ainda que nem sempre seja esse o caso, que a tentativa de separação culmine no resultado esperado.

Conforme dissemos, não se exclui a possibilidade de um erro quanto à oportunidade de separação, correndo-se o risco de consequências sobremaneira desagradáveis. Em primeiro lugar, há o risco de perder a confiança do paciente, e se, ulteriormente, se fixa um novo prazo para o término da análise, a sua reação pode ser perturbada. Não nos resta outra coisa senão reconhecer o nosso erro, pois não temos, nós, analistas, que nos preocupar especialmente em salvaguardar a nossa infalibilidade médica. Escapamos à necessidade de fixar um prazo e às dificuldades que disto advêm nos casos em que esse prazo é imposto por circunstâncias exteriores e não pelo analista. Entretanto, não nos preocuparemos, tanto quanto possível, com as condições exteriores, e estas não nos imporão o fim da análise na medida em que a importância que lhes é dada pelo paciente é, frequentemente, obra da resistência. Não se deve, em nenhum caso, fixar um prazo quando o próprio paciente o *exige*; a impaciência dele nos dará, pelo contrário, uma boa razão para perseverar com paciência. Sem dúvida, teremos que lidar cada vez mais com esse tipo de demanda, quando a existência da regra de separação tiver se propagado em círculos mais amplos, e essa regra constituir então, cada vez mais, um modo de resistência[36].

Em certos casos, ocorre que se deixa entrever a possibilidade de um final próximo, antes de se fixar propriamente um prazo. Isso basta, por vezes, para provocar reações violentas que podem atenuar a reação do paciente quando se lhe der em seguida uma data precisa; portanto, uma espécie de separação em dois tempos (na maioria das vezes, algumas semanas são o bastante, mas há casos em que foram necessários dois ou três meses).

Se considerar objetivamente o conjunto de experiências que realizei desde o outono de 1922, apoiando-me na fixação de um prazo, cumpre-me constatar, uma vez mais, como essa medida constitui com frequência um meio eficaz para ativar a separação entre o paciente e o seu médico; quanto à sua utilização sistemática, tal como já o tentei com Rank, tenho que reconsiderá-la. Aconteceu-

---

36. Não se deve negligenciar essa forma de resistência nas análises didáticas, em que o analisando é levado, na maioria das vezes, a conhecer todos os procedimenos técnicos.

-me por diversas vezes ter de reatar o tratamento de um paciente – que já estava parcialmente curado – a fim de averiguar certos elementos que tinham ficado em suspenso. Nesses casos, evidentemente, abstive-me de fixar um prazo e *esperava que o paciente perdesse toda a esperança de satisfações reais na situação analítica e que o atrativo da realidade exterior levasse a melhor sobre a transferência, agora desprovida de interesse.*

Perto do final do tratamento e mesmo já a meio dele, assiste-se frequentemente ao surgimento de sonhos e de sintomas passageiros de fragmentação que devem ser interpretados como fantasias de nascimento, no sentido que Rank lhes deu em *O trauma do nascimento.* Sublinha Rank que o fato de reviver, de certo modo, o nascimento na transferência ajuda consideravelmente a análise no plano técnico; pude entrever essa explicação sem chegar a verificar de maneira precisa sua correção porque as comunicações de Rank oferecem pouquíssimas facilidades de acesso. Seja como for, Rank tem o mérito de haver mostrado a existência de fantasias inconscientes relativas ao *nascimento,* que merecem a nossa atenção, tanto quanto a fantasia do *retorno ao seio materno.* Outras investigações decidirão se se trata, como pensa Rank, de simples reminiscências do "trauma do nascimento" ou antes, como eu creio, de uma *regressão fantasística do conflito edipiano a uma experiência do nascimento superada com êxito; portanto, uma experiência em que o desprazer é relativamente pouco acentuado.*

Enfim, no que se refere a esse problema do fim do tratamento, devemos lembrar a advertência de Freud: como analistas, não se pode ter a ambição de impor aos pacientes os nossos próprios ideais. Portanto, caso se constate que o ego do paciente é capaz de adaptar suas paixões (o id) às exigências do seu superego e às necessidades da realidade, é chegado o momento de torná-lo independente e de abandonar sua educação ao destino.

O autor está consciente de ter sublinhado de modo unilateral a importância do princípio da frustração do desejo enquanto meio de aumentar a tensão interna e de ter, em compensação, quase negligenciado por completo o princípio de *realização do desejo.* Contudo, é inegável a existência de casos em que o analista é obrigado a recorrer a esse modo de influência psíquica, outrora utilizado correntemente em medicina. A mais importante medida de "realização do desejo" é, em minha opinião, a retirada provisória ou definitiva de certas instruções regidas pela frustração.

XLIV

Charcot

A França festeja este ano o centenário do nascimento de Charcot, esse grande neurologista que cumpre considerar como um dos fundadores da nossa especialidade. Mostrar-se-á certamente nos meios competentes o grande mérito que cabe a Charcot enquanto especialista em numerosas afecções do cérebro e da medula espinhal, médico eminente, professor e filantropo. Por nossa parte, limitar-nos-emos a realçar a importância de Charcot para a história da psicanálise, e pensamos que a melhor maneira de honrar sua memória é fazê-lo com toda a objetividade. O nosso reconhecimento para com Charcot, por tudo o que nos deu, não será menor se deixarmos parcialmente de lado o que a tendência mitologizante de admiradores entusiastas põe a crédito do seu impulso.

Sem dúvida, Charcot foi quem criou a *teoria das neuroses*; foi, com efeito, o primeiro a tentar isolar certos tipos clínicos do grupo extremamente difuso das "neuroses" e mesmo a já ter abordado o difícil problema da etiologia para além da mera descrição dos quadros clínicos. Seus começos na anatomia patológica fizeram-no ligar-se incessantemente ao fator orgânico, ao aspecto anatômico e fisiológico, em detrimento do psicológico. Se dava provas de uma certa compreensão psicológica a respeito de seus pacientes, era muito mais como mestre em sua especialidade, um conhecedor intuitivo do homem, do que com base em uma investigação psicológica. Embora atribuísse na maioria das vezes as neuroses a choques físicos e colocasse estes, não sem excesso em alguns casos, no primeiro plano à custa das causas psíquicas, aconteceu-lhe dar indicações sobre o problema das neuroses que permanecerão para sempre válidas e cuja exatidão foi depois demonstrada pela psicanálise de forma brilhante.

Charcot dizia aos seus alunos, apresentando um caso de paralisia histérica: "Esta paralisia é causada pela imaginação mas não é imaginada." Uma outra vez exprimiu-se assim: "Sim, em patologia o determinismo reina por toda a parte, mesmo no domínio da histeria." Por parte de um homem capaz de tais traços de gênio, seria lícito esperar a mais viva curiosidade em relação à psicologia das neuroses. Mas ficou nesses pressentimentos e seu preconceito quanto à importância capital da hereditariedade fê-lo negligenciar quase por completo a vivência individual na cadeia das causas.

Os assistentes de Charcot, que por reconhecimento conservaram para a posteridade o teor de suas conversas livres, dão-nos uma imagem exata de seus trabalhos e mostram o mestre realizando grandes esforços para compreender as neuroses. No acervo de ideias notáveis que deixou a seus alunos, podemos citar apenas alguns exemplos. Foi com uma segurança magistral que ele descobriu o caráter constitucional anormal subjacente no sintoma do *tique convulsivo*, puramente motor na aparência; Charcot também foi o primeiro a destacar a importância psiquiátrica desse distúrbio ou, pelo menos, a levantar a suspeita de sua natureza psicológica. Assim definiria o sintoma da coprolalia como o elo entre o tique e os distúrbios psíquicos. Entretanto, em seu diagnóstico da "doença dos tiques" ele ainda confunde uma grande parte do que a psicanálise qualifica de neurose obsessiva e trata como doença *sui generis*.

A presença regular de estados de fraqueza sexual e de poluções muito frequentes na *neurastenia* não podia escapar à sua observação segura e honesta; e, segundo uma lembrança pessoal do prof. Freud, Charcot chegou a estabelecer a vinculação entre a histeria e os distúrbios da vida sexual. Isso não o impedia, porém, de repetir com frequência em suas aulas: "Mas isso não é um fenômeno essencial." O "estigma ovariano" ou "testicular" dos histéricos que Charcot reconhecia sempre nos casos de neurose é, aliás, uma outra prova de que ele estava na pista da relação entre as neuroses e a sexualidade.

Charcot examinava muito minuciosamente os casos de neuroses que lhe eram apresentados e é a ele que devemos um diagnóstico diferencial mais refinado entre doenças nervosas orgânicas, funcionais e mistas.

No que se refere à etiologia, ele procurava os fatos físicos traumáticos com laboriosa minúcia e atribuía a mesma importância a um único e violento choque e aos pequenos traumatismos frequentemente repetidos que, supunha ele, são suscetíveis de se acumular até produzir o efeito. Assim, Charcot atribuiu uma paralisia histérica do braço num infeliz que consertava sapatos de criança ao fato de que a repetida perfuração do couro pela sovela infligia, por uma espécie de contragolpe, um abalo contínuo no braço do paciente.

Em compensação, um outro caso suscitou-lhe embaraçosas indagações. Uma mulher tinha sido vítima de paralisia histérica do braço imediatamente depois de ter esbofeteado seu próprio filho, e Charcot tinha dificuldade em compreender por que esse choque único e pouco violento, que teria sido mais adequado para provocar uma histeria no garoto, tinha atingido a mãe que infligira o tapa. Com efeito, Charcot estava longe de procurar as causas no domínio moral, como em nossos dias fazemos correntemente em psicanálise. Quando os pais de pacientes chamavam sua atenção para os choques psíquicos que podiam explicar o surgimento de uma histeria, Charcot ficava frequentemente colérico. Por exemplo, no seguinte diálogo com a mãe de uma criança histérica:

A mãe: "Tudo isso vem de que lhe meteram medo."

Charcot: "Não lhe perguntei isso. É sempre a mesma coisa. Parece haver em todos os pais um instinto que os empurra a pôr esses fatos singulares na conta de uma causa fortuita, a subtrair-se assim à ideia da fatalidade hereditária."

Havia casos, porém, que deixavam Charcot pensativo. Foi, por exemplo, o caso de uma criança neurótica que sofria de epilepsia histérica e de visões aterradoras: "Talvez haja uma história por trás disso", dizia ele. Mas, em vez de seguir essa intuição, perguntava à mãe: "Conhece na família outras pessoas que tenham tido doenças nervosas, problemas de cabeça?" A mãe: "Não, doutor, não conheço." Charcot: "Eis o caminho interrompido para a investigação." Para ele, portanto, o caminho que permitia explorar a etiologia da neurose estava barrado se a investigação não fornecesse algum fator hereditário.

Não se está perto de esquecer os esforços de Charcot no sentido de dar substância a um *mecanismo cerebral* suscetível de explicar a formação do sintoma histérico. Estava convencido de que "se deve ir até o córtex para encontrar o órgão que permite semelhante organização dos sintomas", e qualificava igualmente a histeria de "lesão cortical puramente dinâmica". A identidade que ele comprovou depois entre a formação do sintoma histérico e a do sintoma hipnótico levou-o a apresentar uma explicação *quase* psicológica da histeria. Supôs a existência nos histéricos de um estado peculiar do córtex que propicia – quando de um choque externo – a produção autossugestiva de sintomas, consequência do "enfraquecimento do eu". "A ideia (provocada pelo choque) realiza-se (em resultado desse enfraquecimento) sem encontrar resistência."

Podemos considerar essa concepção o ponto de partida de todos os desenvolvimentos ulteriores de que a teoria da histeria será objeto. Janet recorreu a esse "fator de fraqueza" e investigou os sinais de declínio do nível mental na histeria. Babinski apoderou-se do fator de *autossugestão*, deu a essa histeria o nome de "pitiatismo" (compulsão para obedecer) e deixou praticamente de acreditar na "autenticidade" do sintoma histérico.

Breuer tentou em seguida, aparentemente encorajado pelas experiências de Charcot, explorar a histeria com a ajuda da hiperamnésia hipnótica, e lançou assim os alicerces sobre os quais se ergue hoje o edifício da psicanálise. Sem as investigações de Charcot sobre a histeria, Breuer jamais teria tido, sem dúvida, a ideia de interrogar sob hipnose a sua paciente Anna a respeito de suas lembranças antigas (e esquecidas). A teoria de Breuer sobre a histeria ainda fala, como Charcot, de um estado "hipnoide" sem o qual não existiriam sintomas histéricos. Freud foi o primeiro a abandonar por completo a hipnose, tanto no plano teórico quanto no clínico. Foi Freud quem deslocou o fator traumático e, com isso, toda a etiologia da histeria, para a esfera psíquica e elaborou praticamente desde o início uma "metapsicologia" no lugar de uma explicação anatomofisiológica qualquer.

Tudo o que se seguiu Freud o elaborou a partir da descoberta de Breuer, e obteve resultados que se opõem, em parte, às concepções de Charcot, sobretudo no que se refere à importância da vivência individual na etiologia das neuroses. Portanto, é somente como neurologista que Freud foi um aluno de Charcot, e não como psicanalista. É também nessa mesma medida que a psicanálise compartilha do eterno reconhecimento que a ciência devota a Charcot.

XLV

Contraindicações da técnica ativa

A chamada técnica ativa, da qual expus o essencial no Congresso de Haia da nossa Associação[1] e ilustrei com exemplos em trabalhos posteriores[2], recebeu dos meus colegas uma acolhida ora bastante crítica, ora um pouco amistosa demais. Alguns críticos se julgaram na obrigação de proteger a psicanálise das minhas inovações afirmando que, na medida em que eram aceitáveis, nada traziam de novo e, na medida em que ultrapassavam os limites dos conhecimentos bem estabelecidos, eram perigosas e, por conseguinte, deviam ser rejeitadas. Como veem, os argumentos são os mesmos que pretendiam justificar o incêndio da biblioteca de Alexandria.

As críticas, no entanto, foram-me menos desagradáveis do que os excessivos louvores de alguns jovens psicanalistas que quiseram ver na atividade a aurora de uma espécie de liberdade psicanalítica em que manifestamente se tratava, para eles, de nada menos do que suprimir a necessidade de seguir o rude caminho da teoria psicanalítica, cada vez mais complexa; uma corajosa espadeirada ativa podia cortar de um só golpe todos os nós terapêuticos mais emaranhados. Como estou agora em condições de reconsiderar uma experiência de vários anos, creio que o melhor seria renunciar à discussão, quase sempre estéril, com supostos adversários e, sem me preocupar mais com o entusiasmo intempestivo de certos adeptos,

---

1. "Prolongamentos da 'técnica ativa' em psicanálise" (1921), neste volume.
2. "As fantasias provocadas" (1924), neste volume.

proceder ao meu próprio julgamento, indicando os pontos fracos da técnica ativa.

A primeira objeção, talvez a mais fundamental, que se poderá levantar contra as minhas formulações é de ordem teórica. Ela diz respeito, essencialmente, a um pecado de omissão. Para não estragar a alegria que me causou a minha descoberta com problemas psicológicos difíceis e por isso mesmo inoportunos, é manifesto que evitei até agora em meus escritos aprofundar a relação entre o aumento da tensão provocado por artifícios técnicos, por uma parte, e a transferência e a resistência, por outra[3]. Gostaria agora de reparar, tanto quanto possível, essa omissão e estabelecer, desta vez de forma inequívoca, que a atividade, na medida em que se propõe aumentar a tensão psíquica – mediante recusas, injunções e interdições desagradáveis – a fim de obter um material novo, vai exacerbar inevitavelmente a *resistência* do paciente, ou seja, incitar o ego do paciente a opor-se ao analista. Isso vale sobretudo para os hábitos e os traços de caráter antigos do paciente, cuja inibição e análise metódica considero uma das tarefas da atividade. Essa constatação não tem apenas uma importância teórica; decorrem dela importantes consequências práticas que, se forem negligenciadas, podem comprometer o êxito do tratamento. Essa relação do ego com a frustração implica, em primeiro lugar, que a análise jamais deve começar pela atividade. Deve-se, pelo contrário, poupar o ego durante muito tempo ou, pelo menos, tratá-lo com muita prudência, senão uma sólida transferência positiva não poderá estabelecer-se. A atividade, enquanto medida de frustração, tem sobretudo por efeito, portanto, perturbar e desfazer a transferência; como tal, ela é inevitável no final do tratamento, mas, utilizada de forma adequada, perturba infalivelmente a relação entre o médico e o analisando. Sua aplicação excessivamente rigorosa provoca a fuga do paciente, tão certa quanto a causada pelas explicações brutais dos "psicanalistas selvagens", que tornam hostil o ego do paciente com suas explicações sexuais. Não se deve deduzir daí que a atividade só tem utilidade como procedimento de destruição, quando da liquidação da transferência; ela pode igualmente prestar serviços em pleno tratamento se o amor de transferência for suficientemente sólido; mas, em todo caso, uma grande experiência é necessária para avaliar o que pode

---

3. Na verdade, já aludia a isto no Congresso de Haia.

ser imposto ao paciente. Os principiantes devem, portanto, abster-se de iniciar sua carreira pela atividade, em vez de seguir o caminho do método clássico, longo mas rico em ensinamentos. Há aí, com efeito, um grande perigo que, aliás, indiquei por diversas vezes. Ao recomendar essas medidas aos analistas que, consolidados em seu *saber*, já podem arriscar-se, eu propunha tornar efetiva uma parte das "chances futuras da terapia psicanalítica", cuja esperança seria expressa pelo próprio Freud. Nas mãos de um novato, a atividade poderia facilmente conduzir a um retorno aos procedimentos pré-psicanalíticos da sugestão e das medidas autoritárias.

Foi-me então objetado, não sem razão, que era necessário, portanto, justificar uma qualificação especializada para praticar ao mesmo tempo a atividade e a análise em geral. Mas não creio que essa dificuldade seja insuperável. Na condição de que a análise didática leve suficientemente em conta a atividade (ela tem, aliás, frequentes ocasiões para fazê-lo, já que consiste essencialmente numa análise do caráter, ou seja, numa análise do ego), os nossos alunos também compreenderão melhor a atividade e a avaliarão mais corretamente, sem correr mais o risco de superestimá-la.

Entretanto, a franqueza obriga-me a confessar que mesmo a experiência não basta para preservar do erro quando se trata da atividade. Devo também participar-lhes as decepções que sofri. Em certos casos, enganei-me manifestamente na minha apreciação da oportunidade ou do alcance das medidas de "provocação"; a consequência, se queria conservar o paciente, foi ter que confessar o meu erro e, após essa perda de prestígio bastante considerável, deixá-lo desabafar seu triunfo sobre mim. De fato, mesmo essa experiência afetiva não deixava de apresentar certas vantagens para a análise, mas acabei me perguntando se ela seria absolutamente necessária e se não teria sido preferível evitá-la. Esses casos também me permitiram compreender que o desejo de maior atividade por parte do paciente não passa de um gesto de boa vontade enquanto não se estiver em condições de fixar uma indicação precisa para ela. De momento, só posso dar uma formulação negativa dizendo que não se deveria recorrer à atividade se não se estiver apto a afirmar com certa dose de certeza que todos os meios existentes da técnica não ativa, portanto, mais passiva, já foram empregados, que as particularidades genéticas dos sintomas foram suficientemente "perlaboradas", e que falta apenas a nuança de vivência atual para convencer o paciente. Será preciso ainda muito tempo antes de poder formular, de maneira positiva e plausível, uma indicação de atividade para cada tipo de neurose.

Provoquei por vezes uma outra série de dificuldades ao conceber de modo demasiado rígido certas injunções e proibições. De sorte que acabei por me convencer de que essas mesmas instruções formais representam um perigo; elas levam o médico a impor à força a sua vontade ao paciente numa repetição exageradamente fiel da situação pais/criança ou a se permitir posturas perfeitamente sádicas de professor. Renunciei por fim a ordenar ou a interdizer certas coisas aos pacientes, preferindo obter deles o acordo intelectual para as medidas projetadas e só em seguida deixar que as executem. Assim, apresento essas medidas de maneira a não estar comprometido a ponto de não poder repudiá-las provisória ou mesmo definitivamente em caso de dificuldades insuperáveis por parte do paciente. Por conseguinte, as nossas instruções ativas não devem ser, segundo a expressão de um colega a quem analisei, de uma intransigência estrita mas de uma flexibilidade elástica. Se agirmos de outro modo, impelimos formalmente o paciente a fazer mau uso dessas medidas técnicas. Os pacientes, em especial os obsessivos, não perderão a ocasião de fazer das diretrizes dadas pelo médico o objeto de intermináveis ruminações e de protelar ao máximo a sua realização por meio de ruidosos escrúpulos, que mais não seja para tentar enfurecer o médico. Somente quando o paciente vê que o médico não considera a observância dessas medidas uma condição *sine qua non*, portanto, quando não se sente sob a ameaça de uma coerção inexorável, é que ele aceita secundar as ideias do analista. E se, no fim das contas, trata-se na análise dos obsessivos de restabelecer a possibilidade de manifestações afetivas e de atos que não sejam compulsivos nem ambivalentes, pode-se dizer que o recurso à coerção externa seria o mais impróprio de todos os meios.

Mas a correção mais importante que tive de introduzir numa das medidas ativas prescritas, com base na minha experiência destes últimos anos, refere-se à fixação de um prazo como meio de precipitar o fim do tratamento. Todos sabem que o meu amigo Rank é quem está na origem dessa proposição que aceitei sem reservas em virtude do seu extraordinário resultado e cujo emprego recomendei que se generalizasse num trabalho que redigimos em comum[4]. A minha experiência atual obriga-me a restringir *consideravelmente* essa generalização. Esse artifício técnico repousava na hipótese de que havia em toda análise, após uma perlaboração suficiente das resistências e do passado patogênico, um estágio em que nada mais restava a fazer senão desligar o paciente do tratamento e do médico. Isso continua sendo verdadeiro, mas acho hoje excessiva a nossa segunda afirmação, a saber, que essa separação deve adotar obrigatoriamente o caminho traumático do aviso-prévio. Como já dissemos, a fixação de um prazo conheceu brilhantes êxitos em certos casos e em outros o mais lamentável fracasso. Comprovou-se que mesmo o analista experimentado pode ser levado, em sua impaciência, a considerar prematuramente o caso como maduro para o aviso-prévio. Quanto ao principiante, ainda menos seguro de estar julgando corretamente a situação, deixar-se-á levar com muita facilidade a tomar medidas autoritárias inoportunas. Penso justamente num caso, numa agorafobia grave, em que me julguei autorizado, ao cabo de cerca de um ano de trabalho analítico, a incitar o paciente para medidas ativas, ou seja, tentativas de saídas forçadas. Essas saídas tiveram êxito e ocasionaram notáveis progressos nessa análise, que estava estagnada havia muito tempo. Encorajado por esses resultados, acreditei, considerando o material analítico, que o momento da separação tinha chegado, e fixei um prazo de seis semanas, ao término do qual, acontecesse o que acontecesse, eu poria fim ao tratamento. Após ter superado uma fase negativa, tudo parecia caminhar às mil maravilhas quando, nas últimas semanas, produziu-se um retorno inesperado dos sintomas, que pretendi manter sob controle mantendo obstinadamente a data fixada para a separação. Mas era óbvio que me enganara nos cálculos, em outras palavras, tinha avaliado mal as possibilidades de ancoragem de que os sintomas ainda dispunham, e chegou o dia previsto para a separação sem que o paciente tivesse podido resolver se curar. Só me restava, portanto, reconhecer o fracasso das minhas previsões e precisei de um tempo antes de chegar a dissipar a impressão incômoda que esse incidente causou em mim, ao sublinhar pesadamente a minha ignorância. Mas esse caso permitiu-me compreender não só

---

4. "Perspectivas da psicanálise", neste volume.

que o aviso-prévio tinha que ser usado com extrema prudência e a título excepcional, mas também que isso só podia ser feito, como toda e qualquer outra medida ativa, de acordo com o paciente e com a possibilidade de renunciar a ele.

Nesse meio-tempo, Rank desenvolvera concepções que se apoiavam em suas experiências de fixação de prazo, o que o tinha levado a completar a teoria das neuroses. Segundo ele, o trauma do nascimento constituía o fundamento biológico das neuroses em geral, e pensava que no processo de cura esse trauma deveria repetir-se e ser resolvido nas condições mais favoráveis. Na medida em que essa teoria desemboca mais ou menos em sua técnica, ela vai muito além do que eu entendia por atividade. Conforme expus em outro trabalho, a técnica ativa deve iniciar-se, tanto quanto possível, sem pressupostos e limitar-se a criar no paciente condições psíquicas que permitem fazer surgir mais facilmente o material de cuja existência se suspeita. Apesar de toda a importância que atribuo às fantasias de angústia do nascimento, tão menosprezadas antes de Rank, só consigo ver nessas fantasias um dos muitos esconderijos da angústia de castração e da angústia do parto, que são mais penosas sob muitos aspectos; não enxergo, portanto, nenhuma razão para adaptar a atividade a essa teoria particular.

Exclui-se de imediato a fixação de um prazo ao paciente que incita o analista a fazê-lo, assim como é perigoso dizer de antemão ao paciente, mesmo em termos aproximados, qual é a opinião que se tem sobre a possível duração do tratamento; a abstenção justifica-se não só porque a nossa estimativa corre o risco de se ver desmentida pelas circunstâncias (não podemos, com efeito, prever a existência ou a natureza das dificuldades que teremos de combater) mas também porque fornecemos assim uma arma perigosa para a resistência do paciente. Se o paciente sabe que só dispõe de um certo tempo para perseverar em seu intento de escapar aos momentos penosos da análise e poder continuar doente, certamente não deixará passar a oportunidade; ao passo que a perspectiva de uma análise de certo modo interminável o convencerá, mais cedo ou mais tarde, de que a nossa paciência é maior do que a dele, forçando-o a decidir abandonar, enfim, suas últimas resistências.

Aproveito também esta oportunidade para indicar um contrassenso sobremodo grosseiro e, segundo parece, bastante disseminado a respeito da atividade. Freud e eu sempre utilizamos o termo "ativo" unicamente para significar que o paciente deve, por vezes, realizar outras tarefas além da comunicação do que lhe acode ao espírito; jamais esteve em questão que a atividade do *médico* vá, de qualquer maneira, além da explicação e da eventual incumbência de representar os interesses do paciente. Por conseguinte, o analista mantém-se inativo e só o paciente pode eventualmente ser encorajado a realizar certas ações. Assim se vê com clareza o que distingue o analista ativo do hipnotizador ou do sugestionador; existe uma outra diferença, ainda mais importante, a saber: na sugestão, tudo se resume em dar e cumprir diretrizes, ao passo que na análise esse procedimento serve tão só de recurso a fim de precipitar o surgimento de um material novo, cuja *interpretação* continua sendo, como antes, a principal tarefa da análise. Estas explicações opõem um claro desmentido a todas as alusões tendenciosas a respeito do desvio que a minha técnica ativa implicaria. Por outro lado, parece-me um pouco excessivo dizer que a atividade, na medida em que é corretamente utilizada, nada representa de novo. Ao dizer as coisas nesses termos, está-se sendo, de certa maneira, mais realista do que o rei; Freud, por sua parte, acha que existe uma diferença de nuança entre acentuar o fator de repetição e tentar eventualmente provocar o seu aparecimento.

Estou agora em condições de lhes falar um pouco da maneira como os pacientes procuraram levar às raias do absurdo a liberdade de ação que lhes era oferecida. Em geral, eles começam por perguntar se lhes é verdadeiramente permitido gritar a plenos pulmões durante a sessão de análise, levantar-se do divã para olhar o analista ou ficar caminhando pela sala, etc. Tais ameaças não devem ser motivo de susto; a atitude de *laissez-faire* é não só ofensiva mas pode favorecer a descoberta de moções infantis recalcadas. Por vezes, os pacientes reproduzem as formas do desejo de exibição próprias dos primeiros anos da infância ou esforçam-se, naturalmente em vão, por suscitar a reprovação do médico em resposta aos seus desejos manifestos de onanismo ou de incontinência. Com os não psicóticos, pode-se estar certo de que não se permitirão nenhum ato perigoso para eles ou para o médico[5]. Em geral, pode-se formular o limite da atividade permitida da seguinte maneira: são admiti-

---

5. De resto, a psiquiatria sublinhou por vezes a utilidade do método de "desrecalcamento" com os psicóticos.

dos todos os modos de expressão que não obriguem o médico a sair do seu papel de observador e de conselheiro benevolente. Convém deixar insatisfeitos os desejos que o paciente tem de obter sinais de uma contratransferência positiva; com efeito, à análise não cabe fazer a felicidade do paciente durante o tratamento por uma conduta carinhosa e amigável (no tocante a essas demandas, cumpre reenviá-lo para a vida real após a análise), mas deve repetir as reações do paciente à privação em condições mais favoráveis do que aquelas que foram possíveis na infância e corrigir os distúrbios do desenvolvimento cuja reconstituição histórica possa ser feita.

Ao afirmar que a atividade é sempre tarefa do paciente, não quero, em absoluto, reduzir a importância do que dizíamos, Rank e eu, em nosso trabalho comum sobre as interpretações mais ousadas do material analítico no sentido da situação analítica; pelo contrário, e só posso reiterá-lo aqui, representou para mim próprio e para as minhas análises um progresso essencial aceitar, sob o impulso de Rank, a relação do doente com o médico como pivô do material analítico, e conceber de imediato cada sonho, cada gesto, cada ato falho, toda deterioração ou melhoria do estado do paciente como outras tantas expressões da relação transferencial e da resistência. Alexander não precisava nos objetar que transferência e resistência constituem desde sempre os fundamentos da análise. Com efeito, todo analista principiante sabe muito bem disso. Mas, se ele é incapaz de ver a diferença entre o método que propomos e aquele, muito mais hesitante a esse respeito, que tem sido geralmente praticado até agora, pode-se supor que, apesar de todos os seus dons, o sentido das nuanças não é o forte de Alexander ou que, em sua modéstia, tem por supérfluo comunicar a concepção por nós proposta e que ele parece ter conhecido sempre. Acrescentemos que, em todo caso, a prioridade cabe a Groddeck, que tinha o hábito de perguntar, quando o estado de um de seus pacientes se agravava: "O que é que você tem contra mim? O que foi que eu lhe fiz?" Afirmava ele que, ao resolver esse problema, conseguia sempre superar os agravamentos; por outro lado, esses artifícios analíticos permitiam-lhe aprofundar um pouco mais a pré-história do caso. Sublinhemos, enfim, que tomar em consideração a situação analítica apenas tem uma relação indireta com a atividade, e que a atenção especial que se lhe pode dedicar ainda não representa a atividade no sentido que dou a esse termo.

Para evitar entediá-los por mais tempo com estes detalhes metodológicos e, desse modo, gerar a falsa impressão de que a técnica ativa só tem contraindicações, direi algumas palavras – na medida em que o permita o tempo que me foi concedido – sobre o que chamaria os prolongamentos da atividade. No meu último trabalho, falei muito sobre as tensões musculares, principalmente esfincterianas, de que me servia em certos casos para aumentar a tensão. Aprendi depois que é útil, por vezes, aconselhar *exercícios de distensão* e que esse modo de relaxamento permite com frequência vencer também com maior rapidez as tensões psíquicas e as resistências à associação. Seria inútil dizer-lhes que tais conselhos só têm utilidade para a análise, e que só têm alguma coisa a ver com os exercícios físicos de autocontrole e de relaxamento da ioga na medida em que esperamos compreender melhor, graças a eles, a psicologia de seus adeptos.

Desde muito cedo chamei a atenção para a importância das *palavras obscenas* para a análise[6]. Numa primeira tentativa para apreender em termos psicanalíticos o tique convulsivo[7], acabei por elucidar parcialmente, entre outras coisas, o estranho sintoma da coprolalia. A atividade forneceu-me a ocasião de fazer um estudo detalhado das expressões verbais emocionais dos pacientes, o que me permitiu constatar que não só todo caso de tique é uma expressão deformada de palavras ou de gestos obscenos, de injúrias escatológicas e até de atos agressivos sádicos, mas também que essa tendência existe em estado latente em todos os casos de gagueira e em quase todos os obsessivos, e que ela pode ser tirada do recalcamento pela técnica ativa. Apurou-se que toda uma série de casos de impotência e de frigidez não eram curados enquanto não fosse levantada a interdição infantil de dizer palavras obscenas, e isso, eventualmente, durante o próprio ato sexual. Essa forma de inibição tem por contrapartida positiva a compulsão a dizer palavras obscenas para chegar ao orgasmo, compulsão que se poderia considerar um novo tipo de perversão se não estivesse tão extraordinariamente difundida.

Não se contestará a essas observações o poder de aumentar não só a nossa eficácia técnica mas também o nosso saber teórico. E

---

6. S. Ferenczi, "As palavras obscenas", em *Psicanálise I*.
7. S. Ferenczi, "Reflexões psicanalíticas sobre os tiques", neste volume.

é justamente a esses ligeiros progressos do conhecimento que devo a certeza de que a atividade talvez mereça ainda reter a atenção enquanto método de trabalho. Gostaria de demonstrar isso com a ajuda de alguns exemplos.

Expliquei parcialmente um distúrbio relativo da potência sexual em certos pacientes por uma hipersensibilidade pouco comum da mucosa da glande. Esses pacientes abstinham-se, ainda que inconscientemente em geral, de desnudar a glande, de retirá-la do invólucro protetor constituído pelo prepúcio; para eles, o menor contato direto com uma superfície rugosa significava a castração e fazia-se acompanhar de sentimentos extremos de dor e de angústia correspondentes. Se lhes acontecia masturbar-se, nunca o faziam diretamente na glande mas repuxando o prepúcio e esfregando as pregas da mucosa do prepúcio umas nas outras ou contra a glande. Um desses pacientes tinha o hábito, desde a infância, de obter o prazer sexual enchendo de água a cavidade do prepúcio; um outro paciente que, como os demais, também tinha muito medo das relações sexuais, sem dúvida por causa da fricção inevitável, fixara-se em suas fantasias numa criada que, levando manifestamente em conta a sua sensibilidade, o ajudara quando ele era jovem a chegar ao orgasmo limitando-se a *soprar* em sua glande em ereção. Nesse gênero de casos, creio ter feito avançar a análise ao aconselhar o paciente a manter durante o dia todo o prepúcio arregaçado e a expor a glande aos atritos e contatos. Além dos progressos da análise, essa medida valeu-me – creio – uma melhor compreensão da importância erótica do prepúcio em geral, levando-me, inclusive, a formular a hipótese de um *erotismo específico do prepúcio* na infância, cujo desenvolvimento parece acompanhar o estágio fálico propriamente dito e pode constituir um ponto de regressão para certos sintomas neuróticos. Tudo isso ajuda a sustentar a minha hipótese puramente teórica a respeito do caráter vaginal do prepúcio[8]; também posso agora ter uma ideia mais clara do deslocamento, postulado por Freud, do erotismo clitórico para a vagina. A vagina é, de certo modo, um prepúcio gigantesco que retoma o papel erógeno do clitóris escondido; por analogia, posso também referir-me a certos jogos eróticos dos rapazes, que consistem em praticar o coito, por assim dizer, no prepúcio de um outro rapaz. Comuniquei esses fatos a

---

8. Cf. *Thalassa: ensaio sobre a teoria da genitalidade*, Martins Fontes.

um etnólogo, o dr. Roheim, na esperança de que eles lhe permitissem esclarecer um pouco mais a significação psicológica de certos ritos da puberdade, em especial a circuncisão. Com efeito, a circuncisão parece-me possuir um duplo aspecto. De um lado, constitui, como Freud mostrou, um meio de provocar medo, um símbolo do direito paterno de castração; ela parece, por outro, constituir uma espécie de "terapia ativa" dos primitivos, que se propõem, ao triunfar sobre a angústia da castração e sobre a sensibilidade da glande, endurecer o pênis e o homem, portanto, preparar para a atividade sexual. Se assim for, o caráter dos indivíduos e dos povos circuncisos e não circuncisos terá um desenvolvimento diferente, o que poderia nesse caso contribuir para explicar o problema judeu e o antissemitismo. Lamentavelmente, devo também comunicar-lhes a reflexão de um jovem colega que tinha ouvido falar vagamente dessas pesquisas: "Eu sei o que é a técnica ativa, ela consiste em arregaçar o prepúcio ao paciente."

Para terminar, algumas palavras acerca do efeito produzido sobre a *convicção* pelo elemento de vivência favorecido pela atividade. Os maníacos da reflexão e outros céticos incorrigíveis, para os quais as explicações psicanalíticas podiam atingir todos os graus da verossimilhança mas jamais o da certeza, tão importante para a cura, chegavam a essa certeza quando eram levados, graças à técnica ativa e à exploração da situação analítica, a amar enfim um ser humano – o analista – de forma sincera, isto é, sem ambivalência. Esse fato é tão importante, quando não é mais, no plano teórico quanto no prático. Implica que, na realidade, nunca se pode chegar à "convicção" pela via da inteligência, que é uma função do ego. O solipsismo constitui a última palavra, logicamente irrefutável, da pura intelectualidade do ego sobre a relação com outros indivíduos; segundo essa teoria, nunca se pode colocar no mesmo plano a realidade dos outros seres humanos ou do mundo externo e as próprias experiências pessoais; pode-se somente considerar os outros como fantasias mais ou menos animadas ou projeções. Portanto, quando Freud atribuiu ao inconsciente essa mesma natureza psíquica que se experimenta como qualidade do próprio ego, ele deu um passo na direção do positivismo que, do ponto de vista lógico, é presumível mas não poderia ser demonstrado. Não hesito em assimilar essa identificação e as identificações que sabemos ser a condição das transferências libidinais. Ela conduz finalmente a uma espécie de personificação ou de concepção animista de todo o mundo circundante. Considerando sob o ângulo lógico-intelectual, tudo isso é de natureza "transcendente". Ora, nós somos levados a substituir esse termo de ressonância mística por termos como "transferência" ou "amor", e a afirmar afoitamente que o conhecimento de uma parte da realidade, talvez a mais importante, não pode converter-se numa convicção pela via intelectual mas somente *na medida em que ela estiver em conformidade com a vivência afetiva*. Apresso-me a acrescentar, a fim de não deixar triunfar por mais tempo os adversários do conhecimento e da ciência, que o conhecimento da importância do elemento emocional constitui em si mesmo um conhecimento e que, portanto, nada temos a temer quanto ao futuro da ciência. Sinto-me pessoalmente convertido ao positivismo freudiano e prefiro ver em vocês, que estão sentados diante de mim e me escutam, não representações do meu ego mas seres reais com os quais posso identificar-me. Sou incapaz de demonstrá-lo logicamente mas, se, apesar de tudo, estou convencido disso, devo-o a um fator emocional – se assim quiserem –, à transferência.

Tudo isso parece ter apenas uma relação muito longínqua com a "técnica ativa"; no entanto, a tendência para a repetição, que é reforçada pela atividade, foi para mim o meio de chegar não só a fazer progredir a prática psicanalítica mas também a sua teoria. Assim, depois de ter tentado mostrar honestamente o avesso da atividade e suas contraindicações, senti-me obrigado a dar-lhes também parte de algumas de suas vantagens. A bem dizer, estou correndo o risco, como me disse o meu amigo Eitingon, de ser comparado a Bileam, que veio para amaldiçoar os judeus – e que acabou por abençoá-los.

XLVI

As neuroses de órgão e seu tratamento

Numerosas doenças correntes têm origem psíquica mas manifestam-se por uma disfunção real de um ou de vários órgãos. Dá-se-lhes o nome de *neurose de órgão*. Visto que comportam simultaneamente distúrbios subjetivos e objetivos, foi necessário distingui-las da histeria, mas é difícil definir a fronteira que as separa desta última ou de inúmeras enfermidades orgânicas. A causa disso cabe, sem dúvida, às insuficiências da nossa ciência, mas cumpre também acrescentar o fato de que muitas doenças orgânicas são acompanhadas de uma neurose do órgão em causa e de que, além disso, os sintomas histéricos associam-se com frequência a doenças orgânicas ou a neuroses de órgão que a histeria veio reforçar.

A neurose de órgão mais conhecida é, sem dúvida, a chamada *neurastenia*, que em alemão se diz "Nervenschwäche" [fraqueza de nervos]. Foi G. M. Beard, um neurologista norte-americano, quem, na primeira metade do século XIX, fez a sua primeira descrição e a atribuiu aos solavancos provocados no sistema nervoso pelas viagens de trem, ainda pouco correntes nessa época. Está demonstrada desde longa data a inocuidade das viagens de trem, mas a bela palavra grega "neurastenia" nem por isso ficou menos inscrustada tanto na medicina quanto no espírito das pessoas, e continua designando toda uma série de estados diferentes: depressões psíquicas, excitabilidade e debilidade físicas, sintomas físicos ou psíquicos de angústia ou de obsessão. A psicanálise foi a primeira a demonstrar que uma grande parte dos quadros clínicos ditos neurastênicos era formada por distúrbios *puramente* psíquicos e que era possível curá--los por meios psíquicos. Entretanto, após ter eliminado todos os estados suscetíveis de receber uma explicação psíquica, subsistiu um grupo a que ainda hoje chamamos neurastenia. Os neurastênicos fatigam-se física e psiquicamente muito depressa, são muito sensíveis aos estímulos externos e sofrem de cefaleias e distúrbios intestinais. No que se refere aos homens, a potência sexual é perturbada: apresentam amiúde ejaculacões precoces e poluções que podem estar associadas a uma picada desagradável, até dolorosa, nas costas (conhecida outrora sob o nome de "irritação da espinha"). Contudo, não existe o menor indício de doença orgânica, sobretudo nada na medula espinhal e, nesse sentido, nenhum sintoma alarmante.

O estado neurastênico explica-se por certos erros em matéria de higiene sexual. Ideias particularmente angustiantes sempre foram propagadas acerca da autossatisfação (onanismo), ou seja, o fato de se obter prazer sexual por práticas sobre o próprio corpo (em geral, por esfregação dos órgãos genitais, acompanhada de representações voluptuosas). Já a Bíblia condena a masturbação como pecado mortal; no século passado, via-se na tuberculose da medula espinhal uma consequência da masturbação; e, na nossa época, é a demência precoce que se pretende explicar assim. Ainda hoje essa superstição não está morta. Com efeito, a masturbação representa uma etapa normal do desenvolvimento sexual em todo ser humano. Só se tornam neurastênicos aqueles indivíduos que permanecem por tempo demais e intensamente demais nessa etapa, aqueles que continuam praticando a masturbação, muitas vezes de maneira compulsiva, muito depois de atingida a maturidade.

Entretanto, mesmo nesses casos, a neurastenia não se explica apenas pelo processo físico da masturbação; na grande maioria dos casos, associam-se-lhe processos psíquicos, como a obsessão e o sentimento de culpa.

Por isso, antes de se declarar neurastênico ou doente nervoso, seria aconselhável consultar um médico de formação analítica, o qual consegue frequentemente suprimir a maior parte dos sintomas ao fornecer explicações e ao aliviar o fardo da consciência. Se isso for comprovadamente insuficiente, um tratamento psíquico apropriado fará desaparecer os obstáculos que se opõem ao desenvolvimento normal da sexualidade. Em todo o caso, o abandono do modo de satisfação imaturo proporcionará a cura.

Em suma, a verdadeira neurastenia tem quase sempre suas raízes na sexualidade e é possível curá-la por meios psíquicos e uma certa higiene sexual. Um bom número de neurastenias consideradas graves desaparecerão por si mesmas, sem intervenção médica, quando tiver sido admitida a inocuidade da autossatisfação.

Uma outra doença desse gênero é a que se chama "neurose de angústia". Também nela encontramos associados sintomas físicos e psíquicos: uma angústia difusa sem fundamento ou insuficientemente justificada, um estado permanente de apreensão (receio de infortúnios, interpretação pessimista de sintomas perfeitamente benignos, tanto para si mesmo quanto para os outros), acessos de angústia acompanhados de tremores, suores de angústia, palpitações, pesadelos, opressão, diarreia, micções compulsivas, etc. Tal como os sintomas neurastênicos, os sintomas de angústia podem sobrevir secundariamente a uma enfermidade orgânica real que ficou despercebida, por exemplo, uma afecção nasal, respiratória ou cardíaca. Mas também podem constituir os sintomas parciais de uma histeria de angústia. Para distingui-los, é necessário praticar ao mesmo tempo um exame físico minucioso e uma investigação psicanalítica. Se não se encontra nada de suspeito, a atenção deverá concentrar-se na vida sexual do paciente. Descobrir-se-á então, com muita frequência, que os que sofrem desses sintomas têm, por certo, relações sexuais, mas, em geral, de um modo doentio. Evitam a fecundação interrompendo o coito antes da ejaculação ou prolongam deliberadamente a duração do ato sexual, ou então excitam-se nos prazeres preliminares sem nunca atingir o orgasmo.

Regra geral, uma mudança apropriada da higiene sexual do paciente faz desaparecer rapidamente (em uma ou duas semanas) a doença que parecia muitas vezes grave e mesmo inquietante. No caso negativo, a doença orgânica e a doença neurótica estão estreitamente ligadas e ambas exigem um tratamento médico.

Uma coincidência relativamente frequente e bastante penosa é o caso em que o marido padece de ejaculações precoces de tipo neurastênico e a mulher de "frigidez" com tendência para a angústia. O médico terá que pôr o maior empenho em estabelecer essa harmonia do ato sexual tão importante para a felicidade conjugal. Dificuldades econômicas e sociais intervêm aqui, sobretudo a diferença excessiva que caracteriza a vida sexual dos dois sexos antes do casamento. A supressão ou a redução dessa diferença será uma das principais tarefas da higiene, mas é preciso dizer que outros obstáculos, deveras consideráveis, erguem-se também nesse caminho.

Além dessas duas doenças, existe ainda toda uma série das chamadas "neuroses monossintomáticas", que podem ser consideradas neuroses de órgão. A mais conhecida delas é a chamada *asma* nervosa. Trata-se de distúrbios respiratórios que sobrevêm por crises acompanhadas quase sempre de angústia, e apresentam sinais manifestos de uma contração patológica dos músculos brônquicos. Uma expectoração de muco viscoso marca frequentemente o fim da crise. Nas chamadas neuroses do *estômago*, ocorre um excesso ou uma insuficiência da acidez gástrica. Também muito frequente, o "distúrbio intestinal grosso", sem nenhuma alteração orgânica, apresenta-se sob a forma de diarreia, constipação, secreção mucosa, cãibras, flatulências – por um ou por vários desses sintomas. Nas *neuroses cardíacas*, também muito comuns, a força e o ritmo da atividade cardíaca são perturbados sem que se possa constatar uma causa orgânica, e o doente tem sensações muito dolorosas que lhe fazem lembrar permanentemente uma doença do coração.

Só em data recente, de fato, depois que Freud chamou a atenção para as atividades eróticas e mostrou que elas merecem igualmente um estudo científico, é que a ciência pôde considerar a possibilidade de um erotismo de órgão. Está hoje fora de dúvida que não só os órgãos sexuais e os órgãos sensoriais servem para proporcionar um ganho de prazer mas que todos os nossos órgãos, além de sua função de autoconservação, consagram uma parte de sua atividade à obtenção de prazer; eles auferem uma espécie de prazer de órgão (Alfred Adler) que se poderia conceber, de certo modo, como uma autossatisfação erótica que os órgãos extraem de sua própria atividade. Na infância, vê-se bem a alegria lúdica obtida por qualquer espécie de atividades orgânicas, e a criança tem perfeita consciência disso, mas pode-se igualmente constatar a sua existência em todos os adultos ou, pelo menos, descobrir seus indícios. Aquilo a que chamam o "bem-estar físico da boa saúde" está estreitamente vinculado ao sentimento de prazer que resulta do bom funcionamento dos órgãos. Desse bem-estar faz parte o prazer de comer, que não depende somente de se mitigar a fome e do sabor dos alimentos. Quase todo mundo experimenta um certo prazer em mastigar, engolir e deglutir, e muitos sentem igualmente prazer nos outros processos da digestão. Algumas pessoas auferem esse prazer orgânico com particular intensidade, às vezes quase patológica. Não podem reprimir sua excitação em ingerir e seu prazer na retenção das fezes. A palavra "excitação" já traduz o prazer que se liga ao processo patológico.

Estudos psicanalíticos constataram que precisamente nas neuroses de órgão esse funcionamento erótico ou lúdico de um órgão pode adquirir uma importância excessiva, a ponto de perturbar até sua atividade útil propriamente dita! Em geral, isso produz-se quando a sexualidade é perturbada por razões psíquicas. Encontra-se aí a indicação de um tratamento psicoterapêutico, assim como a razão pela qual esses distúrbios são tão tenazes, embora sem colocar jamais a vida em perigo.

Citemos ainda, em poucas palavras, algumas neuroses de órgão. A *hemicrania*, ou enxaqueca, deve ser colocada, sem dúvida, nessa categoria; certamente existem dores de cabeça relacionadas com a neurose de órgão. Em muitos casos, uma tendência para a *impotência* pode, quando foram eliminadas todas as causas orgânicas, ser considerada um distúrbio neurótico da inervação dos vasos sanguíneos. Há igualmente raízes neuróticas para a sensibilidade acentuada aos sacolejos nas viagens de trem, assim como a tendência para o *enjoo* que lhe está associado. Para terminar, gostaríamos de assinalar que as doenças puramente orgânicas podem deixar, após a cura, distúrbios característicos de uma neurose de órgão. Um exemplo bem conhecido de tais sequelas é o aparecimento do pestanejar após uma conjuntivite, pestanejar que pode persistir por largo tempo sob a forma de "tique" ou constituir até um hábito duradouro. Do mesmo modo, certas crianças conservam, às vezes durante anos, uma tosse nervosa após uma coqueluche. Os esgares e outras contorções correntes, conhecidas sob o nome de "tiques" ou cacoetes, parecem ser em geral distúrbios funcionais decorrentes de uma neurose de órgão. No limite entre as neuroses psíquicas e as neuroses orgânicas encontram-se também os fenômenos nervosos, gerais e locais, que surgem por vezes após uma operação; o choque psíquico provocado pelo perigo de morte e o estado de irritação no qual se encontra o órgão envolvido na cirurgia contribuem para isso em partes iguais.

O curso de toda enfermidade orgânica é, aliás, afetado favorável ou desfavoravelmente por influências psíquicas. Assim, uma boa notícia estimula as forças do doente, ao passo que uma notícia ruim as debilita. É bastante frequente ver uma brusca melhora do estado de espírito do doente pôr fim a uma enfermidade crônica que ia de mal a pior. Nas doenças febris, é quase possível ler a influência desses eventos na curva da temperatura. Também se conhece muito bem a exacerbação dos sintomas e da dor física sob o efeito de uma expectativa ansiosa e, inversamente, seu desaparecimento assim que chega o médico (ou ainda o brusco desaparecimento de dores de dentes na sala de espera do dentista). É por isso que se consegue curar certas doenças orgânicas sem tratamento médico e local, pela influência psíquica e práticas que nada têm de científicas, mais chegadas ao domínio das superstições. A eficácia desses métodos repousa na fé do doente, em sua "sugestionabilidade".

Foi necessário esperar o advento do método psicanalítico introduzido por Freud para se poder explicar até uma profundidade antes insuspeitada a vida pulsional em que o corpo e o psiquismo não param de influenciar-se mutuamente. A psicanálise explica, enfim, a sugestionabilidade pelas marcas indeléveis que a relação pais/criança deixa em todo o ser humano. Certos médicos dispõem de uma onipotência sobre a vida psíquica e física de seus pacientes que é a repetição da onipotência dos pais sobre seus filhos e, em ambos os casos, amor e temor são os motivos de excessiva obediência. A psicanálise chama *transferência* às repetições da relação pai/filho e mostra como essas repetições podem ser provocadas nos pacientes e servir para a sua cura.

Foi essencialmente no domínio das neuroses de caráter psíquico que a transferência para o médico obteve os seus maiores êxitos, mas resultados apreciáveis foram igualmente registrados no tratamento de distúrbios orgânicos. Em relação a todas as tentativas desse gênero que a precederam, a psicoterapia analítica tem a vantagem de ser desprovida de todo ocultismo e de permanecer constantemente em estreito contato com a psicologia (estudo científico dos fenômenos do espírito) e a biologia (ciência dos processos vitais).

A psicanálise já obteve êxitos no tratamento de doenças orgânicas tais como as enfermidades cardíacas e pulmonares. Numa grave cardiopatia, o abrandamento da atividade cardíaca sob a influência da transferência, e após a descoberta dos focos psíquicos recalcados da doença, pode permitir neutralizar um distúrbio compensatório do sistema circulatório que assumiu proporções perigosas. A influência psíquica que se pode exercer sobre uma tuberculose pulmonar em seus começos é tão manifesta que todo sanatório deveria recorrer a um psicanalista experimentado. Se a psicanálise, ao restabelecer a harmonia da vida afetiva do doente e, de um modo mais particular, de sua vida sexual, é capaz de curar também doenças orgânicas, cumpre admitir que a regeneração necessária à cura vai haurir suas forças na fonte da energia sexual, como se a autoconservação, em caso de perigo muito grave (doença), tivesse de recorrer à conservação da espécie.

O futuro verá expandir-se o tratamento psicanalítico das enfermidades orgânicas, perfeitamente compatível com o tratamento médico clássico, sempre necessário.

XLVII

Para o 70.º aniversário de Freud

Coube-me a tarefa de felicitar Sigmund Freud por ocasião de seu 70.º aniversário e de apresentar-lhe as congratulações da nossa revista. Não é fácil cumprir essa honrosa tarefa. Freud é uma figura por demais marcante para que um de seus discípulos e colaboradores possa apresentá-lo e compará-lo de maneira legítima às outras grandes personalidades da história de seu tempo. Além disso, sua obra fala por si mesma, não tem necessidade nenhuma de comentários e ainda menos de elogios. Certamente desagradaria ao fundador de uma ciência que se declara inimiga de toda hipocrisia e adepta incondicional da mais rigorosa honestidade, ouvir os louvores ditirâmbicos com que é costume nestas ocasiões cobrir o líder de um grande movimento. A apresentação objetiva de sua obra – tarefa sedutora para um discípulo entusiasta – é inútil aqui, porquanto o próprio mestre lhe consagrou vários ensaios cuja objetividade continua sendo inegável. Freud nada dissimulou ao público do que sabia sobre a origem de suas ideias; ele nos disse tudo o que havia a dizer sobre o futuro que o destino reservava à sua teoria e sobre as reações de seus contemporâneos. Quanto à sua própria pessoa, Freud suplantou em perspicácia o explorador moderno da personalidade, que recorre aos detalhes da vida privada para elucidar a evolução seguida por um cientista. Em *A interpretação dos sonhos* e *Psicopatologia da vida cotidiana*, o próprio Freud incumbiu-se de realizar essa tarefa e fê-lo de maneira jamais vista, que não só abriu um novo caminho para esse tipo de investigação mas constituiu para sempre um exemplo de sinceridade implacável para consigo mesmo. Também ousou revelar os "segredos de laboratório", de costume tão cuidadosamente dissimulados, assim como as inevitáveis hesitações e incertezas.

O mais lógico seria, portanto, renunciar a toda e qualquer forma de manifestação. O mestre certamente preferiria ver-nos prosseguir em nosso trabalho sem preocupação com cesuras arbitrárias, com um número redondo que em si mesmo nada significa. Nós, seus alunos, aprendemos com o próprio Freud que toda celebração é uma homenagem exaltada em que se exprime somente uma parte das moções afetivas. Nem sempre foi assim. Houve uma época em que não se dissimulava àquele que tinha sido entronizado os impulsos hostis que despertava; Freud mostrou-nos que o mais reverenciado dos homens, ainda hoje, recebe testemunhos não só de amor mas também de ódio.

Apesar de tudo, não pudemos resistir à tentação de ceder à convenção, a título excepcional e à revelia das nossas melhores convicções, e aproveitamos a ocasião deste aniversário para consagrar ao nosso diretor o número desta revista, assim como o número de *Imago* que é publicado no mesmo dia. De resto, para quem folheia os doze números anuais da nossa revista, salta aos olhos que todos eles lhe foram, de fato, consagrados; os trabalhos que aí se encontram, quando não são da autoria do próprio mestre, nada mais fazem do que continuar, confirmar ou considerar a importância e o alcance de seus ensinamentos. O presente número, simplesmente um pouco mais cerimonioso em sua apresentação, em nada difere, portanto, quanto ao essencial, dos precedentes, salvo no tocante ao número de colaboradores, algo mais importante do que de hábito. E em vez de uma introdução formal dessas diversas contribuições, permito-me apresentar a granel, por assim dizer à maneira de associação livre, os sentimentos e os pensamentos que me acodem nesta ocasião. Posso supor que essas associações serão igualmente as dos numerosos investigadores que se empenham no mesmo esforço.

Num artigo em que tentei destacar o valor dos *Três ensaios sobre a teoria da sexualidade* de Freud, cheguei à conclusão de que essa obra se reveste de considerável importância para a história da ciência, na medida em que suprimiu a fronteira entre as ciências da natureza e as ciências do espírito. Num outro artigo, apresentei a descoberta e a investigação do inconsciente por Freud como um progresso na história da humanidade, como a entrada em funcionamento de um novo órgão dos sentidos. Pode-se recusar *a priori* essas asserções e ver nelas os exageros ou as declarações desprovidas de todo espírito crítico de um discípulo entusiasta. Entretanto, não se tratava de discursos pronunciados numa qualquer atmosfera de jubileu, mas de deduções lógicas extraídas de uma longa série de novos conhecimentos.

Eu previ que um dia se falará de uma época pré-freudiana e de uma pós-freudiana; quanto a saber se isso acontecerá e quando, não posso naturalmente dizê-lo. Há mais de vinte anos que sigo as pegadas de Freud e nada até hoje logrou abalar essa minha convicção. Sem dúvida, a vida de um neurologista que teve a chance de ser contemporâneo de Freud e de, mais do que isso, reconhecer desde muito cedo a sua importância, divide-se num período pré-freudiano e num período pós-freudiano, em dois capítulos violentamente contrastantes. No que me diz respeito, a profissão de neurologista antes de Freud, pondo de lado um trabalho deveras interessante sobre o influxo nervoso, foi essencialmente uma performance de ator, uma comédia permanente da benevolência e do saber diante de centenas de neuróticos cujos sintomas nos eram totalmente incompreensíveis. Sentia-se vergonha – pelo menos eu sentia – de se fazer pagar caro por essa proeza. Se, ainda hoje, não podemos ajudar todo mundo, é certo que o conseguimos em inúmeros casos; e mesmo quando fracassamos resta-nos o consolo de ter sinceramente lutado para compreender as neuroses por métodos científicos e de ter penetrado nas causas que nos impediam de ajudar os nossos pacientes. Estamos livres da triste tarefa de ter que prometer ajuda e reconforto com um ar de douta onisciência, e acabamos mesmo por desaprender essa arte. A psiquiatria, outrora um museu de anomalias que nos espantavam sem as entender, tornou-se, graças às descobertas de Freud, um campo científico fértil e acessível à inteligência. É um exagero afirmar que Freud embelezou e enobreceu a nossa profissão? E não é natural que estejamos hoje cheios de gratidão por um homem cuja obra permitiu tudo isso? Festejar um 70.º ou um 80.º aniversário pode representar uma formalidade puramente convencional, mas, para os alunos de Freud, esse dia é simplesmente uma ocasião de exprimir, enfim, sentimentos desde longa data represados. Não seria fazer uma concessão ao espírito do tempo, mais propenso ao pudor no domínio dos sentimentos, continuarmos reprimindo esses sentimentos? Por nossa parte, preferimos seguir o exemplo da Antiguidade e não ter vergonha de agradecer aberta e cordialmente ao nosso mestre tudo o que nos deu.

Não está longe o dia em que toda a profissão médica reconhecerá que não só os neurologistas mas todos quantos se esforçam por curar os homens teriam fundados motivos para exprimir tais sentimentos, que qualificarei de líricos. Todos os médicos reconhecerão, pouco a pouco, o papel desempenhado pela relação psíquica com o médico em todas as modalidades de terapia, assim como a possibilidade de utilizá-la metodicamente. A ciência médica dividida em múltiplas especialidades será reunificada. O médico deixará de ser esse frio técnico de laboratório e de sala de cirurgia para converter-se num conhecedor tanto do homem saudável quanto do homem doente, o conselheiro a quem se pode recorrer com a justificada esperança de encontrar compreensão e talvez ajuda.

Entretanto, podemos ver que se multiplicam os sinais anunciadores do momento em que os médicos poderão voltar a contar com mais estima e reconhecimento da parte da sociedade inteira e não somente dos doentes. Já o etnólogo, o sociólogo, o filólogo, o pedagogo e o criminologista vêm informar-se junto do médico, considerado um conhecedor da alma humana, quando querem fundamentar suas respectivas especialidades (que no fim das contas estão necessariamente apoiadas numa parte da psicologia) em bases mais sólidas do que o terreno movediço das suposições arbitrárias. Já houve uma época em que o médico foi considerado o homem de ciência por excelência: era o grande sábio, o que conhecia todas as plantas, os animais, as propriedades dos "elementos", na medida em que eram então conhecidos. Atrevo-me a predizer o advento de uma época análoga, uma época da "iatrofilosofia", cuja pedra fundamental foi lançada por Freud. Freud não esperou que todos os cientistas conhecessem a psicanálise; ele foi levado a recorrer à psicanálise para resolver problemas pertinentes às ciências limítrofes com os quais deparava no decorrer do tratamento dos neuróticos. Escreveu assim *Totem e tabu*, obra que inaugura novos caminhos para a etnologia; quanto à sociologia, ela não poderá ignorar doravante o seu *Psicologia de grupo*. O livro sobre *O chiste* é a primeira tentativa realizada para elaborar uma estética fundada em bases psicológicas. Enfim, são incontáveis as suas indicações sobre a possibilidade de se elaborar uma ciência pedagógica.

Será necessário alongar-me diante do leitor desta revista sobre o que *a psicologia* deve à psicanálise? Não é verdade que antes de Freud toda a psicologia científica nada mais era do que uma psicologia refinada das sensações, ao passo que as vivências psíquicas mais complexas constituíam o domínio reservado das belas-letras? E não foi Freud o primeiro a guindar a psicologia ao nível de uma ciência, criando uma teoria das pulsões, esboçando uma psicologia do ego e elaborando um esquema metapsicológico utilizável?

Esta enumeração, que está longe de ser exaustiva, basta para convencer o maior cético de que não só seus alunos e seus colaboradores, mas todo o mundo científico pode rejubilar por ver o mestre atingir essa idade em plena posse de sua potência criadora, e fazer votos para que ele possa ainda prosseguir por muitos anos sua grande obra.

"E, portanto, somente louvores!", vão pensar alguns. "E a promessa de falar francamente sobre as dificuldades e os conflitos entre o mestre e seus alunos?" Acrescentarei, pois, algumas palavras sobre esse ponto, ainda que seja embaraçoso apresentar-me como uma espécie de testemunha desses eventos, os quais, se não são totalmente desprovidos de interesse, são por certo muito penosos para os neles envolvidos. Digamos, portanto, que praticamente nenhum de nós foi poupado e que todos nós tivemos um dia que escutar advertências e exortações do mestre, que destruíam às vezes magníficas ilusões e, antes de tudo, feriam o amor-próprio. Devo dizer, porém, que Freud nos dá rédea solta por muito tempo, permite uma grande latitude às idiossincrasias de cada um, antes de se resolver a intervir com moderação, até mesmo a fazer uso dos meios de defesa à sua disposição, mas unicamente quando está convencido de que sua indulgência ameaça pôr em risco a causa que lhe é mais cara. Sobre esse ponto, ele não admite nenhum compromisso e sacrifica, mesmo com o coração pesado, as relações pessoais e as esperanças que alimentara. Nesse domínio, Freud mostra-se duro tanto consigo mesmo quanto com os outros. Considerou com benevolência a evolução particular de um dos seus alunos mais talentosos até o momento em que este pretendeu explicar tudo pelo *élan* vital. Por minha parte, preconizei um dia, já lá vão muitos anos, que a pulsão de morte talvez pudesse explicar tudo. A minha confiança em Freud fez-me inclinar diante de seu julgamento negativo – até o dia em que foi publicado *Para além do princípio de prazer*, obra na qual sua teoria do jogo recíproco da pulsão de vida e da pulsão de morte explica certamente melhor a diversidade dos fatos psicológicos e biológicos do que a minha concepção unilateral o fizera na época. A ideia de uma "inferioridade orgânica" interessou-lhe na medida em que aí vislumbrava os primórdios extremamente promissores de um fundamento somático da psicanálise como de um trampolim para uma filosofia teleológica, Freud cessou toda colaboração com ele. Também tolerou por muito tempo as cabriolas científicas de um de seus alunos, porque apreciava seu senso agudo da simbólica sexual. A maioria de seus alunos superou, contudo, as inevitáveis suscetibilidades, convencidos de que a psicanálise de Freud concederá mais cedo ou mais tarde a importância devida às diversas tendências.

A nossa polarização profissional não poderia fazer-nos esquecer neste dia os sentimentos daqueles que vivem pessoalmente junto de Freud, sobretudo de sua família, na qual Freud, ser humano e não personagem mítica, vive e trabalha, sua família que vela por sua saúde tão preciosa para todos nós e cuja solicitude merece todo o nosso reconhecimento. O vasto círculo de pacientes tratados segundo o seu método e que, graças a ele, reencontraram a força de viver juntar-se-ão igualmente a nós neste dia memorável, assim como o círculo ainda mais vasto daqueles que a boa saúde não preserva do sofrimento, e a quem a ciência de Freud aliviou de um fardo bem inútil.

A psicanálise age, afinal de contas, por aprofundamento e ampliação do conhecimento; mas o conhecimento [como tento mostrar num artigo deste volume[1]] só pode ser ampliado e aprofundado pelo amor. E Freud pode estar certo, que mais não seja porque logrou ensinar-nos a suportar melhor a verdade, de que uma grande parte da humanidade, e não a menor, pensa nele com amor neste dia.

---

1. "O problema da afirmação do desprazer."

XLVIII

A importância de Freud para o movimento da higiene mental

(Por ocasião do 70º aniversário de Freud)

É com imenso prazer que respondo ao pedido amistoso do dr. Frankhood Williams, que me convida a dizer algumas palavras sobre as relações possíveis entre o movimento de "higiene mental" e o método psicológico e terapêutico criado e elaborado por Freud. Estou convencido desde longa data de que a importância dessas relações tem sido subestimada. A teoria psicanalítica interessou-se principalmente pela investigação das neuroses, da qual colheu todos os seus novos conhecimentos; depois aplicou-os também, em certa medida, às psicoses. Pode-se dizer, portanto, que a análise das psicoses limitou-se a uma espécie de psicanálise aplicada, sem constituir uma fonte de conhecimento independente.

Entretanto, pode-se afirmar que a ciência psiquiátrica tirou substancial proveito do ponto de vista psicanalítico. Antes de Freud, a psiquiatria não se baseava na psicologia. Esforçava-se por atribuir os sintomas patológicos a alterações do cérebro, com um êxito apenas parcial e mesmo esse somente quando se tratava de certas deficiências ligadas a lesões graves do cérebro (perturbações psicóticas nos casos de tumor cerebral, de escleroses múltiplas, consecutivas a vários ataques de paralisia, de inflamação cerebral, ou ainda nos casos de paralisia progressiva e de demência senil). Todas as chamadas psicoses funcionais (a mania, a melancolia, a paranoia, a demência precoce, a psicose histérica e a amência) permaneciam inexplicáveis de um ponto de vista anatômico, embora se esforçassem em demonstrar a presença de alterações microscópicas específicas em todos esses distúrbios. A expressão "funcional" servia unicamente para mascarar a nossa ignorância. Como teríamos podido explicar a alteração patológica do funcionamento psíquico, quando ignorávamos tudo sobre o seu funcionamento normal? Em vez de levar esses fatos em consideração, os autores dos nossos manuais de psiquiatria entregavam-se a fantasias de células invisíveis, até mesmo de alterações moleculares, que supostamente estavam na origem das psicoses. Não ocorreu ao espírito de nenhum psiquiatra procurar uma explicação psicológica para os sintomas psicóticos.

Essa posição fez com que dispensassem pouquíssimo interesse aos conteúdos psíquicos das produções dos doentes mentais. Para eles, tratava-se simplesmente de fenômenos secundários ligados à suposta alteração orgânica molecular ou funcional, e isso servia-lhes, no máximo, para formular o diagnóstico e colocar um rótulo no caso. As produções psíquicas do doente eram qualificadas de "confusas", "estereotipadas", de "fuga do pensamento" e mesmo de "parafrasia" ou "salada de palavras", e eram apresentadas aos estudantes e visitantes dos hospitais psiquiátricos como curiosidades.

Sob a influência da psicanálise, produziram-se mudanças fundamentais nesse domínio. Freud ensinou-nos que as neuroses, na medida em que são "psicogênicas", isto é, de origem psíquica, não são mera consequência de um "choque" psíquico (concepção cujo ponto de partida mais ou menos confessado continua sendo a analogia entre o trauma físico e o choque cerebral), mas que seus sintomas são o produto de uma luta intrapsíquica entre tendências opostas. Essa luta interna, que culmina no recalcamento e na formação de sintomas no neurótico, é algo que nós, os homens considerados normais, podemos observar em nós próprios, muito simplesmente com a ajuda da introspecção. A consequência dessa descoberta foi, em primeiro lugar, tornar a neurose acessível à investigação introspectiva e ao tratamento; e, em seguida, fazer desaparecer a barreira que separava, como se acreditava até então, as pessoas saudáveis das neuróticas. Os progressos das investigações mostraram depois que o muro erguido entre neuroses e psicoses devia igualmente cair, e que mesmo os atos e processos de pensar mais extraordinários dos doentes mentais tinham que ser atribuídos a conflitos psíquicos. O comportamento do doente mental deixava também de ser tido por absurdo, e suas falas não mais eram consideradas uma "salada de palavras"; a interpretação cuidadosa de seu conteúdo permitia relacionar os discursos mais grotescos e mais confusos com conflitos, frequentemente trágicos, que todos podemos compreender.

Foi a análise da atividade psíquica no *sonho* que fez desaparecer completamente o fosso entre doença mental e saúde mental, considerado até então intransponível. O homem mais normal torna-se psicótico durante a noite: tem alucinações, sua personalidade, nos planos lógico, ético e estético, sofre uma transformação fundamental e adquire, em geral, um caráter mais primitivo. A ciência de antanho, lógica consigo mesma, apresentava igualmente o sonho como um fenômeno psíquico destituído de importância, apenas ligado às mudanças moleculares e a outras que ocorrem no cérebro durante o sono. E, quando Freud *interpretou* o primeiro sonho, ou seja, quando o tornou compreensível, apesar de sua fachada absurda, não restou outra alternativa senão abandonar a ideia de que saúde mental e doença mental não podiam comparar-se. No que se refere ao destino das infelizes vítimas dessas doenças, era extremamente importante que pudéssemos constatar em nós próprios a aptidão para produzir os mesmos atos psíquicos que habitualmente qualificamos de "loucos". Os psiquiatras passaram a se interessar pelas falas e pelos atos estranhos do doente mental, começaram a dar um sentido ao seu comportamento, a procurar "relações lógicas" entre as palavras na incoerência apresentada pela fuga das ideias; nas formas de suas visões, nas vozes de suas alucinações auditivas, eles tentaram descobrir as pessoas de sua história que desempenhavam um papel patogênico importante.

Foi necessário esperar essa etapa para que a psiquiatria fizesse sair os doentes mentais de seu isolamento. De que servia desfazer os grilhões dos doentes mentais e abrir-lhes as celas, como tinha feito o espírito humanitário dos séculos XIX e XX, se eles continuavam como antes isolados e incompreendidos no plano psicológico? Quando suas manifestações também foram consideradas como formas representativas de tendências humanas universais, ou seja, quando se *começou a compreender a linguagem dos doentes mentais*, só então eles foram aceitos no seio da comunidade humana.

Um dos objetivos fundamentais do movimento de higiene mental é, até onde chega o meu conhecimento, melhorar a sorte dos doentes mentais, facilitar o seu regresso à sociedade. Pode-se esperar que a investigação psicanalítica, penetrando ainda mais profundamente nos mecanismos dessas formas patológicas, consiga um dia obter os mesmos resultados no que concerne ao tratamento das psicoses que já agora se conhecem no tratamento das psiconeuroses (histeria, neurose obsessiva). Em todo o caso, a psicanálise representa atualmente o único caminho que pode levar à compreensão das doenças mentais "funcionais", e essa compreensão já contribui amplamente para melhorar o estado dos doentes mentais. Portanto, justifica-se afirmar, como o fiz há pouco, o parentesco das metas perseguidas pela psicanálise e pelo movimento de "higiene mental". Conviria encontrar um meio de favorecer essa finalidade comum por meio da colaboração. E não seria também essa a maneira mais válida de celebrar o aniversário do cientista que permitiu todos esses progressos?

Essa colaboração poderia consistir, por um lado, em dar a alguns analistas particularmente experientes a oportunidade de, durante um certo período de tempo, consagrarem-se ao estudo das psiconeuroses nos hospitais psiquiátricos e, por outro, em criar bolsas para os médicos desses estabelecimentos, a fim de lhes permitir aproveitarem as possibilidades de formação psicanalítica que atualmente se lhes oferecem.

XLIX

O problema da afirmação do desprazer
(Progressos no conhecimento do sentido de realidade)

Pouco depois do meu primeiro encontro com a psicanálise, deparei com o problema do sentido de realidade, cujo modo de funcionamento me parecia estar em vivo contraste com a tendência para evitar o desprazer e com o recalcamento, tendência essa que, diga-se de passagem, é manifesta em todos os quadrantes da vida psíquica. Por uma espécie de empatia com o psiquismo infantil, cheguei à suposição de que para uma criança preservada de todo desprazer a existência inteira deveria parecer, à primeira vista, perfeitamente homogênea, "monística", por assim dizer; a distinção entre as coisas "boas" e "más", entre o ego e o meio ambiente, o interior e o exterior, só se estabeleceria mais tarde; estranho e hostil seriam, pois, nessa primeira etapa, idênticos[1].

Num outro artigo, tentei então fazer uma reconstrução teórica das principais etapas do desenvolvimento que levam do princípio de prazer ao princípio de realidade[2]. A minha hipótese era que a criança, antes de sofrer as suas primeiras decepções, acredita possuir uma onipotência incondicional, e que continua agarrando-se a

---

1. "A criança vai distinguir do seu ego certas coisas maliciosas que não obedecem à sua vontade como constituintes do *mundo exterior*, ou seja, os conteúdos psíquicos subjetivos (sentimentos) daqueles que são objetivados (as sensações)." ("Introjeção e transferência", em *Obras completas*, 1909, vol. I.)

2. "O desenvolvimento do sentido de realidade e seus estágios", em *Obras completas*, 1913, vol. II.

esse sentimento de onipotência mesmo quando a eficácia de sua vontade no tocante à realização de seus desejos passa a estar vinculada à observância de certas condições; até o momento em que o número crescente e a complexidade dessas condições a obrigam, por via de regra, a abandonar o sentimento de onipotência e a reconhecer a realidade. Entretanto, ainda não se podia dizer nada, nessa descrição, sobre os processos internos que acompanham obrigatoriamente essa notável e importante transformação; a nossa compreensão dos fundamentos mais profundos do psiquismo, sobretudo da vida pulsional, ainda não era suficientemente avançada para permiti-lo. Embora, depois dessa época, os trabalhos fundamentais de Freud sobre a vida pulsional, bem como as suas descobertas a respeito da análise do ego, nos avizinharam desse objetivo[3], ainda assim continuamos incapazes de superar verdadeiramente o abismo que separa a vida pulsional da vida intelectual. Tínhamos necessidade da extrema simplificação a que Freud pôde finalmente reduzir a multiplicidade dos fenômenos pulsionais; refiro-me aqui à sua hipótese relativa à polaridade pulsional que abrange tudo o que vive: a polaridade entre a pulsão de vida (Eros) e a pulsão de morte ou de destruição[4]. Foi preciso esperar, contudo, pelo seu mais recente artigo, "A negação" ("DieVerneinung", 1925)[5], cujo título modesto dissimula o início de uma psicologia dos processos do pensamento fundamentada na biologia, para vermos reunidos os fragmentos até então dispersos do nosso saber. Freud, como sempre, apoia-se uma vez mais no terreno seguro da experiência psicanalítica e mostra-se de uma extrema prudência em suas generalizações. Em sua esteira, desejo reconsiderar agora o problema do sentido da realidade à luz da sua descoberta.

Freud descobriu que o ato psicológico representado pela *negação da realidade* constitui uma fase intermediária entre a *ignorância* e o *reconhecimento* da realidade; o mundo externo estranho ao ego, portanto hostil, pode ter acesso à consciência apesar do desprazer, na medida em que seja afetado do símbolo negativo da negação, que seja *negado*. No negativismo, a tendência para suprimir a existência das coisas, ainda vemos em ação as forças recalcadoras que,

---

3. *Psychologie Collective et Analyse du Moi*, 1921; *Le Moi et le Ça*, 1923.
4. *Au-delà du Principe de Plaisir*, 1920.
5. *Imago*, 1925, n.º 3.

no processo primário, levaram à ignorância total do desprazer; a ignorância por alucinação negativa já não tem completo êxito e o desprazer não é mais ignorado mas converte-se no conteúdo da percepção sob a forma de negação, de desmentido. Uma questão logo surge naturalmente: o que deve acontecer para que desapareça o último obstáculo a essa aceitação, e para que a *afirmação de um desprazer*, ou seja, o desaparecimento da tendência para o recalcamento, passe a ser possível?

Suspeita-se imediatamente de que não será muito fácil responder a essa questão; tanto mais que fica desde logo evidente, após a descoberta de Freud, que a afirmação de um desprazer jamais constitui um ato psíquico simples mas sempre duplo: ocorre primeiro uma tentativa de negar o desprazer enquanto fato, sendo depois necessário um novo esforço para negar essa negação. O positivo, o reconhecimento do ruim, parece resultar sempre, com efeito, de duas negações. Para encontrar algo de comparável no domínio familiar da psicanálise, devemos estabelecer um paralelo entre a ignorância total e o estado psíquico de uma criança ainda incólume a todo desprazer, assim como fiz há algum tempo: por uma parte, averiguando o "ponto de fixação" das *psicoses* nesse estágio[6] e, de outra, vendo uma espécie de regressão para essa etapa na capacidade ilimitada do paralítico megalomaníaco em experimentar uma alegria contínua[7]. A fase da negação encontra sua contrapartida, como Freud nos mostrou, no comportamento do paciente durante o tratamento e, de um modo mais geral, na *neurose*, a qual também é o resultado de um recalcamento incompleto ou falho e sempre da ordem do negativo, o negativo da perversão. O processo que resulta finalmente no reconhecimento ou na afirmação do desprazer desenrola-se sob os nossos olhos, resultado dos nossos esforços terapêuticos quando do tratamento de uma neurose; e, se prestarmos atenção aos detalhes desse processo, teremos uma boa chance de ter uma ideia desse processo de admissão do desprazer.

No apogeu da transferência, vemos o paciente aceitar sem resistência até o que há de mais desagradável; ele encontra manifestamente no sentimento de prazer que acompanha o amor de trans-

---

6. "O desenvolvimento do sentido de realidade e seus estágios", em *Psicanálise II*.
7. "A psicanálise dos distúrbios mentais da paralisia geral", neste volume.

ferência um consolo para a dor que, de outro modo, essa aceitação lhe teria valido. Entretanto, no final do tratamento, quando deve renunciar também à transferência, haveria indubitavelmente um retorno à negação, ou seja, à neurose, se o paciente não conseguisse encontrar, para compensar essa renúncia, um substituto e um consolo na realidade e, em particular, na *identificação com o analista*. Como não evocar, a propósito, um belo trabalho de Victor Tausk, analista prematuramente desaparecido, que via uma condição da cura no enfraquecimento dos motivos de recalcamento pela compensação[8]. Do mesmo modo, devemos suspeitar da existência de uma compensação logo a partir do primeiro aparecimento de uma afirmação do desprazer; não se pode, aliás, representar de outra maneira a sua presença na psique, que trabalha sempre no sentido da menor resistência, ou seja, segundo o princípio de prazer. Já em *A interpretação dos sonhos*, de Freud, encontramos uma passagem que explica assim a transformação de um processo primário em processo secundário. Diz Freud que o bebê faminto tenta primeiramente obter satisfação no modo alucinatório e só quando essa tentativa fracassa é que ele reconhece o desprazer como tal e o exprime por essas manifestações que acarretam a satisfação real. Vemos assim pela primeira vez um fator quantitativo determinar aparentemente o modo de reação psíquica. Se o reconhecimento do meio ambiente hostil representa um desprazer, o seu não reconhecimento comporta geralmente ainda mais desprazer; o menos desagradável torna-se, portanto, relativamente agradável e pode ser afirmado como tal. Somente tomando em consideração a compensação e a evitação de um desprazer ainda maior é que poderemos compreender em geral a possibilidade de uma afirmação do desprazer sem que por isso sejamos obrigados a renunciar à concepção da busca de prazer como a tendência fundamental de todo psiquismo. Entretanto, postulamos ao mesmo tempo a intervenção de um novo instrumento no mecanismo psíquico, uma espécie de máquina de calcular cuja existência nos põe diante de novos enigmas, talvez de resolução ainda mais difícil.

Voltaremos ao problema da matemática psíquica; mas consideremos antes os conteúdos psíquicos que permitem à criança realizar o reconhecimento da realidade. Quando Freud nos diz que o ser

---

8. V. Tausk, "Entwertung des Verdrängungsmotivs durch Rekompense", *Int. Zeitschr. f. PsA.*, I (1913), pp. 230 ss.

humano, de maneira permanente ou a intervalos regulares, "explora", "sonda" com atenção o seu meio ambiente, "prova" pequenas amostras dele, adota manifestamente, por protótipo de todo trabalho de pensar posterior, a maneira de agir do bebê que cheira a ausência do seio materno e o busca. Foi uma postura semelhante a que me conduziu, em meu ensaio de bioanálise[9], à formulação da hipótese de que cheirar ou farejar o meio ambiente são atos que oferecem uma semelhança ainda maior com o ato de pensar, porquanto permitem efetivamente obter amostras ainda menores e mais precisas. A incorporação oral só tem lugar se o resultado da prova for favorável. Existe, portanto, uma diferença intelectual muito importante entre uma criança que mete tudo na boca sem distinção e aquela que se interessa somente pelas coisas cujo odor lhe é agradável.

Mas atenhamo-nos ao exemplo da criança que deseja mamar. Suponhamos que até aí ela foi sempre apaziguada no momento certo e que pela primeira vez teve que sofrer o desprazer da fome e da sede. O que se passará nela? Até então, confiante em seu narcisismo primário, a criança só conhecia a si mesma, nada sabia da existência de coisas estranhas a ela, logo, de sua mãe, e, por conseguinte, não podia ter sentimentos a respeito delas, nem bons nem maus. Era admissível que, em relação com a destruição fisiológica provocada pela ausência de alimento nos tecidos do organismo, também se produzisse uma espécie de "desintricamento pulsional" na vida psíquica, que se manifesta, em primeiro lugar, por uma descarga motora descoordenada e por choro, modo de expressão inteiramente comparável às manifestações de cólera no adulto. Quando, após ter esperado e chorado por muito tempo, a criança reencontra o seio materno, este não mais suscita nela o efeito de uma coisa indiferente que está sempre a postos quando se tem necessidade dele e cuja existência, por conseguinte, não é preciso reconhecer; o seio materno passa agora a ser um *objeto de amor e de ódio*; de ódio porque foi obrigado a passar sem ele durante um certo tempo; de amor porque depois dessa privação ele lhe propiciou uma satisfação ainda mais intensa; mas, de toda maneira, torna-se a matéria de uma *representação de objeto*, ainda muito vaga, sem dúvida. Este exemplo ilustra bem, na minha opinião, duas frases muito importantes do

---

9. Ver *Thalassa: ensaio sobre a teoria da genitalidade*, Martins Fontes, 1990.

artigo de Freud sobre "A negação". Ei-las: "O primeiro e o mais imediato objetivo do teste da realidade não é encontrar na realidade um objeto correspondente ao que é representado mas *reencontrá-lo* e convencer-se de que ele ainda existe." E mais: "Para que o teste da realidade ocorra, é necessário que tenham sido perdidos objetos que outrora tinham proporcionado uma satisfação real"[10]. Queremos somente acrescentar que a *ambivalência* de que acabamos de falar, ou seja, o *desintricamento pulsional*, é absolutamente necessária para que apareça uma percepção de objeto. As coisas que nos amam sempre, ou seja, que satisfazem constantemente todos os nossos desejos, não tomamos conhecimento delas como tais, incluímo-las simplesmente em nosso ego subjetivo; as coisas que nos são e sempre nos foram hostis recalcamo-las simplesmente; quanto às coisas que não estão incondicionalmente à nossa disposição, aquelas de que gostamos porque nos dão satisfação e que detestamos porque não nos obedecem em tudo, criamos para elas marcas particulares em nossa vida psíquica, traços mnêmicos aos quais se liga um caráter de objetividade, e rejubilamo-nos quando as reencontramos na realidade, ou seja, quando podemos amá-las de novo. E, quando odiamos um objeto e não conseguimos recalcá-lo suficientemente para poder negá-lo de maneira duradoura, o reconhecimento de sua existência prova que, na realidade, gostaríamos de amá-lo e só a "maldade do objeto" nos impede disso. O selvagem mostra-se, portanto, perfeitamente consequente quando, após ter matado o seu inimigo, testemunha-se o maior amor e respeito. Demonstra simplesmente assim que teria preferido ter paz, que queria viver em harmonia perfeita com o mundo à sua volta, mas que foi impedido de fazê-lo pela existência de um "objeto incômodo". O aparecimento desse obstáculo acarretou um desintricamento de suas pulsões sob o crescendo do componente agressivo e destrutivo; após a satisfação obtida pela vingança, o outro componente pulsional, o amor, também procura a satisfação. Tudo se passa como se as duas espécies de pulsões se neutralizassem mutuamente quando o ego se encontra em estado de repouso, à maneira da eletricidade negativa e positiva num corpo elétrico inerte e como

---

10. Na minha "Teoria da genitalidade", é com um *reencontro* e um *reconhecimento* da mesma ordem que relaciono o sentimento de satisfação, o sentimento de se atingir a *realidade erótica*.

se nos dois casos influências externas particulares fossem necessárias para separar as duas espécies de correntes e torná-las de novo ativas. O aparecimento da ambivalência seria, portanto, uma espécie de medida defensiva, uma aptidão geral para a resistência ativa que representaria, assim como o fenômeno psíquico que o acompanha, o reconhecimento do mundo objetivo, um dos meios de controlá-lo.

Assinale-se, porém, que, se a ambivalência testemunha o reconhecimento da existência das coisas, nem por isso temos acesso ao que se chama a visão objetiva; pelo contrário, as coisas tornam-se alternadamente objeto de um ódio e de um amor tão veementes um quanto o outro. Para alcançar a objetividade, é necessário que as pulsões liberadas sejam inibidas, ou seja, que elas se unam de novo, uma nova intricação pulsional deve produzir-se, portanto, uma vez consumado o reconhecimento. É possível que também seja este o processo psíquico que assegura a inibição e o adiamento da ação até que a realidade exterior e a "realidade de pensamento" se tornem idênticas; a capacidade de julgar e de agir de modo objetivo é, pois, essencialmente, uma capacidade das tendências de ódio e de amor para se neutralizarem mutuamente, constatação que tem todo o ar de um lugar-comum. Pensamos, no entanto, que se pode considerar seriamente o elo natural que une as forças de atração e de repulsão como um processo psicoenergético em ação em toda e qualquer formação de compromisso e em toda e qualquer visão objetiva; conviria, portanto, substituir a máxima *sine ira et studio* e dizer que uma visão objetiva das coisas exige "dar livre curso" a uma quantidade igual de *ira* e de *studium*.

Existem manifestamente graus diferentes no desenvolvimento da capacidade de objetividade. No meu ensaio sobre o desenvolvimento do sentido de realidade, descrevi o abandono gradual da onipotência pessoal, sua transferência para outras potências superiores (ama de leite, pais, deuses) e chamei a esse processo o período da onipotência com a ajuda de gestos e palavras mágicas; depois, supus que o último estágio, aquele donde se extrai a conclusão da experiência dolorosa, correspondia ao abandono definitivo da onipotência, a uma espécie de estágio científico de reconhecimento do mundo. Recorrendo à terminologia psicanalítica, designei a primeira fase, aquela em que só existe o ego e em que este se apropria de todo o universo da experiência, como o período de introjeção; a segunda fase, aquela em que a onipotência é atribuída a potências exteriores, como o período de projeção; quanto ao último estágio de desenvolvimento, pude concebê-lo como o período em que os dois mecanismos são utilizados em partes iguais e compensam-se mutuamente. Essa sucessão corresponde aproximadamente à representação do desenvolvimento da humanidade esboçada por Freud em *Totem e tabu*: fase mágica, fase religiosa e fase científica. Mais tarde, quando tentei um enfoque crítico do modo de produção atual da ciência[11], fui levado a supor que a ciência, se quiser realmente manter-se objetiva, deve trabalhar alternadamente como psicologia pura e como ciência pura, que lhe cumpre confirmar a experiência tanto interna quanto externa dos dois pontos de vista – o que implica uma oscilação entre projeção e introjeção. Foi o que denominei o *utraquismo* de todo verdadeiro empreendimento científico. Em filosofia, o solipsismo ultraidealista representa a volta a um infantilismo egocêntrico; quanto à concepção psicofóbica puramente materialista, ela corresponde aos exageros da fase de produção; em contrapartida, o dualismo sustentado por Freud responde plenamente à exigência utraquística.

Podemos esperar que a descoberta de Freud, a denegação concebida como etapa intermediária entre a negação e o reconhecimento do desprazer, venha a permitir compreender melhor esses estágios evolutivos, assim como a sua sucessão, e simplificar sua visão de conjunto. O primeiro passo doloroso no sentido do reconhecimento do mundo externo consiste por certo em aperceber-se de que uma parte das "coisas boas" não pertence ao ego e que cumpre distingui-las como "mundo externo" (seio materno). Quase ao mesmo tempo, o ser humano deve aprender que pode produzir-se mesmo em seu interior, portanto, por assim dizer, no próprio ego, algo de desagradável, isto é, de mau, de que lhe é impossível desembaraçar-se por alucinação ou de qualquer outra maneira. Um outro passo é dado quando ele pode suportar uma privação total imposta pelo exterior, ou seja, reconhecer que também existem coisas às quais se deve renunciar em definitivo; como processo paralelo, encontramos o reconhecimento dos desejos recalcados associado à renúncia à sua realização. Como esse reconhecimento, sabemo-lo hoje, exige uma parte de Eros, portanto, de amor, o que é inconce-

---

11. Cf. *Thalassa: ensaio sobre a teoria da genitalidade*, Introdução.

bível sem introjeção, ou seja, sem identificação, somos levados a afirmar que o reconhecimento do mundo externo corresponde, de fato, a uma realização parcial do imperativo cristão: "Ama os teus inimigos." Mas a resistência encontrada pela doutrina psicanalítica das pulsões mostra que a reconciliação com o inimigo interior é para o homem a tarefa mais difícil a cumprir.

Se quisermos unir os nossos novos conhecimentos e o sistema tópico da metapsicologia freudiana, podemos supor que na época do solipsismo absoluto só funciona um sistema percepção-consciência, ou seja, uma superfície de percepção do psiquismo; o estágio da negação coincidiria com a formação dos estratos inconscientes recalcados (Ics); quanto ao reconhecimento consciente do mundo externo, este exige ainda esse sobreinvestimento de que só nos torna capaz a instauração de um novo sistema psíquico, o pré-consciente (Pcs), que vem intercalar-se entre o Ics e o Cs. Segundo a lei fundamental da biogênese, o desenvolvimento psíquico do indivíduo repete igualmente a psicogênese da espécie; reencontrar-se-á, portanto, a sucessão que acabamos de descrever na evolução progressiva dos sistemas psíquicos de diferentes organismos.

Com efeito, o desenvolvimento orgânico apresenta protótipos da adaptação progressiva do ser vivo à realidade do mundo externo. Certos organismos primitivos parecem ter permanecido no estágio narcísico; aguardam passivamente a satisfação de seus desejos e, se esta lhes for constantemente recusada, eles morrem – pura e simplesmente; encontram-se ainda tão próximos do ponto de emergência para fora do inorgânico que sua pulsão de destruição tem muito menos caminho a percorrer para a ele retornar e mostra-se, portanto, muito mais eficaz. Num estágio mais evoluído, o organismo é capaz de rejeitar partes de si mesmo que constituem para ele fontes de desprazer e de salvar assim sua própria vida (autotomia); essa espécie de "sequestro" pareceu-me ser outrora o protótipo fisiológico do processo de recalcamento. É preciso esperar uma outra etapa do desenvolvimento para ver surgir a faculdade de adaptação à realidade, espécie de reconhecimento orgânico do mundo exterior que é manifesto no modo de vida dos seres que vivem em simbiose, mas igualmente em todo ato de adaptação. A minha concepção "bioanalítica" permite distinguir processos primários e processos secundários mesmo ao nível orgânico, por conseguinte, processos que, no domínio psíquico, consideramos como graus do desenvolvimento intelectual. Isso implicaria que o orgânico também possui mais ou menos uma espécie de máquina de calcular que não se limita a registrar as qualidades de prazer ou de desprazer, mas leva igualmente em conta as quantidades. Em todo o caso, a adaptação orgânica é caracterizada por uma certa rigidez, manifesta nos processos reflexos que, embora sejam incontestavelmente adaptados, nem por isso são menos imutáveis, ao passo que a capacidade de adaptação psíquica comporta uma disposição permanente para o reconhecimento de novas realidades e a capacidade de inibir a ação até o término do ato de pensar. Portanto, Groddeck tem razão em considerar o id orgânico como inteligente; no entanto, mostra-se parcial ao negligenciar a diferença de grau entre a inteligência do ego e a do id.

Poder-se-ia ainda acrescentar que temos a ocasião de ver o trabalho de negação (autotomia) e da adaptação na própria patologia orgânica. Já tentei explicar certos processos de cura orgânica (ferimentos, etc.) por um afluxo de libido (Eros) na parte atingida[12].

Mas é inútil querer dissimular que todas essas considerações ainda não fornecem uma explicação satisfatória do fato de que, na adaptação ao meio ambiente real, seja ela orgânica ou psíquica, certas partes do mundo exterior hostil são incluídas no ego com a ajuda de Eros, enquanto, por outro lado, há a renúncia a partes amadas do ego. Para evitar complicações, pode-se recorrer a uma explicação psicologizante e sustentar que mesmo a renúncia real a um prazer e a aceitação de um desprazer são sempre e somente "provisórios", uma obediência sob protesto, de certo modo, com a reserva mental de uma *restitutio in integrum*. Essa explicação pode convir em muitos casos; basta invocar a esse respeito a capacidade, virtual e reativada em certas circunstâncias, de regredir para comportamentos ultrapassados há muito tempo e até mesmo arcaicos. A adaptação que se constata seria, portanto, apenas uma atitude de expectativa e de esperança indefinidas até o processo dos "bons tempos antigos", atitude essa que só apresenta uma diferença de grau em relação ao comportamento dos rotíferos, capazes de se dessecar durante anos na expectativa da umidade. Não esqueçamos que também pode haver perda real e irreparável de órgãos ou de partes de órgãos, e no domínio psíquico deparamos igualmente com uma renúncia que,

---

12. *Histeria e patoneurose*.

na aparência, é total e sem compensação. Uma vez que é impossível livrar-se de apuros com esse gênero de explicação otimista, o jeito é recorrer à teoria das pulsões, segundo Freud, e constatar que, em certos casos, as pulsões de destruição voltam-se contra a própria pessoa, que, inclusive, a tendência para a autodestruição, para a morte, é a pulsão mais primitiva, e que só no transcorrer do desenvolvimento é que ela passa a ser dirigida para o exterior. Tal modificação "masoquista" da direção da agressão desempenha um papel, sem dúvida, em todo ato de adaptação. Aliás, já assinalei acima que a renúncia a partes amadas do ego e a introjeção do que é estranho constituíam processos paralelos, portanto, que só podemos amar (reconhecer) os objetos à custa do nosso narcisismo; nova ilustração do fato psicanalítico muito conhecido de que todo amor de objeto forma-se a expensas do narcisismo.

Entretanto, o mais surpreendente nessa autodestruição é o fato de que neste caso (na adaptação, o reconhecimento do mundo circundante, a formulação de um julgamento objetivo) a destruição converte-se verdadeiramente na "causa do devir"[13]. É tolerada uma destruição parcial do ego, mas somente com o objetivo de construir, a partir do que restou, um ego capaz de resistência ainda maior (exatamente como nas engenhosas tentativas de Jacques Loeb para obter o desenvolvimento de óvulos estéreis por meio de agentes químicos, logo, sem fecundação; os produtos químicos destroem, desorganizam as camadas exteriores do óvulo, mas a partir dos resíduos constituem-se um invólucro protetor que impede mais tarde toda agressão ou ferida), ao passo que o Eros, liberto por ocasião do desintricamento pulsional, transforma a destruição num devir, num desenvolvimento contínuo das partes que permaneceram incólumes. Sem dúvida, é muito atrevimento de minha parte proceder à transposição direta de analogias orgânicas para o domínio psíquico. A minha desculpa é que o faço deliberadamente e limitando-me às chamadas "questões últimas", domínio em que, como expus em outro artigo, os julgamentos analíticos já não nos trazem nenhuma ajuda e em que temos que recorrer a analogias tomadas em outros domínios para poder estar em condições de formular um julgamento sintético. Como toda psicologia, a psicanálise também se choca

---

13. Ver S. Spielrein, "Die Destruction als Ursache des Werdens" [A destruição como causa do devir], *Jahrbuch für PsA.*, IV (1912).

um dia, forçosamente, com a rocha do orgânico quando sonda as profundezas. Irei mesmo ao ponto de considerar os próprios traços mnêmicos como cicatrizes de *impressões traumáticas, produtos da destruição* que Eros, infatigável, decide, não obstante, empregar no seu sentido, ou seja, na preservação da vida: faz deles um novo sistema psíquico que permite ao ego orientar-se melhor em seu meio ambiente e formar julgamentos mais sólidos. De fato, só a pulsão de destruição "quer o mal" e é Eros quem "dela extrai o bem".

Mencionei no começo e depois por várias vezes a existência de uma máquina de calcular que suponho constituir um órgão auxiliar do sentido de realidade. Embora essa hipótese provenha de um domínio muito diferente, onde ela me ajuda a explicar a existência do sentido científico nas áreas da matemática e da lógica, gostaria de expô-la aqui em poucas palavras. O duplo sentido da palavra "contar" me fornecerá um bom ponto de partida. Quando se abandona a tendência para afastar o mundo circundante pelo recalcamento e pela negação, passa-se a *contar* com ele, em outras palavras, a reconhecê-lo como um fato; considero como um outro passo na arte de contar o desenvolvimento da capacidade de escolher entre dois objetos suscetíveis de provocar um desprazer *mais ou menos* importante, ou de escolher entre duas condutas que vão acarretar um desprazer maior ou menor. Todo o processo de pensamento poderia consistir nesse trabalho de cálculo, em grande parte inconsciente, que vem inserir-se entre a sensibilidade e a motilidade, e do qual só o resultado, como nas máquinas de calcular modernas, tem acesso à consciência, ao passo que os traços mnêmicos que serviram para efetuar o trabalho propriamente dito permanecem escondidos ou inconscientes. É difícil imaginar que o ato de pensamento mais simples tenha por base um número infinito de operações matemáticas inconscientes em que intervêm provavelmente todas as simplificações da aritmética (álgebra, cálculo diferencial), e que o pensamento por símbolos verbais represente apenas uma simplificação superior desse cálculo complexo. Estou convencido de que o dom para as matemáticas ou a lógica depende da presença ou da ausência da aptidão para adquirir consciência dessa atividade de cálculo e de pensamento, atividade essa que também é realizada, mas inconscientemente, por aqueles a quem parece faltar por completo o talento para as matemáticas ou para a lógica. Uma introversão desse gênero poderia estar na origem do sentido musical [autopercepção das emoções, lirismo[14]] e do interesse científico pela psicologia.

A maior ou menor aptidão de um indivíduo para julgar "corretamente", ou seja, para poder calcular o futuro de antemão, poderia depender do grau de desenvolvimento alcançado pela máquina de calcular. Os elementos fundamentais que servem para efetuar esses cálculos são as lembranças, que representam em si mesmas uma soma de impressões sensíveis, portanto, em última análise, reações psíquicas a estímulos variados e de intensidade diversa. A matemática psíquica nada mais faria, pois, do que prolongar a matemática orgânica.

Como Freud nos mostrou, o ponto essencial no desenvolvimento do sentido de realidade é a inserção de um mecanismo de inibição no aparelho psíquico; quanto à negação, nada mais é do que uma última e desesperada tentativa do princípio de prazer para deter a marcha rumo ao reconhecimento da realidade. A formação final de um julgamento, resultado do trabalho de cálculo cuja hipótese acabamos de formular, representa uma *descarga interna*, uma *reorganização da nossa atitude afetiva para com as coisas e suas representações*, cujo sentido aponta o caminho para a ação que se segue imediatamente ou mais tarde. *O reconhecimento do mundo exterior, ou seja, a afirmação de um desprazer só é possível após o abandono da defesa contra os objetos que são fontes de desprazer e sua negação, e após a transformação em impulsos internos das excitações que proveem desses objetos, incorporando-os ao ego. A força que realiza essa mudança é Eros libertado pelo desintricamento pulsional.*

---

14. Ver Pfeifer, "Musikpsychologische Probleme".

L

Crítica do livro de Rank:
Técnica da psicanálise

Os trabalhos mais recentes de Rank suscitaram um interesse muito grande de dois diferentes pontos de vista: por um lado, eles sublinharam com uma insistência toda particular o fator transferencial ou, como Rank o chama, a "situação analítica" e, por outro, induziram-nos a levar em conta, mais do que se tem feito até hoje, o papel maternal desempenhado pelo médico nessa situação. Eu já tinha por diversas vezes aproveitado a ocasião de indicar a importância e a utilidade da primeira proposição e tinha feito sérios esforços para convencer-me igualmente do caráter plausível da segunda. Mas um obstáculo a isso se opunha: o fato de Rank ter omitido até então o fornecimento de indicações precisas sobre a sua técnica. Foi, portanto, com grande interesse que saudei, como tantos outros, sem dúvida, a publicação de uma obra sobre a técnica psicanalítica, da autoria de Rank[1]. Lamentavelmente, a leitura desse livro praticamente só me causou decepções, como talvez tenha ocorrido a muitos dos meus colegas. Em primeiro lugar, o título é enganador: não se trata da técnica psicanalítica mas de uma modificação desta, que se distingue tanto da técnica praticada até agora que teria sido mais honesto intitular o livro *A técnica de Rank* ou ainda *A técnica do nascimento* no tratamento das neuroses. Com efeito, esse título pode induzir em erro aqueles, numerosos, que ignoram tudo sobre a evo-

---

1. O. Rank, *Technik der Psychoanalyse*, I. *Die analytische Situation*, Leipzig e Viena, 1926.

lução atual de Rank mas conhecem sua longa e frutífera colaboração com o prof. Freud.

Em seu conjunto, a obra caracteriza-se por uma tendência para forçar certos pontos de vista a que, diga-se de passagem, não falta interesse intrínseco, e esse exagero é tal que conduz com muita frequência ao absurdo. Em "Perspectivas da psicanálise"[2], ensaio que redigimos juntos, Rank e eu, e do qual dois capítulos estão reimpressos neste volume, pode-se ainda ler que a análise deve consistir em "traduzir sistematicamente o material inconsciente sob todas as suas formas e em interpretá-lo *tanto* no sentido da situação analítica *quanto* no do passado infantil". Ora, o autor, neste livro, consegue negligenciar quase totalmente o ponto de vista histórico e, por fim, pede que se "faça reviver deliberadamente, até mesmo contra as associações e as intenções do paciente... algo de muito preciso no tratamento" (p. 20). Trata-se de uma experiência afetiva entre o paciente e o médico, portanto, quase a mesma coisa a que Freud chamou "repetição", salvo que Freud e todos nós que o seguimos deixamos o paciente repetir aquilo para o que seu destino pessoal o impeliu; ao passo que Rank, manifestamente confiante demais na sua teoria do trauma do nascimento na base das neuroses, incita expressamente seus pacientes a repetirem no tratamento uma espécie de experiência afetiva do nascimento que o analista deverá conduzir até à resolução. Ele afirma ter visto essa tendência manifestar-se de forma espontânea, ainda que inconscientemente, em número bastante para não ter mais que esperá-la de cada vez, e desde o início da análise interpreta toda manifestação do paciente como uma fuga dessa experiência afetiva. Com sua conhecida sutileza, o autor consegue realizar esse trabalho de interpretação que, com frequência, parece impossível, mas para isso tem que recorrer a uma violência jamais vista até hoje no domínio da interpretação, e cuja parcialidade ultrapassa tudo o que Jung e Adler puderam fazer a esse respeito. Essa parcialidade é a consequência lógica da convicção que o autor possui de ter dito a última palavra sobre as neuroses na sua teoria do trauma do nascimento; ele pode assim poupar-se o trabalho e a obrigação de considerar cada novo caso sem ideias preconcebidas e, por assim dizer, com genuína simplicidade e falta

---

2. S. Ferenczi e O. Rank, "Perspectivas da psicanálise", *Neue Arb. z. ärztl. PsA*, I, 1924.

de artifícios, como nós temos o costume de fazer; mas Rank priva-se da possibilidade de encontrar seja o que for de novo, pois o que ele busca e, é claro, encontra nada mais é do que a confirmação daquilo que já sabe. De resto, considero inteiramente ilógico negar o valor do elemento histórico e, por outro lado, superestimar assim a importância de um certo fator histórico: o nascimento. Em todo o caso, o autor omite-se aqui, uma vez mais, como já o fizera em outras publicações, de expor os fundamentos reais (não especulativos) de sua teoria.

Rank comete igualmente o erro fatal de colocar um "ou bem isto... ou bem aquilo" estridente, no lugar de um prudente "não só... mas também", quando se trata de saber em que medida a ação terapêutica do tratamento decorre de uma compreensão intelectual da motivação recalcada e em que medida depende da pura vivência afetiva. Fui um dos primeiros a pedir que se conceda mais importância à vivência afetiva e defendi até a ideia de que se pode e deve acentuar o caráter emocional da análise dando, por vezes, determinadas tarefas ao paciente, além da associação livre ("Atividade"). Mas, para mim, toda essa vivência na análise constituía apenas um meio de chegar um pouco mais depressa e mais profundamente às raízes dos sintomas, e sempre concebi este último trabalho, ou seja, a proteção propriamente dita contra toda recidiva, como algo de intelectual, como um recrudescimento da descarga inconsciente no pré-consciente. Se nos contentássemos com a "ab-reação" na análise, mesmo fracionada, não se faria mais do que proporcionar ao paciente os acessos e as explosões emocionais da própria doença; como se sabe, eles são geralmente seguidos de um certo apaziguamento mas não protegem, em absoluto, contra a volta dos sintomas, exatamente como no apaziguamento sugestivo ou hipnótico corrente, o qual também exerce uma ação puramente emocional. O autor parecia compartilhar desse ponto de vista na época das "Perspectivas da psicanálise". Ora, Rank escreve agora o seguinte: "Não é a compreensão intelectual da origem histórica... o que constitui... o agente principal mas o deslocamento afetivo (transferência) das moções pulsionais inibidas no conflito atual para o conflito infantil primitivo e seu representante na situação analítica" (p. 12). Chega mesmo a dizer em outro lugar: "O elemento histórico tem simplesmente valor de conhecimento..., de nada serve (para o paciente) saber como e por que as coisas se passaram assim, exatamente como o meu resfriado não melhora nem um pouco se eu souber onde foi que o peguei." Este gênero de asserção é coisa corrente na medicina não psicanalítica, mas, se fosse justificada, significaria o fracasso de todos os nossos esforços. De fato, o autor não conseguiu de forma nenhuma nesta obra invalidar a importância da análise histórica e temos, portanto, o direito de interpretar a sua concepção como uma regressão, não motivada cientificamente, à maneira de ver pré-analítica. Pois até mesmo o lugar onde se pegou um resfriado pode ter uma significação analítica e, ao abster-se deliberadamente de abordar essas questões, talvez se renuncie à única possibilidade de penetrar o sentido de um sintoma. Rank facilita-se demais à tarefa ao supor que o seio materno é o único local onde se possa pegar um sintoma (por exemplo, um resfriado neurótico), e que o momento do nascimento é o único tempo possível de sua formação. Mesmo aquele que conceder algum crédito à teoria das neuroses segundo Rank (e será necessário verificar uma outra vez em que medida isso é possível) considerará ilógico negligenciar todo o período entre o nascimento e a situação analítica atual. Essa atitude lembra a dos "analistas selvagens" que, sem se preocupar com a superestrutura da personalidade, iniciam a análise perseguindo de perto os sonhos infantis. Freud disse-me um dia que isso era tão absurdo quanto querer encontrar numa casa em chamas o candeeiro que causou o incêndio.

Para mostrar a ausência de espírito crítico que caracteriza as interpretações a que Rank se entrega, poderíamos citar este fragmento de sonho (p. 66):

"Eu estava em análise, estendida no divã. O analista me era muito conhecido mas não posso dizer quem era. Queria contar-lhe um sonho em que se tratava de uma viagem que realizei com amigos comuns. Tinha começado quando fui interrompida por uma velhota, sentada num toco de álamo, que queria interpretar o sonho à maneira popular (à maneira das mulheres velhas). Eu disse ao analista que poderia descrever melhor o sonho se ela não me interrompesse. Então ele mandou-a calar-se, levantou-se e apanhou com ambas as mãos a rede em que eu parecia agora estar estendida, ergueu-me e fez-me passar através dela sacudindo-me vivamente. Depois disse: 'Quando você nasceu, tinha o rosto todo vermelho. Depois deitaram-na num divã e o pai sentou-se junto de você.' Eu me surpreendia, em sonho, com a explicação dele e pensava: 'mas é ir procurar longe demais', etc."

Rank vê nesse sonho uma comparação entre a vivência analítica e o próprio nascimento do sujeito, na qual o trabalho do analista é o de um parteiro: ele sacode a paciente por tanto tempo que ela acaba por nascer com o rosto todo vermelho. Não seria muito mais admissível interpretar esse fragmento de sonho relativo à situação analítica dizendo que "as minguadas interpretações da situação materna na análise" que tinham sido dadas antes à paciente bastaram para desencadear toda a sua ironia contra essas interpretações? Ela chama ao analista uma velhota que interpreta como as mulheres velhas, não a deixa falar, interrompe-a sem cessar e a sacode até que ela admite a interpretação maternal (ter nascido do analista). Rank teria sido, portanto, escarnecido por sua paciente ao tomar a sério a aprovação ironicamente exagerada desta, inclusive utilizando-a em apoio de sua teoria do nascimento. A sua inovação técnica permite ao autor reformular suas concepções precedentes a respeito de certos fatos fundamentais da psicanálise. Finalmente, ele não sabe mais se, afinal de contas, "existe um deslocamento ou uma transferência de libido" (p. 206). E, segundo Rank, poder-se-ia até considerar o "conteúdo do inconsciente como um quadro, projetado no passado histórico, do que se passa na situação analítica entre o médico e o paciente". (Naturalmente, tendo por única exceção a reprodução inconsciente do nascimento que, segundo o autor, não depende apenas de uma interpretação da situação analítica mas também de uma interpretação histórica.)

A maneira como a mais recente técnica de Rank procede com os sonhos mostra-se igualmente em conformidade com essa concepção. É certo que Freud nos ensinou que não se deve tomar a análise dos sonhos como um fim em si no tratamento, e que se deve colocar os objetivos do tratamento acima da sua curiosidade psicológica. Ao exagerar abusivamente dessa concepção, Rank é levado a negligenciar quase por completo o material associativo. "Na maioria das vezes, não temos necessidade alguma de dar a tradução dos diferentes elementos do sonho, mas interpretamo-lo de imediato, em especial nas situações típicas, graças aos símbolos transparentes ou aos complexos conhecidos, a fim de considerar o sentido do sonho em relação à análise como um todo" (p. 58). E "não somos em absoluto obrigados a pedir suas associações ao paciente para saber qual é o elemento mais importante ou o fragmento mais intensamente recalcado dos pensamentos do sonho" (p. 59). Acabamos nos perguntando se as livres interpretações simbólicas de Stekel não são preferíveis a esse dogmatismo rígido. Em todo o caso, essa "reforma" da interpretação dos sonhos equivale a renunciar a tudo o que Freud nos deu de mais precioso em sua teoria dos sonhos.

Infelizmente, se não pudemos seguir o autor em sua tese fundamental, ainda menos o podemos em grande número das diversas teorias que ele nos apresenta. No que se refere ao fato de fixar sistematicamente um prazo para o tratamento, fui levado a formular restrições essenciais a minha concordância inicial, após ter adquirido mais vasta experiência[3]; mesmo depois da leitura desse livro, não acho que o autor tenha conseguido tornar plausível a sua "certeza adquirida pouco a pouco quanto ao interesse em postular a indicação de um aviso-prévio". Todas as nossas experiências atuais, bem como a nossa concepção da natureza das neuroses de transferência, opõem-se à ideia de começar a análise colocando de imediato como seu objetivo a separação, "antes mesmo que o paciente esteja em condições de se dar conta de sua fixação neurótica". É imprescindível, portanto, que uma transferência em boa forma se constitua e se torne consciente antes de se considerar a sua liquidação.

Enfim, deixa-nos literalmente desconcertados o último suplemento à teoria do trauma do nascimento, a qual não hesita em considerar até o desmame e a aprendizagem da marcha como consequências do choque produzido pelo nascimento. Por que parar aí e não reconhecer toda a importância histórica do último fator de separação, o mais importante segundo Freud e segundo nós, aquele que se segue à dissolução do complexo de Édipo?

Rank envereda por um terreno sobremaneira perigoso ao querer extrair argumentos do êxito terapêutico: "Ainda me lembro de ter visto recentemente um caso que uma longa análise com um analista eminente não pôde curar e que arrastava um conflito atual não resolvido" (p. 11). Poderia opor-lhe um outro caso, tratado por Rank em pessoa segundo a técnica do trauma do nascimento e da situação atual, que ele tampouco logrou curar, e que arrastava sem tê-la resolvido quase toda a história da relação com o pai. Mas é melhor renunciar de parte a parte a esse gênero de argumentação e, fiéis ao costume atual, abster-se de invocar êxitos terapêuticos a tí-

---

3. "Contraindicações da técnica ativa", neste volume.

tulo de prova. Pois, afinal de contas, pode-se "curar" com todas as técnicas possíveis: com interpretações paternais, interpretações maternais, explicações históricas, ênfase sobre a situação analítica e mesmo com a nossa velha e boa sugestão e a hipnose. Nenhum modo de tratamento está a salvo de um fracasso terapêutico, e mesmo que já se conheçam todas as condições de surgimento de cada neurose e psicose, nenhum analista inteligente sonharia sequer em sustentar o contrário.

Gostaria de retomar uma vez mais a afirmação de Rank segundo a qual é a ligação biológica com a mãe que, na mais profunda camada pulsional, domina regularmente a situação analítica (p. 4); ao passo que Freud confere essencialmente ao analista o papel do pai. Essa hipótese, que alguns autores defenderam com frequência antes de Rank (Groddeck, Jung), teria seu valor se se limitasse a nos garantir contra a subestima da transferência materna para o analista. Mas perde todo o seu valor se, caindo no outro extremo, ignorar a explicação dos sintomas pelo temor ao pai ou a angústia de castração (apesar de ser tão evidente e, com frequência, a única explicação possível), quando não a considera até perigosa na medida em que permite "mergulhar ainda mais o paciente no temor infantil do pai, do qual nenhum meio terapêutico conseguirá mais demovê-lo". Nos casos graves de neuroses, esforcei-me sinceramente para enfatizar o vínculo materno a fim de testar a teoria das neuroses segundo Rank e devo com efeito a essas tentativas muitos subsídios preciosos sobre certas camadas da estrutura neurótica; também descobri nos pacientes uma certa tendência para aceitar essas interpretações sem muita resistência. E é precisamente essa ausência de resistência que me desconcertou até o momento em que adquiri a convicção de que as explicações baseadas na angústia do nascimento eram aceitas de bom grado justamente por causa de sua *falta de importância* atual, servindo até de cobertura protetora contra a angústia de castração, muito mais aterradora. Talvez a experiência inversa de Rank possa explicar-se pelo fato de que ele lidou mais com indivíduos saudáveis em análise didática do que com grandes enfermos. O "saudável", em última instância, atribui pouca importância ao meio que lhe permite obter um pouco de experiência analítica; pelo contrário, no caso do grande enfermo, é necessário acompanhar pacientemente o caminho que o seu destino pessoal prescreve tanto para ele quanto para nós mesmos, e esse caminho leva-nos quase sempre a reconhecer a importância capital do trauma da castração ou da inveja do pênis. O próprio Rank reconhece que, após a dissolução do vínculo materno na segunda fase do tratamento, o papel paterno do analista sobe ao primeiro plano; mas o autor procura reduzir a importância desse fato, recusando-se por assim dizer a atribuir a essa fase o mesmo valor analítico e fazendo dela uma espécie de complemento pedagógico da análise. Apesar desses exageros tendenciosos, o autor tem o mérito de haver indicado a existência de sonhos e de fantasias de angústia do nascimento. Mas de forma alguma consegue demonstrar o que os distingue fundamentalmente das outras fantasias inconscientes. De acordo com a minha experiência, trata-se, de fato, de simples fantasias que dependem da interpretação e não de reproduções de processos e experiências reais, quando do nascimento do indivíduo, como Rank os apresenta e como me esforcei por compreendê-las no começo.

À parte a comunicação de seus próprios casos, o autor resolve também demonstrar a correção de sua técnica submetendo a uma nova análise um sonho analisado por outrem (pelo prof. Freud) sem o apoio de suas hipóteses, e isso com o propósito de mostrar tudo o que escapa a nossa compreensão se não se levar em conta a situação analítica. Declara ele *que este exemplo pode, num certo sentido, servir de pedra de toque à sua concepção fundamental relativa à importância da situação analítica, da qual a situação materna constitui o protótipo.* Trata-se do sonho dos lobos, bem conhecido de todos nós, que Freud relatou na "História de uma neurose infantil"[4]. Nesse sonho, o paciente está em sua cama; diante da janela há um renque de velhas nogueiras. De súbito, a janela abre-se sozinha e o sonhante vê com pavor que há lobos sentados sobre os ramos da nogueira; são uns seis ou sete. Freud interpretou esse sonho do ponto de vista histórico como a reprodução deformada da "cena primitiva", isto é, a observação pela criança das relações sexuais entre seus pais e a sensação de medo que a isto se associa. Em contrapartida, Rank interpreta a cama do sonho como o divã onde Freud tratou seu paciente, as nogueiras como as nogueiras que se vislumbram da janela do gabinete de Freud[5], os lobos "como uma série de fotografias de seus discípulos (de Freud) mais íntimos" ("de acordo com as mi-

---

4. *Ges. Schriften*, vol. VIII. Em francês: *Cinq Psychanalyses*.
5. Trata-se, na realidade, de castanheiros.

nhas lembranças, há entre cinco e sete – as quais, aliás, mudam periodicamente –, portanto, os números exatos entre os quais o paciente hesita quanto à quantidade de lobos"). O paciente via forçosamente essas fotografias durante o seu tratamento e transformou-as em lobos nesse sonho.

Não entrarei aqui nos detalhes dessas duas interpretações. O leitor interessado poderá relê-las no original; destacarei apenas alguns pontos que colocam em evidência a temeridade e até mesmo, poderíamos dizer, a leviandade do procedimento interpretativo de Rank. Assinale-se, em primeiro lugar, que o paciente apresentou esse sonho como uma lembrança que datava do seu quarto ano de vida, lembrança de um sonho que se repetiu com frequência no decorrer de sua existência, que produziu sempre nele uma forte impressão e que o angustiou durante quase toda a vida. Como esse impressionante sonho infantil pode ter reproduzido o quadro do tratamento, lugar onde o paciente só entraria pela primeira vez dezenas de anos mais tarde? Se descartarmos as explicações ocultistas (proféticas), a interpretação de Rank implica forçosamente que Freud se deixou ludibriar por seu paciente ao crer que o sonho datava realmente da infância; na verdade, seria um sonho bem recente ou armado em função da situação analítica, tudo isso sem que nada revele a duplicidade do paciente, cuja honestidade escrupulosa, obsessiva e penosa encontra-se inúmeras vezes ilustrada na análise. Por outro lado, as informações precisas que o prof. Freud acaba de me fornecer são definitivamente arrasadoras para a hipótese de Rank. Pode-se estabelecer com total exatidão que na época em que a lembrança do sonho foi relatada, em 1911, havia apenas duas ou três fotografias ao todo penduradas na parede, de sorte que a concordância entre o número de lobos e o número de fotografias, único argumento em apoio à interpretação de Rank, parece ser completamente falsa. O paciente, interrogado mais tarde (e, naturalmente, sem ter sido posto ao corrente das reflexões de Rank), escreveu (dr. P.): "Não tenho nenhuma razão para duvidar da exatidão dessa lembrança; pelo contrário, a brevidade e a nitidez desse sonho sempre me pareceram constituir o seu elemento característico. Além disso, a lembrança desse sonho infantil jamais sofreu mudanças, até onde alcança o meu conhecimento; sentia a mesma angústia diante da ideia de refazer esse gênero de sonhos e, para preservar-me, tinha o hábito de, antes de dormir, imaginar aquelas coisas que temia, mormente esse sonho. O sonho dos lobos sempre me pareceu encontrar-se no centro dos meus sonhos de criança... Contei o sonho dos lobos no início do tratamento, ou seja, até onde me recordo, ao cabo de um ou dois meses (portanto, em 1911). Foi necessário esperar o fim do tratamento para conhecer sua solução." Em sua carta, o paciente acrescenta um material associativo que reforça ainda mais a interpretação do sonho como cena de amor.

Diante desse fragmento de análise rankiana, a crítica vê-se em dificuldades para manter o sangue-frio exigido pela ciência. O menos que se pode dizer é que o grau de leviandade, até de estouvada imprudência, atingido por Rank só pode ser o resultado de uma completa cegueira. A forçada interpretação que dá ao sonho dos lobos, longe de constituir a "pedra de toque" da sua teoria, abala seriamente a nossa confiança na capacidade de julgamento do autor em matéria de teoria e de técnica psicanalíticas.

Essa tentativa técnica de Rank pode, sem exagero, ser qualificada de golpe frustrado. Lembramos, porém, o grande mérito que ele adquiriu na aplicação da psicanálise às ciências do espírito, domínio onde o seu verdadeiro talento parece residir.

LI

Fantasias gulliverianas[1]

Senhor presidente, senhoras e senhores,
Em primeiro lugar, permitam-me agradecer-lhes a honra que me conferem ao ser convidado para pronunciar a conferência inaugural da assembleia anual da sua respeitável associação. Considero que essa homenagem é prestada mais à psicanálise do que à minha pessoa. A visita que efetuei a este país há dezessete anos, na companhia do prof. Freud, permite-me comparar a situação da psicanálise em 1909 àquela que se tem hoje tanto nos Estados Unidos quanto na Europa. À parte o benevolente interesse que dois eminentes cientistas americanos, o dr. Stanley Hall e o dr. J. J. Putnam, manifestaram pelo método freudiano, este encontrava-se representado nos Estados Unidos por uma única pessoa, o dr. A. A. Brill. A situação não era muito mais brilhante na Europa naquela época. Éramos apenas um punhado de pioneiros disseminados pelo mundo, generais sem exército, mas, no entanto, trabalhávamos cheios de esperança e de otimismo. Nosso imenso tesouro de esperança nessa época lembra-me a velha história do mendigo que reparte seus bens entre os filhos. Ao primeiro ele diz: "Tu poderás mendigar na Alemanha", ao segundo: "Tu terás a Hungria", enquanto ao terceiro atribui a Suíça e ao quarto a América. Desde então somos cada vez mais reconhecidos pelo público e podemo-nos vangloriar de ter

---

1. Conferência proferida na assembleia anual da Sociedade de Psiquiatria Clínica de Nova York, em 9 de dezembro de 1926.

toda uma multidão de adeptos da psicanálise tanto neste país quanto na Europa; em todo o caso, constato que o interesse pela psicanálise entre os que não receberam verdadeira formação analítica está muito mais difundido nos Estados Unidos do que na Europa. Se eu tivesse que explicar esse fenômeno, seria tentado a dizer que o espírito de liberdade característica do gênio americano impede que uma jovem ciência seja rejeitada por simples conservadorismo e sem outra forma de processo, como certas universidades europeias tentaram fazer. Por outro lado, permitam-me observar que esse espírito de liberdade não está isento de certos perigos. Durante uma discussão com vários americanos de destaque, estes disseram-me até que ponto seu espírito de liberdade era ferido por esse princípio fundamental de Freud segundo o qual quem deseja tornar-se analista deve, em primeiro lugar, fazer-se analisar. Receio que essa atitude comprometa todas as vantagens que colhem do seu amor à liberdade e os prive da possibilidade de avaliar corretamente os métodos de Freud. O fato de as contribuições científicas para a psicanálise serem mais numerosas e mais importantes na Europa explica-se provavelmente pela existência de um grupo mais numeroso de analistas bem formados e pela possibilidade de adquirir uma formação analítica num certo número de institutos de psicanálise, inexistentes nos Estados Unidos.

Para concluir esta comparação, limitar-me-ei a acrescentar ainda algumas observações. Na Europa, tornou-se corrente apropriar-se de partes importantes da obra de Freud, remodelar-lhes a forma e a terminologia, e publicá-las como se fossem trabalhos originais. Não constatei nada disso na literatura americana. Em contrapartida, parece-me que nos Estados Unidos (talvez sob pressão da opinião pública) mostram-se muito mais dispostos que na Europa a aceitar as teorias amenizadas de certos ex-discípulos de Freud. Também observei que existe aqui uma inquietação muito exagerada quanto ao problema da análise pelos não médicos, provavelmente porque há muito mais charlatães perigosos na América do que entre nós. Fortemente impressionados por esse perigo, parecem subestimar o benefício que colhemos da colaboração com analistas não médicos que receberam uma sólida formação no que se refere tanto à prática médica quanto ao trabalho social e pedagógico. Os membros da profissão médica não são suficientemente numerosos para tomarem a seu cargo todos os casos de neurose, para se ocuparem de todas as crianças "difíceis" e de todos os criminosos adultos. Por outro lado, nos domínios da etnologia, da pedagogia, da história e da biologia, somos obrigados a colaborar com os investigadores não médicos formados em psicanálise. Espero que essa divergência de opiniões entre Freud e seus adeptos americanos seja resolvida em breve, para satisfação de todos.

A minha intenção era, inicialmente, apresentar-lhes hoje um panorama geral da relação entre a psiquiatria e a psicanálise. Mas com isso não teria feito mais do que acrescentar um ensaio a todos os que já foram dedicados à psicanálise e que vocês certamente leram. Preferi, portanto, mostrar-lhes como um exemplo concreto como a psicanálise trata de um determinado problema psiquiátrico. Tenho plena consciência dos riscos que essa experiência comporta. Levando-os a mergulhar no caldeirão fervente do trabalho psicanalítico, provocarei certamente resistências em todos os que não têm o hábito de examinar os sintomas psíquicos à luz da nossa compreensão analítica dos símbolos. Espero que essa resistência seja meramente passageira e que a experiência posterior a todos convença de que a nossa ciência não é nem tão mística nem tão especulativa quanto poderia parecer à primeira vista.

Com a sua permissão, vou agora abordar a parte essencial do tema desta conferência. Vocês certamente observaram em sua prática pacientes psicóticos que tinham alucinações em que aparecem gigantes e anões, alucinações acompanhadas de sentimentos de angústia e de medo. Com frequência, anões e pequenas criaturas aparecem a essas pessoas em hordas aterrorizantes. Deformações ilusórias macrópticas e micrópticas do mundo circundante são, por certo, um pouco mais raras mas nada têm de excepcionais nos alcoólatras e nos histéricos. De um modo geral, os velhos manuais de psiquiatria não se arriscam a explicar esse gênero de sintomas e, quando o fazem, é numa base puramente fisiológica. Assim, por exemplo, atribuem as sensações entópticas a um espasmo dos músculos iridoconstritores ou a distúrbios circulatórios da retina ou dos centros ópticos do cérebro.

Provavelmente sob a influência das teorias de Freud, os psiquiatras começam a considerar esses sintomas sob um ângulo mais psicológico. Alguns deles passaram a dar a essas alucinações o nome de *liliputianas.*

Entretanto, essa sintomatologia continua aguardando uma explicação psicanalítica mais elaborada. Os meus vinte anos de prática analítica permitem-me, creio, projetar alguma luz sobre essa questão. O essencial da minha experiência a esse respeito foi-me fornecido por sonhos de neuróticos, em particular de pacientes com neurose de angústia. Os sonhos que põem em cena gigantes e anões são de um modo geral, ainda que nem sempre, caracterizados por uma acentuada angústia. Por vezes, são verdadeiros pesadelos; em outros casos, pelo contrário, a ampliação ou a redução de uma pessoa, de um animal ou de um objeto inanimado faz-se acompanhar não de angústia mas de um certo sentimento de prazer. Em *A interpretação dos sonhos* de Freud, principal fonte do nosso saber sobre a natureza dos sonhos, encontramos a explicação para esse tipo de sonho; segundo Freud, uma desproporção visual tem sempre alguma relação com a infância. A minha experiência confirma inteiramente esse ponto de vista. O súbito aparecimento de gigantes ou de objetos com dimensões ampliadas é sempre o resíduo de uma lembrança infantil datando de uma época em que, porque ainda éramos pequenos, todos os objetos nos pareciam gigantescos. Em contrapartida, uma redução incomum do tamanho dos objetos e das pessoas deve ser atribuída às fantasias compensatórias de realização de desejo na criança que desejaria reduzir o mais possível as proporções dos objetos aterrorizantes que a cercam. Em muitos sonhos, essa tendência para reduzir ou para ampliar adota uma forma muito menos simples, pois as pessoas reduzidas ou ampliadas aparecem não sob o aspecto de seres vivos mas sofrem uma deformação simbólica. Os sonhos de paisagens, por exemplo, com montanhas e vales que representam corpos ou partes de corpos masculinos ou femininos, podem ser considerados pela psicanálise como sonhos liliputianos, se compararmos o tamanho do sonhante com o dos personagens ou dos órgãos representados simbolicamente pela paisagem. Vãos de escadas, casas e escavações profundas são representações simbólicas da mãe, e o aparecimento do pai ou de seu órgão genital sob a forma de torre ou de árvore gigantesca apresenta uma certa analogia com as fantasias gulliverianas. Uma das imagens oníricas mais frequentes é a de ser salvo das águas, mar ou poço profundo, que simbolizam o seio materno. Freud interpreta esses sonhos de salvamento como sonhos simbólicos de nascimento. Outros sonhos, em que se trata de penetrar numa gruta ou outro lugar subterrâneo, escalar, subir ou descer num elevador, etc., Freud interpreta-os como uma deformação de fantasias de coito, em geral com referência a uma mulher que o sonhante respeita de modo muito especial. Segundo a minha experiência, as fantasias de nascimento que consistem em tirar alguém de dentro de água, ou em emergir ou afundar em buracos, pedem geralmente uma dupla interpretação. A mais superficial, de bom grado admitida e até espontaneamente formulada pelo paciente, é a fantasia de nascimento. O fator sobredeterminante escondido e menos facilmente admitido é a fantasia de relação sexual com uma mulher altamente estimada, cujo direito ao respeito e o caráter perigoso exprimem-se pelo grande tamanho do símbolo. *A deformação das fantasias de relação sexual em fantasias simbólicas de nascimento implica que o sonhante conseguiu substituir o seu órgão sexual pelo próprio corpo. Em meu entender, é esse o principal motivo dos sonhos liliputianos.*

Todos sabem, sem dúvida, que Freud foi o primeiro a reconhecer a importância das fantasias intrauterinas para o inconsciente. Mais tarde, a partir da significação dessas fantasias, elaborei uma teoria da genitalidade para mostrar que o ato sexual representa simbolicamente o desejo de voltar ao seio materno[2]. Depois, Rank foi levado a considerar essas fantasias de retorno ao seio materno e de nascimento como o problema nuclear de toda a psicologia das neuroses. Sustenta ele que o "trauma do nascimento" determina não só a sintomatologia neurótica mas também o desenvolvimento psíquico normal. Freud rejeita essa tese parcial e excessiva, e eu compartilho de sua opinião. Tampouco podemos adotar a nova técnica terapêutica que Rank baseia na sua teoria do trauma do nascimento[3]. Ele parece ter esquecido um certo número de suas próprias contribuições de valor para a psicologia do sonho, em particular tudo o que se relaciona com a sobredeterminação do conteúdo do sonho e dos sintomas neuróticos. Mesmo quando leva em conta a estrutura complexa da fábrica de sonhos, Rank subestima a verdadeira importância do elemento sexual e do complexo de castração, e mostra uma tendência excessiva para tomar ao pé da letra toda associação e toda fantasia do paciente que pareçam referir-se ao trauma do nascimento.

A minha experiência em matéria de fantasias e de símbolos gulliverianos nos neuróticos forneceu-me a prova indiscutível de que

---

2. Cf. *Thalassa: ensaio sobre a teoria da genitalidade*, op. cit.
3. "Crítica do livro de Rank: 'Técnica da psicanálise'", neste volume

as fantasias de nascimento ou de retorno ao seio materno representam, em geral, a fuga do trauma sexual substituído pela ideia menos assustadora de nascimento. Por exemplo, uma das minhas últimas pacientes sonhava com frequência que estava enterrada viva num buraco, ou então que era uma pessoa minúscula obrigada a saltar em cadência sobre os raios de uma roda que girava rapidamente, sob a constante ameaça de ser esmagada pela roda. Por vezes, também sentia a tentação súbita de saltar pela janela. A própria paciente interpretava todas essas fantasias oníricas e todos esses impulsos como representações do nascimento, mas uma análise mais minuciosa mostrou que todo o complexo constituído por essas fantasias de nascimento e de útero materno eram tão somente a deformação liliputiana de tentações sexuais. A mesma paciente sonhava amiúde com minúsculos homenzinhos negros e, numa das fantasias surgidas por associação, ela foi dominada pelo desejo de devorá-los. Seguiu-se uma associação inteiramente espontânea, a ideia de comer matérias fecais de cor escura, e depois a de morder e devorar um pênis. Enquanto o comia, tinha a impressão de que todo o seu corpo se transformava, por assim dizer, num órgão sexual masculino; essa deformação permitia-lhe, em suas fantasias inconscientes, ter relações sexuais com mulheres. Essas associações revelavam a existência de uma tendência masculina nessa paciente e as minúsculas criaturas dos seus sonhos não representavam apenas o nascimento mas também, num nível psíquico mais profundo, suas tendências sexuais e sua inveja do pênis.

Um dos meus pacientes lembra-se de que nas fantasias masturbatórias de sua juventude havia um pequeno personagem feminino imaginário que ele transportava sempre em seu bolso, retirando-o de tempos em tempos para brincar com ele. Esse paciente apresentava também um certo número de sonhos de repetição que tinham se manifestado ao longo de sua vida e que se reproduziram igualmente no decorrer da análise, sonhos em que ele se via transportado para um recinto imenso. Já terão adivinhado que a potência sexual desse homem era bastante fraca. Fazia parte dessa categoria de homens que sofrem de ejaculação precoce ou de incapacidade de ereção com as mulheres a quem amam e respeitam, e cuja potência só se manifesta com prostitutas. Estes são alguns exemplos entre os numerosos casos que me permitiram constatar que as fantasias liliputianas relativas ao útero caracterizam os indivíduos cujo desenvolvimento sexual não foi suficientemente normal para que, durante o coito, o pênis torne-se um equivalente plenamente representativo do corpo inteiro. Freud chegou também à conclusão (que concorda com a minha teoria da genitalidade) de que as pessoas incapazes de atingir esse nível de realidade sexual têm preferência pelas fantasias em que substituem o órgão sexual pelo corpo inteiro.

Um paciente que sofria de uma neurose obsessiva muito grave contava-me que em suas fantasias masturbatórias representava-se sempre sob o aspecto de um homem de elevada estatura rodeado de todo um harém de minúsculas mulheres que o serviam, o lavavam, o acariciavam, penteavam seus pelos pubianos, depois brincavam com o seu sexo até provocar uma ejaculação. Nestes dois últimos pacientes, a angústia representa, de fato, o medo da castração associado à ideia do coito, e as *fantasias gulliverianas como fantasias uterinas nada mais são do que substitutos por deslocamento para a ideia penosa de ser castrado por causa dos desejos incestuosos.*

As fantasias ligadas ao trauma do nascimento podem ser comparadas aos sonhos de exame que sobrevêm com frequência em neuróticos impotentes durante a noite que precede uma atividade sexual para a qual não se sentem capazes. No sonho, que é acompanhado de uma sensação de angústia intensa, submetem-se em geral a um exame sobre um assunto que, na realidade, conhecem a fundo ou que já foi tema de um exame bem-sucedido. Ora, a experiência do nascimento constitui para cada um de nós uma prova em que passamos com êxito, e que pode, portanto, tornar-se o substituto um pouco menos aterrador de uma tarefa sexual real, atual e temida, e por conseguinte da ameaça de castração que lhe está associada. A comparação entre fantasias liliputianas ou fantasias de nascimento e sonhos de exame permanece igualmente válida, penso eu, num outro ponto: não existe nenhum trauma para o qual estejamos tão bem preparados quanto para o do nascimento. O próprio nascimento constitui certamente um choque, como Freud foi o primeiro a sublinhar, mas a preparação para as dificuldades da vida extrauterina, assim como os cuidados e a solicitude que o instinto materno prodigaliza à criança imediatamente após o nascimento, tornam esse trauma o mais leve possível.

Mas, quando se trata do desenvolvimento sexual da criança, nem o pai nem a mãe parecem possuir um instinto inato que lhes permita vir em sua ajuda. Pelo contrário, os pais metem frequentemente medo nos filhos pequenos com ameaças de castração – e é isso o que constitui o maior e o mais importante dos "traumas" conducentes à neurose. Sintomas passageiros ou "transitórios" observados no decorrer da análise de meus pacientes[4] revelaram por vezes um súbito deslocamento de sensações genitais ou de excitações sexuais para toda a superfície do corpo. Por exemplo, a ereção foi representada, segundo um processo de conversão histérica, por um afluxo de sangue à cabeça. Em toda uma série de casos de homossexualidade masculina recalcada, constatei que nos momentos de excitação sexual toda a superfície cutânea ficava escaldante. Não se exclui que a expressão da gíria alemã para designar os homossexuais, "irmãos em calor", possa ter sua origem nesse sintoma. Outros pacientes contaram-me ter sentido de súbito uma rigidez muscular generalizada no lugar de uma ereção. Constatei que os casos de rigidez dorsal neurótica ou de cãibras musculares passageiras nas pernas podiam muitas vezes explicar-se da mesma maneira. É possível que esses sintomas de conversão histérica forneçam a infraestrutura fisiológica sobre a qual se ergue a superestrutura psíquica das fantasias gulliverianas.

Como já disse, essa tendência para ampliar ou para reduzir envolve com uma frequência quase igual tanto o corpo masculino quanto o feminino. O material proveniente das associações de pacientes que produzem esse gênero de fantasias está, no caso dos rapazes, nitidamente ligado ao temor que a criança sente em face do pai gigantesco, temor que resulta da comparação de seus próprios órgãos genitais com os de seu pai.

Aparentemente, o medo da castração e da mutilação, ou o terror de ser devorado ou engolido, é maior ainda no inconsciente do que o medo da morte. Desde que não estejamos mutilados, o inconsciente considera o fato de ser enterrado, afogado ou engolido como uma espécie de prolongamento da existência *in toto*. Ao que parece, o inconsciente não pode conceber que a morte implique uma cessação completa da existência, ao passo que até a mais leve alusão simbólica a uma mutilação, como cortar os cabelos ou as unhas, ameaçar com uma espada, uma faca ou uma tesoura, ou mesmo um indicador em riste, pode provocar em reação uma fantasia de cas-

---

4. "Sintomas transitórios durante uma psicanálise", em *Psicanálise I*.

tração intensa. Nesses seus sonhos e fantasias, um menino pequeno prefere representar-se como um anão devorado pelo pai terrível, sendo seu órgão genital assim poupado, apesar de tudo, pela castração, em vez de imaginar-se em tamanho natural mas com seus órgãos genitais ameaçados de mutilação. Do mesmo modo, a menina prefere a fantasia oral de ser devorada mas conservando intatos seus órgãos genitais à ideia de ser ferida ao nível desses órgãos pelo pênis masculino. (O que significaria a aceitação sem reservas da ausência de pênis.)

Devo confessar que jamais teria tido a coragem de falar-lhes de todas essas fantasias inconscientes, simplesmente reconstruídas a partir de sonhos e baseadas nos depoimentos dos pacientes, se não tivesse a certeza de que, na sua qualidade de psiquiatras, puderam convencer-se repetidas vezes da existência de tendências de castração ativas e passivas, frequentemente manifestadas com nitidez na psicose. Na monografia intitulada *Versuch einer Genitaltheorie*[5], tentei fornecer uma explicação teórica para essa alta valorização do pênis, mostrando que os órgãos sexuais, em especial o pênis e o clitóris, são o reservatório de prazer de todo o indivíduo e estimados pelo ego como uma espécie de segunda personalidade, a que chamei o ego libidinal. Todos sabemos como é frequente ouvir crianças e pessoas simples darem nome e apelidos ao órgão genital, como se se tratasse de um ser independente.

Tentarei agora animar a monotonia desta exposição um pouco árida e teórica, recordando-lhes alguns trechos extraídos das duas primeiras viagens do nosso amigo e colega Gulliver, na esperança de que eles deem um pouco mais de verossimilhança às minhas construções.

Vejamos a descrição do despertar de Gulliver no país de Lilliput[6]: "Quando acordei, estava amanhecendo. Tentei então levantar-me, porém, não pude me mover; pois, estando eu deitado de costas, percebi que os meus braços e pernas haviam sido fortemente amarrados ao solo, de ambos os lados; e que os meus cabelos, longos e bastos, se achavam presos da mesma forma. Senti igualmente

---

5. *Thalassa: ensaio sobre a teoria da genitalidade*, op. cit.
6. Excertos de *As viagens de Gulliver*, de Jonathan Swift. Usamos a tradução de Octavio Mendes Cajado para a Editora Abril, 1971. As páginas citadas são as dessa edição. (N. da T.)

que várias ataduras muito finas me envolviam o corpo desde as axilas até às coxas.

Como só me fosse dado olhar para cima e o sol começasse a esquentar, a sua claridade ofendia-me os olhos. Ouvi à minha volta um ruído confuso; mas na postura em que me achava não via senão o firmamento. Logo notei alguma coisa viva que se mexia sobre a minha perna esquerda e que, andando mansamente sobre o meu peito, quase me alcançou o queixo; abatendo quanto pude a vista, verifiquei tratar-se de uma criatura humana, cuja altura não chegava a seis polegadas, com arco e flecha nas mãos, e um cartaz nas costas.

Nesse meio-tempo, senti que pelo menos quarenta seres da mesma espécie (de acordo com as minhas conjeturas) seguiam o primeiro. Fiquei sobremaneira assombrado, berrei tão alto que todos retrocederam, apavorados; e alguns, como depois me disseram, machucaram-se nas quedas que sofreram, ao saltarem de minhas ilhargas ao chão." [p. 25.]

Essa descrição evoca, sob muitos aspectos, as aparições tão frequentemente relatadas pelos nossos pacientes neuróticos que nos falam do pavor que sentem à vista de pequenos animais e homúnculos sentados em seu peito.

Aqueles que querem tudo explicar pelo trauma do nascimento enfatizarão provavelmente um outro detalhe, um número suspeito que aparece na página 59. Gulliver declara ter permanecido nove meses e treze dias no país de Lilliput: esse período corresponde exatamente à duração de uma gravidez. Por outro lado, podemos citar o fato de que os pequenos liliputianos mediam exatamente seis polegadas, número suspeito de um outro ponto de vista, tanto mais que Gulliver assinala, a certa altura, que os liliputianos eram "algo mais compridos do que o meu dedo médio" e, mais adiante, que não podia enganar-se em sua avaliação "porque os tive frequentemente seguros na minha mão". (Ele fala dos liliputianos!)

Logo adiante diz: "Empregaram-se duzentas costureiras para me fazerem camisas e roupas de cama e mesa... As costureiras tomavam as minhas medidas enquanto eu jazia deitado, ficando uma delas em pé sobre o meu pescoço, e outra sobre a minha cintura... Mediram-me em seguida o polegar direito e deram-se por satisfeitas; pois, aplicando um cálculo matemático, segundo o qual duas circunferências do polegar equivalem a uma circunferência do pulso, o mesmo sucedendo em relação ao pescoço e à cintura... vieram as novas camisas a assentar-me perfeitamente." [p. 60.] É significativo que seja justamente um dedo, o símbolo genital típico, que serve de medida para todo o corpo. Vocês certamente ficaram impressionados, como eu próprio na época, com a semelhança entre essa fantasia de ser servido por um grande número de mulheres minúsculas e as fantasias masturbatórias de um dos meus pacientes.

As fortes tendências exibicionistas de Gulliver e seu grande desejo de ser admirado pelos liliputianos pelo tamanho de seu órgão genital revelam-se com toda a clareza na descrição de um desfile organizado em sua honra pelo exército liliputiano: "(O imperador) pediu que eu me quedasse na pose de um colosso, com as pernas tão abertas quanto me fosse comodamente possível. Ordenou então ao seu general... que dispusesse as tropas em formação cerrada e as fizesse marchar por entre as minhas pernas... tambores rufando, bandeiras desfraldadas e lanças em riste. Mandou Sua Majestade, sob pena de morte, que observassem todos os soldados no desfile a mais rigorosa decência em relação à minha pessoa; e, para confessar a verdade, os meus calções se achavam, nessa conjuntura, em tão precário estado que propiciaram algumas ocasiões de riso e de espanto." [p. 42.]

Não se diria ser exatamente essa a descrição da fantasia ou do sonho de consolação de um homem impotente que, no estado vígil, sofre com a ideia de ter um pênis pequeno demais e que, em virtude desse sentimento de inferioridade, receia mostrar seu sexo, mas que, em seus sonhos, delicia-se com a admiração daqueles cujo pênis é ainda menor do que o dele?

Um delito mais grave ainda põe a vida de Gulliver em extremo perigo. Refiro-me ao incidente em que ele urina na presença da imperatriz. Como talvez saibam, a rainha ou imperatriz é um símbolo materno típico. Um incêndio irrompe nos aposentos da imperatriz e os liliputianos são incapazes de extingui-lo.

Felizmente, o nosso herói Gulliver está por perto e executa a sua façanha histórica da seguinte maneira: "Na noite anterior eu bebera a mais não poder um vinho delicioso... extremamente diurético. Por um feliz acaso, eu ainda não aliviara a minha bexiga de nenhuma quantidade dele. O calor que me abrasava, por ter me acercado muito das chamas, forcejando por apagá-las, fez com que o vinho começasse a agir: senti vontade de urinar, e o fiz com tamanha abundância e pontaria tão certeira que em três minutos o fogo estava extinto..." [p. 53.]

Aqueles que estão familiarizados com o modo de expressão do inconsciente saberão que a extinção de um incêndio na casa de uma mulher, sobretudo se se efetua urinando dentro dela, representa a maneira como a criança imagina a relação sexual, sendo a mulher simbolizada pela casa. O calor mencionado por Gulliver é o símbolo do desejo apaixonado do homem (e o fogo representa, ao mesmo tempo, os perigos a que se acha exposto o órgão genital). E, de fato, para Gulliver, a ameaça de punição acompanha de perto a malfeitoria e, circunstância característica, ela provém do imperador, um substituto paterno típico: "... se bem que eu lhe tivesse prestado um relevante serviço, ignorava se Sua Majestade não levaria a mal o modo como eu o executara; pois, consoante as leis fundamentais do reino, é crime punível com a morte qualquer pessoa, seja qual for a sua hierarquia, fazer xixi no recinto do palácio..." Quanto à imperatriz, "afiançaram-me em segredo que, horrorizada com o que eu fizera, passara a habitar a ala mais distante do palácio e decidira que nunca mais fossem aqueles aposentos restaurados para seu uso; e que, na presença dos seus principais confidentes, jurava vingar-se de mim" [p. 53]. A pena de morte é revogada por graça do imperador, mas Gulliver não pôde escapar ao castigo sob uma outra forma. A sentença foi redigida assim: "Transgredindo manifestamente a supracitada lei, a pretexto de extinguir um incêndio que lavrou nos aposentos da caríssima Consorte Imperial de Sua Majestade, maliciosa, traiçoeira e diabolicamente, o referido Quinbus Flestrin – (o Homem-Montanha, nome que os liliputianos deram a Gulliver) – extinguiu o dito incêndio que lavrara nos ditos aposentos por copiosa projeção de sua urina quando se encontrava no recinto do dito palácio real." [p. 64]. Mas, em sua clemência, o imperador condenou-o somente à perda dos olhos, o que em nada diminuiria a sua força física e lhe permitiria ainda ser útil a Sua Majestade! Como veem, o castigo é o mesmo que o rei Édipo se infligiu após ter tido relações sexuais com a mãe. E em inúmeros casos a nossa experiência analítica mostra-nos, sem a menor sombra de dúvida, que a privação dos olhos pode representar uma deformação simbólica do castigo da castração.

Mas, ainda que ameaçado de morte e de mutilação, o nosso herói Gulliver não pôde recusar-se à satisfação de sugerir uma justificação para essa sentença, a saber, que era não só capaz de "extinguir um incêndio regando de urina os aposentos da imperatriz", mas que poderia "algum outro dia, e da mesma maneira, submergir todo o palácio imperial" [p. 66].

Como sabem, Gulliver conseguiu escapar dos liliputianos que, desde então, se lhe haviam tornado hostis, mas a fatalidade continuava grudada a seus passos e, no decorrer de sua viagem seguinte, caiu nas mãos dos gigantes de Brobdingnag. A sua primeira experiência com um dos nativos desse país é já uma representação simbólica da ameaça de castração. (O homem) "pareceu-me tão alto quanto um campanário" e tinha na mão uma foice que "equivalia a seis das nossas gadanhas" [p. 81]. Gulliver foi quase cortado em dois pela foice, mas "gritei tanto quanto a isso me obrigou o medo" [p. 82], enquanto a enorme criatura o apanhava entre o polegar e o indicador, o examinava com curiosidade, oferecendo-o depois, à maneira de brinquedo, à mulher e aos filhos. Chamou a mulher para vê-lo; "mas ela fugiu soltando gritos como o fazem as inglesas à vista de um sapo ou de uma aranha" [p. 84].

O horror das mulheres pelas aranhas, sapos e outras pequenas criaturas rastejantes é bem conhecido como sintoma histérico. Um defensor da teoria do trauma de nascimento diria que essa angústia explica-se simplesmente pelo fato de que os pequenos répteis são os símbolos das criancinhas que poderiam insinuar-se, num sentido ou no outro, pelo orifício genital. Entretanto, toda a minha experiência analítica vem confirmar a opinião de Freud, que considera terem essas pequenas criaturas por significação mais profunda, sobretudo aquelas que são animadas de um movimento rítmico, a representação simbólica do órgão genital e da função genital, daí essa espécie de repugnância produzida por seu contato, repugnância que é frequentemente a reação primária da mulher quando toca pela primeira vez nos órgãos genitais do homem. Penso que se pode interpretar sem hesitação os sonhos em que aparecem tais criaturas como a identificação de um corpo inteiro (neste caso, o de um animal) com o órgão sexual masculino, e mencionar o caso daquelas mulheres que, em seus sonhos ou em suas fantasias, são perturbadas por criaturas minúsculas ou por homúnculos.

Convertido em brinquedo, Gulliver tinha a oportunidade de observar de perto as mulheres e as moças gigantes em suas funções mais íntimas, e não se cansa de descrever as impressões aterradoras experimentadas à vista de suas dimensões monstruosas: "Devo confessar que nada me repugnou tanto como a vista de seu seio monstruoso, que não sei a que posso comparar, a fim de dar ao leitor uma ideia do seu tamanho, da sua forma e da sua cor. Mediria uns 6 pés de comprimento e nunca menos de 16 de circunferência. O bico teria, no mínimo, a metade do tamanho de minha cabeça, e ostentava tão grande variedade de manchas, borbulhas e sardas, que não se poderia imaginar espetáculo mais repugnante; pois eu o vi bem de perto, visto que ela se sentara para dar mais comodamente o seio e eu ficara em pé, sobre a mesa. Isso me fez refletir sobre a linda pele das nossas damas inglesas, que nos parecem tão belas, por serem do nosso tamanho, e porque só lhes podemos ver os defeitos através de vidros de aumento; quando sabemos, por experiência, que as peles mais lisas e mais alvas são ásperas, grosseiras e muito feias de cor." [pp. 85-6.]

Penso que é querer encontrar dificuldade onde nenhuma existe tentar explicar o medo dos grandes buracos na pele das mulheres pela lembrança do trauma do nascimento. É muito mais verossímil que Gulliver seja a encarnação desse tipo de homem cuja coragem sexual se dissipa na presença de uma jovem dama inglesa de pele delicada, e que prefere queixar-se das dificuldades da tarefa que o espera e da falta de encantos do objeto de seu amor do que admitir a sua própria insuficiência.

Um contraste interessante com a extinção do incêndio é fornecido num capítulo posterior, numa cena em que Gulliver sente a necessidade de urinar na presença de uma das mulheres gigantes. Proibiu-a de olhá-lo ou de segui-lo e depois escondeu-se entre duas folhas de azeda para satisfazer as necessidades da natureza. Mais adiante, diz-nos que as damas de honra tinham o hábito de examiná-lo e de tocar nele unicamente por prazer. "Frequentemente me despiam, da cabeça aos pés, e me colocavam deitado a fio comprido sobre seus ventres; o que sobremodo me repugnava porque, a bem da verdade, a pele delas soltava um cheiro nauseabundo; o que não digo, nem tenciono, em desfavor dessas excelentes senhoras, a quem dedico o mais profundo respeito; mas cuido que os meus sentidos eram mais agudos em proporção da minha pequenez, e que essas ilustres pessoas não seriam mais desagradáveis a seus amantes ou umas às outras do que o são, entre nós, na Inglaterra, pessoas da mesma qualidade. E, afinal de contas, verifiquei que o cheiro natural delas me era muito mais suportável do que os perfumes com que se aromavam, sob cuja ação eu desmaiava imediatamente... O que mais me constrangia em relação a essas damas de honra (quando me levava a minha ama a visitá-las) era a sem-cerimônia com que me tratavam, como se eu fosse uma criatura sem a mínima importância. Pois elas se despiam e se vestiam na minha presença, colocando-me sobre o toucador, defronte de seus corpos nus, que, posso afiançá-lo, estavam longe de ser para mim um espetáculo tentador e não me despertavam senão horror e repugnância. Suas epidermes me pareciam tão grosseiras e desiguais, tão bizarramente coloridas, quando vistas de perto, com lunares aqui e ali, grandes como cepos, eriçados de pelos mais grossos que barbantes, para não falarmos no resto das suas pessoas. Tampouco sentiam escrúpulos, enquanto eu estava lá, em aliviar-se do que haviam bebido, em quantidade nunca inferior a dois barris, num vaso cuja capacidade ultrapassava três toneladas. A mais bonita das jovens damas de honra, menina agradável e travessa de 16 anos, fazia-me às vezes cavalgar o bico de um seio, além de engendrar muitas outras gracinhas, sobre as quais peço vênia ao leitor para não me estender. Mas isso me desagradava de tal forma que supliquei a Glumdalclitch que encontrasse uma desculpa qualquer para não tornar a ver essa donzela." [pp. 109-10.]

Sabem, por certo, que, segundo as descobertas da psicanálise, dois sonhos produzidos na mesma noite esclarecem-se muitas vezes um pelo outro. Poderíamos dizer o mesmo das duas primeiras partes das *Viagens de Gulliver*. A aventura em Lilliput representa a parte do sonho que corresponde a uma realização de desejos: uma descrição da grande estatura e da potência viril do indivíduo. As terríveis experiências vividas em Brobdingnag revelam-nos os motivos da tendência para aumentar-se: o medo do fracasso em sua rivalidade e em seus confrontos com outros homens, e o medo de ser impotente com as mulheres.

Naturalmente, na história da segunda viagem também se encontram alusões às situações de nascimento e de existência intrauterina. Durante toda a sua estada no país dos gigantes, Gulliver era transportado numa caixa por uma jovem; uma rede estava fixada aos quatro cantos da caixa por cordões de seda, a fim de amortecer os choques. E a maneira como finalmente se evadiu do país dos gigantes é ainda mais significativa; ele acordou sentindo sua caixa ser erguida a grande altura e logo carregada a prodigiosa velocidade. "O primeiro solavanco por pouco não me derrubou da rede, mas os movimentos, depois, se tornaram mais suaves... Olhei pela janela e não vi outra coisa senão as nuvens e o céu. Ouvi um ruído pouco acima da cabeça, como o de um bater de asas, e principiei a dar fé da lastimosa situação em que me achava: alguma águia segurava com o bico o anel da minha caixa, com o propósito de deixá-la cair sobre um penedo, como uma tartaruga em sua casca, para pegar em seguida o meu corpo e devorá-lo...

Pouco tempo depois observei que o ruído e o bater de asas aumentavam com muita rapidez, e que a minha casa era atirada para cima e para baixo, como bandeira em dia de vento. Ouvi diversas pancadas ou golpes, segundo me pareceram, aplicados à águia (pois estou certo de que era uma águia quem segurava no bico o anel da minha caixa) e depois, de improviso, senti-me despencar na vertical. A minha queda durou mais de um minuto, mas com tão incrível rapidez, que quase perdi o fôlego. Interrompeu-me a queda um choque terrível, que aos meus ouvidos soou mais ruidoso que a catarata do Niágara; depois, achei-me inteiramente no escuro por outro minuto e, logo, principiei a subir tão alto, que pude distinguir a luz pela parte superior das janelas. Percebi que caíra ao mar... Saí com muita dificuldade da rede, havendo-me primeiro afoitado a abrir a tampa do buraco do teto já mencionado, disposto de modo a permitir a entrada do ar, por cuja falta já me sentia quase asfixiado. Quantas vezes desejei nesse momento estar com a minha querida Glumdalclitch, da qual uma única hora já tanto me apartara." [p. 131] (Glumdalclitch era o nome da jovem que o transportava sempre consigo e a quem ele servia de brinquedo.)

Nenhum analista deixará de interpretar essa evasão como uma fantasia de nascimento, como o fim natural da gravidez, representada pelo fato de ser transportado numa caixa. Em contrapartida, os sonhos desse gênero não permitem ver nessa cena, como Rank supôs, as circunstâncias do nascimento individual do sonhante. É muito mais provável que Gulliver, assim como todos aqueles cujos sonhos comportam fantasias de nascimento, transformem e minimizem, desse modo, os perigos sexuais perfeitamente reais que não se sentem preparados para enfrentar, para fazer deles ferimentos que datam da infância ou até mesmo do período fetal. E como se o autor tivesse querido afirmar explicitamente e sem nenhuma dúvida possível que, na viagem de Gulliver, o corpo inteiro representa, de fato, o órgão masculino e o coito, ele completa a descrição da evasão acrescentando que um dos raros objetos que Gulliver tinha podido guardar em lembrança da mãe gigante era "um anel de ouro que ela lhe tinha dado um dia de maneira refinada: retirando-o de seu dedo mindinho e colocando-o no pescoço dele como um colar". Os especialistas do folclore e os psicanalistas estão de acordo em pensar que a aliança enfiada num dedo é uma representação simbólica do coito, figurando o anel de órgão sexual feminino e o dedo de órgão masculino. Assim, quando a giganta retira o anel de seu dedo mindinho para o passar em torno do pescoço de Gulliver, esse gesto exprime simplesmente que só a cabeça teria o tamanho requerido para realizar a tarefa sexual que um órgão do tamanho de um dedo bastaria usualmente para cumprir.

Todas as obras de gênio são caracterizadas por uma extraordinária multiplicidade de interpretações possíveis; assim as *Viagens de Gulliver* também têm sido interpretadas de modos muito diversos. Apesar do seu caráter superficial, essas interpretações não são totalmente sem fundamento. Walter Scott, na curta biografia que consagra a Jonathan Swift, o autor das *Viagens de Gulliver*, descreve como as diferentes classes da sociedade reagiram a essa obra. Os leitores pertencentes às classes sociais superiores viram nela uma sátira pessoal e política; as pessoas comuns consideravam-na uma apaixonante história de aventuras; os românticos admiravam nela o elemento sobrenatural; os jovens gostaram de sua astúcia e de seu espírito irônico e mordaz; os meditativos extraíam dela um ensinamento moral e político. Mas os anciãos menosprezados e os ambiciosos frustrados nela encontraram apenas as máximas de uma misantropia triste e amarga.

Poderíamos considerar esses comentários como interpretações pré-conscientes, ao passo que a psicanálise pretende explicar também a significação inconsciente das *Viagens*. O estudo da vida de Jonathan Swift talvez nos ajude a decidir sobre a pertinência da nossa interpretação. Um grande número de autores escreveram volumes inteiros sobre esse extraordinário personagem, mas, até onde me é dado saber, Hans Sachs é o único psicanalista a ter-lhe consagrado um estudo psicanalítico. O rápido exame que eu próprio pude fazer da vida de Swift já permite pôr em evidência um certo número de fatos que corroboram a minha concepção das fantasias de ampliação e de redução nas *Viagens de Gulliver*. Mencionarei brevemente alguns fatos entre os mais importantes da vida de Swift.

Jonathan Swift nasceu em 30 de novembro de 1667. Já no final de sua vida, continuava celebrando sempre o seu aniversário com um dia de jejum e de luto, sem nunca omitir a leitura do terceiro capítulo do Livro de Jó. Richard Brennan, o criado em cujos braços ele morreu, conta que nos raros momentos de lucidez durante sua doença fatal Swift parecia consciente dessa data, como o prova o fato de repetir constantemente estas palavras: "Que pereça o dia em que nasci e se extinga a luz que iluminou o momento em que foi dito que um filho de homem acabava de ser concebido." Swift era um filho póstumo. Um evento extraordinário devia durante algum tempo subtraí-lo à guarda de seu tio e de sua mãe. A ama de leite a quem a criança estava confiada era-lhe tão devotada que a sequestrou e passou com Jonathan para o outro lado do Mancha. A saúde delicada do garoto e a dificuldade que havia na época para encontrar um meio de fazer a travessia do canal tornaram impossível o seu regresso à Inglaterra durante três anos.

Pode-se provavelmente supor, sem avançar demais, que essas situações e esses eventos extraordinários de sua infância produziram em Swift uma impressão indelével e influenciaram imensamente o seu desenvolvimento posterior, reforçando talvez o seu gosto pelas viagens aventurosas. Quando os elementos patogênicos na infância parecem tão manifestos, não se vê que seja necessário buscar a existência de anomalias fisiológicas no momento do nascimento.

A experiência psicanalítica nos ensina que os filhos que cresceram sem pai raras vezes têm uma vida sexual normal; em sua maioria, tornar-se-ão neuróticos ou homossexuais. Nesses casos, a fixação na mãe não depende certamente de um qualquer trauma do nascimento mas deve ser atribuída à ausência de um pai que permitiria ao rapaz resolver, em relação a ele, o seu conflito edipiano e cuja presença o ajudaria a superar a angústia de castração mediante um processo de identificação. Naturalmente, a maneira excessiva como a mãe e a ama são suscetíveis de mimar o rapaz tornam-no menos apto a rivalizar com os outros rapazes, e essa inaptidão é com frequência uma das causas principais de distúrbios na potência sexual. Além disso, quando não há a presença de um pai, a mãe é a única pessoa a deter o poder disciplinar ou, em matéria de sexualidade, o poder de castração, o que acarreta amiúde um exagero da reserva e da timidez normais nas relações do rapaz com as mulheres que ele respeita – na verdade, com as mulheres em geral. O comportamento posterior de Swift, sobretudo no domínio sexual, mostra efetivamente que se trata de um neurótico. Assim, por exemplo, resolver cortejar a srta. Waring, a quem chamava afetuosamente Varina, e lê-se em sua biografia: "Esse namoro, pelo que sabemos dele, é sumamente ridículo. Enquanto a dama se mostrava tímida e fria, nada podia igualar a impetuosidade de seu galanteador mas, quando, ao término de uma longa resistência, ela capitulou de modo imprevisto, o amor desapareceu de súbito e os calorosos epítetos endereçados a 'Varina' deram lugar a um 'Miss Jane Waring' frio e formal... que deixava claramente adivinhar que o pretendente impaciente faria um noivo recalcitrante. A dama teve a coragem necessária para romper todo o relacionamento com Swift, que ficou livre para exercitar seus talentos sobre uma vítima mais desafortunada." É interessante saber que, em contradição com esses exagerados escrúpulos, segundo rumores que correm nessa parte da Inglaterra, Swift teria cometido um atentado ao pudor na pessoa da filha de um fazendeiro e uma queixa sob juramento teria sido apresentada contra ele perante o sr. Dobbs, o prefeito da cidade vizinha.

Por outro lado, segundo os relatos referentes ao famoso casamento que contraiu em seguida com a sra. Esther Johnson – mais conhecida sob o nome poético de Stella –, Swift manifesta uma dependência e uma paixão acentuadas desde o começo de suas relações. É verdade que um comentário de Swift a propósito dessa ligação, citado por Walter Scott, parece desmentir esse fato: "É um hábito a que poderia renunciar sem pena e que poderia abandonar na própria porta do santuário." E foi efetivamente o que ocorreu. Swift só desposou Stella na condição de se manter em segredo o casamento e de continuarem vivendo separados. Portanto, reencontramos efetivamente nesses episódios de sua vida privada as graves consequências de seu conturbado desenvolvimento infantil. Do ponto de vista psicanalítico, poder-se-ia dizer que esse comportamento neurótico corresponde a uma inibição da potência normal, com falta de coragem em relação às mulheres respeitáveis, e talvez a persistência de uma tendência agressiva para com as mulheres de nível inferior. Esse conhecimento íntimo da vida de Swift dá-nos certamente o direito de tratar as fantasias contidas nas *Viagens de Gulliver* como as associações livres dos nossos pacientes neuróticos em análise, sobretudo quando interpretamos seus sonhos. A desvantagem de tal análise *in absentia* é que o paciente não pode confirmar as nossas conclusões; em compensação, no plano científico, a análise póstuma apresenta a vantagem de que o analista não pode, neste caso, ser acusado de ter sugerido ao paciente o que ele tinha a dizer. Creio que o argumento biográfico confirma a nossa hipótese segundo a qual as fantasias gulliverianas de ampliação e de redução de pessoas ou de objetos exprimem o sentimento de insuficiência genital de uma pessoa cujas atividades sexuais foram inibidas por intimidações e fixações nos primeiros anos da infância.

A minha análise de Swift e de sua obra-prima talvez tenha sido excessivamente longa, mas penso que ela confirma a interpretação que proponho das fantasias e dos sintomas liliputianos e brobdingnagianos apresentados por pacientes psicóticos e neuróticos, e igualmente frequentes nos sonhos.

Não posso encontrar melhor conclusão do que uma citação ligeiramente modificada do próprio Gulliver: "Espero que os meus leitores me perdoem por ter me alongado tanto sobre esses detalhes e outros semelhantes; seja qual for aparentemente a sua insignificância, talvez ajudem um filósofo a ampliar o campo de seu pensamento e de sua imaginação, para maior benefício tanto do público quanto de sua própria vida privada."

Agradeço uma vez mais o convite que me fizeram e a paciência com que me escutaram.

Bibliografia

Esta bibliografia foi estabelecida a partir de *Bausteine zur Psychoanalyse* e completada pelas *Final Contributions to Psychoanalysis*. Dá seguimento à bibliografia publicada nos dois primeiros volumes desta edição das *Obras completas* e abrange o período que vai de 1919 a 1926. Todos os artigos de 1919 aí figuram, embora alguns dentre eles tenham sido publicados no volume II. Por outro lado, foram também incluídos dois artigos póstumos, escritos por volta de 1921.

Lista de abreviaturas

B. I a IV : *Bausteine zur Psychoanalyse* (Internationaler Psycho-analytischer Verlag, Viena – reeditado em 1964 por Verlag Hans Huber A. G., Berna).
B.J. : *British Journal of Medical Psychology* (Cambridge University Press, Londres).
C. : *Contributions to Psycho-Analysis,* reeditado sob o título de *Sex and Psycho-Analysis* (R. G. Badger, Boston).
F.C. : *Further Contribution to the Theory and Technique of Psycho-Analysis* (The Hogarth Press e The Institute of Psycho-Analysis, Londres).
Fin. : *Final Contributions to the Problems and Methods of Psycho-Analysis* (Londres, Hogarth Press).
Gy. : *Gyògyászat.*
Im. : *Imago* (Internationaler Psychoanalytischer Verlag, Viena).
J. : *The International Journal of Psycho-Analysis* (Baillière, Tindall and Cox, Londres).

Jb.	: *Jahrbuch für psychoanalytische und psychopathologische Forschungen* (Publicação interrompida, esgotada).
O.C.I.	: *Oeuvres Complètes de S. Ferenczi*, vol. I: *Psychanalyse I* (Éditions Payot, Paris).
O.C.II.	: *Oeuvres Complètes de S. Ferenczi*, vol. II: *Psychanalyse II* (Éditions Payot, Paris).
O.H.	: *Orvosi Hetilap.*
P.	: *Zeitschrift für psychoanalytische Pädagogik* (Internationaler psychoanalytischer Verlag, Viena).
P.V.	: *Populäre Vorträge über Psychoanalyse* (Internationaler psychoanalytischer Verlag, Viena; esgotado).
Q.	: *The Psychoanalytic Quarterly* (The Psychoanalytic Quarterly Press, Nova York).
R.	: *The Psychoanalytic Review* (The Nervous and Mental Disease Publ. Co. Nova York e Washington).
R.F.	: *Revue Française de Psychanalyse* (Denoël et Steele, Paris).
Z.	: *Internationale Zeitschrift für Psychoanalyse* (Internationaler Psychoanalytischer Verlag, Viena).
Zb.	: *Zentralblatt für Psychoanalyse* (Publicação interrompida, esgotada).

A versão que serviu de base para a tradução que figura neste volume será indicada por uma seta. As outras versões que levamos em conta para a elaboração da versão francesa serão marcadas com um asterisco (NTF).

1919

103 Importance de la psychanalyse dans la justice et dans la société.
→ – *O.C.*, II.

210 Difficultés techniques d'une analyse d'hysterie.
– *O.C.*, III.
→ – Technische Schwierigkeiten einer Hysterieanalyse. – Z., 1919 (V, 34-40); *B.*, III, 119.
* – Technikai nehézségek egy hisztéria-eset elemzésénél. – "A hisztéria és a pathoneurózisok".
– Technical difficulties in the analysis of a case of Hysteria (*F.C.*, 189).

211 Névroses du dimanche.
– *O.C.*, II.
* – Sonntagsneurosen. – Z., 1919 (V, 46-48); *B.*, III, 119.
→ – Vasàrnapi neurózisok. – "A pszichoanalizis haladàsa".
– Sunday neuroses. – *F.C.*, 174.

212 Pensée et innervation musculaire.
 – O.C., II.
* – Denken und Muskelinnervation. – Z., 1919 (V, 102); B., I., 189.
→ – Gondolkozàs és izombeidegzés. – "A pszichoanalizis haladàsa".
 – Thinking and muscle innervation. – F.C., 230.
213 Dégoût pour le petit déjeuner.
 – O.C., II.
* – Ekel von dem Frühstück. – Z., 1919 (V, 117); B., II, 247.
→ – Undorodàs a reggelitöl. – "A pszichoanalizis haladàsa".
 – Disgust for breakfast. – F.C., 326.
214 Cornélia, la mère des Gracques.
 – O.C., II.
* – Cornelia, die Mutter des Gracchen. – Z., 1919 (V, 117-120); P.V., 154.
→ – Cornelia, a Gracchusok anyja. – "A pszichoanalizis haladàsa".
 – Cornelia, the mother of the Gracchi. – F.C., 318.
215 L'influence exercée sur le patient en analyse.
 – O.C., III.
→ – Zur frage der Beeinflussung des Patienten in der Psychoanalyse. – Z., 1919 (V, 140-141); B., II, 58.
* – A paciens befolyàsolàsa analizis közben. – "A pszichoanalizis haladàsa".
 – On influencing the patient in analysis. – F.C., 235.
216 La technique psychanalytique.
 – O.C., II.
→ – Zur psychoanalitischen Technik. – Z., 1919 (V, 181-192); B., II, 38.
* – A pszichoanalizis technikàjàról. – "A pszichoanalizis haladàsa".
* – On the technique of Psycho-Analysis. – F.C., 177.
 – Sur la technique psychanalytique. – R. F., 1929 (III, 617).
217 La nudité comme moyen d'intimidation.
 – O.C., II.
→ – Die Nacktheit als Schreckmittel. – Z., 1919 (303-305); B., II, 222.
* – Nakedness as a means inspiring terror. – F.C., 329.
218 Psychanalyse des névroses de guerre.
 – O.C., III.
→ – Die Psychoanalyse der Kriegsneurosen. – "Zur PsA. der Kriegsneurosen", Int. PsA.Vlg., Wien, 1919; B., III, 95.
* – A hàborus neurózisok pszichoanalizise. – "A hisztéria és a pathoneurózisok".
 – Psycho-Analysis of War-Neuroses. – "Psycho-Analysis and War-Neuroses". The Internat. PsA. Press, Londres, 1921.
219 La psychogenèse de la mécanique.
 – O.C., III.

- Zur Psychogenese der Mechanik. – *Im.*, 1919 (V, 394-401); *P.V.*, 128.
→ – A mechanika lelki fejlödéstörténete. – "A pszichoanalizis haladàsa".
* – The psychogenesis of Mechanism. – *F.C.*, 383.
220 Phénomènes de matérialisation hystérique.
– *O.C.*, III.
→ – Hysterische Materialisationsphänomene. – "Hysterie und Pathoneurosen"; *B.*, III, 129.
* – A hisztériàs materializàció jelenségei. – "A hisztéria és a pathoneurózisok".
* – The Phenomena of hysterical Materialization. – *F.C.*, 89.
221 Tentative d'explication de quelques stigmates hystériques.
– *O.C.*, III.
→ – Erklärungsversuch einiger hysterischer Stigmata. – "Hysterie und Pathoneurosen". Int. PsA.Vlg.; *B.*, III, 148.
* – Hisztériàs stigmàk magyaràzat-kisérlete. – "A hisztéria és a pathoneurózisok".
* – An attempted explanation of some hysterical Stigmata. – *F.C.*, 110.
222 Psychanalyse d'un cas d'hypocondrie hystérique.
– *O.C.*, III.
→ – Die Psychoanalyse eines Falles von hysterischer Hypochondrie. – "Hysterie und Pathoneurosen"; *B.*, III, 159.
* – Hypochondriàs hisztéria-eset analizise. – "A hisztéria és a pathoneurózisok".
– The Psycho-Analysis of a case of hysterical hypochondria. – *F.C.*, 118.
223 Hystérie et pathonévroses.
– Hysterie und Pathoneurosen. Int. PsA.Vlg., Wien, 1919.
– A hisztéria és a pathoneurózisok. Manó Dick, Budapest, 1919.
224 Psychanalyse et criminologie.
– *O.C.*, III.
– Psychoanalyse und Kriminologie. – *P.V.*, 114.
→ – Pszichoanalizis és kriminológia. Az Uj Forradalom, 1919. – "A pszichoanalizis haladàsa".
– Psychoanalysis and criminology. – *F.C.*, 434.

1920

226 Supplément à la psychogenèse de la mécanique.
– *O.C.*, III.
– Nachtrag zur "Psychogenese der Mechanik". – *Im.*, 1920 (VI, 384-386); *P.V.*, 128.

→ – Supplement to "Psychogenesis of Mechanism". – *F.C.*, 393.
227 A propos de "Essais sur la biologie théorique", par J. Schaxel.
– Rf Schaxel, J.: Abhandlungen zur theoretischen Biologie. – *Z.*, 1920 (VI, 82); *B.*, IV, 126.
228 A propos de "Les glandes pubertaires et leur action" par A. Lipschütz.
– Rf. Lipschütz, A.: Die Pubertätsdrüse und ihre Wirkungen. – *Z.*, 1920 (VI, 84); *B.*, IV, 130.
229 A propos de "Sciences de la nature et conception de la vie" par le Pr. E. Landau.
– Rf Landau, Pr E.: Naturwissenschaft und Lebensauffassung. – *Z.*, 1920 (VI, 182).
230 A propos de "Problèmes du mécanisme de l'évolution" par H. Strasser.
– Rf Strasser, H.: Fragen der Entwicklungsmechanik. – *Z.*, 1920 (VI, 183).
231 A propos de "Trois articles sur le conflit interne" par Otto Gross.
– Rf Gross, Otto: "Drei Aufsätze über den inneren Konflikt. – *Z.*, 1920 (VI, 364); *B.*, IV, 140.

1921

232 Réflexions psychanalytiques sur les tics.
– *O.C.*, III.
→ – Psychoanalitische Betrachtungen über den Tic., *Z.*, 1921 (VII, 33-62); *B.*, I, 193.
* → Psychoanalytical observations on Tic. – *F.*, 1921 (II, 1); *F.C.*, 142.
233 Le symbolisme du pont.
– *O.C.*, III.
→ – Die Symbolik der Brücke. – *Z.*, 1921 (VII, 211-213); *B.*, II, 238.
– The Symbolism of the Bridge. – *J.*, 1922 (III, 163); *F.C.*, 352.
234 Prolongements de la technique active en psychanalyse.
– *O.C.*, III.
→ – Weiterer Ausbau der "aktiven Technik" in der Psycho-analyse. – *Z.*, 1921 (VII, 233-251); *B.*, II, 62.
* – The further Development of the active therapy in Psycho-Analysis. – *F.C.*, 198.
235 Discussion sur les tics.
– *O.C.*, III.
→ – Tic-Diskussion. – *Z.*, 1921 (VII, 395-396); *B.*, III, 168.
* – Discussion on Tic. – *F.*, 1921 (II, 481); *Fin. C.*, 349.
236 Théorie générale des névroses.
– Allgemeine Neurosenlehre. Int. PsA. Vlg., Viena, 1921.

– General Theory of the Neuroses. – *F.*, 1920 (I, 294-315).
237 Les "Trois essais sur la théorie de la sexualité" par Freud.
– *O.C.*, III.
→ – Rf Freud, Sigm.: Drei Abhandlungen zur Sexualtheorie. – *Z.*, 1921 (VII, 496); *B.*, IV, 147.
238 Georg Groddeck: Le sondeur d'âmes.
→ – Rf Groddeck, G.: Der Seelensucher. – *Im.*, 1921 (VII, 356); *B.*, IV, 149.
– Review of Groddeck, G.: "Der Seelensucher". – *Fin.*, 344.

Artigos póstumos:

302 A propos de la crise épileptique.
– *O.C.*, III.
→ – Ueber den Anfall der Epileptiker. – *B.*, III, 170.
* – Epileptic fits – Observations and Reflections. – *Fin.*, 197.
303 Pour comprendre les psychonévroses du retour d'âge.
– *O.C.*, III.
→ – Beitrag zur Verständnis der Psychoneurosen des Rückbildungsalters. – *B.*, III, 180.
– Contribution to the understanding of the psychoneuroses of the age of involution. – *Fin.*, 205.

1922

239 La psychanalyse des troubles mentaux de la paralysie générale. – (Avec I. Hollós).
– *O.C.*, III.
→ – Zur Psychoanalyse der paralytischen Geistesstörung. Int. PsA. Vlg., Viena, 1922. – *B.*, III, 189.
* – Psycho-Analysis and the Psychic Disorder of General Paresis. *R.* 1925 (XII, 88-107 et 205-233). – *J.*, 1927 (VII, 101); *Fin.*, 351.
240 Conférences populaires sur la psychanalyse.
– Populäre Vorträge über Psychoanalyse. Int. PsA. Vlg., Viena, 1922.
241 Psychanalyse et politique sociale.
– *O.C.*, III.
→ – A pszichoanalizis és a tàrsadalompolitika. Nyugat, 1922, n.º 8.
242 Le symbolisme du pont et la legende de Don Juan.
– *O.C.*, III.
→ – Die Brückensymbolik und die Don Juan-Legende. – *Z.*, 1922 (VIII, 77); *B.*, II, 244.
* – Bridge Symbolism and the Don Juan Legend. – *J.*, 1922 (III, 167-168); *F.C.*, 356.

243 La psyché comme organe d'inhibition.
 – *O.C.*, III.
 → – Die Psyche, ein Hemmungsorgan. – *Z.*, 1922 (VIII, 203-206); *B.*, III, 213.
 * – The Psyche as an inhibiting Organ. – *F.C.*, 379.
244 "Psychologie collective et analyse du Moi" de Freud.
 – *O.C.*, III.
 → – Der individualpsychologische Fortschritt in Freuds "Massenpsychologie und Ichanalyse". – *Z.*, 1922 (VIII, 206-209); *B.*, IV, 161.
 – Freud metapszichológiàja. *Gy.*, 1922, n.º 25.
 – Freud's "Group Psychology and the Analysis of the Ego". – *Fin.*, 371.
245 Considérations sociales dans certaines psychanalyses.
 – *O.C.*, III.
 → – Soziale Gesichtspunkte bei Psychoanalysen. – *Z.*, 1922 (VIII, 326-328); *B.*, II, 292.
 – Social Considerations in some Analyses. – *J.*, 1923 (IV, 475-478); *F.C.*, 413 et 417.
246 Essai sur la théorie de la génitalité.
 – Versuch einer Genitaltheorie. *Z.*, 1922 (VIII, 478).
247 Note de lecture: "Contributions cliniques à la psychanalyse" du Dr. Karl Abraham.
 – *O.C.*, III.
 → – Rf Abraham, Karl: Klinische Beiträge zur Psychoanalyse. – *Z.*, 1922 (VIII, 353); *B.*, IV, 155.
248 "La méthode psychanalytique" par le Dr. R. Saussure.
 – *Z.*, 1922 (VIII, 379).
 – *B.*, IV, 158.

1923

249 Ptyalisme dans l'érotisme oral.
 – *O.C.*, III.
 → – Ptyalismus bei Oralerotik. – *Z.*, 1923 (IX, 67); *B.*, III, 51.
 * – Ptyalism in oral erotic. – *F.C.*, 315.
250 Les fils de "tailleur".
 – *O.C.*, III.
 → – Die Söhne der "Schneider". – *Z.*, 1923 (IX, 67); *B.*, III, 51.
 * – The sons of the "Tailor". – *F.C.*, 418.
251 La "matérialisation" dans le globus hystérique.
 – *O.C.*, III.
 → – Die "Materialisation" beim Globus hystericus. – *Z.*, 1923 (IX, 68); *B.*, III, 52.

* – "Materialization" in Globus hystericus. – *F.C.*, 104.
252 L'attention au cours du récit des rêves.
– *O.C.*, III.
→ – Aufmerken bei der Traumerzählung. – *Z.*, 1923 (IX, 68); *B.*, III, 53.
* – Attention during the narration of dreams. – *F.C.*, 238.
253 Frissons provoqués par le crissement du verre, etc.
– *O.C.*, III.
→ – Das Grausen beim Kratzen an Glas, usw. – *Z.*, 1923 (IX, 68); *B.*, III, 53.
* – Shuddering at scratching on glass, etc. – *F.C.*, 313.
254 Symbolisme de la tête de méduse.
– *O.C.*, III.
→ – Zur Symbolik des Medusenhauptes. – *Z.*, 1923 (IX, 69); *B.*, III, 54.
* – The Symbolism of the Medusa's Head. – *F.C.*, 360.
255 Trac et auto-observation narcissique.
– *O.C.*, III.
→ – Lampenfieber und narzissische Selbstbeobachtung. – *Z.*, 1923 (IX, 69); *B.*, III, 55.
* – Stage Fright and narcissistic self-observation. – *F.C.*, 421.
256 Un "pénis creux anal" chez la femme.
– *O.C.*, III.
→ – Ein "analer Hohlpenis" bei der Frau. – *Z.*, 1923 (IX, 70); *B.*, III, 56.
* – An "anal hollow-penis" in woman. – *F.C.*, 317.
257 Le rêve du "nourrisson savant".
– *O.C.*, III.
→ – Der Traum vom "gelehrten Säugling". – *Z.*, 1923 (IX, 70); *B.*, III, 218.
* – The dream of the "clever baby". – *F.C.*, 349.
258 Compulsion de lavage et masturbation.
– *O.C.*, III.
→ – Waschzwang und Masturbation. – *Z.*, 1923 (IX, 70); *B.*, III, 56.
* – Washing-compulsion and masturbation. – *F.C.*, 311.
259 La psychanalyse au service de l'omnipraticien.
– *O.C.*, III.
→ – A pszichoanalizis a gyakorló orvos szolgàlatàban. – *Gy.*, 1923, n.º 23-24.
260 Catalogue des travaux scientifiques. – *Z.*, 1923 (IX, 428-434).
261 Numéro spécial de la "Internationalen Zeitschrift für Psychoanalyse" en honneur de Ferenczi, 1923. – *Fg.*, IX, Cahier 3.
262 Préface pour l'édition hongroise de "La psychopathologie de la vie quotidienne" de S. Freud.
– *O.C.*, III.

→ – Freud: "A mindennapi élet pszichopathológiàja" Elöszó. A "Vilàgirodalom" Könyvk, Budapeste, 1923.
263 Préface pour l'édition hongroise de "Au delà du principe de plaisir", de S. Freud.
– *O.C.*, III.
→ – Freud: "A halàlösztön és az életösztönök". Elöszó. A "Vilàgirodalom" Könyvk., Budapeste, 1923.

1924

264 Perspectives de la psychanalyse (en collaboration avec Otto Rank).
– *O.C.*, III.
→ – Entwicklungsziehle der Psychoanalyse. Int. PsA.Vlg.,Viena, 1924.
– *B.*, III, 220.
– The Development of Psycho-Analysis. Nervous and Mental Disease Publ. Co. NewYork and Washington, 1927.
265 Les fantasmes provoqués.
– *O.C.*, III.
→ – Ueber forcierte Phantasien. – *Z.*, 1924 (X, 6-16); *B.*, II, 87.
* – On forced fantasies. – *F.C.*, 68.
266 Science qui endort, science qui éveille.
– *O.C.*, III.
→ – Altató é ébresztö tudomàny. Nyugat, 1924, n.º 1.
267 Ignotus, le compréhensif.
– *O.C.*, III.
→ – Ignotus a megértö. Nyugart, 1924, n.º 23.
268 Thalassa. Essai sur la théorie de la génitalité.
* – Versuch einer Genitaltheorie. Int. PsA.Vlg.,Viena, 1924.
→ – Katasztrófàk a nemi müködés fejlödésében. Pantheon kiadàs, Budapeste, 1929.
– Thalassa: A Theory of Genitality. – *Q.*, 1933-34 (II, 361-403, III, 1-29, III, 200-222). NovaYork, Psychoanalytic Quarterly, 1938.
– Thalassa, psychanalyse des origines de la vie sexuelle. Petite bibliothèque Payot.

1925

269 Psychanalyse des habitudes sexuelles.
– *O.C.*, III.
→ – Zur Psychoanalyse von Sexualgewohnheiten. Int. PsA.Vlg.,Viena, 1925. – *B.*, III, 245.
* – The Psycho-Analysis of Sexual Habits. – *J.*, 1925 (VI, 372); *F.C.*, 259.

270 Charcot.
— *O.C.*, III.
— Charcot. — Z., 1925 (XI, 257-260); *B.*, IV, 168.

1926

271 Contre-indications de la technique active.
— *O.C.*, III.
→ — Kontraindikationen der aktiven psychoanalitischen Technik. — Z.,1926 (XII, 3-14); *B.*, II, 99.
* — Contra-indications to the "active" psycho-analytical technique. — *F.C.*, 217.

272 Les névroses d'organe et leur traitement.
— *O.C.*, III.
→ — Organneurosen und ihre Behandlung. — *In:* Das Psychoanalitische Volksbuch. Hippokrates-Verlag, Stuttgart, 1926; *B.*, III, 294.
* — Organ neuroses and their treatment. — Medical Review of Reviews, XXXVI, 376-383. — *Fin.*, 22.

273 Pour le 70.° anniversaire de Freud.
— *O.C.*, III.
→ — Zum 70. Geburtstag Sigm. Freuds. — Z., 1926 (XII, 235-240); *B.*, I, 290.
— Sigmund Freud 70. születésnapjàra. — *Gy.*, 1926, n.° 19.
— To Sigmund Freud on his Seventieth Birthday. — *J.*, 1926 (VII, 297); *Fin.*, II.

274 L'importance de Freud pour le mouvement d'hygiène mentale.
— *O.C.*, III.
→ — Die Bedeutung Freuds für die Mental Hygiene-Bewegung. — *B.*, III, 302.
— Freud's Importance for the mental Hygiene Movement. Mental Hygiene, 1926 (X, 673-676); *Fin.*, 18.

275 Le problème de l'affirmation du déplaisir.
— *O.C.*, III.
→ — Das Problem der Unlustbejahung. — Z., 1926 (XII, 241-252) — *B.*, I, 84.
* — The Problem of Acceptance of Unpleasant Ideas. — *J.*, 1926 (VII, 312); *F.C.*, 366.

276 Further Contributions to the Theory and Technique of Psycho-Analysis. The Hogarth Press, Londres, 1926.

277 Critique de l'ouvrage de Rank: "Technique de la psychanalyse".
— *O.C.*, III.
→ — Zur Kritik der Rankschen "Technik der Psychoanalyse". — Z., 1927 (XIII, 1-9); *B.*, II, 116.

- Review of Rank, O.: "Technique of Psycho-Analysis", vol. I, *J.*, 1927 (VIII, 93).
278 Problèmes actuels de la psychanalyse.
- Present day problems in Psycho-Analysis. – Archives of Psychoanalysis, 1927 (I, 522-530); *Fin.*, 29.
- Aktuelle Probleme der Psychoanalyse. – *B.*, III, 332.
279 Bausteine zur Psychoanalyse. Tomes I et II. Int. PsA. Vlg. Viena, 1927. Verlag Hans Huber, Berna, Stuttgart, 1964.
280 Fantasmes gullivériens.
- *O.C.*, III.
* – Gulliver-Phantasien. – *Z.*, 1927 (XIII, 379-396); *B.*, III, 307.
→ – Gulliver Phantasies. – *J.*, 1928 (IX, 283); *R.*, 1932 (XIX, 227); *Fin.*, 143.

GRÁFICA PAYM
Tel. [11] 4392-3344
paym@graficapaym.com.br